中国OTC市场理论与实务

中国场外交易市场规则汇编

万国华 孙婷 卫志鹏◎编著

Compilation of OTC Market Rules in China

清华大学出版社
北 京

内容简介

我们根据场外市场交易和监管的重点，将本书分为"市场准人""交易制度""市场退出""公司治理""信息披露"和"监管制度"六编。根据法规效力和业务规则细化的程度，每篇又分为"法规规章总则""相关业务规定"和"具体业务指引"三章。本书收录了全国中小企业股份转让系统、天津股权交易所、上海股权托管交易中心等多层次的市场规则，重点突出。本书脉络清晰，是一本极为便利的供实务人员和研究学者查阅、参考的工具书。

图书在版编目(CIP)数据

中国场外交易市场规则汇编/万国华，孙婷，卫志鹏编著. —北京：清华大学出版社，2018
(中国 OTC 市场理论与实务)
ISBN 978-7-302-48773-9

Ⅰ. ①中… Ⅱ. ①万… ②孙… ③卫… Ⅲ. ①证券交易－资本市场－法律－汇编－中国 Ⅳ. ①D922.287.9

中国版本图书馆 CIP 数据核字(2017)第 272155 号

责任编辑：袁　帅
封面设计：汉风唐韵
责任校对：宋玉莲
责任印制：杨　艳

出版发行：清华大学出版社
网　　址：http://www.tup.com.cn，http://www.wqbook.com
地　　址：北京清华大学学研大厦 A 座　**邮　　编**：100084
社 总 机：010-62770175　**邮　　购**：010-62786544
投稿与读者服务：010-62776969，c-service@tup.tsinghua.edu.cn
质量反馈：010-62772015，zhiliang@tup.tsinghua.edu.cn

印 装 者：三河市国英印务有限公司
经　　销：全国新华书店
开　　本：170mm×240mm　**印　　张**：38　**字　　数**：579 千字
版　　次：2018 年 3 月第 1 版　**印　　次**：2018 年 3 月第 1 次印刷
定　　价：99.00 元

产品编号：074308-01

前　言

市场经济的发展有赖于多层次资本市场的有效运行，而场外交易市场则是多层次资本市场最基础的一环，是资本市场金字塔的坚实基石。场外交易市场同时也是一面衡量一国资本市场发展水平的“镜子”，显示了一国在世界经济发展中的竞争力和影响力，如美国早期的纳斯达克市场、电子公告板市场以及粉单市场，不仅满足了中小企业融资和证券交易需求，支持和推动了美国经济的发展，还间接带动了全球资本市场发展的新高潮，逐渐发展成为具有国际影响力的世界性市场。

我国证券市场的发展同样始于早期的场外交易市场。囿于特定历史时期经济和政策条件的限制，我国场外交易市场的发展可谓历经坎坷。2005 年新证券法和公司法出台，我国场外交易市场终于确立合法性地位，可以名正言顺地进军资本市场；21 世纪以来，为了解决 STAQ 和 NET 系统的历史遗留问题，代办股份转让系统开始运行，但该系统转让范围狭窄，不具有市场融资功能，发挥的作用有限；2006 年，北京中关村科技园区股份报价系统成立，转让范围扩大，但同样不具有融资功能；2008 年 10 月，天津股权交易所成立，其“小额多次”的快速融资模式以及以做市商为主的混合交易制度创造了不俗的市场业绩，迅速打开场外交易市场发展的新局面，中国多层次资本市场实践正式开始；此后的几年间，全国各地类似天交所的地方性场外交易市场如雨后春笋般纷纷涌现，场外交易市场以其独特的优势开始在资本市场中崭露头角并获得全国瞩目。

2013 年 1 月 16 日，全国中小企业股份转让系统揭牌运营，我国全国性场外交易市场正式建成，至此，全国中小企业股份转让系统与全国各股权交易市场、各类产权交易市场构成全国性、跨区域性、区域性全方位覆盖的场外交易市场。

全国中小企业股份转让系统成立以来，业绩节节攀升，各地股权交易市场和各类产权交易市场规模也不断扩大；与此同时，各市场准入、交易、监管以及公司治理等制度设计也不断完善，呈现出规范发展、欣欣向荣的良好态势，几经波折又重新扬帆起航的场外交易市场迎来了飞速发展的黄金时期。

不同于主板、中小板(二板)等场内市场，场外交易市场的运行、监管与制度设计都有其独特之处，基于此，我们以基础法律为内核，市场规则为主体，为场外交易市场量身打造了一部既适于市场从业者翻阅查询，又适于专家学者和监管者比较研究的规则汇编。

本书的亮点和创新之处主要体现在以下方面。

在体例上，不同于现行多数法规汇编以效力等级为线索的做法，我们根据场外市场自身特性，将本书分为"市场准入""交易制度""市场退出""公司治理""信息披露"和"监管制度"六编，这六个部分以市场运行的逻辑为线索，不仅是监管部门规制的重点，也是业内人士、专家学者关注、研究的焦点，翻阅起来方便快捷，重点突出；而内容根据具体业务规则细化的程度，每编又分为"法规规章总则""相关业务规定"和"具体业务指引"三章，"法规规章总则"以有关部门对场外交易市场在宏观上的间接把控与规制为主，体现为政策性、倾向性的法律规则；"相关业务规定"则主要是交易所、自律组织等部门根据相关业务(如股权转让、私募股权投资基金份额转让等)为直接与市场对接而做出的详细规定，具有很强的适用性；"具体业务指引"则是交易所或自治组织针对各项业务制定的配套指引、指南和运作方法，更具有可操作性。

本书编纂过程中，南开大学法学院博士生杨海静、王才伟提供了宝贵的意见，硕士生保雅坤、龙晶、裴思、刘琴等同学整理、校对了相关资料，在此致以谢意！

由于时间仓促和作者能力所限，疏漏之处在所难免，恳请读者批评指正。

万国华

2017 年 12 月 31 日

目 录

第一编 市场准入

第二编　交易制度

第三编 市场退出

第四编 公司治理

第五编 信息披露

第六编 监管制度

第一编　市 场 准 入

第一章　法规规章总则

国务院关于全国中小企业股份转让系统有关问题的决定

（2013 年 12 月 13 日发布）

各省、自治区、直辖市人民政府，国务院各部委、各直属机构：

为更好地发挥金融对经济结构调整和转型升级的支持作用，进一步拓展民间投资渠道，充分发挥全国中小企业股份转让系统（以下简称“全国股份转让系统”）的功能，缓解中小微企业融资难，按照党的十八大、十八届三中全会关于多层次资本市场发展的精神和国务院第 13 次常务会议的有关要求，现就全国股份转让系统有关问题作出如下决定。

一、充分发挥全国股份转让系统服务中小微企业发展的功能

全国股份转让系统是经国务院批准，依据证券法设立的全国性证券交易场所，主要为创新型、创业型、成长型中小微企业发展服务。境内符合条件的股份公司均可通过主办券商申请在全国股份转让系统挂牌，公开转让股份，进行股权融资、债权融资、资产重组等。申请挂牌的公司应当业务明确、产权清晰、依法规范经营、公司治理健全，可以尚未盈利，但须履行信息披露义务，所披露的信息应当真实、准确、完整。

二、建立不同层次市场间的有机联系

在全国股份转让系统挂牌的公司，达到股票上市条件的，可以直接向证券交易所申请上市交易。在符合《国务院关于清理整顿各类交易场所切实防范金融风险的决定》(国发〔2011〕38 号)要求的区域性股权转让市场进行股权非公开转让的公司,符合挂牌条件的,可以申请在全国股份转让系统挂牌公开转让股份。

三、简化行政许可程序

挂牌公司依法纳入非上市公众公司监管,股东人数可以超过 200。股东人数未超过 200 的股份公司申请在全国股份转让系统挂牌,证监会豁免核准。挂牌公司向特定对象发行证券,且发行后证券持有人累计不超过 200 人的,证监会豁免核准。依法需要核准的行政许可事项,证监会应当建立简便、快捷、高效的行政许可方式,简化审核流程,提高审核效率,无须再提交证监会发行审核委员会审核。

四、建立和完善投资者适当性管理制度

建立与投资者风险识别和承受能力相适应的投资者适当性管理制度。中小微企业具有业绩波动大、风险较高的特点,应当严格自然人投资者的准入条件。积极培育和发展机构投资者队伍,鼓励证券公司、保险公司、证券投资基金、私募股权投资基金、风险投资基金、合格境外机构投资者、企业年金等机构投资者参与市场,逐步将全国股份转让系统建成以机构投资者为主体的证券交易场所。

五、加强事中、事后监管,保障投资者合法权益

证监会应当比照证券法关于市场主体法律责任的相关规定,严格执法,对虚假披露、内幕交易、操纵市场等违法违规行为采取监管措施,实施行政处罚。全国股份转让系统要制定并完善业务规则体系,建立市场监控系统,完善风险管理制度和设施,保障技术系统和信息安全,切实履行自律监管职责。

六、加强协调配合,为挂牌公司健康发展创造良好环境

国务院有关部门应当加强统筹协调,为中小微企业利用全国股份转让系统发展创造良好的制度环境。市场建设中涉及税收政策的,原则上比照上市公司投资者的税收政策处理;涉及外资政策的,原则上比照交易所市场及上市公司相关规定办理;涉及国有股权监管事项的,应当同时遵守国有资产管理的相关规定。各省(区、市)人民政府要加强组织领导和协调,建立健全挂牌公司风险处置机制,切实维护社会稳定。

中国证券监督管理委员会公告〔2013〕49号——非上市公众公司行政许可事项的有关事宜公告

（2013年12月26日发布）

根据《行政许可法》《国务院关于全国中小企业股份转让系统有关问题的决定》《中国证券监督管理委员会行政许可实施程序规定》和《非上市公众公司监督管理办法》等相关法律法规的规定，现将股东人数超过200的股份公司申请股票在全国中小企业股份转让系统挂牌公开转让核准、股份公司向特定对象发行证券导致证券持有人累计超过200人或者股东人数超过200的非上市公众公司向特定对象发行证券核准等非上市公众公司行政许可事项的有关事宜公告如下：

一、按照《国务院关于全国中小企业股份转让系统有关问题的决定》，自本公告公布之日起，境内符合条件的股份公司均可提出股票在全国中小企业股份转让系统挂牌公开转让、定向发行证券的申请。

二、股东人数超过200的股份公司申请股票在全国中小企业股份转让系统挂牌公开转让、股份公司向特定对象发行证券导致证券持有人累计超过200人或者股东人数超过200的非上市公众公司向特定对象发行证券，应当向我会提出行政许可申请，由中国证监会行政许可受理服务中心（北京市西城区金融大街19号富凯大厦A座一层）受理相关申请材料。

三、股东人数未超过200的股份公司申请股票在全国中小企业股份转让系统挂牌公开转让，以及挂牌公司向特定对象发行证券后证券持有人累计不超过200人的，中国证监会豁免核准，由全国中小企业股份转让系统有限责任公司（北京市西城区金融大街丁26号金阳大厦）受理相关申请材料并进行审查，我会不再进行审核，也不出具行政许可文件。公司挂牌后，直接纳入非上市公众公司监管范围。

四、向我会报送的申请材料，应当符合《非上市公众公司监督管理办法》、非上市公众公司监管指引以及相关信息披露内容与格式准则等要求。

五、本公告自公布之日起施行，证监会公告〔2013〕20号同时废止。

全国中小企业股份转让系统有限责任公司、中国证券登记结算有限责任公司关于境内企业挂牌全国中小企业股份转让系统有关事项的公告

（2013 年 12 月 30 日发布）

为贯彻落实《国务院关于全国中小企业股份转让系统有关问题的决定》（国发〔2013〕49 号）和《非上市公众公司监督管理办法》，做好全国中小企业股份转让系统（以下简称“全国股份转让系统”）市场覆盖范围扩大至全国的工作，现就有关事项公告如下：

一、自本公告发布之日起，境内符合条件的各种所有制、各种行业的企业均可申请股票在全国股份转让系统挂牌。

申请时股东人数未超过 200（含 200）的股份公司，直接向全国中小企业股份转让系统有限责任公司（以下简称“全国股份转让系统公司”）申请挂牌；申请时股东人数超过 200 的股份公司，取得中国证监会核准文件后，向全国股份转让系统公司申请办理挂牌手续。

二、自本公告发布之日起，市场参与人应遵循修订后的《全国中小企业股份转让系统投资者适当性管理细则（试行）》（以下简称《适当性管理细则》）。不符合投资者适当性管理要求的投资者，可通过证券公司、基金公司等金融机构设计推出的定向投资产品，间接参与全国股份转让系统挂牌证券的投资。

本公告发布前，满足 300 万元人民币以上（含 300 万元）资产要求且已参与全国股份转让系统的自然人投资者，合格投资人资格继续有效，可以买卖所有挂牌公司的股票。

本公告发布前，股票发行方案已经挂牌公司董事会决议通过的，发行对象可按原投资者适当性管理制度的要求执行；股票发行方案尚未经挂牌公司董事会决议通过的，发行对象应当满足修订后的《适当性管理细则》的要求。挂牌公司的股东、董事、监事、高级管理人员及核心员工参与本公司的股票发行，如不符合

参与挂牌公司股票公开转让条件的，只能买卖本公司的股票。

三、在全国股份转让系统交易结算相关技术系统正式上线前，挂牌股票交易结算相关事项仍按《全国中小企业股份转让系统过渡期股票转让暂行办法》和《全国中小企业股份转让系统过渡期登记结算暂行办法》等规定执行。

全国股份转让系统公司和中国证券登记结算有限责任公司将抓紧推进交易结算相关技术系统的开发和测试工作，计划明年二季度起分步上线。

四、各市场参与主体应当严格守法、归位尽责。主办券商等中介机构应按照法律、法规、部门规章，以及全国股份转让系统业务规则等要求，勤勉尽责、诚实守信，依法合规地开展各项业务，推动全国股份转让系统稳定、健康发展。

五、全国股份转让系统公司设服务窗口接收申请挂牌材料，地址为北京市西城区金融大街丁26号金阳大厦；并设热线电话，接受市场咨询和监督。

具体咨询电话如下：

接收服务：010-63889512

市场发展：010-63889551

挂牌业务：010-63889583

公司业务：010-63889549

机构业务：010-63889557

交易监察：010-63889700

信息服务：010-63889548

监督电话：010-63889775

特此公告。

第二章　相关业务规定

上海股权托管交易中心非上市股份有限公司挂牌业务规则

（2012 年 02 月 14 日上海股权托管交易中心发布）

第一章　总　　则

第一条　为规范推荐机构会员推荐非上市股份有限公司（以下简称“非上市公司”）进入上海股权托管交易中心（以下简称“上海股交中心”）挂牌业务（以下简称“挂牌业务”），明确推荐机构会员及相关各方职责，根据《上海股权托管交易中心非上市股份有限公司股份转让业务暂行管理办法》等有关规定，制定本规则。

第二条　非上市公司拟进入上海股交中心挂牌的，应与推荐机构会员协商后，聘请经上海股交中心认定的会计师事务所、律师事务所、资产评估事务所（必要时）等专业服务机构为其挂牌提供有关专业服务。

第三条　推荐机构会员应对申请挂牌的非上市公司进行尽职调查，同意推荐挂牌的，应出具尽职调查报告，并向上海股交中心报送推荐挂牌申请文件（以下简称“申请文件”）。

第四条　上海股交中心对推荐机构会员报送的申请文件进行审核，审核同意后将有关文件报送上海市金融服务办公室（以下简称“上海市金融办”）备案。

第五条　推荐机构会员、有关专业服务机构及相关人员不得利用在挂牌业务中获取的尚未披露信息为自己或他人谋取利益。

第二章 挂牌业务人员设置

第六条 推荐机构会员应针对每家拟推荐的非上市公司成立专门项目小组,负责尽职调查,起草尽职调查报告,制作申请文件等。

第七条 项目小组应由推荐机构会员内部人员组成,至少为两人,其中须包括具有财务和法律知识或相关工作经验的人员。项目小组成员分工负责拟推荐的非上市公司财务、法律和行业等事项的调查工作。

第八条 推荐机构会员应在项目小组中指定一名负责人,对项目负全面责任。项目小组负责人应具有两年以上(含两年)证券业相关工作经验,或者参与并成功完成两个以上(含两个)推荐挂牌项目。

第九条 参与挂牌业务的会计师事务所、资产评估事务所、律师事务所须指派专人负责该项工作。

第十条 最近三年内有违法、违规记录的人员,不得参与挂牌业务。

第十一条 持有拟推荐非上市公司股份、在拟推荐非上市公司中任职或存在其他可能影响其公正履行职责情形的人员,不得参与该非上市公司挂牌业务。

第三章 项目预审核

第十二条 推荐机构会员开展尽职调查前,应向上海股交中心报送预审材料,包括:

(一)非上市公司的基本情况介绍;

(二)推荐机构会员立项报告;

(三)推荐机构会员项目小组成员;

(四)会计师事务所及其项目成员;

(五)资产评估事务所及其项目成员(必要时);

(六)律师事务所及其项目成员;

(七)上海股交中心要求的其他文件。

上述机构或人员发生变动的,推荐机构会员应及时报告上海股交中心并说明原因。

第十三条 上海股交中心收到预审材料五个工作日内进行审核,并向推荐机构会员反馈预审核意见。推荐机构会员收到上海股交中心无异议意见后，可启动尽职调查工作。

第十四条 为提高项目质量，防范业务风险，上海股交中心可指派人员对项目小组尽职调查、材料制作等推荐挂牌工作进行指导。

第四章 尽职调查

第十五条 项目人员应按照尽职调查工作指引的要求勤勉尽责地开展尽职调查工作，督促非上市公司保证披露信息的真实、准确、完整。

第十六条 项目小组尽职调查范围至少应包括股份转让说明书中所涉及的事项。

第十七条 推荐机构会员项目小组完成尽职调查工作后，应出具尽职调查报告，项目小组各成员应在尽职调查报告上签名，并声明对其负责。

第五章 申请文件的报送与审核

第十八条 推荐机构会员经内部审核后向上海股交中心报送如下申请文件：

（一）非上市公司股份转让说明书；

（二）非上市公司董事会、股东大会有关进入上海股交中心挂牌进行股份转让的决议；

（三）非上市公司与推荐机构会员签订的推荐挂牌相关协议；

（四）非上市公司的审计意见及经审计的财务报告，成立满两个完整会计年度的非上市公司审计期间至少需包括最近两个完整会计年度，成立未满两个完整会计年度的非上市公司，审计期间为成立日起至最近一期月末，最近一期月末距申请文件报送日不超过六个月；

（五）非上市公司法律意见书；

（六）推荐机构会员关于非上市公司的尽职调查报告、尽职调查工作底稿及附件；

（七）推荐机构会员关于申请文件不存在虚假记载、误导性陈述和重大遗漏的承诺函；

（八）上海股交中心要求的其他文件。

第十九条　上海股交中心收到推荐机构会员报送的申请文件后，同意受理的，出具受理函。申请文件一经受理，未经上海股交中心同意不得增加、撤回或更换。

第二十条　上海股交中心对包括但不限于下列事项进行审核：

（一）申请文件是否齐备；

（二）推荐机构会员是否已按照尽职调查工作指引的要求，对非上市公司进行充分的尽职调查，出具的结论是否恰当；

（三）非上市公司拟披露的信息是否符合信息披露规则的要求；

（四）非上市公司是否符合基本挂牌条件；

（五）上海股交中心要求的其他事项。

第二十一条　上海股交中心对其审核同意的推荐挂牌申请，自受理之日起四十五个工作日内将有关文件报送上海市金融办备案。上海股交中心要求推荐机构会员对申请文件补充或修改的，受理申请文件的时间自上海股交中心收到推荐机构会员的补充或修改意见的下一工作日起重新计算。

第六章　股份托管登记

第二十二条　非上市公司在取得上海股交中心出具的同意其挂牌的通知后，推荐机构会员向上海股交中心申请拟挂牌非上市公司的股份简称及代码。

第二十三条　上海股交中心收到推荐机构会员关于股份简称及代码的申请后，在两个工作日内予以核定。

第二十四条　推荐机构会员应督促拟挂牌非上市公司与上海股交中心签订非上市股份有限公司进入上海股权托管交易中心挂牌协议书，办理全部股份的集中登记。

第二十五条　拟挂牌非上市公司办理股份托管登记的，须向上海股交中心提供公司股东身份证明文件、持股数量、股份转让账户等信息；经上海股交中心核对无误后，向拟挂牌非上市公司下发股份登记确认书。

第七章　申请办理挂牌

第二十六条　拟挂牌非上市公司股份登记托管完成后，推荐机构会员应向上海股交中心申请办理挂牌手续。

第二十七条 上海股交中心收到推荐机构会员提交的申请办理挂牌的文件后，在两个工作日内出具办理挂牌通知书。

第二十八条 拟挂牌非上市公司最迟于挂牌日前三日，在上海股交中心指定网站上发布挂牌公告文件，包括：

（一）股份转让说明书；

（二）公司章程；

（三）审计报告；

（四）法律意见书。

同时，推荐机构会员在上海股交中心指定网站上发布关于拟挂牌非上市公司挂牌公告。

第八章 违规处理

第二十九条 推荐人机构会员、有关专业服务机构违反本规则规定的，上海股交中心责令其改正，视情节轻重给予其如下处理，并记入会员诚信档案：

（一）谈话提醒；

（二）警告；

（三）通报批评；

（四）遣责；

（五）暂停受理其报送的申请文件或出具的相关报告；

（六）取消会员资格。

第三十条 推荐人机构会员、有关专业服务机构的相关工作人员违反本规则规定的，上海股交中心责令其改正，视情节轻重给予其如下处理，并记入从业人员诚信档案：

（一）谈话提醒；

（二）警告；

（三）通报批评；

（四）遣责；

（五）暂停其从事相关业务的资格；

（六）认定其不适合任职；

（七）责令所在机构给予处分。

第九章　附　　则

第三十一条　本规则由上海股交中心负责解释。

第三十二条　本规则经上海市金融办批准后实施。

全国中小企业股份转让系统主办券商推荐业务规定(试行)

(2013年02月08日全国中小企业股份转让系统有限责任公司发布)

第一章 总 则

第一条 为规范主办券商推荐业务,明确主办券商职责,根据《全国中小企业股份转让系统业务规则(试行)》(以下简称《业务规则》),制定本规定。

第二条 主办券商推荐股份公司股票进入全国中小企业股份转让系统(以下简称"全国股份转让系统")挂牌,应与申请挂牌公司签订推荐挂牌并持续督导协议。

第三条 主办券商应对申请挂牌公司进行尽职调查和内核。同意推荐的,主办券商向全国中小企业股份转让系统有限责任公司(以下简称"全国股份转让系统公司")提交推荐报告及其他有关文件(以下简称"推荐文件")。

第四条 全国股份转让系统公司对主办券商推荐业务进行自律管理,审查推荐文件,履行审查程序。

第五条 主办券商及相关人员应勤勉尽责、诚实守信地开展推荐业务,履行保密义务,不得利用在推荐业务中获取的尚未公开信息谋取利益。

第二章 机构与人员

第一节 项目小组与人员

第六条 主办券商应针对每家申请挂牌公司设立专门项目小组,负责尽职调查,起草尽职调查报告,制作推荐文件等。

第七条 项目小组应由主办券商内部人员组成,其成员须取得证券执业资格,其中注册会计师、律师和行业分析师至少各一名。

行业分析师应具有申请挂牌公司所属行业的相关专业知识,并在最近一年内发表过有关该行业的研究报告。

第八条 主办券商应在项目小组中指定一名负责人，对项目负全面责任，项目小组负责人应具备下列条件之一：

（一）参与两个以上推荐挂牌项目，且负责财务会计事项、法律事项或相关行业事项的尽职调查工作；

（二）具有三年以上投资银行从业经历，且具有主持境内外首次公开发行股票或者上市公司发行新股、可转换公司债券的主承销项目经历。

第九条 存在以下情形之一的人员，不得成为项目小组成员：

（一）最近三年内受到中国证监会行政处罚或证券行业自律组织纪律处分；

（二）本人及其配偶直接或间接持有申请挂牌公司股份；

（三）在申请挂牌公司或其控股股东、实际控制人处任职；

（四）未按要求参加全国股份转让系统公司组织的业务培训；

（五）全国股份转让系统公司认定的其他情形。

第二节 内核机构与人员

第十条 主办券商应设立内核机构，负责推荐文件和挂牌申请文件的审核，并对下述事项发表审核意见：

（一）项目小组是否已按照尽职调查工作的要求对申请挂牌公司进行尽职调查；

（二）申请挂牌公司拟披露的信息是否符合全国股份转让系统公司有关信息披露的规定；

（三）申请挂牌公司是否符合挂牌条件；

（四）是否同意推荐申请挂牌公司股票挂牌。

第十一条 主办券商应制定内核机构工作制度，对内核机构的职责、人员构成、审核程序、表决办法、自律要求和回避制度等事项作出规定。

第十二条 内核机构应独立、客观、公正履行职责，内核机构成员中由推荐业务部门人员兼任的，不得超过内核机构总人数的三分之一。

第十三条 内核机构应由十名以上成员组成，可以外聘。最近三年内受到中国证监会行政处罚或证券行业自律组织纪律处分的人员，不得聘请为内核机构成员。

内核机构成员应具备下列条件之一：

（一）具有注册会计师或律师资格并在其专业领域或投资银行领域有三年以上从业经历；

（二）具有五年以上投资银行领域从业经历；

（三）具有相关行业高级职称的专家或从事行业研究五年以上的分析人员。

第十四条 主办券商应将内核机构工作制度、成员名单及简历在全国股份转让系统指定信息披露平台上披露。内核机构工作制度或内核成员发生变动的，主办券商应及时报全国股份转让系统公司备案，并在五个工作日内更新披露。

第三章 尽职调查

第十五条 项目小组进行尽职调查前，主办券商应与申请挂牌公司签署保密协议。

第十六条 项目小组应遵循勤勉尽责、诚实守信的原则，通过实地考察、查阅、访谈等方法，对申请挂牌公司进行尽职调查，以有充分理由确信申请挂牌公司符合挂牌条件以及在挂牌申请文件中披露的信息真实、准确、完整。

第十七条 项目小组尽职调查应以形成有助于投资者做出投资决策的信息披露文件为目的，调查范围至少应包括公开转让说明书和推荐报告中所涉及的事项。

第十八条 项目小组中应指定注册会计师、律师、行业分析师各一名分别负责对申请挂牌公司的财务会计事项、法律事项、相关行业事项进行尽职调查，并承担相应责任。

第十九条 项目小组的尽职调查可以在注册会计师、律师等外部专业人士意见的基础上进行。

项目小组应判断专业人士发表意见所基于的工作是否充分，对专业人士意见有疑义，或认为专业人士发表的意见所基于的工作不够充分的，项目小组应进行独立调查。

第二十条 对推荐文件、挂牌申请文件中无证券服务机构及其签字人员专业意见支持的内容，项目小组应当获得充分的尽职调查证据，在对各种证据进行综合分析的基础上对申请挂牌公司提供的资料和披露的内容进行独立判断，并有充分理由确信所作的判断与挂牌申请文件、推荐文件的内容不存在实质性差异。

第二十一条　项目小组完成尽职调查工作后，应出具尽职调查报告，各成员应在尽职调查报告上签名，承诺已参加尽职调查工作并对其负责。

第二十二条　主办券商应当建立健全尽职调查工作底稿制度，要求项目小组真实、准确、完整地记录整个尽职调查过程。

第四章　内　　核

第二十三条　主办券商内核机构根据项目小组的申请召开内核会议。每次会议须七名以上内核机构成员出席，其中律师、注册会计师和行业专家至少各一名。

第二十四条　主办券商内核机构应针对每个项目在内核会议成员中指定一名内核专员。内核专员除承担与其他内核会议成员相同的审核工作外，还应承担以下职责：

（一）整理内核意见；

（二）跟踪审核项目小组对内核意见的落实情况；

（三）审核推荐文件和挂牌申请文件的补充或修改意见；

（四）就该项目内核工作的有关事宜接受全国股份转让系统公司质询。

第二十五条　内核机构成员存在以下情形之一的，不得参与该项目的内核：

（一）担任该项目小组成员的；

（二）本人及其配偶直接或间接持有申请挂牌公司股份；

（三）在申请挂牌公司或其控股股东、实际控制人处任职的；

（四）其他可能影响公正履行职责的情形。

第二十六条　内核会议成员应独立、客观、公正地对推荐文件和挂牌申请文件进行审核，制作审核工作底稿并签名。

审核工作底稿应包括审核工作的起止日期、发现的问题、建议补充调查核实的事项以及对推荐挂牌的意见等内容。

第二十七条　内核会议应在成员中指定注册会计师、律师及行业专家各一名分别对项目小组中的财务会计事项调查人员、法律事项调查人员及行业分析师出具的调查意见进行审核，分别在其工作底稿中发表独立的审核意见，提交内核会议。

第二十八条 项目小组成员可以列席内核会议，向内核会议汇报尽职调查情况和需提请关注的事项，回答质询。

第二十九条 内核会议可采取现场会议、电话会议或视频会议的形式召开。内核机构成员应以个人身份出席内核会议，发表独立审核意见并行使表决权。因故不能出席的内核会议成员应委托他人出席并提交授权委托书及独立制作的审核工作底稿。每次会议委托他人出席的内核会议成员，不得超过应出席成员的三分之一。

第三十条 内核会议应对是否同意推荐申请挂牌公司股票挂牌进行表决。表决应采取记名投票方式，每人一票，三分之二以上赞成且指定注册会计师、律师和行业专家均为赞成票为通过。

第三十一条 主办券商应对内核会议过程形成记录，在内核会议表决的基础上形成内核意见。内核意见应包括以下内容：审核意见、表决结果、出席会议的内核机构成员名单和投票记录。内核会议成员均应在内核意见上签名。

第三十二条 主办券商应根据内核意见，决定是否向全国股份转让系统公司推荐申请挂牌公司股票挂牌。决定推荐的，应出具推荐报告。

第五章 推荐挂牌规程

第三十三条 存在下列情形之一的，主办券商不得推荐申请挂牌公司股票挂牌：

（一）主办券商直接或间接合计持有申请挂牌公司百分之七以上的股份，或者是其前五名股东之一；

（二）申请挂牌公司直接或间接合计持有主办券商百分之七以上的股份，或者是其前五名股东之一；

（三）主办券商前十名股东中任何一名股东为申请挂牌公司前三名股东之一；

（四）主办券商与申请挂牌公司之间存在其他重大影响的关联关系。

主办券商以做市目的持有的申请挂牌公司股份，不受本条第一款限制。

第三十四条　主办券商应对申请挂牌公司进行风险评估，审慎推荐该公司股票挂牌。

第三十五条　主办券商推荐申请挂牌公司股票挂牌，应当向全国股份转让系统公司提交推荐报告及全国股份转让系统公司要求的其他文件，推荐报告应包括下列内容：

（一）尽职调查情况；

（二）逐项说明申请挂牌公司是否符合《业务规则》规定的挂牌条件；

（三）内核程序及内核意见；

（四）推荐意见；

（五）提醒投资者注意事项；

（六）全国股份转让系统公司要求的其他内容。

第三十六条　主办券商可以根据申请挂牌公司的委托，组织编制挂牌申请文件，并协调证券服务机构及其签字人员参与该公司股票挂牌的相关工作。

第三十七条　主办券商向全国股份转让系统公司报送推荐文件后，应当配合全国股份转让系统公司的审查，并承担下列工作：

（一）组织申请挂牌公司及证券服务机构对全国股份转让系统公司的意见进行答复；

（二）按照全国股份转让系统公司的要求对涉及本次挂牌的特定事项进行尽职调查或核查；

（三）指定项目小组成员与全国股份转让系统公司进行专业沟通；

（四）全国股份转让系统公司规定的其他工作。

第三十八条　主办券商应将尽职调查工作底稿、内核会议成员审核工作底稿、内核会议记录、内核意见等妥善保存，保存期限不少于十年。

第六章　持续督导

第三十九条　主办券商应与所推荐挂牌公司签订持续督导协议，持续督导挂牌公司诚实守信、规范履行信息披露义务、完善公司治理机制。

第四十条　主办券商应建立持续督导工作制度，明确持续督导工作职责、工作流程和内部控制机制。

第四十一条 主办券商应至少配备两名具有财务或法律专业知识的专职督导人员,履行督导职责。

主办券商在任免专职督导人员时,应将相关人员名单及简历及时报送全国股份转让系统公司备案。

第四十二条 主办券商与挂牌公司因特殊原因确需解除持续督导协议的,应当事前报告全国股份转让系统公司并说明合理理由。

解除持续督导协议后,挂牌公司应与承接督导事项的主办券商另行签订持续督导协议,报全国股份转让系统公司备案并公告。

第四十三条 承接督导事项的主办券商应当自持续督导协议签订之日起开展督导工作并承担相应的责任。原主办券商在履行督导职责期间未勤勉尽责的,其责任不因主办券商的更换而免除。

第七章 监管措施和违规处理

第四十四条 全国股份转让系统公司可以对主办券商及其相关人员从事推荐业务的情况进行现场和非现场检查,主办券商及其相关人员应当积极配合检查,如实提供有关资料,不得以任何理由拒绝或者拖延提供有关资料,不得提供虚假、误导性或者不完整的资料。

第四十五条 全国股份转让系统公司对主办券商及其从业人员从事推荐业务进行持续管理,记录其执业情况、违法违规行为、其他不良行为以及对其采取的监管措施等。

第四十六条 主办券商及其从业人员违反本规定,全国股份转让系统公司依据《业务规则》《全国中小企业股份转让系统主办券商管理细则(试行)》对其采取监管措施或进行自律处分。

第八章 附 则

第四十七条 本规定所称"至少""以上"含本数。

第四十八条 本规定由全国股份转让系统公司负责解释。

第四十九条 本规定自发布之日起施行。

全国中小企业股份转让系统投资者适当性管理细则

（2013年02月08日全国中小企业股份转让系统有限责任公司发布，2013年12月30日修改，2017年7月1日第二次修改）

第一条 为保障全国中小企业股份转让系统（以下简称“全国股转系统”）平稳有序发展，有效控制市场风险，保护投资者合法权益，根据《证券期货投资者适当性管理办法》（以下简称《办法》）、《全国中小企业股份转让系统业务规则（试行）》（以下简称《业务规则》）等规定，制定本细则。

第二条 投资者参与挂牌公司股票公开转让等相关业务，应当熟悉全国股转系统相关规定，了解挂牌公司股票风险特征，结合自身风险偏好确定投资目标，客观评估自身的心理和生理承受能力、风险识别能力及风险控制能力，审慎决定是否参与挂牌公司股票公开转让等业务。

第三条 下列机构投资者可以申请参与挂牌公司股票公开转让：

（一）实收资本或实收股本总额500万元人民币以上的法人机构；

（二）实缴出资总额500万元人民币以上的合伙企业。

第四条 《办法》第八条第二款、第三款规定的证券公司资产管理产品、基金管理公司及其子公司产品、期货公司资产管理产品、银行理财产品、保险产品、信托产品、经行业协会备案的私募基金等理财产品，社会保障基金、企业年金等养老金，慈善基金等社会公益基金，合格境外机构投资者（QFII）、人民币合格境外机构投资者（RQFII）等机构投资者，可以申请参与挂牌公司股票公开转让。

第五条 同时符合下列条件的自然人投资者可以申请参与挂牌公司股票公开转让：

（一）在签署协议之日前，投资者本人名下最近10个转让日的日均金融资产500万元人民币以上。金融资产是指银行存款、股票、债券、基金份额、资产管理计划、银行理财产品、信托计划、保险产品、期货及其他衍生产品等。

（二）具有2年以上证券、基金、期货投资经历，或者具有2年以上金融产品设计、投资、风险管理及相关工作经历，或者具有《办法》第八条第一款规定的证券公司、期货公司、基金管理公司及其子公司、商业银行、保险公司、信托公司、财务公司，以及经行业协会备案或者登记的证券公司子公司、期货公司子公司、私募基金管理人等金融机构的高级管理人员任职经历。

具有前款所称投资经历、工作经历或任职经历的人员属于《证券法》第四十三条规定禁止参与股票交易的，不得申请参与挂牌公司股票公开转让。

第六条 下列投资者可以参与挂牌公司股票定向发行：

（一）《非上市公众公司监督管理办法》第三十九条规定的公司股东、董事、监事、高级管理人员、核心员工，以及符合投资者适当性管理规定的自然人投资者、法人投资者及其他经济组织；

（二）符合参与挂牌公司股票公开转让条件的投资者。

第七条 公司挂牌前的股东、通过定向发行持有公司股份的股东等，如不符合参与挂牌公司股票公开转让条件，只能买卖其持有的挂牌公司股票。

已经参与挂牌公司股票买卖的投资者保持原有交易权限不变。

第八条 法律法规、行政规章和全国中小企业股份转让系统有限责任公司（以下简称"全国股转公司"）对产品或服务的投资者准入要求另有规定的，从其规定。

第九条 主办券商应当根据中国证券监督管理委员会（以下简称"中国证监会"）有关规定及本细则要求，建立健全投资者分类、产品或服务分级和适当性匹配等内部管理制度，明确匹配依据、方法、流程等，并报全国股转公司备案。

第十条 主办券商应当切实履行投资者适当性管理职责，了解投资者的身份、财务状况、证券投资经验等相关信息，评估投资者的风险承受能力和风险识别能力，有针对性地开展风险揭示、投资者知识普及、投资者服务等工作，引导投资者审慎参与挂牌公司股票公开转让等相关业务。

第十一条 主办券商应当认真审核投资者提交的相关材料，并与投资者书面签署《买卖挂牌公司股票委托代理协议》和《挂牌公司股票公开转让特别风险揭示书》。投资者应抄录《挂牌公司股票公开转让特别风险揭示书》中的特别声明。

第十二条 主办券商应当针对不同类别的投资者制定服务方案和管理流程，根据客户的不同特点，讲解全国股转系统业务规则和风险特点，提示参与挂牌公司股票公开转让可能面临的风险。

第十三条 主办券商应当建立投资者评估数据库，结合所了解的投资者信息和投资者参与挂牌公司股票转让的情况，每年对评估数据库进行更新，留存评估结果备查。

第十四条 主办券商应当在投资者首次参与挂牌公司股票公开转让之日起，通过主动提醒、动态跟踪、定期检查等方式，督促投资者持续符合要求。

主办券商应当自为自然人投资者开通权限之日起每12个月内至少对其进行一次持续评估，如其前5个转让日日均资产低于申请开通权限时准入资产规模要求的60%时，主办券商应当履行特别的注意义务，包括制定专门的工作程序，追加了解相关信息，告知特别的风险点，或者增加回访频次等。

第十五条 投资者应当配合主办券商投资者适当性管理工作，如实提供申报材料。投资者不予配合或提供虚假信息的，主办券商应当拒绝为其办理挂牌公司股票公开转让相关业务或者限制其交易权限。

第十六条 主办券商应当妥善保管投资者的档案资料，除依法配合调查和检查外，应当为投资者保密。

第十七条 主办券商应当妥善保存业务办理、投资者服务过程中风险揭示的语音或影像留痕。

第十八条 主办券商发现客户存在异常交易行为或者违法违规行为时，应当根据全国股转公司相关规定及时提醒客户，并向全国股转公司报告。

第十九条 全国股转公司对存在异常交易行为的投资者采取口头或书面警示等监管措施的，主办券商应当及时与投资者取得联系，告知其有关监管要求和采取的监管措施。

对出现异常交易行为的投资者，全国股转公司可以限制其交易，主办券商应当予以配合。

第二十条 主办券商应当为投资者提供合理的投诉渠道，指定专门部门受理投诉，妥善处理与投资者的矛盾和纠纷，并认真做好记录工作。

第二十一条 主办券商应当按照全国股转公司的要求报送投资者适当性管理相关信息，并配合中国证监会及其派出机构、全国股转公司等监管机构对其投资者适当性管理执行情况进行检查，如实提供投资者开户资料、资金账户情况等信息，不得隐瞒、阻碍和拒绝。

主办券商应当妥善保存其履行投资者适当性义务的相关信息资料，保存期限不得少于20年。

第二十二条 主办券商及其相关业务人员违反本细则规定，全国股转公司可依据《业务规则》等有关规定采取相应的监管措施或纪律处分。

第二十三条 本细则所称“以上”含本数。

第二十四条 本细则由全国股转公司负责解释。

第二十五条 本细则自2017年7月1日起施行，《全国中小企业股份转让系统投资者适当性管理细则(试行)》同时废止。

上海股权托管交易中心科技创新企业股份转让系统挂牌业务规则(试行)

(2015年11月22日上海股权托管交易中心发布)

第一章 总 则

第一条 为规范具有科技创新企业股份转让系统(以下简称"科技创新板")推荐业务资格的中介机构(以下简称"推荐机构")推荐申请挂牌公司进入上海股权托管交易中心(以下简称"上股交")科技创新板挂牌业务(以下简称"挂牌业务"),明确科技创新板申请挂牌公司、中介机构及各相关方职责,根据《上海股权托管交易中心科技创新企业股份转让系统管理办法(试行)》等有关规定,制定本规则。

第二条 申请挂牌公司申请在科技创新板挂牌,应聘请推荐机构,必要时应同时聘请具有专业服务业务资格的会计师事务所、律师事务所、资产评估机构(以下统称"专业服务机构")为其挂牌提供有关专业服务。

第三条 推荐机构应对申请挂牌公司进行尽职调查和内部审核,同意推荐挂牌的,应出具推荐报告,并向上股交报送推荐挂牌申请文件(以下简称"申请文件")。

第四条 上股交对科技创新板挂牌审查实行注册制。

第五条 推荐机构、专业服务机构及相关人员不得利用在挂牌业务中获取的尚未披露的信息为自己或他人谋取不当利益。

第二章 挂牌条件

第六条 申请挂牌公司申请在科技创新板挂牌,应具备以下条件:

(一)属于科技型、创新型股份有限公司;

(二)具有较强自主创新能力、较高成长性或一定规模;

(三)公司治理结构完善,运作规范;

（四）公司股权归属清晰；

（五）上股交要求的其他条件。

第七条 科技型、创新型企业的认定遵循市场化认定原则，由上股交另行制定细则。

第八条 申请挂牌公司股东人数应符合相关法律、行政法规、部门规章、规范性文件的规定。

第三章 挂牌业务人员设置

第九条 推荐机构应针对每家拟推荐的申请挂牌公司成立专门项目小组，负责尽职调查，制作申请文件等。

第十条 项目小组应由推荐机构内部人员组成，至少为二人，其中应包括通过国家财务、法律或行业相关职业资格考试并具有相关工作经验的专业人员。项目小组成员分工负责拟推荐的申请挂牌公司财务、法律和行业等事项的调查工作。

第十一条 推荐机构应在项目小组中指定一名负责人，对项目负全面责任。项目小组负责人应通过国家财务、法律或行业相关职业资格考试并具有二年及以上投资银行相关工作经验，或者参与并成功完成二个及以上科技创新板推荐挂牌项目。

第十二条 参与挂牌业务的会计师事务所、律师事务所、资产评估机构应指派具有相应执业资质并有服务上市公司或上股交认可的其他资本市场挂牌公司项目经验的人员作为项目负责人。

第十三条 最近三十六个月内有违法、违规行为的从业人员，不得参与挂牌业务。

第十四条 推荐机构存在下列情形之一的，不得推荐该申请挂牌公司挂牌：

（一）推荐机构为申请挂牌公司的第一大股东；

（二）申请挂牌公司为推荐机构的第一大股东；

（三）推荐机构第一大股东或实际控制人为该申请挂牌公司的第一大股东或实际控制人；

（四）推荐机构与申请挂牌公司之间存在其他影响其公正履行职责的关联

关系。

第十五条 直接或间接持有申请挂牌公司股份或权益、在申请挂牌公司中任职或存在其他可能影响其公正履行职责情形的人员，不得参与该申请挂牌公司挂牌业务。

第四章 尽职调查

第十六条 中介机构尽职调查应以形成有助于投资者作出投资决策的信息披露文件为目的，通过实地考察、查阅资料、访谈相关人员等方法，对申请挂牌公司进行尽职调查。

第十七条 项目小组尽职调查范围应包括但不限于股份转让说明书和推荐报告所涉及的内容。

第十八条 中介机构项目负责人、项目小组成员及其他相关责任人应按照业务规则的要求勤勉尽责地开展尽职调查工作，对申请文件进行审慎核查，督导申请挂牌公司规范运作。

第十九条 推荐机构、专业服务机构应对申请挂牌公司进行充分的尽职调查，在对各种依据进行综合分析的基础上对申请挂牌公司提供的资料和披露的内容进行独立判断，并有充分理由确信所出具的专项意见与申请文件的内容不存在实质性差异。

第二十条 推荐机构应判断专业服务机构发表的专项意见所基于的尽职调查工作是否充分，对专业服务机构意见有疑义或认为专业服务机构发表的意见所基于的尽职调查工作不够充分的，推荐机构应进行独立调查。

第二十一条 推荐机构项目小组完成尽职调查工作后，认为符合挂牌条件并同意推荐挂牌的，应由推荐机构出具推荐报告并盖章，项目小组成员在推荐报告上签名，并声明对其负责。

第二十二条 申请挂牌公司及其控股股东、实际控制人、董事、监事、高级管理人员、相关责任人对其提供、出具或签署文件的真实性、准确性、完整性承担法律责任。

中介机构、项目负责人、项目小组成员及其他相关责任人对其提供、出具或签署文件的真实性、准确性、完整性承担法律责任。

第五章　申请文件的报送与审查

第二十三条　推荐机构经内部审核后向上股交报送如下申请文件：

（一）申请挂牌公司出具的挂牌申请；

（二）申请挂牌公司及其实际控制人、全体股东、董事、监事、高级管理人员出具的承诺书；

（三）股份转让说明书；

（四）公司章程；

（五）推荐报告；

（六）审计报告；

（七）法律意见书；

（八）申请挂牌公司与推荐机构签订的推荐挂牌相关协议；

（九）推荐机构尽职调查工作底稿及附件；

（十）申请挂牌公司董事会、股东大会有关进入科技创新板挂牌的决议；

（十一）公司营业执照复印件；

（十二）公司股东名册及身份证明文件；

（十三）公司董事、监事、高级管理人员名单及其持股情况；

（十四）推荐机构自律情况声明；

（十五）推荐机构项目小组负责人、项目小组成员资格说明；

（十六）专业服务机构经办人员资格说明；

（十七）推荐机构对推荐挂牌申请文件电子文件与书面文件保持一致的声明；

（十八）上股交要求的其他文件。

其中上述第（六）项审计报告需满足：成立满二个完整会计年度的申请挂牌公司审计期间至少应包括最近二个完整会计年度；成立未满二个完整会计年度的申请挂牌公司，审计期间为成立日起至最近一期期末。最近一期期末距申请文件报送日不超过六个月，确有合理理由的，申请挂牌公司可向上股交申请适当延长。

申请挂牌公司全体董事、监事、高级管理人员应在股份转让说明书正文后签名，并由申请挂牌公司加盖公章。

推荐机构应对股份转让说明书的真实性、准确性、完整性进行核查，并在股份转让说明书正文后发表声明，声明应由推荐机构法定代表人或其委托代理人、项目负责人、项目小组成员及其他相关责任人签名，并由推荐机构加盖公章。

为申请挂牌公司挂牌提供服务的专业服务机构应在股份转让说明书正文后发表声明，声明应由经办人员及所在机构负责人签名，并由机构加盖公章。

第二十四条　上股交收到推荐机构报送的申请文件后，同意受理的，出具受理函。申请文件一经受理，未经上股交同意不得增加、撤回或更换。

第二十五条　上股交对包括但不限于下列事项进行审查：

（一）申请文件是否齐备；

（二）申请挂牌公司拟披露的信息是否符合信息披露齐备性、一致性、可理解性的要求；

（三）推荐机构是否按照相关业务规则的要求，对申请挂牌公司进行充分的尽职调查，出具恰当的结论；

（四）申请挂牌公司是否符合挂牌条件；

（五）上股交要求的其他事项。

第二十六条　推荐机构向上股交报送申请文件后，应当配合上股交的审查，并承担下列工作：

（一）按照上股交的要求对涉及本次挂牌的特定事项进行尽职调查或核查；

（二）组织申请挂牌公司及其控股股东、实际控制人、董事、监事、高级管理人员、相关责任人，以及专业服务机构对上股交的意见进行答复；

（三）指定项目小组成员与上股交进行专业沟通；

（四）上股交规定的其他工作。

第二十七条　上股交向审查通过的申请挂牌公司出具同意其挂牌的通知，申请挂牌公司取得同意挂牌的通知后，应在推荐机构的协助下于二十个转让日内完成全部股份集中登记托管及挂牌手续。未经上股交同意，逾期未完成上述手续的，申请挂牌公司应重新申请挂牌。

第二十八条　推荐机构应将尽职调查工作底稿等妥善保存，保存期限不少于十年。

第六章 股份登记托管

第二十九条 取得同意挂牌的通知后，推荐机构应督促申请挂牌公司与上股交签订挂牌协议书，并协助申请挂牌公司向上股交申请股份简称及代码。

上股交自受理申请之日起二个转让日内予以核定。

第三十条 申请挂牌公司取得股份简称及代码后，应办理全部股份的登记托管。

申请挂牌公司办理股份登记托管时，应向上股交提供股东名册、股东身份证明文件等材料，并对其真实性、准确性、完整性负责。

上股交自受理之日起二个转让日内向申请挂牌公司出具股份登记确认书。

第七章 办理挂牌手续

第三十一条 申请挂牌公司股份登记托管完成后，应按规定向上股交申请办理挂牌手续。

第三十二条 申请挂牌公司应最迟于挂牌日前三日，在上股交指定网站上发布挂牌公告文件，包括：

（一）股份转让说明书；

（二）公司章程；

（三）推荐报告；

（四）审计报告；

（五）法律意见书；

（六）挂牌提示公告；

（七）上股交要求的其他信息披露文件。

第八章 自律监管与违规处分

第三十三条 上股交对申请挂牌公司及其控股股东、实际控制人、董事、监事、高级管理人员、信息披露负责人、相关信息知情者及其他相关责任人，中介机构及其控股股东、实际控制人、董事、监事、高级管理人员、项目负责人、项目小组成员及其他从业人员等实行自律监管，并可采取下列自律监管措施：

（一）要求申请挂牌公司及其董事（会）、监事（会）、高级管理人员或其他信息披露义务人、中介机构及其相关人员对有关问题作出解释、说明和披露；

（二）要求申请挂牌公司聘请中介机构对公司存在的问题进行核查并发表意见；

（三）约见谈话；

（四）要求提交书面承诺；

（五）出具警示函；

（六）责令改正；

（七）暂不受理中介机构及其从业人员出具的文件；

（八）其他自律监管措施。

监管对象应当积极配合上股交的日常监管，在规定期限内回答问询，按照上股交的要求提交说明，或者披露相应的更正或补充公告。

第三十四条 申请挂牌公司、中介机构及其从业人员在接受核查时应积极配合，及时提供相关材料。

第三十五条 申请挂牌公司及其控股股东或实际控制人、董事、监事、高级管理人员、相关责任人违反本规则规定的，上股交记入诚信档案，暂停或终止审核其挂牌申请文件，并视情况自处理决定做出之日起二十四个月内不再受理该申请挂牌公司的挂牌申请。

第三十六条 中介机构违反本规则规定的，上股交责令其改正，视情节轻重给予其以下处分，并记入中介机构诚信档案，同时向有关部门、相关行业组织通报：

（一）通报批评；

（二）公开谴责；

（三）暂停其业务资格；

（四）取消其业务资格。

第三十七条 中介机构的控股股东或实际控制人、董事、监事、高级管理人员、项目负责人、项目小组成员及其他相关责任人违反本规则规定的，上股交责令其改正，视情节轻重给予其以下处分，并记入诚信档案：

（一）通报批评；

（二）公开谴责；

（三）暂停其从事相关业务的资格；

（四）责令所在机构给予处分；

（五）市场禁入。

第三十八条 中介机构及其从业人员开展业务，存在违反相关法律、行政法规、部门规章、规范性文件的行为，上股交及时报告上海市金融服务办公室，并建议有关部门依法查处。

第三十九条 受处分对象对上股交处理决定有异议的，可自收到处理通知之日起十五个转让日内向上股交申请复核，复核期间该处理 决定不停止执行。

第九章 附 则

第四十条 上股交非上市股份有限公司股份转让系统挂牌公司申请进入科技创新板挂牌业务细则由上股交另行制定。

第四十一条 本规则由上股交负责解释、修订。

第四十二条 本规则经上海市金融服务办公室批准后生效，自发布之日起实施。

天津股权交易所主板挂牌公司准入暂行规定

第一章　总　　则

第一条　为进一步规范非上市非公众股份有限公司股权进入天津股权交易所(以下简称“天交所”)主板挂牌交易行为，促进中小公司规范发展，保护投资者的合法权益，根据相关法律法规和天交所《非上市非公众股份有限公司股权挂牌交易管理暂行办法》，制定本规定。

第二条　天交所主板主要面向发展已经步入成熟期前期的公司。公司经营状况相对稳定，主营产品具有一定的市场占有率，生产已经初步实现规模化，在所属细分行业或区域具有一定的影响力。申请其股权在天交所主板挂牌的公司(以下简称“申请人”)，适用本规定。

第二章　挂牌条件

第一节　主体资格

第三条　申请人应当是依法设立且持续经营2年以上的股份有限公司。

有限责任公司按原账面净资产值折股整体变更为股份有限公司的，持续经营时间可以从有限责任公司成立之日起计算。

第四条　申请人注册资本已足额缴纳，申请人非货币资产出资已经办理权属变更手续，申请人主要资产不存在重大权属纠纷。

第五条　申请人生产经营符合法律、行政法规和公司章程的规定。

第六条　申请人主营业务完整、突出，具有持续经营能力，最近1年内没有发生重大变化。

第七条　申请人最近1年内董事、高级管理人员没有发生重大变化，实际控制人没有发生变更。

第八条　申请人股权清晰，控股股东和受控股股东、实际控制人支配的股东持有的申请人股权不存在重大权属纠纷，历次股权转让行为符合相关法律法规的规定。

第二节 独 立 性

第九条 申请人应当具有完整的业务体系和直接面向市场独立经营的能力。

第十条 申请人资产完整。生产型公司应当具备与生产经营有关的生产系统、辅助生产系统和配套设施，合法拥有与生产经营有关的土地、厂房、机器设备以及商标、专利、非专利技术的所有权或者使用权，具有独立的原料采购和产品销售系统；非生产型公司应当具备与经营有关的业务体系及相关资产。

第十一条 申请人的控股股东、实际控制人及其控制的其他公司不得占用公司资金、资产及其他资源。

第十二条 申请人人员独立。申请人的总经理、财务负责人和董事会秘书等高级管理人员不得在控股股东、实际控制人及其控制的其他公司中担任除董事、监事以外的其他职务，不得在控股股东、实际控制人及其控制的其他公司领薪；申请人的财务人员不得在控股股东、实际控制人及其控制的其他公司中兼职。

第十三条 申请人财务独立。申请人应当建立独立的财务核算体系，能够独立作出财务决策，具有规范的财务会计制度和对分公司、子公司的财务管理制度，相关会计政策能如实反映公司财务状况、经营成果和现金流量；申请人不得与控股股东、实际控制人及其控制的其他公司共用银行账户。

第十四条 申请人机构独立。申请人应当建立健全内部经营管理机构，独立行使经营管理职权，与控股股东、实际控制人及其控制的其他公司不得有机构混同的情形。

第十五条 申请人业务独立。申请人的业务应当独立于控股股东、实际控制人及其控制的其他公司，与控股股东、实际控制人及其控制的其他公司不得有同业竞争或者显失公平的关联交易。

第十六条 申请人在独立性方面不得有其他严重缺陷。

第三节 规 范 运 行

第十七条 申请人已经依法建立由股东大会、董事会、监事会和高级管理层（以下简称“三会一层”）组成的公司治理架构，制定相应的公司治理制度，相关机构和人员能够依法履行职责，申请人“三会一层”应按照公司治理制度进行规范运作。

第十八条　申请人的内部控制制度健全且被有效执行，能够合理保证财务报告的可靠性、生产经营的合法性、营运的效率与效果。

第十九条　申请人应当符合下列条件：

（一）董事、监事和高级管理人员符合法律、行政法规和规章规定的任职资格；

（二）申请人及其控股股东、实际控制人、董事、监事、高级管理人员最近1年内无重大违法违规行为，无不良信用记录；

（三）申请人、控股股东及实际控制人最近1年内无任何可能严重影响公司资产和业务的法律诉讼案件，或有负债等事件。

第四节　财务与会计

第二十条　申请人资产质量良好，资产负债结构合理，盈利能力较强，现金流量正常，具有稳定、持续的经营业绩。

第二十一条　申请人的内部控制在所有重大方面是有效的，并由申请人出具内部控制自我评价报告。

第二十二条　申请人会计基础工作规范，财务报表的编制符合公司会计准则和相关会计制度的规定，在所有重大方面公允地反映了申请人的财务状况、经营成果和现金流量，并由注册会计师出具无保留意见的最近两年及一期审计报告。申请人申报财务报表最近一期截止日不得早于申请人股改基准日。

第二十三条　申请人应完整披露关联方关系并按重要性原则恰当披露关联交易。关联交易价格公允，不存在通过关联交易操纵利润及损害中小股东利益的情形。

第二十四条　申请人应当符合下列条件：

（一）最近1个会计年度净利润不少于人民币500万元，净利润以扣除非经常性损益前后较低者为计算依据；

（二）最近一期末净资产不少于人民币2000万元，且不存在未弥补亏损。

第二十五条　申请人依法纳税，各项税收优惠符合相关法律法规的规定。

第二十六条 申请人申报文件中不得有下列情形：

（一）故意遗漏或虚构交易、事项或者其他重要信息；

（二）滥用会计政策或者会计估计；

（三）操纵、伪造或篡改编制财务报表所依据的会计记录或者相关凭证。

第三章 挂牌程序

第二十七条 申请人董事会应当依法就本次股权挂牌交易的相关事宜作出决议，并提请股东大会批准。

第二十八条 申请人股东大会就本次股权挂牌交易作出的决议，至少应当包括下列事项：

（一）关于公司股权在天交所登记托管；

（二）关于公司股权在天交所挂牌交易；

（三）关于聘请公司股权在天交所挂牌交易的保荐服务机构；

（四）关于聘请公司法律顾问；

（五）关于聘请公司审计机构；

（六）关于修改公司章程。

第二十九条 申请人应当向天交所提交申请文件，通过筛选审核后方可进入后续流程。

第三十条 申请人应当聘请具备在天交所执业资格的中介服务机构为其股权挂牌交易行为提供专项服务，至少包括保荐服务机构、会计师事务所和律师事务所。

第三十一条 申请人及其中介服务机构应当按照天交所要求进行尽职调查，制作项目启动方案，经天交所审核通过后项目正式启动。

申请人及聘请的中介服务机构应当严格按照项目启动方案制订的计划开展工作，项目操作过程中如有重大变动，必须及时向天交所相关部门汇报。

第三十二条 申请人是有限责任公司形式的，应当按照有关法律法规和天交所的要求，依法整体变更为股份有限公司。

第三十三条 鼓励公司在挂牌前进行定向私募引入投资人。

第三十四条 申请人在挂牌前进行定向私募，应当按照天交所的有关规定制作股权定向私募方案，经天交所审核通过后方可组织私募活动。

私募活动必须严格按照有关法律法规以及天交所相关规定办理。

第三十五条　申请人及其中介服务机构应当按照天交所《股权挂牌交易申报文件格式与内容指引》的有关要求制作申报文件，如申报文件与指引要求有重大出入的，需提交书面说明，经同意后方可申报。

第三十六条　申报文件原则上需经申请人当地政府主管部门备案同意后，由保荐服务机构报送天交所。其中，申请人股权存在国有成分或外资成分的，须取得国有资产管理部门出具的国有股权设置批复文件或商务主管部门出具的外资股确认文件后，方可由保荐服务机构向天交所报送申报文件；申请人属于银行、小额贷款公司、担保、融资租赁等特殊行业的，须取得相关行业主管部门同意其挂牌的函件后，方可由保荐服务机构向天交所报送申报文件。

第三十七条　申请人及其中介服务机构应当根据天交所专家审核委员会的审核意见对申报材料进行补充。

第三十八条　申请人申报文件通过天交所审核备案后，应当按照天交所有关规定办理全部股权集中登记托管，并在规定时间内安排挂牌交易事宜。

第四章　信息披露及持续督导

第三十九条　申请人收到天交所挂牌通知后，应按照天交所信息披露的相关规定，履行信息披露义务。

第四十条　申请人挂牌前，至少应当披露《股权挂牌交易说明书》《股权挂牌交易说明书摘要》。

第四十一条　申请人及其全体董事、监事和高级管理人员应当保证信息披露内容的真实、准确、完整，不存在虚假记载、误导性陈述或重大遗漏。

第四十二条　申请人信息披露文件应当通过天交所网站（www. tjsoc. com）及天交所指定其他媒体发布，并保证内容一致，在其他指定媒体披露信息的时间不得早于在天交所网站披露的时间。

第五章　附　　则

第四十三条　本规定由天交所负责解释、补充和修订。

第四十四条　本规定自 2014 年 4 月 1 日起施行。

天津股权交易所创业板挂牌公司准入暂行规定

第一章 总 则

第一条 为了进一步规范非上市非公众股份有限公司股权进入天津股权交易所(以下简称“天交所”)创业板挂牌交易行为,促进中小公司规范发展,保护投资者的合法权益,根据相关法律法规和天交所《非上市非公众股份有限公司股权挂牌交易管理暂行办法》,制定本规定。

第二条 天交所创业板主要面向处于创业期或成长期早期阶段的公司。公司产品具有一定独创性,在当地已经拥有一定的市场份额,且具有较好的市场发展前景。申请其股权在天交所创业板挂牌的公司(以下简称“申请人”),适用本规定。

第二章 挂牌条件

第三条 申请人应当是依法设立的股份有限公司。

第四条 申请人注册资本已足额缴纳,申请人非货币资产出资已经办理了权属变更手续,申请人主要资产不存在重大权属纠纷。

第五条 申请人生产经营符合法律、行政法规和公司章程的规定。

第六条 申请人业务明确,具有持续经营能力。

第七条 申请人股权清晰,控股股东和受控股股东、实际控制人支配的股东持有的申请人股权不存在重大权属纠纷。

第八条 申请人应完整披露关联方关系并按重要性原则恰当披露关联交易。

第九条 申请人已经依法建立由股东大会、董事会、监事会和高级管理层(以下简称“三会一层”)组成的公司治理架构,制定相应的公司治理制度,相关机构和人员能够依法履行职责,申请人“三会一层”应按照公司治理制度进行规范运作。

第十条 申请人的内部控制制度健全且被有效执行,能够合理保证财务报告的可靠性、生产经营的合法性、营运的效率与效果。

第十一条 申请人应当符合下列条件：

（一）董事、监事和高级管理人员符合法律、行政法规和规章规定的任职资格；

（二）申请人及其控股股东、实际控制人、董事、监事、高级管理人员最近1年内不存在重大违法违规行为。

重大违法违规行为是指，凡被行政处罚的实施机关给予没收违法所得、没收非法财物以上行政处罚的行为，属于重大违法违规情形，但处罚机关依法认定不属于的除外；被行政处罚的实施机关给予罚款的行为，除保荐服务机构和律师能依法合理说明或处罚机关认定该行为不属于重大违法违规行为的外，都视为重大违法违规行为。

第十二条 申请人的内部控制在所有重大方面是有效的，并由申请人出具内部控制自我评价报告。

第十三条 申请人会计基础工作规范，财务报表的编制符合公司会计准则和相关会计制度的规定，在所有重大方面公允地反映了申请人的财务状况、经营成果和现金流量，并由注册会计师出具无保留意见的最近两年一期审计报告（公司持续经营年限不足两年，由注册会计师出具无保留意见的最近一年一期审计报告；公司持续经营年限不足一年，由注册会计师出具无保留意见的最近一期审计报告）。申请人申报财务报表最近一期截止日不得早于申请人股改基准日。

财务报表被出具带强调事项段的无保留审计意见的，应全文披露审计报告正文以及董事会、监事会和注册会计师对强调事项的详细说明，并披露董事会和监事会对审计报告涉及事项的处理情况，说明该事项对公司的影响是否重大、影响是否已经消除、违反公允性的事项是否予以纠正。

第十四条 申请人依法纳税，各项税收优惠符合相关法律法规的规定。

第十五条 申请人申报文件中不得有下列情形：

（一）故意遗漏或虚构交易、事项或者其他重要信息；

（二）操纵、伪造或篡改编制财务报表所依据的会计记录或者相关凭证。

第三章 挂牌程序

第十六条 申请人董事会应当依法就本次股权挂牌交易的相关事宜作出决议,并提请股东大会批准。

第十七条 申请人股东大会就本次股权挂牌交易作出的决议,至少应当包括下列事项:

(一)关于公司股权在天交所登记托管;

(二)关于公司股权在天交所挂牌交易;

(三)关于聘请公司股权在天交所挂牌交易的保荐服务机构;

(四)关于聘请公司法律顾问;

(五)关于聘请公司审计机构;

(六)关于修改公司章程。

第十八条 申请人应当向天交所提交申请文件,通过筛选审核后方可进入后续流程。

第十九条 申请人应当聘请具备在天交所执业资格的中介服务机构为其股权挂牌交易行为提供专项服务,至少包括保荐服务机构、会计师事务所和律师事务所。

第二十条 申请人及其中介服务机构应当按照天交所要求进行尽职调查,制作项目启动方案,经天交所审核通过后项目正式启动。

申请人及聘请的中介服务机构应当严格按照项目启动方案制订的计划开展工作,项目操作过程中如有重大变动,必须及时向天交所相关部门汇报。

第二十一条 申请人是有限责任公司形式的,应当按照有关法律法规和天交所的要求,依法整体变更为股份有限公司。

第二十二条 鼓励公司在挂牌前进行定向私募引入投资人。

第二十三条 申请人在挂牌前进行定向私募的,应当按照天交所的有关规定制作股权定向私募方案,经天交所审核通过后方可组织私募活动。

私募活动必须严格按照有关法律法规以及天交所相关规定办理。

第二十四条 申请人及其中介服务机构应当按照天交所《股权挂牌交易申报文件格式与内容指引》的有关要求制作申报文件,如申报文件与指引要求有重大出入的,需提交书面说明,经同意后方可申报。

第二十五条 申报文件原则上需经申请人当地政府主管部门备案同意后，由保荐服务机构报送天交所。其中，申请人股权存在国有成分或外资成分的，须取得国有资产管理部门出具的国有股权设置批复文件或商务主管部门出具的外资股确认文件后，方可由保荐服务机构向天交所报送申报文件；申请人属于银行、小额贷款公司、担保、融资租赁等特殊行业的，须取得相关行业主管部门同意其挂牌的函件后，方可由保荐服务机构向天交所报送申报文件。

第二十六条 申请人及其中介服务机构应当根据天交所内审和专家审核委员会的审核意见对申报材料进行补充。

第二十七条 申请人申报文件经天交所专家审核委员会审核后，认定不符合主板、成长板申报条件情形的，经申请人提交相关问题解决方案并经天交所审核通过，可以安排在本板块挂牌交易。

第二十八条 申请人申报文件通过天交所审核备案后，应当按照天交所有关规定办理全部股权集中登记托管，并在规定时间内安排挂牌交易事宜。

第四章 信息披露及持续督导

第二十九条 申请人收到天交所挂牌通知后，应按照天交所信息披露的相关规定，履行信息披露义务。

第三十条 申请人挂牌前，至少应当披露《股权挂牌交易说明书》《股权挂牌交易说明书摘要》。

第三十一条 申请人及其全体董事、监事和高级管理人员应当保证信息披露内容的真实、准确、完整，不存在虚假记载、误导性陈述或重大遗漏。

第三十二条 申请人信息披露文件应当通过天交所网站（www. tjsoc. com）及天交所指定其他媒体发布，并保证内容一致，在其他指定媒体披露信息的时间不得早于在天交所网站披露的时间。

第五章 附　　则

第三十三条 本规定由天交所负责解释、补充和修订。

第三十四条 本规定自 2014 年 4 月 1 日起施行。

天津股权交易所成长板挂牌公司准入暂行规定

第一章 总 则

第一条 为了进一步规范非上市非公众股份有限公司股权进入天津股权交易所(以下简称“天交所”)成长板挂牌交易行为,促进中小公司规范发展,保护投资者的合法权益,根据相关法律法规和天交所《非上市非公众股份有限公司股权挂牌交易管理暂行办法》,制定本规定。

第二条 天交所成长板主要面向处于成长期阶段的公司。公司在所处行业中具有较好的成长性,产品科技含量较高,产品市场占有率在不断上升,生产已经逐步实现规模化。申请其股权在天交所成长板挂牌的公司(以下简称“申请人”),适用本规定。

第二章 挂牌条件

第一节 主体资格

第三条 申请人应当是依法设立且持续经营 1 年以上的股份有限公司。

有限责任公司按原账面净资产值折股整体变更为股份有限公司的,持续经营时间可以从有限责任公司成立之日起计算。

第四条 申请人注册资本已足额缴纳,申请人非货币资产出资已经办理权属变更手续,申请人主要资产不存在重大权属纠纷。

第五条 申请人生产经营符合法律、行政法规和公司章程的规定。

第六条 申请人主营业务完整、突出,具有持续经营能力,最近 1 年内没有发生重大变化。

第七条 申请人最近 1 年内董事、高级管理人员没有发生重大变化,实际控制人没有发生变更。

第八条 申请人股权清晰,控股股东和受控股股东、实际控制人支配的股东持有的申请人股权不存在重大权属纠纷,历次股权转让行为符合相关法律法规的规定。

第二节　独　立　性

第九条　申请人应当具有完整的业务体系和直接面向市场独立经营的能力。

第十条　申请人资产完整。生产型公司应当具备与生产经营有关的生产系统、辅助生产系统和配套设施，合法拥有与生产经营有关的土地、厂房、机器设备以及商标、专利、非专利技术的所有权或者使用权，具有独立的原料采购和产品销售系统；非生产型公司应当具备与经营有关的业务体系及相关资产。

第十一条　申请人的控股股东、实际控制人及其控制的其他公司不得占用公司资金、资产及其他资源。

第十二条　申请人人员独立。申请人的总经理、财务负责人和董事会秘书等高级管理人员不得在控股股东、实际控制人及其控制的其他公司中担任除董事、监事以外的其他职务，不得在控股股东、实际控制人及其控制的其他公司领薪；申请人的财务人员不得在控股股东、实际控制人及其控制的其他公司中兼职。

第十三条　申请人财务独立。申请人应当建立独立的财务核算体系，能够独立作出财务决策，具有规范的财务会计制度和对分公司、子公司的财务管理制度，相关会计政策能如实反映公司财务状况、经营成果和现金流量；申请人不得与控股股东、实际控制人及其控制的其他公司共用银行账户。

第十四条　申请人机构独立。申请人应当建立健全内部经营管理机构，独立行使经营管理职权，与控股股东、实际控制人及其控制的其他公司不得有机构混同的情形。

第十五条　申请人业务独立。申请人的业务应当独立于控股股东、实际控制人及其控制的其他公司，与控股股东、实际控制人及其控制的其他公司不得有同业竞争或者显失公平的关联交易。

第十六条　申请人在独立性方面不得有其他严重缺陷。

第三节　规　范　运　行

第十七条　申请人已经依法建立由股东大会、董事会、监事会和高级管理层（以下简称“三会一层”）组成的公司治理架构，制定相应的公司治理制度，相关机构和人员能够依法履行职责，申请人“三会一层”应按照公司治理制度进行规范运作。

第十八条 申请人的内部控制制度健全且被有效执行，能够合理保证财务报告的可靠性、生产经营的合法性、营运的效率与效果。

第十九条 申请人应当符合下列条件：

（一）董事、监事和高级管理人员符合法律、行政法规和规章规定的任职资格；

（二）申请人及其控股股东、实际控制人、董事、监事、高级管理人员最近1年内无重大违法违规行为，无不良信用记录；

（三）申请人、控股股东及实际控制人最近1年内无任何可能严重影响公司资产和业务的法律诉讼案件，或有负债等事件。

第四节 财务与会计

第二十条 申请人资产质量良好，资产负债结构合理，盈利能力较强，现金流量正常，具有稳定、持续的经营业绩。

第二十一条 申请人的内部控制在所有重大方面是有效的，并由申请人出具内部控制自我评价报告。

第二十二条 申请人会计基础工作规范，财务报表的编制符合公司会计准则和相关会计制度的规定，在所有重大方面公允地反映了申请人的财务状况、经营成果和现金流量，并由注册会计师出具无保留意见的最近两年及一期审计报告（公司持续经营年限不足两年，由注册会计师出具无保留意见的最近一年及一期审计报告）。申请人申报财务报表最近一期截止日不得早于申请人股改基准日。

第二十三条 申请人应完整披露关联方关系并按重要性原则恰当披露关联交易。关联交易价格公允，不存在通过关联交易操纵利润及损害中小股东利益的情形。

第二十四条 申请人最近两个会计年度主营业务收入累计不少于1 000万元且净利润累计不少于100万元。申请人最近一期末不存在未弥补亏损。

第二十五条 申请人依法纳税，各项税收优惠符合相关法律法规的规定。

第二十六条 申请人申报文件中不得有下列情形：

（一）故意遗漏或虚构交易、事项或者其他重要信息；

（二）滥用会计政策或者会计估计；

（三）操纵、伪造或篡改编制财务报表所依据的会计记录或者相关凭证。

第三章　挂牌程序

第二十七条　申请人董事会应当依法就本次股权挂牌交易的相关事宜作出决议，并提请股东大会批准。

第二十八条　申请人股东大会就本次股权挂牌交易作出的决议，至少应当包括下列事项：

（一）关于公司股权在天交所登记托管；

（二）关于公司股权在天交所挂牌交易；

（三）关于聘请公司股权在天交所挂牌交易的保荐服务机构；

（四）关于聘请公司法律顾问；

（五）关于聘请公司审计机构；

（六）关于修改公司章程。

第二十九条　申请人应当向天交所提交申请文件，通过筛选审核后方可进入后续流程。

第三十条　申请人应当聘请具备在天交所执业资格的中介服务机构为其股权挂牌交易行为提供专项服务，至少包括保荐服务机构、会计师事务所和律师事务所。

第三十一条　申请人及其中介服务机构应当按照天交所要求进行尽职调查，制作项目启动方案，经天交所审核通过后项目正式启动。

申请人及聘请的中介服务机构应当严格按照项目启动方案制订的计划开展工作，项目操作过程中如有重大变动，必须及时向天交所相关部门汇报。

第三十二条　申请人是有限责任公司形式的，应当按照有关法律法规和天交所的要求，依法整体变更为股份有限公司。

第三十三条　鼓励公司在挂牌前进行定向私募引入投资人。

第三十四条　申请人在挂牌前进行定向私募，应当按照天交所的有关规定制作股权定向私募方案，经天交所审核通过后方可组织私募活动。

私募活动必须严格按照有关法律法规以及天交所相关规定办理。

第三十五条 申请人及其中介服务机构应当按照天交所《股权挂牌交易申报文件格式与内容指引》的有关要求制作申报文件，如申报文件与指引要求有重大出入的，需提交书面说明，经同意后方可申报。

第三十六条 申报文件原则上需经申请人当地政府主管部门备案同意后，由保荐服务机构报送天交所。其中，申请人股权存在国有成分或外资成分的，须取得国有资产管理部门出具的国有股权设置批复文件或商务主管部门出具的外资股确认文件后，方可由保荐服务机构向天交所报送申报文件；申请人属于银行、小额贷款公司、担保、融资租赁等特殊行业的，须取得相关行业主管部门同意其挂牌的函件后，方可由保荐服务机构向天交所报送申报文件。

第三十七条 申请人及其中介服务机构应当根据天交所专家审核委员会的审核意见对申报材料进行补充。

第三十八条 申请人申报文件通过天交所审核备案后，应当按照天交所有关规定办理全部股权集中登记托管，并在规定时间内安排挂牌交易事宜。

第四章 信息披露及持续督导

第三十九条 申请人收到天交所挂牌通知后，应按照天交所信息披露的相关规定，履行信息披露义务。

第四十条 申请人挂牌前，至少应当披露《股权挂牌交易说明书》《股权挂牌交易说明书摘要》。

第四十一条 申请人及其全体董事、监事和高级管理人员应当保证信息披露内容的真实性、准确性、完整性，不存在虚假记载、误导性陈述或重大遗漏。

第四十二条 申请人信息披露文件应当通过天交所网站（www. tjsoc. com）及天交所指定其他媒体发布，并保证内容一致，在其他指定媒体披露信息的时间不得早于在天交所网站披露的时间。

第五章 附 则

第四十三条 本规定由天交所负责解释、补充和修订。

第四十四条 本规定自 2014 年 4 月 1 日起施行。

天津股权交易所B板业务规则(试行)

(2016年09月30日天津股权交易所发布)

第一章　总　　则

第一条　为规范企业在天津股权交易所(以下简称"天交所")B板挂牌业务,根据《中华人民共和国公司法》等有关国家法律、法规的规定,制定本规则。

第二条　天交所在现有企业股权交易平台基础上,增设B板企业挂牌服务平台,在B板挂牌企业主体应为有限责任公司或者其他天交所认可的组织形式。

第三条　B板一方面聚集各类型优秀企业,以企业培育孵化为目标,充分挖掘、展示企业投资价值,促进企业多渠道融资,实现规范发展;另一方面聚集各类小贷、担保等类金融行业企业,并以满足投融资需求为目标,通过对天交所各板块间企业投融资需求的分析挖掘,为类金融行业挂牌企业提供更多优质业务来源。

第四条　根据挂牌企业的独特概念或所属行业特征,B板下设众创板、类金融企业板等子板块,以进一步充分发挥各板块间的相互联动促进作用。

第五条　参与B板业务各方应遵循自愿有偿、平等、自律、诚实守信原则,遵守本业务规则规定。

第二章　推荐服务机构

第六条　申请在B板挂牌的企业,应聘请推荐服务机构提供挂牌推荐服务。

第七条　以下机构可以为企业在B板挂牌提供推荐服务:

(一)在天交所完成注册并取得业务资格的保荐服务机构;

(二)在天交所完成注册并取得业务资格的督导服务机构;

(三)在天交所完成注册并取得业务资格的中介服务机构;

(四)经天交所批准的特许机构。

第八条　推荐服务机构应与企业签订《推荐服务协议》,并对企业进行尽职调查,审查企业是否满足 B 板准入条件,并负责编制相关申请文件,办理挂牌申请。

第九条 推荐服务机构原则上应与企业签订不少于 1 年的《后续服务协议》,并依据协议为企业提供后续服务。

后续服务包括但不限于以下方面:

(一) 督导企业履行信息披露义务,完善治理结构和规范运行;

(二) 为企业提供股份制改造服务;

(三) 为企业提供融资对接服务;

(四) 协助企业办理股权登记托管及股权转让等服务;

(五) 为企业提供募投项目、协助企业参与天交所已挂牌企业的并购重组、开展相关业务合作等服务;

(六) 为企业提供资本市场业务知识培训、产业对接等服务。

第三章 挂牌条件

第十条 申请在 B 板挂牌企业应当符合下列条件((一)、(二)条件满足其一即可):

(一) 科技型、创新型企业或其他具备人才、技术、市场、专利等方面优势的企业;

(二) 从事典当、担保、租赁、保理、小额贷款、投资咨询等业务的类金融行业企业;

(三) 公司组织架构健全,依法合规经营;

(四) 有满足正常生产经营所需要的办公场所及工作人员;

(五) 企业及其董事、监事、高级管理人员最近 24 个月内不存在重大违法违规行为;

(六) 天交所要求的其他条件。

第十一条 企业申请在 B 板挂牌,企业及其推荐服务机构应报送如下备案申请文件:

(一) 企业 B 板挂牌申报表;

(二) 企业基本情况说明书;

（三）企业董事会（执行董事）、股东（大）会等关于申请在天交所B板挂牌的决议；

（四）企业营业执照、组织机构代码证及税务登记证复印件；

（五）企业在工商行政管理机关备案的企业章程；

（六）法定代表人有效身份证明文件复印件；

（七）企业及其全体董事（执行董事）对备案文件合法性、真实性、准确性和完整性的承诺书；

（八）推荐服务机构关于企业B板挂牌的推荐意见书；

（九）推荐服务机构后续服务方案；

（十）推荐服务机构与企业签订的《推荐服务协议》《后续服务协议》；

（十一）天交所要求的其他材料。

第十二条 企业申请在B板挂牌，可同时申请股权进行登记托管，除报送本规则第十条规定的相关备案申请文件外，另须报送如下文件：

（一）股权登记托管申报表；

（二）董事会（执行董事）、股东（大）会等同意股权在天交所登记托管的决议；

（三）企业签发的股东名册、股东身份有效证明文件；

（四）股东名册承诺函；

（五）企业登记托管信息；

（六）董事、监事、高级管理人员名单；

（七）股权质押、冻结等情况的说明及相关材料（如有）；

（八）天交所要求的其他材料。

第四章 挂牌申请

第十三条 企业应当向天交所提交筛选文件，通过筛选审核后方可进入后续流程。

第十四条 企业提交的申请文件通过天交所审核后，应聘请推荐服务机构按照要求报送正式备案申请文件，天交所对拟挂牌企业所报送的材料进行审查，在审查过程中，拟挂牌企业应依据天交所审查意见，及时对挂牌备案材料进行补充反馈。

第十五条 天交所同意企业挂牌申请的,自受理企业申请文件之日起五个工作日内,向企业出具准予其挂牌的通知书,通知企业挂牌简称及股权代码,并与企业签订挂牌服务协议及股权登记托管协议,办理企业全部股权的登记托管。

第五章 信息披露

第十六条 在满足天交所信息披露基本要求的基础上,企业可自愿选择信息披露的内容,但应保证信息披露内容的真实性、准确性、完整性,不存在虚假记载、误导性陈述或重大遗漏,因其信息披露所产生的一切法律责任和相关方的经济损失由该企业承担。

第十七条 企业设有董事会秘书的,由董事会秘书负责信息披露事务。未设董事会秘书的,企业应指定专人负责信息披露事务。

第十八条 企业披露的信息须经盖章确认,并经推荐服务机构审核确认后以书面形式报送天交所,天交所审查后方可在天交所网站披露企业信息。

第十九条 企业披露的信息应第一时间在天交所网站上发布,在其他媒体披露信息的时间不得早于在天交所网站的披露时间。

第二十条 企业应在挂牌前一个工作日,在天交所网站披露《企业基本情况说明书》,企业应依据《B板企业基本情况说明书内容与格式指引》(以下简称“指引”)编制。《指引》是对信息披露的最低标准,企业可自愿进行更为充分的信息披露。

第二十一条 企业涉及下列重大事项,须进行临时性信息披露:

(一)工商登记事项变更;

(二)重大诉讼、重大仲裁、重大担保以及摘牌等可能影响投资者权益的重大事项;

(三)本所认为需要披露的其他重大事项。

第二十二条 企业可自愿披露以下信息:

(一)竞争优势,包括但不限于技术优势、产品优势、商业模式优势等;

(二)股权转让意向信息,包括但不限于意向出让股权的数量、意向出让股权的价格、意向受让股权的数量、意向受让股权的价格等;

（三）企业需求信息，包括但不限于企业股权、债权等融资需求，寻找募投项目等；

（四）企业财务信息，包括但不限于企业的主要财务数据和财务指标等；

（五）企业需要发布的其他信息。

第六章 转板与摘牌

第二十三条 B板挂牌企业符合天交所A板（主板、成长板、创业板）挂牌条件，可以提出转板申请。天交所受理企业转板申请后，依据《天津股权交易所主板挂牌公司准入暂行规定》《天津股权交易所成长板挂牌公司准入暂行规定》《天津股权交易所创业板挂牌公司准入暂行规定》，对企业报送的挂牌申请文件进行审核，天交所准予企业在A板（主板、成长板、创业板）挂牌的，企业应在天交所网站指定位置发布《企业转板公告书》。

第二十四条 挂牌企业出现下列情形之一的，天交所予以终止挂牌并解除托管：

（一）公司对发展规划进行战略性调整；

（二）已经获准在境内、外其他资本市场上市、挂牌；

（三）出现破产、解散等法人资格丧失情形；

（四）企业因违法违规被吊销营业执照；

（五）企业因重大违法违规被有权部门立案调查的；

（六）企业存在虚假记载等信息披露违规且未能整改的；

（七）天交所认定需终止挂牌并解除托管的其他情形。

第七章 违规处理

第二十五条 挂牌企业违反本规则规定的，天交所责令其改正，并视情节轻重给予其以下处理：

（一）约谈；

（二）风险警示；

（三）暂停挂牌；

（四）终止挂牌；

（五）终止托管。

第二十六条 推荐服务机构违反本规则规定的，天交所责令其改正，并视情节轻重给予其以下处理：

（一）约谈；

（二）风险警示；

（三）暂停推荐业务资格；

（四）取消推荐业务资格。

第八章 附 则

第二十七条 本规则由天交所负责解释和修订。

第二十八条 本规则自颁布之日起施行。

天津股权交易所保荐服务机构管理暂行办法

（2016 年 09 月 30 日天津股权交易所发布）

第一章　总　　则

第一条　为规范保荐服务机构在天津股权交易所(以下简称“天交所”)的执业行为,保护投资者合法权益,促进市场健康发展,根据《公司法》等法律法规以及《天津股权交易所非上市非公众股份有限公司股权挂牌交易管理暂行办法》等天交所有关业务规则,制定本办法。

第二条　本办法所称保荐服务机构是指符合天交所保荐服务机构注册条件、自愿遵守天交所有关规定、在天交所注册并取得业务资格、可开展保荐业务的机构。

第三条　本办法所称保荐业务是指保荐服务机构接受企业委托,按照天交所有关业务规则,为符合天交所挂牌条件的企业提供保荐服务的业务活动。

第四条　本办法所称保荐承办人是指取得天交所保荐业务资格后,接受任职保荐服务机构委托,按照天交所有关业务规定,负责保荐企业完成挂牌的个人。

第五条　保荐服务机构及保荐承办人应当遵守我国有关法律法规以及天交所有关业务规定,规范执业、诚实守信、勤勉尽责,接受天交所的执业管理。

第二章　保荐服务机构注册管理

第六条　保荐服务机构可在天交所从事以下部分或全部业务:保荐企业股权挂牌、挂牌企业信息披露持续督导、挂牌企业现代企业制度运行督导、挂牌企业风险排查、挂牌企业增发并购等融资服务以及天交所许可的其他业务。

第七条　申报机构在天交所从事保荐业务,需符合天交所规定的机构类型及注册条件,并向天交所申请保荐服务机构及保荐承办人资格。

第八条　保荐服务机构开展保荐业务,应当由指定的保荐承办人承担具体保荐业务。申报机构保荐承办人从事天交所保荐业务，应向天交所申请保荐承办人资格。未经天交所核准，其他个人不得从事天交所保荐业务。

第九条 申报机构注册申报材料经天交所审核通过并按时缴纳管理服务费用后，应安排申请保荐承办人的个人参加天交所服务机构准入培训，培训考核通过后申报机构进入为期6个月的业务考核期，申报机构及保荐承办人可以开展保荐业务。

第十条 申报机构通过业务考核期后，可取得天交所正式执业资格，获得机构执业编码及保荐承办人的执业编码。如未通过考核期，申报机构不能获得正式保荐业务资格，且注册申报流程自动终止。

第十一条 申报机构被取消保荐业务资格后，如需开展业务应重新进行注册申报。连续两次被取消业务资格的机构，天交所一年内不再受理其注册申报。

第十二条 为加强保荐服务机构执业能力，提高执业水平，保荐服务机构可参加天交所组织的不定期培训。

第三章 保荐服务机构业务管理

第十三条 保荐服务机构开展业务需要与天交所建立良好的沟通协调机制，做到与业务相关各方的有效沟通。

第十四条 保荐服务机构应当建立健全保荐工作内部控制体系，完善保荐服务机构的尽职调查制度、内部核查制度等。

第十五条 保荐服务机构应设立独立的保荐业务部门，应制定保荐业务工作制度，负责保荐企业的尽职调查以及企业挂牌持续督导工作，并对部门内部的具体人员及职责、岗位设置、决策机制、信息沟通、监督管理等内容进行规定。

第十六条 保荐服务机构应设立独立的内核部门，制定内核工作制度，负责保荐文件的审核，并对有关事项发表独立的内核意见。

保荐服务机构法定代表人(或执行合伙人)、内核负责人、保荐承办人应当在内核意见书上签名。

第十七条 保荐服务机构应当在拟挂牌企业通过天交所筛选确认后，对企业进行全面的尽职调查，并出具相关启动方案。

第十八条 保荐服务机构应当在出具的项目启动方案经天交所审核通过

后，与企业签订保荐服务协议。保荐服务机构必须严格按照协议内容为企业提供保荐服务，不得无故中止或终止保荐服务协议。保荐服务协议应报天交所备案。

第十九条 保荐服务机构不得通过任何未经企业和天交所认可的途径公布企业信息、进行推介企业等活动。

第二十条 保荐服务机构在保荐企业挂牌的工作期间，须对拟挂牌企业的相关人员进行法律、财务、企业治理结构、资本市场知识等方面的辅导。

第二十一条 保荐服务机构应当勤勉尽责地为（拟）挂牌企业情况进行全面的梳理，应当客观审慎地对（拟）挂牌企业存在的问题提出解决方案，对其他专业服务机构及其签字人员出具的相关意见进行审慎核查并做出独立判断。

第二十二条 保荐服务机构应当组织其他专业服务机构共同提交在天交所挂牌的企业所需要的各项存档资料，并且协助组织相关人员参加天交所专家审核委员会的聆讯工作。

第二十三条 保荐服务机构应持续做好被保荐企业挂牌后督导工作，包括但不限于企业高管持续培训、信息披露持续督导和文件披露前审核、现代企业制度建立和督导执行、企业现场检查、企业风险排查及协助解决、增发并购以及其他持续融资服务等工作。

第二十四条 保荐服务机构及保荐承办人作为内幕信息知情方，应当遵守有关法律法规和天交所的规定，不得利用内幕信息谋取不正当利益。

第四章 权利与义务

第二十五条 保荐服务机构享有以下权利：

（一）查阅天交所网站业务平台发布的信息；

（二）对天交所业务和其他机构的活动进行监督；

（三）优先获得天交所市场业务需求方面的信息；

（四）优先参与各类市场开发活动，优先参与天交所市场建设；

（五）优先享受天交所有关部门的信息服务以及业务支持；

（六）参加天交所组织的各类培训活动；

（七）优先获得天交所提供的其他相关服务。

第二十六条 保荐服务机构需履行以下义务：

（一）遵守有关法律法规、各项规章制度及天交所管理规定；

（二）保证向天交所提供的全部文件内容真实、准确、完整；

（三）接受天交所业务监督，不从事有损于天交所和市场各主体合法权益的活动；

（四）根据市场化的收费准则，依据工作内容收取相应服务费用；

（五）对保荐业务中涉及的商业机密事项保密；

（六）依法缴纳保荐活动所产生的各项税费。

第五章 保荐服务机构监督管理

第二十七条 保荐服务机构及保荐承办人应当积极配合天交所有关部门监管，按照天交所要求及时说明情况，提供相关资料，不得拒绝或者拖延提供有关资料，不得提供虚假、有误导性或者不完整的资料。

第二十八条 保荐服务机构或保荐承办人违反天交所有关管理规定的，天交所视情况采取公开批评、警告、约谈、暂停、取消其保荐服务机构业务资格等监管措施。

第二十九条 保荐服务机构被取消保荐资格后需重新申请注册的，需按照天交所管理规定重新履行注册申报程序。

第三十条 保荐承办人取消资格后再次申请或变更所在保荐服务机构的，应按首次注册规定提交申请文件，并履行注册程序。

第三十一条 保荐服务机构出现不满足天交所注册条件的情况应及时向天交所提交书面报告并暂停新业务。对未提交报告但同时开展新业务的机构，天交所有权做出暂停机构保荐业务资格的处理。

第三十二条 保荐服务机构自身出现了股权、人事、业务等方面的重大变动，应及时向天交所提交书面报告。

第三十三条 保荐服务机构应按时参加天交所组织的年度检查工作，按照要求提交真实、完整、准确的年检资料。

第三十四条 天交所建立保荐服务机构《机构考核表》，围绕保荐业务、持续督导业务、企业融资服务等方面对保荐服务机构和保荐承办人进行执业能力和执业规范性方面持续管理。

第三十五条 天交所以《机构考核表》为基础，通过年度考核方式对保荐服务机构实行评价考核制度。对于评价结果较好的机构，天交所实行相应的奖励措施；对于评价结果较差的机构，天交所视情况采取公开批评、警告、约谈、暂停、取消其保荐服务机构业务资格等相应处理措施。

第三十六条 保荐服务机构在从事相关业务过程中有违反法律法规及国家相关规定的行为，天交所有权采取相应处理措施。并视情节轻重程度，天交所有权提请有关部门、机关依照有关规定进行处罚。

第三十七条 保荐服务机构和保荐承办人从事保荐业务期间，出现严重影响天交所市场秩序的行为，天交所有权对其实行永久性市场禁入处罚。

第六章 附 则

第三十八条 本办法由天交所负责解释及修订。

第三十九条 本办法自发布之日起实施。

天津股权交易所投资者适当性管理办法

（2017年06月14日天津股权交易所发布）

第一章　总　　则

第一条　为适应天津股权交易所（以下简称“本所”）业务发展需要，引导投资者理性投资，树立正确的投资观念，保护投资者合法权益，促进市场规范、有序发展，根据本所股权产品、私募债券及其他权益产品的风险级别及对投资者准入等相关规定，制定本办法。

第二条　本所或相关经纪代理等服务机构应当根据本办法要求，对投资者的风险承受能力进行评估，正确引导投资者参与认购、交易适当的投融资产品。

第三条　投资者参与各类产品的认购、交易，应当熟悉本所相关业务规定，了解各类产品的风险特征，根据自身投资偏好确定投资目标，客观评估自身的经济能力、风险识别能力及风险控制能力，审慎决定是否参与投融资产品的认购与交易，并自行承担投资风险。

第四条　法律法规对投资主体投资挂牌产品有限制性规定的，遵照其规定。

第二章　合格投资者

第五条　符合以下条件之一的机构投资者，为本所合格机构投资者：

（一）经有关金融监管部门批准设立的金融机构；

（二）经本所同意，金融机构面向投资者发行的金融产品，包括但不限于：

1. 银行理财产品；

2. 信托产品；

3. 基金产品；

4. 证券公司资产管理产品。

（三）依法设立且具有健全的组织机构和严格的财务管理制度的法人企业及合伙企业；

（四）相关政策允许的其他机构投资者。

第六条 符合以下条件的个人投资者，为本所甲类合格个人投资者：

（一）具有完全民事行为能力；

（二）愿意接受投资风险，且风险能力测试得分不低于90分；

（三）个人名下各类金融资产总额不低于人民币50万元。

个人投资者的金融资产包括：最近三个月内的银行存款、股票、股权、基金、期货权益、债券、黄金、理财产品（计划）；个人投资者资产状况调查表及本所认可的其他金融资产。

第七条 符合以下条件的个人投资者，为本所乙类合格个人投资者：

（一）具有完全民事行为能力；

（二）愿意接受投资风险，且风险能力测试得分不低于70分；

（三）个人名下各类金融资产总额不低于人民币50万元。

金融资产要求同第六条。

第八条 机构投资者可以参与认购、交易下列挂牌产品：

（一）企业股权；

（二）可转换为股票的公司债券；

（三）国务院有关部门按程序认可的其他证券。

第九条 甲类合格个人投资者可参与认购、交易下列挂牌产品：

（一）主板、成长板企业股权；

（二）可转换为股票的公司债券；

（三）国务院有关部门按程序认可的其他证券。

第十条 乙类合格个人投资者可以参与认购下列挂牌产品：

（一）可转换为股票的公司债券；

（二）国务院有关部门按程序认可的其他证券。

第十一条 投资者参与认购投融资产品前应书面或电子签署《投资者风险揭示书》《投资者认购协议》等。

第三章 其他适当性管理

第十二条 投资者参与各类产品交易，除符合投资者适当性管理规则规定外,还应符合《产品说明书》规定的条件。

第十三条 企业挂牌前的股东、通过定向增发、股权激励持有股份的股东,如不符合合格投资者规定的,只能交易其持有或曾持有的挂牌产品。

第十四条 因继承或司法裁决等原因持有股份的股东及权益持有人,如不符合合格投资者规定的,只能交易其持有或曾持有的挂牌产品。

第四章 适当性管理的实施

第十五条 本所以及经纪代理等服务机构应当采取多种方式和途径开展投资者教育,帮助投资者熟悉本所挂牌产品及相关规则,提示参与认购、交易可能面临的风险。

第十六条 本所以及经纪代理等服务机构应当充分了解投资者的身份信息、资产状况及金融产品投资经验,谨慎审核投资者开户、交易权限申请,向投资者充分揭示挂牌产品认购、交易风险。

第十七条 本所以及经纪代理等服务机构发现投资者存在异常交易行为时,应当根据相关规定及时提醒客户,并采取口头或书面警示等监管措施。

第十八条 本所以及经纪代理等服务机构应妥善保存投资者档案材料,保存期 20 年。

第十九条 本所以及经纪代理等服务机构应对投资者信息予以保密,除依法配合企业、发行人查询或司法机关调查外,不受理其他机构(人)的查询。

第二十条 本所及其经纪代理等服务机构应当为投资者提供合理的投诉渠道,设立专门部门受理投诉,妥善处理与投资者的矛盾和纠纷。

第二十一条 投资者应当配合本所及其经纪代理服务机构的投资者适当性管理工作,如实提供申报材料。投资者不予配合或提供虚假信息的,本所及经纪代理等服务机构可以拒绝为其办理认购各类产品、开通交易权限等相关业务。

第二十二条 投资者应当遵守“买者自负”的原则,不得以不符合投资者适当性标准为由拒绝承担交易履约责任,或拒绝承担投资风险。

第五章 自律监督管理

第二十三条 经纪代理等服务机构应当配合本所对其投资者适当性管理执

行情况进行检查，如实提供投资者开户材料、资金账户情况等信息，不得隐瞒、阻碍和拒绝。

第二十四条　对出现异常交易行为的投资者，本所可以限制其交易，经纪代理等服务机构应当予以配合。

第二十五条　经纪代理等服务机构若违反本办法规定，本所可视情节轻重，采取以下措施：

1. 谈话提醒；
2. 信函通报；
3. 暂停经纪代理业务；
4. 取消经纪代理服务机构资格；
5. 本所认为必要的其他措施。

第二十六条　不符合条件的投资者通过提供虚假信息等骗取合格投资者资格的，或违反其他投资者适当性管理规定的，本所可视情节轻重，采取以下措施：

1. 谈话提醒，要求改正；
2. 暂停合格投资者资格；
3. 取消合格投资者资格；
4. 对有重大违规行为的投资者，本所可以限制其交易；
5. 本所认为必要的其他措施。

第六章　附　　则

第二十七条　本所有权根据相关法律法规、监管部门要求及市场情况，调整合格投资者准入标准或调整各类投资者的投资限额。

第二十八条　本办法由本所负责解释，并根据相关法律法规、监管部门要求及市场情况做出适当修订。

第二十九条　本办法自发布之日起实施。

天津股权交易所中介服务机构管理暂行办法

（2016 年 09 月 30 日天津股权交易所发布）

第一章 总 则

第一条 为规范中介服务机构在天津股权交易所（以下简称“天交所”）的执业行为，保护投资者合法权益，促进市场健康发展，根据《公司法》等法律法规以及《天津股权交易所非上市非公众股份有限公司股权挂牌交易管理暂行办法》等天交所有关业务规则，制定本办法。

第二条 本办法所称中介服务机构是指依法注册设立，取得相关执业资格，为天交所市场主体提供专业中介业务的独立法人（或合伙制）机构。

第三条 本办法所称中介业务是指中介服务机构接受挂牌公司或其他市场主体委托，按照天交所有关业务规则，为挂牌公司或其他市场主体提供法律服务、审计、评估、信用评级及其他专项服务的业务活动。

第四条 本办法所称业务承办人是指取得天交所中介业务资格后，接受任职中介机构委托，按照天交所有关业务规定，为（拟）挂牌企业或其他市场主体提供法律服务、审计、评估、信用评级及其他专项服务的个人。

第五条 中介服务机构应当遵守我国有关法律法规以及天交所有关业务规定，规范执业、诚实守信、勤勉尽责、接受天交所自律管理。

第二章 中介服务机构注册管理

第六条 中介服务机构可在天交所从事以下业务：为（拟）挂牌公司或其他市场主体提供相关的法律服务、审计、评估、信用评级以及天交所规定的其他业务。

第七条 申报机构在天交所从事中介业务，需符合天交所规定的机构类型及注册条件，并向天交所申请中介服务机构。

第八条 申报机构开展中介业务，应当由指定的业务承办人承担具体中介业务。申报机构业务承办人从事天交所中介业务,应依照规定向天交所申请业务承办人资格。未经天交所核准,其他个人不得从事天交所中介业务。

第九条 申报机构注册申报材料经天交所审核通过并按时缴纳管理服务费用后,应安排申请业务承办人的个人参加天交所服务机构准入培训,培训考核通过后进入为期 6 个月的业务考核期,申报机构及相应人员可开展相关的中介业务。

第十条 申报机构通过业务考核期后,可取得天交所正式的业务资格,获得机构执业编码及业务承办人的执业编码。如未通过业务考核,申报机构不能获得正式中介服务机构业务资格,且注册申报流程自动终止。

第十一条 申报机构中介服务机构的业务资格被取消后,如需开展业务应重新进行注册申报。连续两次被取消业务资格的机构,天交所一年内不再受理其注册申报。

第十二条 为加强中介服务机构执业能力,提高执业水平,中介服务机构可参加天交所举行的不定期培训。

第十三条 中介服务机构的分支机构如以机构总部名义开展相关中介业务,需经过天交所核准同意。未经天交所核准,分支机构不得擅自开展天交所中介服务业务。

第三章 权利与义务

第十四条 中介机构享有以下权利:

(一)查阅天交所网站业务平台发布的信息;

(二)对天交所业务和其他机构的活动进行监督;

(三)优先获得天交所市场业务需求方面的信息;

(四)优先参与各类市场开发活动;

(五)优先享受天交所有关部门的信息服务以及业务支持;

(六)参加天交所组织的各类培训活动;

(七)优先获得天交所提供的其他相关服务。

第十五条 中介服务机构需履行以下义务:

(一)遵守有关法律法规、各项规章制度以及天交所管理规定;

（二）保证向天交所提供的文件内容真实、准确、完整；

（三）接受天交所业务监督，不从事有损于天交所和市场各主体合法权益的活动；

（四）对业务中涉及的商业机密事项保密；

（五）依法缴纳中介业务所产生的各项税费；

第四章　中介服务机构监督管理

第十六条　中介服务机构开展业务需要与天交所建立良好的沟通协调机制，做到与业务相关各方的有效沟通。

第十七条　中介服务机构开展股权挂牌相关的中介业务应当在出具的项目启动方案经天交所审核通过后，与企业签订服务协议。中介服务机构必须严格按照协议内容为企业提供相关服务，不得无故中止或终止服务协议。服务协议应报天交所备案。

第十八条　中介服务机构不得通过公开或者未经企业、天交所认可的方式发布企业信息。

第十九条　中介服务机构应当勤勉尽责地为（拟）挂牌公司或其他市场主体的相关业务进行梳理，应当客观审慎地对（拟）挂牌公司或其他市场主体存在的问题提出解决方案，对其他专业服务机构及其签字人员出具的相关意见进行审慎核查并做出独立判断。

第二十条　中介服务机构在为企业挂牌提供服务的工作期间，应当对拟挂牌公司高管、相关人员进行不少于两次的专业培训。

第二十一条　中介服务机构应按照天交所规定，提供挂牌企业专项存档资料，并参加天交所专家审核委员会的聆讯工作。

第二十二条　中介服务机构及业务人员作为内幕信息知情方，应当遵守法律、法规和天交所的规定，不得利用内幕信息直接或者间接为本人或他人谋取不正当利益。

第二十三条　中介服务机构应定期及不定期向天交所报告自身及业务开展情况。

第二十四条　天交所为注册中介服务机构建立《机构考核表》，并以《机构考核表》为基础对中介服务机构进行评价考核。

第二十五条 对于有不良行为的中介服务机构，天交所有权采取警告、公开批评、约谈、暂停业务资格、取消业务资格等相应的处罚措施。

第五章 附 则

第二十六条 本办法由天交所负责解释并修订。

第二十七条 本办法自发布之日起实施。

第三章　具体业务指引

全国中小企业股份转让系统挂牌申请文件内容与格式指引(试行)

(2013 年 02 月 08 日全国中小企业股份转让系统有限责任公司发布，2013 年 12 月 30 日修改)

第一条　为规范挂牌申请文件内容与格式，根据《非上市公众公司监督管理办法》(证监会令第 85 号)、《非上市公众公司监管指引第 2 号》(证监会公告〔2013〕2 号)、《全国中小企业股份转让系统业务规则(试行)》等规定，制定本指引。

第二条　股份公司(以下简称“申请挂牌公司”)申请股票在全国中小企业股份转让系统(以下简称“全国股份转让系统”)挂牌，应按照本指引的要求制作和报送申请文件。

第三条　本指引规定的申请文件目录是对挂牌申请文件的最低要求。根据审查需要，全国中小企业股份转让系统有限责任公司(以下简称“全国股份转让系统公司”)可以要求申请挂牌公司和相关中介机构补充文件。如部分文件对申请挂牌公司不适用，可不提供，但应书面说明。

申请挂牌同时股票发行的，应按照全国股份转让系统公司规定在挂牌申请文件中增加有关内容。

第四条　申请文件一经接收，非经全国股份转让系统公司同意，不得增加、撤回或更换。

第五条 申请时股东人数未超过200的股份公司报送申请文件应提交原件一份，复印件两份；申请时股东人数超过200的股份公司报送申请文件应提交原件一份（单行本）。每次报送书面文件的同时，应报送一份与书面文件一致的电子文件（Word、Excel、PDF及全国股份转让系统公司要求的其他文件格式）。

申请挂牌公司不能提供有关文件原件的，应由申请挂牌公司律师提供鉴证意见，或由出文单位盖章，以保证与原件一致。

第六条 申请文件所有需要签名处，均应为签名人亲笔签名，不得以名章、签名章等代替。

申请文件中需要由申请挂牌公司律师鉴证的文件，申请挂牌公司律师应在该文件首页注明“以下第××页至第××页与原件一致”，并签名和签署鉴证日期，律师事务所应在该文件首页加盖公章，并在第××页至第××页侧面以公章加盖骑缝章。

第七条 申请挂牌公司应根据全国股份转让系统公司对申请文件的反馈意见提供补充材料。相关中介机构应对反馈意见相关问题进行尽职调查或补充出具专业意见。对公开转让说明书修改或补充的，应进行标示。

第八条 申请文件的封面和侧面应标有“××公司股票挂牌申请文件”字样，扉页应标明申请挂牌公司法定代表人、信息披露事务负责人，主办券商主管领导、项目负责人，以及相关中介机构项目负责人姓名、电话、传真等联系方式。

第九条 申请文件章与章之间、章与节之间应有明显的分隔标识，文件中的页码应与目录中的页码相符。

第十条 申请文件应采用标准A4纸张双面印刷（需提供原件的历史文件除外）。

第十一条 未按本指引要求制作和报送申请文件的，全国股份转让系统公司不予接收。

第十二条 本指引由全国股份转让系统公司负责解释。

第十三条 本指引自发布之日起施行。

附 1

全国中小企业股份转让系统挂牌申请文件目录

（适用于申请时股东人数未超过 200）

第一部分　要求披露的文件

第一章　公开转让说明书及推荐报告

1.1　公开转让说明书（申报稿）

1.2　财务报表及审计报告

1.3　法律意见书

1.4　公司章程

1.5　主办券商推荐报告

1.6　股票发行情况报告书（如有）

第二部分　不要求披露的文件

第二章　申请挂牌公司相关文件

2.1　向全国股份转让系统公司提交的申请股票在全国股份转让系统挂牌及股票发行（如有）的报告

2.2　有关股票在全国股份转让系统挂牌及股票发行（如有）的董事会决议

2.3　有关股票在全国股份转让系统挂牌及股票发行（如有）的股东大会决议

2.4　企业法人营业执照

2.5　股东名册及股东身份证明文件

2.6　董事、监事、高级管理人员名单及持股情况

2.7　申请挂牌公司设立时和最近两年及一期的资产评估报告

2.8　申请挂牌公司最近两年原始财务报表与申报财务报表存在差异时，需要提供差异比较表

2.9 申请挂牌公司全体董事、监事和高级管理人员签署的《董事(监事、高级管理人员)声明及承诺书》

第三章 主办券商相关文件

3.1 主办券商与申请挂牌公司签订的推荐挂牌并持续督导协议

3.2 尽职调查报告

3.3 尽职调查工作文件

3.3.1 尽职调查工作底稿目录、相关工作记录和经归纳整理后的尽职调查工作表

3.3.2 有关税收优惠、财政补贴的依据性文件

3.3.3 历次验资报告

3.3.4 对持续经营有重大影响的业务合同

3.4 内核意见

3.4.1 内核机构成员审核工作底稿

3.4.2 内核会议记录

3.4.3 对内核会议反馈意见的回复

3.4.4 内核专员对内核会议落实情况的补充审核意见

3.5 主办券商推荐挂牌内部核查表及主办券商对申请挂牌公司风险评估表

3.6 主办券商自律说明书

3.7 主办券商业务备案函复印件(加盖机构公章并说明用途)及项目小组成员任职资格说明文件

第四章 其他相关文件

4.1 申请挂牌公司全体董事、主办券商及相关中介机构对申请文件真实性、准确性和完整性的承诺书

4.2 相关中介机构对纳入公开转让说明书等文件中由其出具的专业报告或意见无异议的函

4.3 申请挂牌公司、主办券商对电子文件与书面文件保持一致的声明

4.4 律师、注册会计师及所在机构的相关执业证书复印件(加盖机构公章

并说明用途）

4.5　国有资产管理部门出具的国有股权设置批复文件及商务主管部门出具的外资股确认文件

4.6　证券简称及证券代码申请书

附 2

全国中小企业股份转让系统挂牌申请文件目录

（适用于申请时股东人数超过 200）

第一部分　要求披露的文件

第一章　公开转让说明书及推荐报告

1.1　公开转让说明书（证监会核准的最终稿）

1.2　财务报表及审计报告

1.3　法律意见书

1.4　公司章程

1.5　主办券商推荐报告

1.6　股票发行情况报告书（如有）

1.7　中国证监会核准文件

第二部分　不要求披露的文件

第二章　申请挂牌公司相关文件

2.1　向全国股份转让系统公司提交的申请股票在全国股份转让系统挂牌及股票发行（如有）的报告

2.2　有关股票在全国股份转让系统挂牌及股票发行（如有）的董事会决议

2.3　有关股票在全国股份转让系统挂牌及股票发行（如有）的股东大会决议

2.4　企业法人营业执照

2.5　股东名册及股东身份证明文件

2.6　董事、监事、高级管理人员名单及持股情况

2.7　申请挂牌公司全体董事、监事和高级管理人员签署的《董事(监事、高级管理人员)声明及承诺书》

2.8　证券简称及证券代码申请书

2.9　国有资产管理部门出具的国有股权设置批复文件及商务主管部门出具的外资股确认文件

2.10　中国证监会核准后至申请挂牌前新增重大事项的说明文件(如有)

第三章　证券服务机构相关文件

3.1　主办券商与申请挂牌公司签订的推荐挂牌并持续督导协议

3.2　主办券商业务备案函复印件(加盖机构公章并说明用途)及项目小组成员任职资格说明文件

3.3　律师、注册会计师及所在机构的相关执业证书复印件(加盖机构公章并说明用途)

全国中小企业股份转让系统
股票挂牌条件适用基本标准指引

（2017 年 10 月 13 日发布）

全国中小企业股份转让系统有限责任公司按照“可把控、可举证、可识别”的原则，对《全国中小企业股份转让系统业务规则（试行）》规定的六项挂牌条件进行细化，形成基本标准如下：

一、依法设立且存续满两年

（一）依法设立，是指公司依据《公司法》等法律、法规及规章的规定向公司登记机关申请登记，并已取得《企业法人营业执照》。

1. 公司设立的主体、程序合法、合规。

（1）国有企业需提供相应的国有资产监督管理机构或国务院、地方政府授权的其他部门、机构关于国有股权设置的批复文件。

国有企业应严格按照国有资产管理法律法规的规定提供国有股权设置批复文件，但因客观原因确实无法提供批复文件且符合以下条件的，在公司和中介机构保证国有资产不流失的前提下，可按以下方式解决：以国有产权登记表（证）替代国资监管机构的国有股权设置批复文件；公司股东中含有财政参与出资的政府引导型股权投资基金的，可以基金的有效投资决策文件替代国资监管机构或财政部门的国有股权设置批复文件；国有股权由国资监管机构以外的机构监管的公司以及国有资产授权经营单位的下属子公司，可提供相关监管机构或国有资产授权经营单位出具的批复文件或经其盖章的产权登记表（证）替代国资监管机构的国有股权设置批复文件；公司股东中存在为其提供做市服务的国有做市商的，暂不要求提供该类股东的国有股权设置批复文件。

（2）外商投资企业须提供商务主管部门出具的设立批复或备案文件。

（3）《公司法》修改（2006 年 1 月 1 日）前设立的股份公司，须取得国务院授权部门或者省级人民政府的批准文件。

2. 公司股东的出资合法、合规，出资方式及比例应符合《公司法》相关规定。

(1) 以实物、知识产权、土地使用权等非货币财产出资的，应当评估作价，核实财产，明确权属，财产权转移手续办理完毕。

(2) 以国有资产出资的，应遵守有关国有资产评估的规定。

(3) 公司注册资本缴足，不存在出资不实情形。

(二) 存续两年是指存续两个完整的会计年度。

(三) 有限责任公司按原账面净资产值折股整体变更为股份有限公司的，存续时间可以从有限责任公司成立之日起计算。整体变更不应改变历史成本计价原则，不应根据资产评估结果

进行账务调整，应以改制基准日经审计的净资产额为依据折合为股份有限公司股本。公司申报财务报表最近一期截止日不得早于股份有限公司成立日。

二、业务明确，具有持续经营能力

(一) 业务明确，是指公司能够明确、具体地阐述其经营的业务、产品或服务、用途及其商业模式等信息。

(二) 公司可同时经营一种或多种业务，每种业务应具有相应的关键资源要素，该要素组成应具有投入、处理和产出能力，能够与商业合同、收入或成本费用等相匹配。

(三) 公司业务在报告期内应有持续的营运记录。营运记录包括现金流量、营业收入、交易客户、研发费用支出等。公司营运记录应满足下列条件：

1. 公司应在每一个会计期间内形成与同期业务相关的持续营运记录，不能仅存在偶发性交易或事项。

2. 最近两个完整会计年度的营业收入累计不低于 1 000 万元；因研发周期较长导致营业收入少于 1 000 万元，但最近一期末净资产不少于 3 000 万元的除外。

3. 报告期末股本不少于 500 万元。

4. 报告期末每股净资产不低于 1 元/股。

(四) 持续经营能力，是指公司在可预见的将来，有能力按照既定目标持续经营下去。

公司存在以下情形之一的，应认定为不符合持续经营能力要求：

1. 存在依据《公司法》第一百八十条规定解散的情形，或法院依法受理重整、和解或者破产申请。

2. 公司存在《中国注册会计师审计准则第 1324 号——持续经营》应用指南中列举的影响其持续经营能力的相关事项或情况，且相关事项或情况导致公司持续经营能力存在重大不确定性。

3. 存在其他对公司持续经营能力产生重大影响的事项或情况。

三、公司治理机制健全，合法规范经营

（一）公司治理机制健全，是指公司按规定建立股东大会、董事会、监事会和高级管理层（以下简称“三会一层”）组成的公司治理架构，制定相应的公司治理制度，并能证明有效运行，保护股东权益。

1. 公司依法建立“三会一层”，并按照《公司法》《非上市公众公司监督管理办法》及《非上市公众公司监管指引第 3 号——章程必备条款》等规定制定公司章程，依据“三会一层”运行规则、投资者关系管理制度、关联交易管理制度等，建立全面完整的公司治理制度。

2. 公司“三会一层”应按照公司治理制度进行规范运作。在报告期内的有限公司阶段应遵守《公司法》的相关规定。

3. 公司董事会应对报告期内公司治理机制执行情况进行讨论、评估。

4. 公司现任董事、监事和高级管理人员应具备《公司法》规定的任职资格，履行《公司法》和公司章程规定的义务，且不应存在以下情形：

(1) 最近 24 个月内受到中国证监会行政处罚，或者被中国证监会采取证券市场禁入措施且期限尚未届满，或者被全国中小企业股份转让系统有限责任公司认定不适合担任挂牌公司董事、监事、高级管理人员；

(2) 因涉嫌犯罪被司法机关立案侦查或者涉嫌违法违规被中国证监会立案调查，尚未有明确结论意见。

5. 公司进行关联交易应依据法律法规、公司章程、关联交易管理制度的规定履行审议程序，保证交易公平、公允，维护公司的合法权益。

6. 公司的控股股东、实际控制人及其关联方存在占用公司资金、资产或其他资源情形的，应在申请挂牌前予以归还或规范（完成交付或权属变更登记）。占用公司资金、资产或其他资源的具体情形包括：从公司拆借资金；由公司代垫费用、代偿债务；由公司承担担保责任而形成债权；无偿使用公司的土地房产、设备动产等资产；无偿使用公司的劳务等人力资源；在没有商品和服务对价情况下其他使用公司的资金、资产或其他资源的行为。

（二）合法合规经营，是指公司及其控股股东、实际控制人、下属子公司（下属子公司是指公司的全资、控股子公司或通过其他方式纳入合并报表的公司或其他法人，下同）须依法开展经营活动，经营行为合法、合规，不存在重大违法违规行为。

1. 公司及下属子公司的重大违法违规行为是指公司及下属子公司最近24个月内因违犯国家法律、行政法规、规章的行为，受到刑事处罚或适用重大违法违规情形的行政处罚。

(1) 行政处罚是指经济管理部门对涉及公司经营活动的违法违规行为给予的行政处罚。

(2) 重大违法违规情形是指，凡被行政处罚的实施机关给予没收违法所得、没收非法财物以上行政处罚的行为，属于重大违法违规情形，但处罚机关依法认定不属于的除外；被行政处罚的实施机关给予罚款的行为，除主办券商和律师能依法合理说明或处罚机关认定该行为不属于重大违法违规行为的外，都视为重大违法违规情形。

(3) 公司及下属子公司最近24个月内不存在涉嫌犯罪被司法机关立案侦查，尚未有明确结论意见的情形。

2. 控股股东、实际控制人合法合规，最近24个月内不存在涉及以下情形的重大违法违规行为：

(1) 控股股东、实际控制人受刑事处罚；

(2) 受到与公司规范经营相关的行政处罚，且情节严重；情节严重的界定参照前述规定；

(3) 涉嫌犯罪被司法机关立案侦查，尚未有明确结论意见。

3. 公司及下属子公司业务如需主管部门审批，应取得相应的资质、许可或特许经营权等。

4. 公司及其法定代表人、控股股东、实际控制人、董事、监事、高级管理人员、下属子公司，在申请挂牌时应不存在被列为失信联合惩戒对象的情形。

5. 公司及下属子公司业务须遵守法律、行政法规和规章的规定，符合国家产业政策以及环保、质量、安全等要求。公司及下属子公司所属行业为重污染行业的，根据相关规定应办理建设项目环评批复、环保验收、排污许可证以及配置污染处理设施的，应在申请挂牌前办理完毕；不属于重污染行业的，但根据相关规定必须办理排污许可证和配置污染处理设施的，应在申请挂牌前办理完毕。

6. 公司财务机构设置及运行应独立且合法合规，会计核算规范。

(1) 公司及下属子公司应设有独立财务部门，能够独立开展会计核算、作出财务决策。

(2) 公司及下属子公司的财务会计制度及内控制度健全且得到有效执行，会计基础工作规范，符合《会计法》《会计基础工作规范》以及《公司法》《现金管理条例》等其他法律法规要求。

(3) 公司应按照《企业会计准则》和相关会计制度的规定编制并披露报告期内的财务报表，在所有重大方面公允地反映公司的财务状况、经营成果和现金流量，财务报表及附注不得存在虚假记载、重大遗漏以及误导性陈述。公司财务报表应由具有证券期货相关业务资格的会计师事务所出具标准无保留意见的审计报告。财务报表被出具带强调事项段的无保留审计意见的，应全文披露审计报告正文以及董事会、监事会和注册会计师对强调事项的详细说明，并披露董事会和监事会对审计报告涉及事项的处理情况，说明该事项对公司的影响是否重大、影响是否已经消除、违反公允性的事项是否予以纠正。

(4) 公司存在以下情形的应认定为财务不规范：

① 公司申报财务报表未按照《企业会计准则》的要求进行会计处理，导致重要会计政策适用不当或财务报表列报错误且影响重大，需要修改申报财务报表(包括资产负债表、利润表、现金流量表、所有者权益变动表)；

② 因财务核算不规范情形被税务机关采取核定征收企业所得税且未规范；

③ 其他财务信息披露不规范情形。

四、股权明晰，股票发行和转让行为合法合规

（一）股权明晰，是指公司的股权结构清晰，权属分明，真实确定，合法合规，股东特别是控股股东、实际控制人及其关联股东或实际支配的股东持有公司的股份不存在权属争议或潜在纠纷。

1. 公司的股东不存在国家法律、法规、规章及规范性文件规定不适宜担任股东的情形。

2. 申请挂牌前存在国有股权转让的情形，应遵守国资管理规定。

3. 申请挂牌前外商投资企业的股权转让应遵守商务部门的规定。

（二）股票发行和转让合法合规，是指公司及下属子公司的股票发行和转让依法履行必要内部决议、外部审批（如有）程序。

1. 公司及下属子公司股票发行和转让行为合法合规，不存在下列情形：

（1）最近 36 个月内未经法定机关核准，擅自公开或者变相公开发行过证券；

（2）违法行为虽然发生在 36 个月前，目前仍处于持续状态，但《非上市公众公司监督管理办法》实施前形成的股东超 200 人的股份有限公司经中国证监会确认的除外。

2. 公司股票限售安排应符合《公司法》和《全国中小企业股份转让系统业务规则（试行）》的有关规定。

（三）公司曾在区域股权市场及其他交易市场进行融资及股权转让的，股票发行和转让等行为应合法合规；在向全国中小企业股份转让系统申请挂牌前应在区域股权市场及其他交易市场停牌或摘牌，并在全国中小企业股份转让系统挂牌前完成在区域股权市场及其他交易市场的摘牌手续。

五、主办券商推荐并持续督导

（一）公司须经主办券商推荐，双方签署了《推荐挂牌并持续督导协议》。

（二）主办券商应完成尽职调查和内核程序，对公司是否符合挂牌条件发表独立意见，并出具推荐报告。

六、全国股份转让系统公司要求的其他条件

无

全国中小企业股份转让系统退市公司股票挂牌业务指南(试行)

(2014 年 06 月 13 日全国中小企业股份转让系统有限责任公司发布)

为规范退市公司、主办券商在全国中小企业股份转让系统(以下简称“全国股份转让系统”)办理股票挂牌业务,明确相关流程,根据《全国中小企业股份转让系统业务规则(试行)》、《全国中小企业股份转让系统两网公司及退市公司股票转让暂行办法》(以下简称《股票转让暂行办法》)等相关规定,制定本指南。

一、整体安排

根据中国证监会的有关安排,向全国中小企业股份转让系统有限责任公司(以下简称“全国股份转让系统公司”)申请股票挂牌的退市公司的主办券商应严格依照本指南的规定,制定并遵守《挂牌工作时间安排表》,及时办理退市公司股票在全国股份转让系统的挂牌手续。退市公司应当积极配合主办券商办理相关挂牌手续。

(一)证券交易所公告股票终止上市决定、退市整理期届满或接到交易所指定通知之日为退市公司办理挂牌手续的时限计算基准日(以下简称“T 日”,相关期间从次一转让日起算)。

上述三个时点出现两个以上的,以最晚者为 T 日。

(二)主办券商应在 T+5 日(“日”为转让日,下同)内,开始并办理完成股份退市登记手续。

(三)主办券商应在 T+20 日前开始为投资者办理股份确权手续。

(四)主办券商应在 T+30 日前向全国股份转让系统公司报送推荐挂牌文件。

(五)主办券商应在 T+40 日前到中国证券登记结算有限责任公司(以下简称“中国结算”)北京分公司办理退市公司股票重新登记手续。

(六)退市公司股票应在 T+45 日开始在全国股份转让系统挂牌。

二、具体流程

(一) 确定主办券商

1. 确定主办券商

上市公司股票被终止上市并申请在全国股份转让系统挂牌的，应依照相关规则确定主办券商。

上市公司股票被终止上市前已经签订《推荐恢复上市、委托股票转让协议书》的，由主办券商依照《股票转让暂行办法》、本指南及其他相关规定办理退市公司股票在全国股份转让系统的挂牌手续。

截至证券交易所作出终止上市决定时仍未签订《推荐恢复上市、委托股票转让协议书》、由证券交易所指定主办券商的，由指定的主办券商依照《股票转让暂行办法》、本指南及其他相关规定办理退市公司股票在全国股份转让系统的挂牌手续。

2. 明确挂牌工作时间安排

主办券商应依照本指南的规定，在T－2日向全国股份转让系统公司公司业务部提交《挂牌工作时间安排表》（主办券商盖章），并传真至全国股份转让系统公司公司业务部。

主办券商应严格依照《挂牌工作时间安排表》办理推荐挂牌业务，并及时与全国股份转让系统公司公司业务部沟通进展情况。

(二) 办理退市登记

主办券商、退市公司应在T＋5日内依照中国结算的相关规定办理完毕退市登记手续。

(三) 办理股份确权、托管手续，刊登确权公告

主办券商应依照中国结算的相关规定，为投资者办理确权、托管手续。

1. 申请确权代码

主办券商应在T＋2日内，提交《股份确权代码申请》，向全国股份转让系统公司申请退市公司确权代码。

2. 刊登确权公告

主办券商应在T＋5日内，向中国结算取得相关资料，并在中国证监会指定

的一种信息披露媒体及全国股份转让系统指定信息披露平台(www. neeq. com. cn 或 www. neeq. cc)上刊登《股份确权公告》。《股份确权公告》中应说明退市公司股票终止上市的情况,通知投资者办理股份确权登记手续、时间安排以及股票开始转让的时间,并明确退市公司股票开始挂牌转让后,主办券商可继续为投资者办理股份确权和托管手续。

3. 办理确权手续

主办券商应在 T+20 日前开始为投资者办理股份确权手续。主办券商应当持续关注投资者确权的整体情况,并根据确权的实际情况发布《股份确权和托管催示公告》。

4. 刊登《股份确权和托管催示公告》

退市公司股份确权比例未达 100%的,主办券商应于 T+25 日在中国证监会指定的一种信息披露媒体及全国股份转让系统指定信息披露平台上刊登《股份确权和托管催示公告》。

(四) 报送推荐挂牌文件

主办券商应在 T+30 日前,依照《退市公司推荐挂牌文件内容与格式》的要求向全国股份转让系统公司接收申请材料的服务窗口(北京市西城区金融大街丁 26 号金阳大厦南门)报送推荐挂牌文件。

全国股份转让系统公司对推荐挂牌文件进行审查后,通知主办券商前往全国股份转让系统公司服务窗口领取同意股票挂牌的意见、关于股份委托登记托管的函等相关文件。

(五) 申请证券简称

主办券商应在全国股份转让系统公司出具同意挂牌的意见后,最迟在 T+36 日前向全国股份转让系统公司提交《证券简称及证券代码申请书》。

主办券商接到领取相关文件的通知后,前往全国股份转让系统公司服务窗口领取《证券简称及证券代码通知书》。

(六) 股份初始登记

主办券商应根据确权情况,持同意股票挂牌的意见、关于股份委托登记托管的函及《证券简称及证券代码通知书》等其他中国结算要求的文件,在 T+40 日内依照中国结算的有关规定办理股份初始登记手续。

主办券商应在 T＋42 日内向中国结算确认进入全国股份转让系统的股份登记情况。

(七) 股票挂牌

1. 刊登《股票转让公告》

股份初始登记办理完成之后，主办券商应于 T＋43 日内在全国股份转让系统指定信息披露平台刊登《股票转让公告》，并由主办券商和退市公司加盖公章。

退市公司因特殊情况无法履行信息披露义务的，可以刊登由主办券商单独加盖公章的《股票转让公告》。

2. 刊登《投资风险分析报告》

主办券商应在披露《股票转让公告》的同时，在全国股份转让系统指定信息披露平台上发布《投资风险分析报告》，对投资者进行必要的风险提示。

T＋44 日 15 时前，主办券商应当确认挂牌准备工作是否已就绪；T＋45 日 9:30 分，退市公司、主办券商应当检查股票是否已经挂牌。

(八) 关于挂牌当日暂停转让的特别规定

退市公司申请股票挂牌当日即暂停转让的，除特殊情形外，应当在 T＋40 日内经董事会或者股东大会审议通过；主办券商应在 T＋40 日内向全国股份转让系统公司提交相关决议文件、公司股票挂牌后暂停转让申请及主办券商关于公司股票挂牌后暂停转让的专项意见，披露退市公司挂牌当日即暂停转让的公告。

退市公司申请股票挂牌当日即暂停转让的，应当符合《股票转让暂行办法》第三十八条的规定。

三、联系方式

全国股份转让系统公司 公司业务部

联系电话：010-63889752

传真：010-63889674

电子邮箱：zhucf@neeq.org.cn

全国中小企业股份转让系统挂牌业务问答
——关于挂牌条件适用若干问题的解答(一)

(2015年09月08日全国中小企业股份转让系统有限责任公司发布)

为明确全国中小企业股份转让系统挂牌业务工作中出现的问题,现就《全国中小企业股份转让系统业务规则(试行)》及《全国中小企业股份转让系统股票挂牌条件适用基本标准指引(试行)》适用中的申请挂牌公司子公司、环保、持续经营能力、财务规范性、实际控制人变更或主要业务转型等问题,解答如下:

一、申请挂牌公司的子公司应满足哪些条件、相关的信息披露及核查要求?

答:(一)申请挂牌公司子公司是指申请挂牌主体全资、控股或通过其他方式纳入合并报表的公司。

(二)子公司的股票发行和转让行为应合法、合规,并在业务资质、合法规范经营方面须符合《全国中小企业股份转让系统股票挂牌条件适用基本标准指引(试行)》的相应规定。申请挂牌公司应充分披露其股东、董事、监事、高级管理人员与子公司的关联关系。

(三)主办券商应按照《全国中小企业股份转让系统主办券商尽职调查工作指引(试行)》的规定,对申请挂牌公司子公司逐一核查。

(四)对业务收入占申请挂牌公司10%以上的子公司,应按照《全国中小企业股份转让系统公开转让说明书内容与格式指引(试行)》第二章第二节公司业务的要求披露其业务情况。

(五)子公司的业务为小贷、担保、融资性租赁、城商行、投资机构等金融或类金融业务的,不但要符合《全国中小企业股份转让系统股票挂牌条件适用基本标准指引(试行)》的规定,还应符合国家、地方及其行业监管部门颁布的法规和规范性文件的要求。申请挂牌公司参股公司的业务属于前述金融或类金融业务的,须参照前述规定执行。

二、申请挂牌公司及其子公司的环保应满足哪些要求?

答：(一)推荐挂牌的中介机构应核查申请挂牌公司及其子公司所属行业是否为重污染行业。重污染行业认定依据为国家和各地方的相应监管规定，没有相关规定的，应参照环保部、证监会等有关部门对上市公司重污染行业分类规定执行。

(二)申请挂牌公司及其子公司所属行业为重污染行业，根据相关法规规定应办理建设项目环评批复、环保验收、排污许可证以及配置污染处理设施的，应在申报挂牌前办理完毕；如公司尚有在建工程，则应按照建设进程办理完毕相应环保手续。

(三)申请挂牌公司及其子公司所属行业不属于重污染行业但根据相关法规规定必须办理排污许可证和配置污染处理设施的，应在申报挂牌前应办理完毕。

(四)申请挂牌公司及其子公司按照相关法规规定应制定环境保护制度、公开披露环境信息的，应按照监管要求履行相应义务。

(五)申请挂牌公司及其子公司最近 24 个月内不应存在环保方面的重大违法违规行为，重大违法行为的具体认定标准按照《全国中小企业股份转让系统股票挂牌条件适用基本标准指引(试行)》相应规定执行。

三、申请挂牌公司存在哪些情形应认定其不具有持续经营能力？

答：根据《全国中小企业股份转让系统股票挂牌条件适用基本标准指引(试行)》第二款持续经营能力的相关规定，申请挂牌公司存在以下情形之一的，应被认定其不具有持续经营能力：

(一)未能在每一个会计期间内形成与同期业务相关的持续营运记录；

(二)报告期连续亏损且业务发展受产业政策限制；

(三)报告期期末净资产额为负数；

(四)存在其他可能导致对持续经营能力产生重大影响的事项或情况。

四、申请挂牌公司在财务规范方面需要满足哪些要求？

答：(一)申请挂牌公司财务机构及人员独立并能够独立作出财务决策、财务会计制度及内控制度健全且得到有效执行、会计基础工作规范，符合《会计法》《会计基础工作规范》以及《公司法》《现金管理条例》等其他法律法规要求。

（二）申请挂牌公司财务报表的编制符合企业会计准则和相关会计制度的规定，在所有重大方面公允地反映了申请挂牌公司的财务状况、经营成果和现金流量，财务报表及附注不得存在虚假记载、重大遗漏以及误导性陈述。

（三）申请挂牌公司存在以下情形的应视为财务不规范，不符合挂牌条件：

1. 报告期内未按照《企业会计准则》的要求进行会计处理且需要修改申报报表；

2. 控股股东、实际控制人及其控制的其他企业占用公司款项未在申报前归还；

3. 因财务核算不规范情形被税务机关采取核定征收企业所得且未规范；

4. 其他财务不规范情形。

五、报告期内申请挂牌公司发生实际控制人变更或者主要业务转型的是否可申请挂牌？

答：申请挂牌公司在报告期内存在实际控制人变更或主要业务转型的，在符合《全国中小企业股份转让系统股票挂牌条件适用基本标准指引（试行）》以及本解答的要求的前提下可以申请挂牌。

上海股权托管交易中心科技创新企业股份转让系统挂牌条件适用基本标准指引(试行)

(2015 年 11 月 22 日上海股权托管交易中心发布)

第一条 为进一步明确申请挂牌公司进入上海股权托管交易中心科技创新企业股份转让系统(以下简称"科技创新板")挂牌条件以及要求,根据《上海股权托管交易中心科技创新企业股份转让系统管理办法(试行)》等有关规定,制定本指引。

第二条 申请挂牌公司申请在科技创新板挂牌,应具备以下条件:

(一) 属于科技型、创新型股份有限公司;

(二) 具有较强自主创新能力、较高成长性或一定规模;

(三) 公司治理结构完善,运作规范;

(四) 公司股权归属清晰;

(五) 上股交要求的其他条件。

第三条 本指引第二条第(一)项所指"科技型"公司应至少具备以下条件之一:

(一) 公司研发投入强度不低于 3%,其中公司研发投入强度是指公司经审计的最近一年(或一期)研发经费支出与同年(期)营业收入的比例;

(二) 公司直接从事研发的科技人员占比不低于 10%,其中直接从事研发的科技人员占比是指公司最近一年(或一期)掌握某种专门科学技术知识、技能的研发人员、技术人员占同年(期)公司职工总数的比例;

(三) 公司高新技术产值占营业收入的比例不低于 50%,其中高新技术产值占营业收入的比例是指公司经审计的最近一年(或一期)生产的高新技术产品或提供高新技术劳务所产生的营业收入占同年(期)全部营业收入的比例;

(四) 公司具有自主知识产权,包括公司自主研发或通过受让方式取得的发明专利、著作权等。

第四条 本指引第二条第(一)项所指“创新型”公司应符合《上海“四新”经济发展绿皮书》导向，属于上海“四新”经济热点领域，具有“新技术、新模式、新业态、新产业”特征。

第五条 不满足本指引第三条、第四条所述“科技型”“创新型”条件的公司，可充分披露其“科技型”“创新型”的特征，并由其聘请的具有科技创新板推荐业务资格的中介机构(以下简称“推荐机构”)发表专业意见。

第六条 本指引第二条第(一)项所指“股份有限公司”，是指在中华人民共和国境内依法设立的股份有限公司。

第七条 本指引第二条第(二)项所指“较强自主创新能力”的公司可表现为尚未实现收入或盈利，但至少满足以下条件之一：

(一) 公司经研发后取得明显的技术突破；

(二) 公司拥有自主知识产权的核心技术；

(三) 公司获批取得特许经营资质。

第八条 本指引第二条第(二)项所指“较高成长性”为完成了前3期的研发或度过了初创期，已具有一定的营业收入，且最近连续二年每年经审计的营业收入增长率均不低于30%的公司。

第九条 本指引第二条第(二)项所指“一定规模”为公司经审计的财务数据满足以下条件之一：

(一) 连续两年盈利，净利润累计不少于400万元；

(二) 最近一年盈利，营业收入不少于2 000万元；

(三) 市值不少于2亿元，最近一年营业收入不少于2 000万元，最近两年经营性活动产生的现金流净额累计不少于200万元；

(四) 市值不少于3亿元，最近一年营业收入不少于2 000万元；

(五) 市值不少于6亿元，总资产不少于6 000万元，净资产不少于4 000万元。

上述市值可参考股权投资机构在申请挂牌公司报送申请文件前十二个月内对其进行股权投资的价格估算，并由推荐机构发表专业意见。

第十条 本指引第二条第(三)项所指“公司治理结构完善，运作规范”指公司按照《公司法》、公司章程等规定建立健全股东大会、董事会、监事会制度，制定公司治理制度和内部管理制度，并能证明其有效运行，保护股东权益。

第十一条 本指引第二条第（四）项所指“公司股权归属清晰”是指公司的股权结构清晰，权属分明，不存在权属争议或潜在纠纷，包括但不限于以下情形：

（一）不存在股份代持的情形；

（二）企业历次股权变更、历史沿革合法合规；

（三）申请挂牌前存在国有股权转让的情形，应遵守国资管理规定；

（四）申请挂牌前外商投资企业的股权转让应遵守商务部门的规定；

（五）公司的股东不存在国家法律、法规、规章及规范性文件规定不适宜担任股东的情形。

第十二条 本指引第二条第（五）项所指“上海股交中心要求的其他条件”，包括但不限于以下情形：

（一）公司实收股本总额不低于500万元；

（二）公司最近一年（或一期）未经审计的净资产不得为负数；

（三）公司及其控股股东、实际控制人、董事、监事、高级管理人员最近二十四个月内不存在重大违法违规及受到行政处罚，不存在涉嫌犯罪被司法机关立案侦查，尚未有明确结论意见的情况；

（四）公司及其控股股东、实际控制人最近二十四个月内不存在负有数额较大债务到期未偿还的情形以及欺诈等其他不诚信行为；

（五）公司最近一年（或一期）财务报表未被注册会计师出具保留意见、否定意见或无法表示意见的审计报告。

第十三条 本指引由上股交负责解释、修订。

第十四条 本指引自发布之日起施行。

上海股权托管交易中心挂牌审核部非上市股份有限公司股份转让系统挂牌申请文件指引(试行)

(2017年01月23日上海股权托管交易中心发布)

第一章 总 则

1.1 为进一步规范上海股权托管交易中心非上市股份有限公司股份转让系统挂牌申请文件的受理工作,便于推荐机构提交申请文件,提高受理效率,根据《上海股权托管交易中心非上市股份有限公司股份转让业务暂行管理办法》《上海股权托管交易中心非上市股份有限公司挂牌与挂牌公司定向增资审核规则》和《上海股权托管交易中心非上市股份有限公司挂牌业务规则》等有关规定,制定本指引。

1.2 推荐机构在提交申请文件前,应核对申请文件是否符合本指引要求。未按本指引要求制作申请文件的,我中心不予受理。

第二章 挂牌申请文件规范要求

2.1 非上市股份有限公司申请在上海股交中心非上市股份有限公司股份转让系统挂牌时,推荐机构应当严格按照《关于上海股权托管交易中心规范报送项目申请文件的通知》相关要求以及本指引的要求报送申请文件。申请材料应当齐备,申请文件不齐备的,我中心可不予受理。

2.2 拟挂牌公司、推荐机构和有关专业服务机构应当确保不同申请文件之间、申请文件前后之间、申请文件与其已披露的其他文件之间的相关内容与表述一致。挂牌申请文件除标明可以为复印件的,其余需提交原件。拟挂牌公司、推荐机构应确保报送的复印件与其原件保持一致,并确保电子版材料与纸质版材料保持一致。

2.3 申请文件中签名需为本人亲笔签名并签署日期,不得使用铅笔,不得以名章、签名章等代替,上股交认可的情形除外。所有申请文件需加盖出具文件的相关机构公章。

2.4　推荐机构具体应提交的申请文件清单及要求。

（一）公司进入上海股权托管交易中心挂牌进行股份转让的申请(参考模板请见附件1)。

（二）公司及全体股东与董监高签署的承诺函(参考模板请见附件2)。

（三）股份转让说明书。

（四）公司章程。需提交工商调档的最新公司章程,并在首页加盖拟挂牌公司公章,如有最新公司章程的修正案,需一并提供。

（五）审计报告。成立满两个完整会计年度的拟挂牌公司审计期间至少需包括最近两个完整会计年度,成立未满两个完整会计年度的拟挂牌公司,审计期间为成立日起至最近一期月末,最近一期月末距申请文件正式受理日不超过六个月。审计报告正文需两名注册会计师亲笔签字并盖章。报表每页需加盖拟挂牌公司公章、报表下相应位置应由拟挂牌公司法定代表人、主管会计工作负责人及会计机构负责人签字。审计报告附注落款处需填写日期并加盖拟挂牌公司公章。

（六）法律意见书。需由两名经办律师亲笔签名,并加盖律师事务所公章。

（七）推荐机构与公司签订的推荐挂牌协议。协议需确定费用,并由双方法定代表人或授权代表(需授权书)签字。

（八）推荐机构尽职调查报告。

（九）公司董事会、股东大会有关进入上海股权托管交易中心挂牌的决议及股东大会授权董事会处理有关事宜的决议。需分别提供股东大会、董事会决议复印件并加盖拟挂牌公司公章,股东大会如为创立大会的,则无须提供董事会决议。

（十）公司营业执照。需提供公司最新营业执照复印件并加盖拟挂牌公司公章。

（十一）公司股东名册及股东身份证明文件。自然人股东需提供身份证正反面复印件、法人股东需提供营业执照复印件,并逐页加盖拟挂牌公司公章。

（十二）公司董事、监事、高级管理人员名单及其持股情况。

（十三）推荐机构自律情况说明（参考模板请见附件3）。

（十四）推荐机构对申请文件真实性、准确性和完整性的承诺书（参考模板请见附件4）。

（十五）推荐机构的上海股权托管交易中心会员资格证书。需提供会员资格证书复印件并加盖推荐机构公章。

（十六）注册会计师、律师及所在机构的执业证书。出具报告的注册会计师和律师需分别交有效的执业证书复印件并加盖会所、律所公章，同时供会所、律所执业证书复印件并加盖其公章。

（十七）推荐机构对推荐挂牌申请文件电子文件与书面文件保持一致的声明（参考模板请见附件5）。

（十八）推荐机构项目小组负责人、项目小组成员资格说明。任职资格说明需包含项目小组负责人及全体成员简历。简历应包括任职人员资质介绍及工作经历介绍，并就其是否满足《上海股权托管交易中心非上市股份有限公司挂牌业务规则》第七、第八条要求进行说明（参考模板请见附件6）。

（十九）政府同意函（如适用）（参考模板请见附件7）。

第三章　推荐机构会员尽职调查工作底稿的规范要求

3.1　推荐机构所交工作底稿应包括工作记录和附件，其中工作记录用于记录调查过程、调查内容、方法和结论等；附件是项目小组取得或制作的、能够证明所实施的调查工作、支持调查结论的相关资料。

3.2　推荐机构所提交工作底稿中工作记录内容至少包括拟推荐挂牌公司名称、调查事项的时点或期间、调查人员、调查日期、调查地点、调查过程、调查内容、方法和结论、其他应说明的事项等。工作记录应有该事项相应调查人员亲笔签字并加盖推荐机构公章。

3.3　推荐机构所提交工作底稿中附件应加盖拟挂牌公司公章。

3.4　推荐机构所提交工作底稿为纸质文档、电子文档各一份。

3.5　推荐机构应提交工作底稿目录。

第四章　附　　则

4.1　我部门将不定期修订并发布更新版本。我部门对本指引保留最终解释权。

4.2 本指引自发布之日起施行。2012 年实施的《非上市股份有限公司挂牌与挂牌公司定向增资申请文件指引》同时废止。

附件 1：公司进入上海股权托管交易中心挂牌进行股份转让的申请

附件 2：公司及全体股东与董监高签署的承诺函

附件 3：推荐机构自律情况说明

附件 4：推荐机构对申请文件真实性、准确性和完整性的承诺书

附件 5：推荐机构对推荐挂牌申请文件电子文件与书面文件保持一致的声明

附件 6：推荐业务机构项目小组负责人、项目小组成员资格说明

附件 7：政府同意函

附件 8：挂牌项目报送目录格式

附件 9：扉页模板

附件 10：电子文件制作相关要求及刻盘文件夹内容及排列示例

挂牌审核部

2017 年 1 月 23 日

上海股权托管交易中心挂牌审核部关于科技创新企业股份转让系统挂牌申请文件指引(试行)

(2016年07月21日上海股权托管交易中心发布)

第一章 总 则

1.1 为进一步规范上海股权托管交易中心(以下简称“上股交”)科技创新企业股份转让系统挂牌申请文件的受理工作,便利推荐机构提交申请文件,提高受理效率,根据《上海股权托管交易中心科技创新企业股份转让系统管理办法(试行)》《上海股权托管交易中心科技创新企业股份转让系统挂牌业务规则(试行)》和《上海股权托管交易中心科技创新企业股份转让系统挂牌与挂牌公司非公开发行股份注册规则(试行)》等有关规定,制定本指引。

1.2 推荐机构在提交申请文件前,应核对申请文件是否符合本指引要求。未按本指引要求制作申请文件的,我中心不予受理。

第二章 挂牌申请文件规范要求

2.1 非上市股份有限公司申请在上股交科技创新企业股份转让系统挂牌时,推荐机构应当严格按照《关于上海股权托管交易中心规范报送项目申请文件的通知》相关要求以及本指引的要求报送申请文件。申请材料应当齐备,申请文件不齐备的,我中心可不予受理。

2.2 拟挂牌公司、推荐机构和有关专业服务机构应当确保不同申请文件之间、申请文件前后之间、申请文件与其已披露的其他文件之间的相关内容与表述一致。挂牌申请文件除标明可以为复印件的,其余需提交原件。拟挂牌公司、推荐机构应确保报送的复印件与其原件保持一致,并确保电子版材料与纸质版材料保持一致。

2.3 申请文件中签名需为本人亲笔签名并签署日期,不得使用铅笔,不得以名章、签名章等代替,上股交认可的情形除外。所有申请文件需加盖出具文件的相关机构公章。

2.4 推荐机构具体应提交的申请文件清单及要求：

（一）公司进入上股交科技创新企业股份转让系统挂牌进行股份转让的申请。需在申请中标明申请适用的注册程序(参考模板请见附件1)。

（二）公司及其实际控制人、全体股东、董事、监事、高级管理人员对上股交承诺书(参考模板请见附件2)。

（三）科技创新板股份转让说明书。

（四）公司章程。需提交工商调档的最新公司章程，并在首页加盖拟挂牌公司公章，如有最新公司章程的修正案，需一并提供。

（五）推荐报告。

（六）审计报告。成立满二个完整会计年度的申请挂牌公司审计期间至少应包括最近二个完整会计年度；成立未满二个完整会计年度的申请挂牌公司，审计期间为成立日起至最近一期期末。最近一期期末距申请文件报送日不超过六个月，确有合理理由的，申请挂牌公司可向股交中心申请适当延长。审计报告正文需两名注册会计师亲笔签字并盖章。报表每页需加盖拟挂牌公司公章、报表相应位置应由拟挂牌公司法定代表人、主管会计工作负责人及会计机构负责人签字。审计报告附注落款处需填写日期并加盖拟挂牌公司公章。参与挂牌业务的会计师事务所应指派具有相应执业资质并有服务上市公司或上股交认可的其他资本市场挂牌公司项目经验的人员作为项目负责人，项目负责人应为审计报告签字人员。上股交认可的其他资本市场挂牌公司项目经验包括参与新三板、E板及N板挂牌项目，并作为签字人员签署审计报告。

（七）法律意见书。需由两名经办律师亲笔签名，并加盖律师事务所公章。参与挂牌业务的律师事务所应指派具有相应执业资质并有服务上市公司或上股交认可的其他资本市场挂牌公司项目经验的人员作为项目负责人，项目负责人应为法律意见书签字人员。上股交认可的其他资本市场挂牌公司项目经验包括参与新三板、E板及N板挂牌项目，并作为签字人员签署法律意见书。

（八）推荐机构推荐企业进入上股交科技创新板挂牌协议书。推荐挂牌协议需确定费用，并由双方法定代表人或授权代表（需授权书）签字（参考模板请见附件 3）。

（九）公司董事会、股东大会有关进入上股交科技创新板挂牌的决议及股东大会授权董事会处理有关事宜的决议。需分别提供股东大会、董事会决议复印件并加盖拟挂牌公司公章，股东大会如为创立大会的，则无须提供董事会决议（参考模板请见附件 4）。

（十）公司营业执照。需提供公司最新营业执照复印件并加盖拟挂牌公司公章。

（十一）公司股东名册及股东身份证明文件。自然人股东需提供身份证正反面复印件、法人股东需提供营业执照复印件，并逐页加盖拟挂牌公司公章。

（十二）公司董事、监事、高级管理人员名单及其持股情况。

（十三）推荐机构自律情况说明（参考模板请见附件 5）。

（十四）推荐机构项目小组负责人、项目小组成员资格说明。项目小组负责人、项目小组成员资格要求需满足《上海股权托管交易中心科技创新企业股份转让系统挂牌业务规则（试行）》《上海股权托管交易中心科技创新企业股份转让系统中介机构业务资格申请条件适用标准指引（试行）》等业务规则的相关规定。任职资格说明需包含项目组负责人及全体成员简历。简历应包括任职人员资质介绍及工作经历介绍（参考模板请见附件 6）。

（十五）专业服务机构经办人员资格说明。项目小组负责人、项目小组成员资格要求需满足《上海股权托管交易中心科技创新企业股份转让系统挂牌业务规则（试行）》《上海股权托管交易中心科技创新企业股份转让系统中介机构业务资格申请条件适用标准指引（试行）》等业务规则的相关规定。出具报告的注册会计师和律师需提交有效的执业证书复印件，签字人员及所在机构的执业证书均需加盖事务所公章。任职资格说明需包含项目组负责人及全体成员简历。简历应包括任职人员资质介绍及工作经历介绍（参考模板请见附件 7）。

（十六）推荐机构对挂牌申请材料电子文件与书面文件保持一致的声明（参考模板请见附件 8）。

第三章 推荐机构会员尽职调查工作底稿的规范要求

3.1 推荐机构所交工作底稿应包括工作记录和附件，其中工作记录用于记录调查过程、调查内容、方法和结论等；附件是项目小组取得或制作的、能够证明所实施的调查工作、支持调查结论的相关资料。

3.2 推荐机构所提交工作底稿中工作记录内容至少包括拟推荐挂牌公司名称、调查事项的时点或期间、调查人员、调查日期、调查地点、调查过程、调查内容、方法和结论、其他应说明的事项等。工作记录应有该事项相应调查人员亲笔签字并加盖推荐机构公章。

3.3 推荐机构所提交工作底稿中附件应加盖拟挂牌公司公章。

3.4 推荐机构所提交工作底稿为纸质文档、电子文档各一份。

3.5 推荐机构应提交工作底稿目录。

第四章 附 则

4.1 我部门将不定期修订并发布更新版本。我部门对本指引保留最终解释权。

4.2 本指引自发布之日起施行。

附件1 公司进入上海股权托管交易中心科技创新企业股份转让系统挂牌进行股份转让的申请

附件2 公司及其实际控制人、全体股东、董事、监事、高级管理人员对上海股权托管交易中心承诺书

附件3 推荐机构推荐企业进入上海股权托管交易中心科技创新板挂牌协议书

附件4 公司董事会、股东大会有关进入上海股权托管交易中心科技创新板挂牌的决议及股东大会授权董事会处理有关事宜的决议

附件5 推荐机构自律情况说明

附件6 推荐业务机构项目小组负责人、项目小组成员资格说明

附件7 专业服务机构经办人员资格说明

附件 8　推荐机构对挂牌申请材料电子文件与书面文件保持一致的声明

附件 9　挂牌项目报送目录格式

附件 10　扉页模板

附件 11　电子文件制作相关要求及刻盘文件夹内容及排列示例

挂牌审核部

2016 年 7 月 21 日

天津股权交易所股权挂牌交易申报文件内容与格式指引

（2016年08月24日天津股权交易所发布）

第一条 为规范股权挂牌交易申报文件的内容与格式，根据《天津股权交易所非上市非公众股份有限公司股权挂牌交易管理暂行办法》《天津股权交易所主板挂牌公司准入暂行规定》《天津股权交易所成长板挂牌公司准入暂行规定》《天津股权交易所创业板挂牌公司准入暂行规定》等规定，特制定本指引。

第二条 申请股权在天津股权交易所（以下简称“天交所”）挂牌交易的股份有限公司（以下简称“拟挂牌公司”）应按照本指引的要求制作和报送申报文件。

第三条 本指引规定的申报文件目录是对股权挂牌交易申报文件的最低要求。根据审查需要，天交所可以要求拟挂牌公司和相关中介机构补充文件。申报挂牌前进行定向私募的，应按照天交所规定在股权挂牌交易申报文件中增加有关内容。

第四条 申报文件一经接收，非经天交所同意，不得增加、撤回或更换。

第五条 拟挂牌公司报送申报文件应提交原件一份、复印件五份。拟挂牌公司不能提供有关文件原件的，应由拟挂牌公司盖章，保证与原件的一致性。

第六条 申报文件所有需要签名处，均应为签名人亲笔签名，不得以名章、签名章等代替。申报文件首页应加盖拟挂牌公司公章，并在文件侧面加盖骑缝章。

第七条 拟挂牌公司应根据专家审核委员会对申报文件的反馈意见提供补充材料。相关中介机构应对反馈意见相关问题补充出具专业意见。

第八条 申报文件分两册，分别为审核类、备查类及登记托管类；每册应包括封面、扉页、目录、正文；章与章之间应另起一页，文件中的页码应与目录中的页码相符。

第九条 申报文件的封面和侧面应标有“××（股权简称）挂牌申报材料”

"审核类/备查类/登记托管类""第×册共三册"字样，扉页应标明申报挂牌公司、保荐服务机构以及相关中介机构联系人姓名、电话、传真等联系方式。

第十条 申报文件应采用标准A4纸张打印(复印件正反面打印)，采用深蓝色双孔文件夹装订(申报文件原件不需要装订)。

第十一条 未按本指引要求制作的申报文件，天交所不予接收。

第十二条 本指引由天交所负责解释。

第十三条 本指引自发布之日起施行。

附录：《天津股权交易所股权挂牌交易申报文件目录》

第一册 审核类文件目录

第一章 公司关于股权挂牌交易的申请及授权文件

1.1 股权挂牌交易申报表

1.2 关于股权挂牌交易的公司董事会通知、议案及决议

1.3 关于股权挂牌交易的公司股东大会通知、议案及决议

第二章 公司股权挂牌交易说明书

2.1 公司股权挂牌交易说明书

第三章 保荐服务机构关于股权挂牌交易的文件

3.1 保荐意见书及持续督导方案

第四章 保荐服务机构关于股权挂牌交易的文件(如有)

4.1 报价方案

第五章 会计师关于股权挂牌交易的文件

5.1 财务报表及审计报告

5.2 内部控制自我评价报告

第六章 律师关于股权挂牌交易的文件

6.1 法律意见书

第七章 公司的设立文件

7.1 公司的企业法人营业执照

7.2 发起人协议

7.3 公司最新章程

第八章　其他文件

8.1　公司、控股股东及实际控制人出具的有关公司规范运行的解决方案及相关承诺函（包括但不限于规范关联交易、避免同业竞争的承诺函等）

8.2　公司全体董、监、高承诺书

8.3　公司所在地金融监管部门备案意见

第二册　备查类文件目录

第一章　公司股权挂牌交易说明书摘要

1.1　公司股权挂牌交易说明书摘要

第二章　保荐服务机构关于股权挂牌交易的文件

2.1　保荐服务机构工作报告

第三章　律师关于股权挂牌交易的文件

3.1　律师工作报告

第四章　公司的设立文件

4.1　发起人或主要股东的营业执照或有关身份证明文件

第五章　关于股权挂牌交易相关协议

5.1　保荐服务协议

5.2　报价协议（如有）

第六章　其他文件

6.1　产权和特许经营权证书

6.2　主要税种纳税情况说明

6.3　公司生产经营和投资项目符合主管部门要求的证明文件

6.4　重要合同

6.4.1　重要商务合同

6.4.2　重大关联交易协议

第七章　公司相关内控制度文件

7.1　会计管理制度

7.2　财务管理制度

7.3　信息披露管理制度

7.4 募集资金管理制度

第三册　登记托管文件目录

1 挂牌企业登记托管信息及锁定情况说明

2 关于股权登记托管的公司董事会通知、议案及决议

3 关于股权登记托管的公司股东大会通知、议案及决议

4 公司签发的股东名册

5 股东自愿锁定股份承诺书

6 股东名册承诺函

天津股权交易所股权挂牌交易说明书内容与格式指引(试行)

（2016年08月24日天津股权交易所发布）

第一章　总　　则

第一条　为规范股权挂牌交易说明书的内容与格式，根据《天津股权交易所非上市非公众股份有限公司股权挂牌交易管理暂行办法》《天津股权交易所主板挂牌公司准入暂行规定》《天津股权交易所成长板挂牌公司准入暂行规定》《天津股权交易所创业板挂牌公司准入暂行规定》等规定，特制定本指引。

第二条　申请股权在天津股权交易所（以下简称“天交所”）挂牌的股份公司（以下简称“拟挂牌公司”）应按本指引编制股权挂牌交易说明书并披露。

第三条　本指引的规定是对股权挂牌交易说明书信息披露的最低要求。不论本指引是否有明确规定，凡对投资者投资决策有重大影响的信息，均应披露。

拟挂牌公司可根据自身及所属行业或业态特征，在本指引基础上增加有利于投资者判断和决策的相关内容。

本指引部分条款具体要求不适用的，拟挂牌公司可根据实际情况，在不影响内容完整性的前提下作适当调整，但应在申报时作书面说明；由于涉及特殊原因申请豁免披露的，应有充分依据，保荐服务机构（综合服务机构）及律师应出具意见。

第四条　拟挂牌公司在股权挂牌交易说明书中披露的所有信息应真实、准确、完整，不得有虚假记载、误导性陈述或重大遗漏。

第五条　股权挂牌交易说明书的编制和披露应便于投资者理解和判断，符合下列一般要求：

（一）通俗易懂、言简意赅。要切合公司具体情况，用词要符合社会公众的认知习惯，对有特定含义的专业术语应作出释义。为避免重复，可采用相互引证的方法，对相关部分进行合理的技术处理。

（二）表述客观、逻辑清晰。不得有夸大性、广告性、诋毁性的词句。可采用图形、表格、图片等较为直观的方式进行披露。

（三）业务、产品（服务）、行业等方面的统计口径应前后一致。

（四）引用的数字采用阿拉伯数字，货币金额除特别说明外，指人民币金额，并以元、万元、亿元为单位。

第六条 拟挂牌公司编制股权挂牌交易说明书应准确引用有关中介机构的专业意见、报告和财务会计资料，并有充分的依据。

所引用的财务报表应由具有天交所合格注册资格的会计师事务所审计，财务报表最近一期截止日不得早于拟挂牌公司改制基准日，财务报表在其最近一期截止日后6个月内有效。特殊情况下拟挂牌公司可申请延长，但延长期至多不超过1个月。

第七条 股权挂牌交易说明书封面应标有“××公司股权挂牌交易说明书”字样，扉页应载有如下重要声明与提示：

1.“本公司董事会保证股权挂牌交易说明书的真实性、准确性、完整性，全体董事承诺股权挂牌交易说明书不存在虚假记载、误导性陈述或重大遗漏，并就其保证承担个别和连带的法律责任。”

2.“根据《证券法》的规定，本公司经营与收益的变化，由本公司自行负责，由此变化引致的投资风险，由投资者自行负责。”

3.“根据《公司法》等有关法律、法规的规定，本公司董事、高级管理人员已依法履行诚信和勤勉尽责的义务和责任。”

4.“天津股权交易所以及有关备案机构对本公司股权挂牌交易及有关事项的意见，均不表明对本公司的任何保证。”

5.“天津股权交易所不承担任何由于政策和市场变化给股权挂牌交易和投资者带来的风险。”

6.“本公司向天津股权交易所承诺，此次挂牌交易申请文件的电子版与书面文件一致，保证电子文件的真实性、准确性和完整性。”

第八条 拟挂牌公司应在概览中列出股权挂牌交易说明书正文中提及的专有名词简称或缩写的释义。

第二章 股权挂牌交易说明书

第一节 概 览

第九条 拟挂牌公司应在概览中提示性地说明股权挂牌交易说明书的关键内容，以使投资者尽快了解挂牌交易说明书的主要内容。包括：

（一）公司名称及简称；

（二）总股本；

（三）挂牌交易地点。

第十条 拟挂牌公司应在概览中说明本次股权挂牌的有关机构，包括：

（一）保荐服务机构（综合服务机构）；

（二）审计机构；

（三）律师事务所。

第二节 公司基本情况

第十一条 拟挂牌公司应简要披露下列情况：公司名称、法定代表人、设立日期、注册资本、住所、邮编、董事会秘书或信息披露事务负责人、所属行业、主要业务、组织机构代码等。

第十二条 拟挂牌公司应详细披露公司的历史沿革，应说明公司的前身、设立及发展主要历程、历次股权变动和重大资产重组情况等。如果股权变化情况较复杂，可采用流程图、表格或其他形式梳理归并，并作为附件披露。律师和保荐服务机构（综合服务机构）须对本部分内容真实性和准确性发表意见。

第十三条 拟挂牌公司应详细披露公司股权结构图，并披露控股股东、实际控制人、前十名股东及持有5%以上股份股东的名称、持股数量及比例、股东性质、直接或间接持有的股份是否存在质押或其他争议事项的具体情况及股东之间关联关系。

拟挂牌公司应披露控股股东和实际控制人基本情况以及实际控制人最近一年内是否发生变化。实际控制人应披露到自然人为止（国有企业，应披露到最终国有控股主体为止）。

第十四条 拟挂牌公司应披露其控股子公司、参股子公司的简要情况，包括成立时间、注册资本、注册地和主要生产经营地、股东构成及控制情况、主营业务、最近两年及一期的主要财务数据(公司持续经营年限不足两年的,披露最近一年及一期/最近一期的主要财务数据),并标明有关财务数据是否经过审计及审计机构名称。

第十五条 拟挂牌公司应披露最近两年及一期的主要会计数据和财务指标简表(公司持续经营年限不足两年的,披露最近一年及一期/最近一期的主要会计数据和财务指标简表),主要包括:营业收入、净利润、归属于拟挂牌公司股东的净利润、扣除非经常性损益后的净利润、归属于拟挂牌公司股东的扣除非经常性损益后的净利润、毛利率、净资产收益率、扣除非经常性损益后净资产收益率、应收账款周转率、存货周转率、基本每股收益、稀释每股收益、经营活动产生的现金流量净额、每股经营活动产生的现金流量净额、总资产、股东权益合计、归属于拟挂牌公司股东权益合计、每股净资产、归属于拟挂牌公司股东的每股净资产、资产负债率(以母公司报表为基础)、流动比率、速动比率。

除特别指出外,上述财务指标应以合并财务报表的数据为基础进行计算。

第十六条 拟挂牌公司应披露公司的内部组织结构图(包括部门、生产车间、子公司、分公司等),并详细披露各职能部门的部门职责及分工。

第十七条 拟挂牌公司应披露与公司生产经营有关的资产权属情况。包括:

(一)主要无形资产的取得方式和时间、实际使用情况、使用期限或保护期、最近一期末账面价值。

(二)取得的业务许可资格或资质情况。

(三)特许经营权(如有)的取得、期限、费用标准。

(四)主要生产设备等重要固定资产使用情况、成新率或尚可使用年限。

(五)主要无形资产或固定资产采取租赁方式,应披露租赁资产的权属情况及拟挂牌公司与出租方的租赁关系。

律师、会计师和保荐服务机构(综合服务机构)须对本部分内容真实性和准确性发表意见。

第十八条 拟挂牌公司应披露董事、监事、高级管理人员与核心技术人员情况。其中核心技术(业务)人员应披露姓名、年龄、主要业务经历及职务、现任职务与任期。

第十九条 拟挂牌公司应披露董事、监事、高级管理人员及核心技术人员直接或间接持有拟挂牌公司股份的情况、薪酬情况、兼职情况及所兼职单位与拟挂牌公司的关联关系、相互之间存在的亲属关系、是否符合法律法规规定的任职资格、近一年内的变动情况及原因。

第二十条 拟挂牌公司应详细披露公司员工情况及社会保障情况。包括员工人数,年龄、学历结构,员工签订劳动合同及参加社会保障情况,近一年在劳动保护制度及社会保障制度方面是否存在违法违规情况。应分别对城镇及非城镇人员的社保缴纳情况进行详细披露,并说明采取的规范措施,说明办理当地社保部门对公司员工社保缴纳情况的证明文件情况。

第三节 公司业务

第二十一条 拟挂牌公司应披露其所处行业的基本情况,包括但不限于:

(一)行业主管部门、行业监管体制、行业主要法律法规及政策等;

(二)行业竞争格局和市场化程度、行业内的主要企业和主要企业的市场份额、进入本行业的主要障碍、市场供求状况及变动原因、行业利润水平的变动趋势及变动原因等;

(三)影响行业发展的有利和不利因素,如产业政策、技术替代、行业发展瓶颈、国际市场冲击等;

(四)行业技术水平及技术特点、行业特有的经营模式、行业的周期性、区域性或季节性特征等;

(五)所处行业与上、下游行业之间的关联性,上下游行业发展状况对本行业及其发展前景的有利和不利影响;

(六)出口业务比例较大的,还应披露产品进口国的有关进口政策、贸易摩擦对产品进口的影响以及进口国同类产品的竞争格局等情况。

第二十二条 拟挂牌公司应披露主要业务、主要产品或服务及其用途。包括:

(一)主要生产或服务流程及方式(包括服务外包、外协生产等);

(二)业务收入的主要构成及各期主要产品或服务的规模、销售收入;

（三）产品或服务的主要消费群体，报告期内各期向前五名客户的销售额及占当期销售总额的百分比；

（四）报告期内主要产品或服务的原材料、能源及供应情况，占成本的比重，报告期内各期向前五名供应商的采购额及占当期采购总额的百分比。

第二十三条 拟挂牌公司应披露其主要产品或服务的核心技术，披露技术来源、技术水平、成熟程度，说明技术属于原始创新、集成创新或引进消化吸收再创新的情况，以及核心技术产品收入占营业收入的比例。

拟挂牌公司应披露技术储备情况，主要包括正在从事的研发项目进展情况、拟达到的目标，最近两年及一期研发费用的构成及占营业收入的比例（公司持续经营年限尚不足两年的，披露最近一年及一期/最近一期的研发费用的构成及占营业收入的比例）。

第二十四条 拟挂牌公司应披露公司安全生产及污染治理情况、因安全生产及环境保护原因受到处罚的情况、近两年相关费用成本支出及未来支出情况（公司持续经营年限尚不足两年的，披露最近一年及一期/最近一期的费用成本支出及未来支出情况），说明是否符合国家关于安全生产和环境保护的要求。

第四节　公司治理

第二十五条 拟挂牌公司应披露股东大会、董事会、监事会的建立健全及运行情况，说明上述机构和人员履行职责的情况。

第二十六条 拟挂牌公司董事会应充分讨论现有公司治理机制能否给所有股东提供合适的权益保护以及能否保证股东充分行使知情权、参与权、质询权和表决权等权利，说明投资者关系管理、纠纷解决机制、累积投票制（如有）、外部董事制度（如有）、关联股东和董事回避制度（如有）、董事会秘书制度以及与财务管理、风险控制相关的内部管理制度建设情况，并披露董事会对公司治理机制执行情况的评估结果。

第二十七条 拟挂牌公司应披露公司及其控股股东、实际控制人最近一年内是否存在违法违规及受处罚的情况。

第二十八条 拟挂牌公司应披露与控股股东、实际控制人及其控制的其他企业在业务、资产、人员、财务、机构方面的分开情况。

第二十九条 拟挂牌公司应根据《公司法》和《企业会计准则》的相关规定披露关联方、关联关系、关联交易，并说明相应的决策权限、决策程序、定价机制、交易的合规性和公允性、减少和规范关联交易的具体安排等。

拟挂牌公司应根据交易的性质和频率，按照经常性和偶发性分类披露关联交易及其对财务状况和经营成果的影响。

购销商品、提供劳务等经常性的关联交易，应分别披露最近两年及一期（公司持续经营年限尚不足两年的，按一年及一期/一期披露）关联交易方名称、交易内容、交易金额、交易价格的确定方法、占当期营业收入或营业成本的比重、占当期同类型交易的比重以及关联交易增减变化的趋势，与交易相关应收应付款项的余额及增减变化的原因，以及上述关联交易是否仍将持续进行。

偶发性的关联交易，应披露关联交易方名称、交易时间、交易内容、交易金额、交易价格的确定方法、资金的结算情况、交易产生利润及对发行人当期经营成果的影响、交易对公司主营业务的影响。

如果董事、监事、高级管理人员、核心技术（业务）人员、主要关联方或持有公司5%以上股份股东在主要客户或供应商中占有权益的，应说明是否已采取必要措施或已拟定计划对其他股东的利益进行保护。

会计师、律师和保荐服务机构（综合服务机构）须对本部分内容真实性和准确性发表意见。

第三十条 拟挂牌公司应披露是否存在与控股股东、实际控制人及其控制的其他企业从事相同、相似业务的情况。对存在相同、相似业务的，应对是否存在同业竞争做出合理解释。

拟挂牌公司应披露控股股东、实际控制人为避免同业竞争采取的措施及做出的承诺。

会计师、律师和保荐服务机构（综合服务机构）须对本部分内容真实性和准确性发表意见。

第三十一条 拟挂牌公司应披露最近两年内（公司持续经营期限尚不足两年的，按一年披露）是否存在资金被控股股东、实际控制人及其控制的其他企业占用，或者为控股股东、实际控制人及其控制的其他企业提供担保，以及为防止股东及其关联方占用或者转移公司资金、资产及其他资源的行为发生所采取的具体安排。

第三十二条 拟挂牌公司应披露公司管理层对内部控制完整性、合理性及有效性的自我评价意见。

第五节 财务会计信息

第三十三条 拟挂牌公司应按照《企业会计准则》的规定编制并披露最近两年及一期的财务报表(公司持续经营年限尚不足两年的,披露最近一年及一期/最近一期的财务报表),在所有重大方面公允反映公司财务状况、经营成果和现金流量,并由注册会计师出具无保留意见的审计报告。编制合并财务报表的,应同时披露合并财务报表和母公司财务报表。

拟挂牌公司应披露财务报表的编制基础、合并财务报表范围及变化情况。

第三十四条 拟挂牌公司应披露会计师事务所的审计意见类型。财务报表被出具带强调事项段的无保留审计意见的,应全文披露审计报告正文以及董事会、监事会和注册会计师对强调事项的详细说明。

第三十五条 拟挂牌公司应结合业务特点充分披露报告期内采用的主要会计政策、会计估计及其变更情况和对公司利润的影响。拟挂牌公司的重大会计政策或会计估计与可比公司(如有)存在较大差异,或者按规定将要进行变更的,应分析重大会计政策或会计估计的差异或变更对公司利润产生的影响。

第三十六条 拟挂牌公司应详细披露公司两年及一期主要财务指标(公司持续经营年限尚不足两年的,披露一年及一期/一期主要财务指标),包括:

(一)每股指标分析:每股净资产、每股资本公积金、每股未分配利润、每股收益、每股现金流量等。

(二)利润构成:主营业务收入、主营业务利润、投资收益、补贴收入、营业外收支、利润总额、所得税、净利润等。

(三)获利能力:销售毛利润、销售净利润、总资产报酬率、净资产收益率等。

(四)经营能力:应收账款周转率、存货周转率、固定资产周转率、股东权益周转率、总资产周转率等。

(五)偿债能力:流动比率、速动比率。

（六）资本结构：资产负债比率、股东权益比率、固定资产比率等。

（七）发展能力：主营业务收入增长率、营业利润增长率、税后利润增长率、净资产增长率、总资产增长率等。

（八）资金流量：现金及现金等价物净增额、经营活动现金流量净额、销售商品收到的现金、销售商品收到的现金占营业收入比例。

第三十七条　拟挂牌公司应对最近两年及一期的主要会计数据和财务指标（公司持续经营年限尚不足两年的，披露一年及一期/一期主要会计数据和财务指标）进行比较，发生重大变化的应说明原因。

（一）根据业务特点披露各类收入的具体确认方法，以表格形式披露报告期内各期营业收入、利润、毛利率的主要构成及比例，按照产品（服务）类别及业务、地区分部列示，报告期内发生重大变化的应予以说明。

（二）披露报告期内各期主要费用（含研发）、占营业收入的比重和变化情况。

（三）披露报告期内各期重大投资收益情况、非经常性损益情况、适用的各项税收政策及缴纳的主要税种。

（四）披露报告期内各期末主要资产情况及重大变动分析，包括但不限于：

主要应收款项的账面余额、坏账准备、账面价值、账龄、各期末前五名情况；主要存货类别、账面余额、跌价准备、账面价值；主要固定资产类别、折旧年限、原价、累计折旧、净值；主要对外投资的投资期限、初始投资额、期末投资额及会计核算方法；主要无形资产的取得方式、初始金额、摊销方法、摊销年限、最近一期末的摊余价值及剩余摊销年限；主要资产减值准备的计提依据及计提情况。

（五）披露报告期内各期末主要负债情况。有逾期未偿还债项的，应说明其金额、未按期偿还的原因、预计还款期等。

（六）披露报告期内各期末股东权益情况，主要包括股本、资本公积、盈余公积、未分配利润及少数股东权益的情况。

如果在挂牌前实施限制性股票或股票期权等股权激励计划且尚未行权完毕的，应披露股权激励计划内容及实施情况、对资本公积和各期利润的影响。

第三十八条　拟挂牌公司应扼要披露会计报表附注中的资产负债表日后事

项，或有事项及其他重要事项，包括对持续经营可能产生较大影响的诉讼或仲裁、担保等事项。

第三十九条 拟挂牌公司在报告期内进行资产评估的，应简要披露资产评估情况。

第四十条 拟挂牌公司应披露公司股利分配政策、实际股利分配情况以及股权挂牌交易后的股利分配政策；最近两年分红情况，包括分红方式、分红比例和分红金额等；披露公司滚存利润分配政策。

会计师和保荐服务机构（综合服务机构）须对本部分内容真实性和准确性发表意见。

第六节 定向发行

第四十一条 拟挂牌公司应简要披露股权定向发行的基本情况。募集资金应当围绕主营业务进行投资安排，应披露募集资金数额、募集资金具体用途、预计投入的时间进度情况、募集资金管理等。募集资金拟作除主营业务外其他用途的，应披露具体的安排及影响。

第四十二条 拟挂牌公司应披露募集资金运用对财务状况及经营成果的影响。发行人应审慎预测具体投资的效益，分别说明募集资金运用前后的效益情况，以及预计产生效益的时间，并充分说明预测基础、依据。

第七节 发展规划

第四十三条 拟挂牌公司应披露未来两年的发展目标及规划，包括但不限于提高竞争能力、市场和业务开拓、筹资等方面的计划。

第四十四条 拟挂牌公司披露的发展计划应当具体，并应说明拟定上述计划所依据的假设条件，实施上述计划可能面临的主要困难，以及确保实现上述发展计划拟采用的方式、方法或途径。

第八节 其他重要事项

第四十五条 拟挂牌公司应披露公司信息披露与定向募股对象服务计划，应当说明公司信息披露责任人及联系方式，公司信息披露基本原则及披露的主要内容，定向募股对象服务计划的具体措施。

第四十六条 拟挂牌公司应披露对其生产经营活动、未来发展或财务状况具有重要影响的合同内容及其履行情况。合同内容应主要包括：

（一）当事人的名称和住所；

（二）标的；

（三）数量；

（四）质量；

（五）价款或者报酬；

（六）履行期限；

（七）地点和方式；

（八）违约责任；

（九）解决争议的方法；

（十）对发行人经营有重大影响的附带条款和限制条件。

本款所指重要合同是指合同标的在100万元以上或对公司生产和经营产生重大影响的合同。

第四十七条　拟挂牌公司应披露对外担保情况，主要包括：

（一）被担保人的名称、注册资本、住所、生产经营情况、与拟挂牌公司有无关联关系以及最近一年及一期末的总资产、净资产和最近一年及一期的净利润；

（二）主债务的种类、金额和履行债务的期限；

（三）担保方式采用抵押、质押方式的，应披露担保物的种类、数量、价值等相关情况；

（四）担保范围；

（五）担保期间；

（六）解决争议的方法；

（七）其他对担保人有重大影响的条款；

（八）担保履行情况。

拟挂牌公司不存在对外担保的，应予说明。

第四十八条　拟挂牌公司应披露对财务状况、经营成果、声誉、业务活动、未来前景等可能产生较大影响的诉讼或仲裁事项，主要包括：

（一）案件受理情况和基本案情；

（二）诉讼或仲裁请求；

（三）判决、裁决结果及执行情况；

（四）诉讼、仲裁案件对发行人的影响。

第四十九条 拟挂牌公司应披露控股股东或实际控制人、控股子公司，董事、监事、高级管理人员和其他核心人员作为一方当事人的重大诉讼或仲裁事项。本款所指重大诉讼或仲裁事项是指涉及金额在100万元以上的诉讼或仲裁。

拟挂牌公司应披露控股股东、实际控制人最近一年内是否存在重大违法行为，如不存在，应作声明。

第五十条 除以上重要事项外，拟挂牌公司应披露其他可能会对投资者决策产生重大影响的事项。

律师和保荐服务机构（综合服务机构）须对本部分内容真实性和准确性发表意见。

第九节 风险因素

第五十一条 拟挂牌公司应披露公司面临的风险因素，并详细说明公司采取的控制措施。包括但不限于以下风险因素：

（一）产品或服务的市场风险。可能涉及商业周期或产品生命周期的不利影响、公司品牌优势无法有效维持或增强、市场饱和、市场分割、过度依赖单一市场或客户、市场占有率下降、缺乏稳定的市场营销渠道等；

（二）经营模式发生变化，经营业绩不稳定，主要产品或主要原材料价格波动，过度依赖某一重要原材料、产品或服务，经营场所过度集中或分散等；

（三）内部控制有效性不足导致的风险、资产周转能力较差导致的流动性风险、现金流状况不佳或债务结构不合理导致的偿债风险、主要资产减值准备计提不足的风险、主要资产价值大幅波动的风险、非经常性损益或合并财务报表范围以外的投资收益金额较大导致净利润大幅波动的风险、重大担保或诉讼仲裁等或有事项导致的风险；

（四）技术不成熟、技术尚未产业化、技术缺乏有效保护或保护期限短、缺乏核心技术或核心技术依赖他人、产品或技术面临被淘汰等；

（五）投资项目在市场前景、技术保障、产业政策、环境保护、土地使用、融资安排、与他人合作等方面存在的问题，因营业规模、营业范围扩大或者业务转型而导致的管理风险、业务转型风险，因固定资产折旧大量增加而导致的利润下滑风险，以及因产能扩大而导致的产品销售风险等；

（六）由于财政、金融、税收、土地使用、产业政策、行业管理、环境保护等方面法律、法规、政策变化引致的风险；

（七）可能严重影响公司持续经营的其他因素，如自然灾害、安全生产、汇率变化、外贸环境等。

第五十二条 申报创业板的拟挂牌公司，应当说明公司在规范运行方面存在的问题及解决方案，以及存在问题可能导致的风险。

律师和保荐服务机构（综合服务机构）须对本部分内容真实性和准确性发表意见。

第十节 有关声明

第五十三条 拟挂牌公司全体董事、监事、高级管理人员应在股权挂牌交易说明书正文的声明页签名，并由拟挂牌公司加盖公章。

第五十四条 拟挂牌公司保荐服务机构（综合服务机构）、会计师事务所、律师事务所相关人员应在股权挂牌交易说明书正文的声明页签名，并加盖机构公章。

第十一节 附件

第五十五条 挂牌交易说明书结尾应列明附件，附件应包括下列文件：

（一）挂牌交易保荐意见书及保荐工作报告；

（二）财务报表及审计报告；

（三）法律意见书及律师工作报告；

（四）公司章程；

（五）纳税情况证明文件；

（六）其他与本次挂牌有关的重要文件。

第三章 股权挂牌交易说明书摘要

第一节 扉页

第五十六条 挂牌交易说明书摘要封面应标有“××公司股权挂牌交易说

明书摘要"字样，扉页应载有如下重要声明与提示。

本说明书摘要的目的仅为向投资者提供有关本次挂牌交易的基本情况，投资者在做出交易决定之前，应仔细阅读挂牌交易说明书全文。现就本次挂牌交易事宜作如下声明和提示：

1. "本公司董事会保证本说明书摘要内容真实、准确、完整，全体董事承诺对本说明书摘要的虚假记载、误导性陈述或重大遗漏负连带责任。"

2. "本公司提醒投资者注意，凡本说明书摘要未涉及的有关内容，请投资者仔细阅读挂牌交易说明书全文或通过天津股权交易所向本公司查询。"

3. "根据《公司法》及有关法律、行政法规和天津股权交易所有关规定，本公司董事、监事、高级管理人员已依法履行诚信和勤勉尽责的义务和责任。"

4. "天津股权交易所以及有关备案机构对本公司股权挂牌交易及有关事项的意见，均不表明对本公司的任何保证。"

5. "天津股权交易所不承担任何由于政策和市场变化给股权挂牌交易和投资者带来的风险。"

第五十七条 拟挂牌公司应在本节中列出股权挂牌交易说明书摘要正文中提及的专有名词简称或缩写的释义。

第二节 风险因素

第五十八条 拟挂牌公司应披露公司面临的风险因素，并详细说明公司采取的控制措施。包括但不限于以下风险因素：

（一）产品或服务的市场前景、行业经营环境的变化、商业周期或产品生命周期的影响、市场饱和或市场分割、过度依赖单一市场、市场占有率下降等；

（二）经营模式发生变化，经营业绩不稳定，主要产品或主要原材料价格波动，过度依赖某一重要原材料、产品或服务，经营场所过度集中或分散等；

（三）内部控制有效性不足导致的风险、资产周转能力较差导致的流动性风险、现金流状况不佳或债务结构不合理导致的偿债风险、主要资产减值准备计提不足的风险、主要资产价值大幅波动的风险、非经常性损益或合并财务报表范围以外的投资收益金额较大导致净利润大幅波动的风险、重大担保或诉讼仲裁等或有事项导致的风险；

（四）技术不成熟、技术尚未产业化、技术缺乏有效保护或保护期限短、缺乏核心技术或核心技术依赖他人、产品或技术面临被淘汰等；

（五）投资项目在市场前景、技术保障、产业政策、环境保护、土地使用、融资安排、与他人合作等方面存在的问题，因营业规模、营业范围扩大或者业务转型而导致的管理风险、业务转型风险，因固定资产折旧大量增加而导致的利润下滑风险，以及因产能扩大而导致的产品销售风险等；

（六）由于财政、金融、税收、土地使用、产业政策、行业管理、环境保护等方面法律、法规、政策变化引致的风险；

（七）可能严重影响公司持续经营的其他因素，如自然灾害、安全生产、汇率变化、外贸环境等。

第五十九条 申报创业板的拟挂牌公司，应当说明公司在规范运行方面存在的问题及解决方案，以及存在问题可能导致的风险。

律师和保荐服务机构（综合服务机构）须对本部分内容真实性和准确性发表意见。

第三节 公司基本情况

第六十条 拟挂牌公司应简要披露公司概况：公司名称、法定代表人、设立日期、注册资本、住所、邮编、董事会秘书或信息披露事务负责人、所属行业、主要业务、组织机构代码等。

第六十一条 拟挂牌公司应简要披露公司的股权结构图并披露控股股东、实际控制人、前十名股东及持有5%以上股份股东的名称、持股数量及比例、股东性质、直接或间接持有的股份是否存在质押或其他争议事项的具体情况及股东之间关联关系。

第六十二条 拟挂牌公司应简要披露公司的业务情况，包括主营业务、主要产品及工艺流程。

第六十三条 拟挂牌公司应披露最近两年及一期的主要会计数据和财务指标简表（公司持续经营年限尚不足两年的，披露一年及一期/一期主要会计数据和财务指标简表）。

第六十四条 拟挂牌公司应披露公司股利分配政策；披露公司滚存利润分

配政策。

第六十五条 拟挂牌公司应简要披露公司的发展目标、发展战略和发展规划。

第四节 挂牌各方当事人

第六十六条 拟挂牌公司应披露股权挂牌交易各方当事人的基本情况，包括：保荐服务机构（综合服务机构）、会计师事务所、律师事务所、验资机构的名称、法定代表人、住所、联系电话、传真，同时应披露有关经办人员（包括项目小组负责人、项目小组成员）的姓名。

第六十七条 拟挂牌公司及保荐服务机构（综合服务机构）应在股权挂牌交易说明书摘要正文的尾页加盖公章。

第四章 附 则

第六十八条 本指引由天交所负责解释。

第六十九条 本指引自发布之日起施行。

全国中小企业股份转让系统挂牌业务问答
——关于挂牌条件适用若干问题的解答(二)

（2016 年 09 月 09 日全国中小企业股份转让系统有限责任公司发布）

为进一步明确全国中小企业股份转让系统挂牌业务工作中出现的问题，现就挂牌准入涉及的负面清单管理、国有股权批复形式、资金占用、军工涉密、失信被执行人申请挂牌问题，解答如下。

一、全国股转公司对挂牌准入负面清单管理的具体要求有哪些?

答：全国股转公司根据业务规则及标准指引，结合市场定位、发展现状和国家产业政策要求，对挂牌准入实行负面清单管理，规定存在负面清单情形之一的公司不符合挂牌准入要求。负面清单将根据市场发展情况定期评估修订，具体内容如下：

（一）科技创新类公司最近两年及一期营业收入累计少于 1 000 万元，但因新产品研发或新服务培育原因而营业收入少于 1 000 万元，且最近一期末净资产不少于 3 000 万元的除外；

（二）非科技创新类公司最近两年累计营业收入低于行业同期平均水平；

（三）非科技创新类公司最近两年及一期连续亏损，但最近两年营业收入连续增长，且年均复合增长率不低于 50%的除外；

（四）公司最近一年及一期的主营业务中存在国家淘汰落后及过剩产能类产业。

科技创新类公司是指最近两年及一期主营业务均为国家战略性新兴产业的公司，包括节能环保、新一代信息技术、生物产业、高端装备制造、新材料、新能源、新能源汽车。不符合科技创新类要求的公司为非科技创新类。非科技创新类公司营业收入行业平均水平以主办券商专业意见为准。年均复合增长率以最近三年的经审计财务数据为计算依据。

二、国有企业的国有股权设置批复文件应符合哪些要求?

答：申请挂牌公司涉及国有控股或国有参股情形，如无法提供国资主管部门出具的股权设置批复文件的，在中介机构明确发表公司不存在国有资产流失的意见的前提下，可按以下方式解决。

（一）以国有产权登记表（证）替代国资部门批复文件。

根据国资委《国家出资企业产权登记管理暂行办法》规定，国有产权登记表（证）是经过国资管理部门审核通过的，如申请挂牌公司无法提供国资主管部门批复文件的，可以用国有产权登记表（证）替代。

（二）针对财政参与出资的政府引导型股权投资基金，可以决策文件替代国资或财政部门的批复文件。

若财政参与出资的政府引导型股权投资基金有地方政府（含地市、区县级）批准的章程或管理办法，并且章程或办法对引导性投资基金的决策程序做了合法、明确的规定，且该基金对申请挂牌公司的投资符合决策程序，则经过各部门代表签字的决策文件可替代国资或财政部门批复文件，作为国有股权设置依据。对于不规范的决策文件（如会议纪要等），应由律师事务所对该类型文件有效性进行鉴证，以保证文件的真实、有效、合法。

（三）针对不属于国资部门管理的申请挂牌公司以及央企或国企多级子公司，可提供上级主管部门出具的批复或经其盖章的产权登记表 。

对于国有股权不归属国资部门（包括财政部、国资委，及其地方机关）监管的申请挂牌公司（如归属中科院、教育部、地方政府、地方教委、地方文资办等管理的申请挂牌公司），以及属于央企或国企多级子公司的申请挂牌公司，可提供上级主管部门（或国有集团公司）出具的批文或经主管部门盖章的产权登记表，作为国有股权设置批复文件。

（四）对国有做市商暂不要求其提供国资或财政部门的批复文件。

针对做市商不以长期持有或参与公司经营为目的，证券公司不再做市后，其所持有挂牌公司股票也将转入证券公司自营账户中的情形，不要求其提供国资或财政部门批复文件。

三、控股股东、实际控制人及其关联方占用公司资金、资产或其他资源的具体情形和规范要求有哪些？

答：（一）占用公司资金、资产或其他资源的具体情形包括：向公司拆借资金；由公司代垫费用，代偿债务；由公司承担担保责任而形成债权；无偿使用公司的土地房产、设备动产等资产；无偿使用公司的劳务等人力资源；在没有商品和劳务对价情况下使用公司的资金、资产或其他资源。

（二）占用公司资金、资产或其他资源的行为应在申请挂牌相关文件签署前予以归还或规范。资金或其他动产应当予以归还（完成交付或变更登记）；人力资源等或其他形式的占用的，应当予以规范。

四、涉军企事业单位申请挂牌应满足哪些条件？

答：涉军企事业单位申请在全国中小企业股份转让系统挂牌，除符合挂牌准入条件外，还应根据《涉军企事业单位改制重组上市及上市后资本运作军工事项审查工作管理暂行办法》的规定，满足包括但不限于以下要求。

（一）涉军企事业单位的改制、重组及在全国中小企业股份转让系统挂牌交易，需进行军工事项审查，并取得国防科工局等部门的审查意见。

（二）为涉军企事业单位提供推荐、审计、法律、评估等服务的中介机构，应具有从事军工涉密业务咨询服务资格。

（三）涉军企事业单位在全国中小企业股份转让系统挂牌交易，公司章程中应包含军工事项特别条款，特别条款具体应符合《涉军企事业单位改制重组上市及上市后资本运作军工事项审查工作管理暂行办法》具体规定。

取得武器装备科研生产单位保密资格，但自身及其控股子公司未取得武器装备科研生产许可的企事业单位，其实施改制、重组及在全国中小企业股份转让系统挂牌交易，应按照有关规定办理涉密信息披露审查。

五、失信被执行人是否可以申请挂牌？

答：依据国家发展改革委、最高人民法院等《关于印发对失信被执行人实施联合惩戒的合作备忘录的通知》、中国证监会《关于对失信被执行人实施联合惩戒的通知》（证监发〔2016〕60号）的有关要求，申请挂牌公司及其控股子公司、申请挂牌公司的“法定代表人、控股股东、实际控制人、董事、监事、高级管理人员”，自申报报表审计基准日至申请挂牌文件受理时不应存在被列入失信被执行人名单、被执行联合惩戒的情形。挂牌审查期间被列入失信被执行人名单、被执行联合惩戒的，应在规范后重新提交申请挂牌文件。

上海股权托管交易中心挂牌审核部关于非上市股份有限公司股份转让系统挂牌条件适用基本标准指引(试行)

(2016年11月17日上海股权托管交易中心发布)

为进一步明确挂牌条件,根据《上海股权托管交易中心非上市股份有限公司股份转让业务暂行管理办法》《上海股权托管交易中心非上市股份有限公司挂牌业务规则》等业务规则,并结合我部门的挂牌审核实践,制定了本指引。

一、业务基本独立,具有持续经营能力

(一) 业务基本独立

业务基本独立,是指公司的业务、资产、人员、财务、机构基本独立,资产基本完整,拥有相对独立的产供销体系,具有面向市场的自主经营能力。

(二) 具有持续经营能力

持续经营能力,是指公司基于报告期内的生产经营状况,在可预见的将来,有能力按照既定目标持续经营下去。

1. 公司可同时经营一种或多种业务,每种主营业务应具有相应的关键资源要素。

2. 公司应具有所处行业从事生产经营所需要的资质、许可、认证、特许经营权等,不存在相关资质将到期而无法续期的情况。

3. 公司不存在依据《公司法》第一百八十条规定解散的情形,或法院依法受理重整、和解或者破产申请,或处于停产停业等其他非正常经营状态。

二、不存在显著的同业竞争、显失公允的关联交易、额度较大的股东侵占资产等损害投资者利益的行为

(一) 不存在显著的同业竞争

显著的同业竞争,是指公司所从事的业务与其控股股东、实际控制人及其所控制的企业,或其他对公司生产经营有重大影响的关联方所从事的业务相同或近似，双方构成或可能构成直接或间接的竞争关系。

1. 公司不得存在显著的同业竞争。

2. 可以从营业范围、业务性质、客户对象、可替代性、市场差别等方面判断公司是否存在显著的同业竞争。

3. 为消除同业竞争而采取对外转让股权或剥离资产等措施，不应通过股权代持、权益共享、潜在利益等协议安排规避同业竞争。

(二) 不存在显失公允的关联交易

关联交易，是指公司与关联方之间转移资源、劳务或义务的行为，而不论是否收取价款。

1. 关联交易的类型通常包括下列各项：①购买或销售商品；②购买或销售商品以外的其他资产；③提供或接受劳务；④担保；⑤提供资金；⑥租赁；⑦代理；⑧研究与开发项目的转移；⑨许可协议；⑩代表企业或由企业代表另一方进行债务结算。

2. 公司的关联交易应具有一定的必要性。

3. 公司的关联交易定价不得显失公允。

4. 公司的关联交易应履行必要的决策程序，若未履行必要决策程序的，应已进行了整改。

(三) 不存在额度较大的股东侵占资产

公司不应存在额度较大的股东侵占公司资金、资产的行为；若存在，应于挂牌前进行清理。

(四) 不存在其他损害投资者利益的行为

除显著的同业竞争、显示公允的关联交易、额度较大的股东侵占资产等行为外，公司不应存在其他任何形式严重损害投资者利益的行为。

(五) 其他

公司的控股子公司或纳入合并报表的其他企业，应视同挂牌公司进行是否存在显著的同业竞争、显失公允的关联交易、额度较大的股东侵占资产等损害投资者利益行为的审查。

三、在经营和管理上具备风险控制能力

在经营和管理上具备风险控制能力，是指公司通过相关制度建设和规范的管理，建立了比较齐备的内部控制制度，能够比较有效的控制经营和管理上的风险。

（一）公司对生产、销售及日常管理等环节制定了较为齐备的内部控制制度，日常管理中能严格执行相关管理制度，将制度切实地落实到实处，为企业内部控制的管理提供有效保障，对整个经营过程进行管理控制。

（二）公司通过相关制度建设和逐步规范的管理，对于市场风险和财务风险具有一定的控制和管理能力。

（三）报告期内，公司不存在发生过重大内部控制问题，且未消除影响的情形。

四、治理结构健全，运作规范

（一）公司治理结构健全

公司治理结构健全，是指公司根据《公司法》等法律法规建立了股东大会、董事会、监事会和高级管理层组成的公司治理架构，公司制定了比较完备的公司治理制度，包括但不限于《股份公司公司章程》《股东大会议事规则》《董事会议事规则》《监事会议事规则》《关联交易管理办法》《对外担保管理制度》《总经理工作细则》等，并能保证有效运行，保护股东权益。

（二）运作规范

运作规范，是指公司治理机构有效运行，公司及其董事、监事和高级管理人员依法开展经营活动，不存在重大违法违规行为。

1. 公司治理结构健全、清晰，其设置已充分体现分工明确，相互制约的治理原则，运行有效，能够满足公司日常管理和生产经营活动的要求。

2. 公司及控股股东、实际控制人应依法开展经营活动，经营行为合法、合规，报告期内不存在重大违法违规行为。

其中，重大违法违规行为，是指报告期内因违反国家法律、行政法规、规章的行为，受到刑事处罚或适用重大违法违规情形的行政处罚。

（1）行政处罚，是指行政机关或其他行政主体对涉及公司经营活动的违法违规行为给予的行政处罚。

（2）重大违法违规，是指凡被行政处罚的实施机关给予没收违法所得、没收非法财物及以上行政处罚的行为，属于重大违法违规情形，但处罚机关依法认定不属于的除外；被行政处罚的实施机关给予罚款的行为，可结合违法违规行为的性质和罚款的金额进行判断。

（3）报告期内，公司及控股股东、实际控制人不存在涉嫌犯罪被司法机关立案侦查，尚未有明确结论意见的情形。

（4）报告期内，公司不存在未经法定机关核准，非法集资或非法吸收存款，且未消除影响的情形。

3. 公司现任董事、监事和高级管理人员应具备和遵守《公司法》规定的任职资格和义务，且未被列入最高人民法院公布的失信被执行人名单。

4. 报告期内，公司的控股股东、实际控制人及现任董事、监事和高级管理人员不应存在受到中国证监会行政处罚，或者被采取证券市场禁入措施且未解除的情形。

五、股份的发行、转让合法合规

股份的发行、转让合法合规，是指公司的股份发行和转让依法履行必要内部决议、外部审批（如有）程序，股份公司的股份转让应符合限售的规定。

（一）股东适格，且公司股份的发行、转让已经根据相关规定履行了必要的审批程序，主要包括：

1. 公司的股东不存在国家法律、法规、规章及规范性文件规定不适宜担任股东的情形。

2. 公司的历次股份发行、转让符合《公司法》等法律法规的规定。

3. 公司存在国有股权的情形，应遵守国资管理的相关规定。

4. 公司存在外商投资的情形，应遵守外资管理的相关规定。

（二）报告期内公司不存在未经法定机关核准，擅自公开或者变相公开发行过证券且未消除影响的情形。

（三）公司的控股子公司或纳入合并报表的其他企业的发行和转让行为需

视同挂牌公司进行审查。

六、注册资本中存在非货币出资的，应设立满一个会计年度

（一）注册资本中存在非货币出资的，是指公司存在有限责任公司未按原账面净资产值折股整体变更为股份有限公司，或通过直接设立股份公司但出资中存在非货币出资的。

（二）有限责任公司未按原账面净资产值折股整体变更为股份有限公司的，应待股份有限公司成立满一个会计年度后方可申请挂牌。

（三）公司设立满一个会计年度，是指公司设立至申请挂牌前至少包括一个完整的会计年度，即1月1日至12月31日。

（四）如为直接新设股份公司申请挂牌，并以同一控制下公司的股权认缴设立时的出资，若该股权作价以经审计的净资产为依据，则对该申请挂牌公司可豁免要求设立满一个会计年度。

七、上海股交中心要求的其他条件

（一）挂牌前公司经审计的净资产应不低于500万元；若公司存在纳入合并范围的子公司，挂牌前母公司经审计的净资产应不低于500万元，同时合并财务报表中经审计的归属于母公司股东的净资产不得为负数。

（二）推荐机构、会计师事务所、律师事务所、评估师事务所等挂牌中介机构应具备股份转让系统中介机构业务资格。

（三）公司未在境内外其他市场挂牌、上市或股份托管；若公司存在在其他市场挂牌、上市或托管的情形，应在上海股交中心挂牌前完成摘牌、退市或退出托管。

（四）上海股交中心要求的其他条件。

上海股权托管交易中心挂牌审核部

2016年11月17日

第二编　交 易 制 度

第一章　法规规章总则

全国中小企业股份转让系统两网公司及退市公司股票转让暂行办法

（2013 年 02 月 08 日全国中小企业股份转让系统有限责任公司发布）

第一条　为规范原证券公司代办股份转让系统挂牌的 STAQ、NET 系统公司（以下简称“两网公司”）、退市公司（包括本暂行办法发布后新挂牌的退市公司）股票在全国中小企业股份转让系统（以下简称“全国股份转让系统”）转让及相关活动，根据有关法律法规，制定本暂行办法。

第二条　两网公司和退市公司（以下简称“公司”）股票可以在全国股份转让系统进行转让。

本暂行办法发布后依法完成退市手续的公司，按照有关规定确定推荐公司股票挂牌的主办券商，公司股东办理股票确权登记后，其股票可以在全国股份转让系统进行挂牌转让。

第三条　公司股东必须按照有关规定重新履行股份确权、登记和托管手续后方可进行转让。

推荐公司股票挂牌的主办券商负责到中国结算办理有关退出证券交易所市场股份登记及进入全国股份转让系统登记结算事宜。

主办券商相互委托股份确权的相关事项由全国股份转让系统公司另行规定。

第四条　中国证券登记结算有限责任公司（以下简称“中国结算”）为公司股票转让提供登记、存管、结算等服务。

第五条 公司及推荐公司股票挂牌的主办券商应当至少在一种中国证监会指定的信息披露媒体及全国股份转让系统指定信息披露平台（www. neeq. com. cn 或 www. neeq. cc）上发布股份确权公告，股份确权公告中应说明公司股票终止上市的情况，通知投资者办理股份确权登记手续、时间安排以及股票开始转让的时间。

第六条 持有公司流通股的股东可到任一主办券商办理股份重新确权、登记和托管手续；持有公司非流通股或限售股的股东须到推荐公司股票挂牌的主办券商办理重新确权、登记和托管手续。

公司股东办理重新确权、登记和托管手续应向相关主办券商提交下列材料：

（一）个人投资者

1. 本人身份证；

2. 原挂牌交易场所的股票账户卡（如有）；

3. 证券账户卡；

4.《非上市公司股票转让股票登记托管申请表》。

委托他人代办的，还须提供代办人身份证。

（二）机构投资者

1. 法人营业执照或注册登记证书（副本）；

2. 原挂牌交易场所的股票账户卡（如有）；

3. 证券账户卡；

4. 法定代表人身份证明书、法定代表人授权委托书；

5. 法定代表人和经办人身份证；

6.《非上市公司股票转让股票登记托管申请表》。

第七条 有下列情形之一的，还须提交以下相关材料或办理相关手续：

（一）机构投资者因企业已注销、被吊销营业执照或歇业，而无法提供企业法人营业执照的，需出具以下材料：

1. 发证机关出具的关于法人已破产或注销的证明；

2. 原持有人的股东与现持有人签署的转让协议；

3. 法院裁决书、清算组或管理人、上级主管单位文件、证明。

（二）机构投资者原法人已变更名称、合并、分立、兼并、重组的，须提供发证机关出具的名称变更相关证明，和变更名称后的法人或相关承接法人承诺承担原法人债权债务的证明文件。

（三）实际出资的投资者无法提供股票持有人的身份证明原件、原挂牌交易场所股票账户卡原件等，需提供以下证明材料之一方可办理确权、登记和托管手续：

1. 原挂牌交易场所的托管券商出具出资证明，证明其为实际出资人，并承诺承担由此而引起的任何法律责任；

2. 股票持有人与实际出资人之间签订的股权转让协议，股票持有人需声明该股份属实际出资人，并承诺承担因转让引起的任何法律责任。该协议书需经公证处公证；

3. 法院裁决书；

4. 公司要求提供的其他材料。

第八条 在股东重新履行股份确权手续后，主办券商应向股票持有人出具股票确认书。

第九条 公司已确认的可进行转让的股票应当登记在中国结算。

第十条 推荐公司股票挂牌的主办券商办理公司股票登记应当向中国结算提交下列材料：

（一）全国股份转让系统公司关于委托股份登记托管的函；

（二）主办券商与退市公司、副主办券商签订的《推荐恢复上市、委托股票转让协议书》，或证券交易所指定主办券商为退市公司提供股票转让服务的文件；

（三）中国结算要求的其他材料。

第十一条 经确权、登记和托管的股票可以由主办券商向中国结算办理股票存管后开始转让。未经确权的股票，由推荐公司股票挂牌的主办券商按照前述规定及中国结算的有关规定，继续进行确权、登记和托管工作。经确权、登记、托管的股票可以由主办券商向中国结算办理股票存管后开始转让。

第十二条 公司退市前已签订《推荐恢复上市、股票转让协议书》的，由推荐公司股票挂牌的主办券商办理退市公司股票在全国股份转让系统挂牌手续；截至交易所作出终止上市决定时仍未签订《推荐恢复上市、股票转让协议书》、由证券交易所指定主办券商的，由指定推荐公司股票挂牌的主办券商办理退市公司股票在全国股份转让系统挂牌手续。推荐公司股票挂牌的主办券商办理挂牌手续应严格按照下列程序和时间要求：

（一）在证券交易所公告股票终止上市决定、退市整理期届满或接到交易所指定通知后的 5 个转让日内，向中国结算取得相关资料，刊登"股份确权公告"；

（二）在 20 个转让日内开始为投资者办理股份确权手续；

（三）在 40 个转让日内到中国结算办理公司股票重新登记手续，并在全国股份转让系统指定信息披露平台刊登"股票转让公告"；

（四）第 45 个转让日公司股票开始在全国股份转让系统转让。

推荐公司股票挂牌的主办券商在办理退市公司股票挂牌过程中，如果退市公司对证券交易所退市决定提起行政复议或诉讼，在中国证监会受理其行政复议申请或法院受理其行政诉讼申请后，主办券商应暂停其股票进入全国股份转让系统挂牌工作，并根据行政复议和诉讼结果决定是否恢复其股票的挂牌工作；如果退市公司提出终止办理股票挂牌，在获得其所在地省级人民政府批准后，主办券商应停止办理其股票挂牌。

第十三条　退市公司股票开始在全国股份转让系统转让后，全国股份转让系统公司将向退市公司所在地省级人民政府通报相关情况。

第十四条　投资者参与公司股票转让，应当委托主办券商办理，并到主办券商或其所属营业部阅读《风险揭示书》，主办券商应向投资者充分揭示公司股票转让的各类风险，投资者应在充分了解投资风险的基础上签署《风险揭示书》，并签订委托协议。委托协议应列明投资者接受并遵守本暂行办法。

主办券商对投资者在公司股票转让时出现的违规行为，应当依据委托协议，及时提出警示，并按双方约定采取必要措施。

第十五条　公司流通股份以集合竞价方式成交，非流通股份（或限售股）可以办理协议转让。协议转让或投资者因司法裁决、继承等特殊原因需办理股票过户的，需依照全国股份转让系统公司和中国结算相关规定办理。

第十六条　主办券商接受投资者委托办理公司股票转让业务，投资者申报指令以集合竞价方式撮合成交。

主办券商不得自营所推荐公司的股票。

第十七条 公司股票转让的转让日为每周一至周五，转让委托申报时间为上午 9:30 至 11:30，下午 1:00 至 3:00；全国股份转让系统分别于转让日的 10:30、11:30、14:00 揭示一次可能的成交价格，最后一个小时即 14:00 后每十分钟揭示一次可能的成交价格，最后十分钟即 14:50 后每分钟揭示一次可能的成交价格。在转让日下午 15:00 进行集中撮合成交。

转让期间遇法定节假日或其他特殊情况，暂停转让服务业务。

第十八条 全国股份转让系统公司根据公司不同情况，实行区别对待，分类转让：

(一) 规范履行信息披露义务、股东权益为正值或净利润为正值、最近年度财务报告未被注册会计师出具否定意见或无法表示意见的公司，其股票每周转让五次(每星期一、二、三、四、五各转让一次)，其股票简称最后一个字符为阿拉伯数字“5”。

(二) 股东权益和净利润均为负值，或最近年度财务报告被注册会计师出具否定意见或无法表示意见的公司，其股票每周转让三次(每星期一、三、五各转让一次)，其股票 8 简称最后一个字符为阿拉伯数字“3”。

(三) 未与推荐公司股票挂牌的主办券商签订《推荐恢复上市、股票转让协议书》，或不履行基本信息披露义务的，其股票每周转让一次(每星期五转让一次)，其股票简称最后一个字符为阿拉伯数字“1”。

上述股东权益为正值是指最近会计年度经审计的股东权益扣除注册会计师不予确认的部分后为正值；净利润为正值是指最近会计年度经审计的扣除非经常性损益后的净利润为正值。

第十九条 股票转让以“手”为单位，一手为 100 股。申报买入股票，数量应当为一手的整数倍。不足一手的股票，只能一次性申报卖出。

第二十条 转让股票“每股价格”的最小变动单位：A 股为人民币 0.01 元，B 股为 0.001 美元。

第二十一条 股票转让价格实行涨跌幅限制，涨跌幅比例限制为前一转让日转让价格的5%。

第二十二条 投资者委托主办券商进行公司股票转让可采用柜台委托、电话委托、互联网委托等委托方式。

第二十三条 投资者应根据上一转让日的股票价格，在涨跌幅限制范围内进行委托。

第二十四条 主办券商在公司股票转让业务中可以接受投资者的限价委托，但不得接受全权委托。

限价委托是指投资者限定价格，要求主办券商营业部以限价或低于限价买入股票、以限价或高于限价卖出股票的委托。

投资者委托当日有效。

第二十五条 投资者委托卖出的股票必须是其证券账户上实有的股票，不得进行融券。

第二十六条 投资者委托买入股票必须以其资金账户上实有的资金支付，不得进行融资。

第二十七条 主办券商应妥善保管投资者的委托记录和凭证，保存期不少于20年。

第二十八条 转让日申报时间内接受的所有转让申报采用一次性集中竞价方式撮合成交。

第二十九条 集合竞价确定转让价格的原则依次是：

（一）可实现最大成交量；

（二）高于该价格的买入申报与低于该价格的卖出申报全部成交；

（三）与该价格相同的买方或卖方至少有一方全部成交。

两个以上价格符合上述条件的，取在该价格以上的买入申报累计数量与在该价格以下的卖出申报累计数量之差最小的价格为成交价；买卖申报累计数量之差仍存在相等情况的，开盘集合竞价时取最接近即时行情显示的前收盘价为成交价，盘中、收盘集合竞价时取最接近最近成交价的价格为成交价。

集合竞价的所有申报以同一价格成交。

第三十条 经集中撮合后，转让即告成立。

第三十一条 集合竞价结束后，通过通信系统将转让数据即时发送至主办券商，内容包括主办券商专用交易单元号、合同序号、投资者证券账户卡号、股票代码、转让数量、转让价格等。

第三十二条 公司股票转让的价格信息通过通信系统传送至主办券商所属营业部，主办券商必须在营业场所单独发布。

公司股票转让不设指数。

第三十三条 转让日当天的价格信息发布内容为股票代码和名称，上一转让日转让价格和数量，当日转让价格和数量。

第三十四条 中国结算根据全国股份转让系统发送的转让成交数据完成与主办券商之间的股份与资金的清算交收，并将清算交收结果数据发送主办券商，主办券商再据此完成与投资者之间的股份与资金的清算交收。

第三十五条 公司派发红利的，可自行派发或委托中国结算办理；派发红股或公积金转增股本的，应委托中国结算办理。

委托中国结算办理上述业务时，应提交股东大会决议、分配方案公告及其他所需资料。

第三十六条 投资者委托股票转让和非转让过户（挂失除外），应当按规定交纳相关税费。

第三十七条 公司或推荐公司股票挂牌的主办券商应当按照《两网公司及退市公司信息披露暂行办法》的规定，在全国股份转让系统指定信息披露平台进行信息披露。

第三十八条 公司出现以下情形之一的，全国股份转让系统公司或推荐公司股票挂牌的主办券商报经全国股份转让系统公司同意后可以对其股票暂停转让，直至导致暂停转让的原因消除后恢复转让：

（一）公司违反《推荐恢复上市、股票转让协议书》；

（二）公司发生影响股票转让的其他重大事件。

第三十九条 出现下列情形之一的，公司或推荐公司股票挂牌的主办券商应当公告并终止股票转让，按照中国结算的规定办理退出登记：

（一）公司获准上市、重新上市或被收购；

（二）公司解散、依法被撤销、破产；

（三）全国股份转让系统公司规定的其他情形。

第四十条 股票转让参与人违反本暂行办法规定的，全国股份转让系统公司可以依据《全国中小企业股份转让系统业务规则》采取相应的自律监管措施和纪律处分。

第四十一条 本暂行办法由全国股份转让系统公司负责解释。

优先股试点管理办法

（2014 年 03 月 21 日中国证券监督管理委员会发布）

第一章　总　　则

第一条　为规范优先股发行和交易行为，保护投资者合法权益，根据《公司法》《证券法》《国务院关于开展优先股试点的指导意见》及相关法律法规，制定本办法。

第二条　本办法所称优先股是指依照《公司法》，在一般规定的普通种类股份之外，另行规定的其他种类股份，其股份持有人优先于普通股股东分配公司利润和剩余财产，但参与公司决策管理等权利受到限制。

第三条　上市公司可以发行优先股，非上市公众公司可以非公开发行优先股。

第四条　优先股试点应当符合《公司法》《证券法》《国务院关于开展优先股试点的指导意见》和本办法的相关规定，并遵循公开、公平、公正的原则，禁止欺诈、内幕交易和操纵市场的行为。

第五条　证券公司及其他证券服务机构参与优先股试点，应当遵守法律法规及中国证券监督管理委员会（以下简称"中国证监会"）相关规定，遵循行业公认的业务标准和行为规范，诚实守信、勤勉尽责。

第六条　试点期间不允许发行在股息分配和剩余财产分配上具有不同优先顺序的优先股，但允许发行在其他条款上具有不同设置的优先股。

同一公司既发行强制分红优先股，又发行不含强制分红条款优先股的，不属于发行在股息分配上具有不同优先顺序的优先股。

第七条　相同条款的优先股应当具有同等权利。同次发行的相同条款优先股，每股发行的条件、价格和票面股息率应当相同；任何单位或者个人认购的股份，每股应当支付相同价额。

第二章　优先股股东权利的行使

第八条　发行优先股的公司除按《国务院关于开展优先股试点的指导意见》制定章程有关条款外，还应当按本办法在章程中明确优先股股东的有关权利和义务。

第九条　优先股股东按照约定的股息率分配股息后，有权同普通股股东一起参加剩余利润分配的，公司章程应明确优先股股东参与剩余利润分配的比例、条件等事项。

第十条　出现以下情况之一的，公司召开股东大会会议应通知优先股股东，并遵循《公司法》及公司章程通知普通股股东的规定程序。优先股股东有权出席股东大会会议，就以下事项与普通股股东分类表决，其所持每一优先股有一表决权，但公司持有的本公司优先股没有表决权：

（一）修改公司章程中与优先股相关的内容；

（二）一次或累计减少公司注册资本超过百分之十；

（三）公司合并、分立、解散或变更公司形式；

（四）发行优先股；

（五）公司章程规定的其他情形。

上述事项的决议，除须经出席会议的普通股股东（含表决权恢复的优先股股东）所持表决权的三分之二以上通过之外，还须经出席会议的优先股股东（不含表决权恢复的优先股股东）所持表决权的三分之二以上通过。

第十一条　公司股东大会可授权公司董事会按公司章程的约定向优先股支付股息。公司累计三个会计年度或连续两个会计年度未按约定支付优先股股息的，股东大会批准当年不按约定分配利润的方案次日起，优先股股东有权出席股东大会与普通股股东共同表决，每股优先股股份享有公司章程规定的一定比例表决权。

对于股息可累积到下一会计年度的优先股，表决权恢复直至公司全额支付所欠股息。对于股息不可累积的优先股，表决权恢复直至公司全额支付当年股息。公司章程可规定优先股表决权恢复的其他情形。

第十二条　优先股股东有权查阅公司章程、股东名册、公司债券存根、股东大会会议记录、董事会会议决议、监事会会议决议、财务会计报告。

第十三条 发行人回购优先股包括发行人要求赎回优先股和投资者要求回售优先股两种情况，并应在公司章程和招股文件中规定其具体条件。发行人要求赎回优先股的，必须完全支付所欠股息，但商业银行发行优先股补充资本的除外。优先股回购后相应减记发行在外的优先股股份总数。

第十四条 公司董事、监事、高级管理人员应当向公司申报所持有的本公司优先股及其变动情况，在任职期间每年转让的股份不得超过其所持本公司优先股股份总数的百分之二十五。公司章程可以对公司董事、监事、高级管理人员转让其所持有的本公司优先股股份作出其他限制性规定。

第十五条 除《国务院关于开展优先股试点的指导意见》规定的事项外，计算股东人数和持股比例时应分别计算普通股和优先股。

第十六条 公司章程中规定优先股采用固定股息率的，可以在优先股存续期内采取相同的固定股息率，或明确每年的固定股息率，各年度的股息率可以不同；公司章程中规定优先股采用浮动股息率的，应当明确优先股存续期内票面股息率的计算方法。

第三章 上市公司发行优先股

第一节 一般规定

第十七条 上市公司应当与控股股东或实际控制人的人员、资产、财务分开，机构、业务独立。

第十八条 上市公司内部控制制度健全，能够有效保证公司运行效率、合法合规和财务报告的可靠性，内部控制的有效性应当不存在重大缺陷。

第十九条 上市公司发行优先股，最近三个会计年度实现的年均可分配利润应当不少于优先股一年的股息。

第二十条 上市公司最近三年现金分红情况应当符合公司章程及中国证监会的有关监管规定。

第二十一条 上市公司报告期不存在重大会计违规事项。公开发行优先股，最近三年财务报表被注册会计师出具的审计报告应当为标准审计报告或带强调事项段的无保留意见的审计报告；非公开发行优先股，最近一年财务报表被注册会计师出具的审计报告为非标准审计报告的，所涉及事项对公司无重大不利影响或者在发行前重大不利影响已经消除。

第二十二条 上市公司发行优先股募集资金应有明确用途，与公司业务范围、经营规模相匹配，募集资金用途符合国家产业政策和有关环境保护、土地管理等法律和行政法规的规定。

除金融类企业外，本次募集资金使用项目不得为持有交易性金融资产和可供出售的金融资产、借予他人等财务性投资，不得直接或间接投资于以买卖有价证券为主要业务的公司。

第二十三条 上市公司已发行的优先股不得超过公司普通股股份总数的百分之五十，且筹资金额不得超过发行前净资产的百分之五十，已回购、转换的优先股不纳入计算。

第二十四条 上市公司同一次发行的优先股，条款应当相同。每次优先股发行完毕前，不得再次发行优先股。

第二十五条 上市公司存在下列情形之一的，不得发行优先股：

（一）本次发行申请文件有虚假记载、误导性陈述或重大遗漏；

（二）最近十二个月内受到过中国证监会的行政处罚；

（三）因涉嫌犯罪正被司法机关立案侦查或涉嫌违法违规正被中国证监会立案调查；

（四）上市公司的权益被控股股东或实际控制人严重损害且尚未消除；

（五）上市公司及其附属公司违规对外提供担保且尚未解除；

（六）存在可能严重影响公司持续经营的担保、诉讼、仲裁、市场重大质疑或其他重大事项；

（七）其董事和高级管理人员不符合法律、行政法规和规章规定的任职资格；

（八）严重损害投资者合法权益和社会公共利益的其他情形。

第二节 公开发行的特别规定

第二十六条 上市公司公开发行优先股，应当符合以下情形之一：

（一）其普通股为上证 50 指数成份股；

（二）以公开发行优先股作为支付手段收购或吸收合并其他上市公司；

（三）以减少注册资本为目的回购普通股的，可以公开发行优先股作为支付手段，或者在回购方案实施完毕后，可公开发行不超过回购减资总额的优先股。

中国证监会核准公开发行优先股后不再符合本条第（一）项情形的，上市公司仍可实施本次发行。

第二十七条　上市公司最近三个会计年度应当连续盈利。扣除非经常性损益后的净利润与扣除前的净利润相比，以孰低者作为计算依据。

第二十八条　上市公司公开发行优先股应当在公司章程中规定以下事项：

（一）采取固定股息率；

（二）在有可分配税后利润的情况下必须向优先股股东分配股息；

（三）未向优先股股东足额派发股息的差额部分应当累积到下一会计年度；

（四）优先股股东按照约定的股息率分配股息后，不再同普通股股东一起参加剩余利润分配。

商业银行发行优先股补充资本的，可就第（二）项和第（三）项事项另行约定。

第二十九条　上市公司公开发行优先股的，可以向原股东优先配售。

第三十条　除本办法第二十五条的规定外，上市公司最近三十六个月内因违反工商、税收、土地、环保、海关法律、行政法规或规章，受到行政处罚且情节严重的，不得公开发行优先股。

第三十一条　上市公司公开发行优先股，公司及其控股股东或实际控制人最近十二个月内应当不存在违反向投资者作出的公开承诺的行为。

第三节　其 他 规 定

第三十二条　优先股每股票面金额为一百元。

优先股发行价格和票面股息率应当公允、合理，不得损害股东或其他利益相关方的合法利益，发行价格不得低于优先股票面金额。

公开发行优先股的价格或票面股息率以市场询价或证监会认可的其他公开方式确定。非公开发行优先股的票面股息率不得高于最近两个会计年度的年均加权平均净资产收益率。

第三十三条　上市公司不得发行可转换为普通股的优先股。但商业银行可根据商业银行资本监管规定，非公开发行触发事件发生时强制转换为普通股的优先股，并遵守有关规定。

第三十四条 上市公司非公开发行优先股仅向本办法规定的合格投资者发行，每次发行对象不得超过二百人，且相同条款优先股的发行对象累计不得超过二百人。

发行对象为境外战略投资者的，还应当符合国务院相关部门的规定。

第四节 发行程序

第三十五条 上市公司申请发行优先股，董事会应当按照中国证监会有关信息披露规定，公开披露本次优先股发行预案，并依法就以下事项作出决议，提请股东大会批准。

（一）本次优先股的发行方案；

（二）非公开发行优先股且发行对象确定的，上市公司与相应发行对象签订的附条件生效的优先股认购合同。认购合同应当载明发行对象拟认购优先股的数量、认购价格或定价原则、票面股息率或其确定原则，以及其他必要条款。认购合同应当约定发行对象不得以竞价方式参与认购，且本次发行一经上市公司董事会、股东大会批准并经中国证监会核准，该合同即应生效；

（三）非公开发行优先股且发行对象尚未确定的，决议应包括发行对象的范围和资格、定价原则、发行数量或数量区间。

上市公司的控股股东、实际控制人或其控制的关联人参与认购本次非公开发行优先股的，按照前款第（二）项执行。

第三十六条 上市公司独立董事应当就上市公司本次发行对公司各类股东权益的影响发表专项意见，并与董事会决议一同披露。

第三十七条 上市公司股东大会就发行优先股进行审议，应当就下列事项逐项进行表决：

（一）本次发行优先股的种类和数量；

（二）发行方式、发行对象及向原股东配售的安排；

（三）票面金额、发行价格或其确定原则；

（四）优先股股东参与分配利润的方式，包括：票面股息率或其确定原则、股息发放的条件、股息支付方式、股息是否累积、是否可以参与剩余利润分配等；

（五）回购条款，包括回购的条件、期间、价格及其确定原则、回购选择权的行使主体等（如有）；

（六）募集资金用途；

（七）公司与发行对象签订的附条件生效的优先股认购合同（如有）；

（八）决议的有效期；

（九）公司章程关于优先股股东和普通股股东利润分配、剩余财产分配、优先股表决权恢复等相关政策条款的修订方案；

（十）对董事会办理本次发行具体事宜的授权；

（十一）其他事项。

上述决议，须经出席会议的普通股股东（含表决权恢复的优先股股东）所持表决权的三分之二以上通过。已发行优先股的，还须经出席会议的优先股股东（不含表决权恢复的优先股股东）所持表决权的三分之二以上通过。上市公司向公司特定股东及其关联人发行优先股的，股东大会就发行方案进行表决时，关联股东应当回避。

第三十八条　上市公司就发行优先股事项召开股东大会，应当提供网络投票，还可以通过中国证监会认可的其他方式为股东参加股东大会提供便利。

第三十九条　上市公司申请发行优先股应当由保荐人保荐并向中国证监会申报，其申请、审核、核准、发行等相关程序参照《上市公司证券发行管理办法》和《证券发行与承销管理办法》的规定。发审委会议按照《中国证券监督管理委员会发行审核委员会办法》规定的特别程序，审核发行申请。

第四十条　上市公司发行优先股，可以申请一次核准，分次发行，不同次发行的优先股除票面股息率外，其他条款应当相同。自中国证监会核准发行之日起，公司应在六个月内实施首次发行，剩余数量应当在二十四个月内发行完毕。超过核准文件时限的，须申请中国证监会重新核准。首次发行数量应当不少于总发行数量的百分之五十，剩余各次发行的数量由公司自行确定，每次发行完毕后五个工作日内报中国证监会备案。

第四章　非上市公众公司非公开发行优先股

第四十一条　非上市公众公司非公开发行优先股应符合下列条件：

（一）合法规范经营；

（二）公司治理机制健全；

（三）依法履行信息披露义务。

第四十二条　非上市公众公司非公开发行优先股应当遵守本办法第二十三条、第二十四条、第二十五条、第三十二条、第三十三条的规定。

第四十三条　非上市公众公司非公开发行优先股仅向本办法规定的合格投资者发行，每次发行对象不得超过二百人，且相同条款优先股的发行对象累计不得超过二百人。

第四十四条　非上市公众公司拟发行优先股的，董事会应依法就具体方案、本次发行对公司各类股东权益的影响、发行优先股的目的、募集资金的用途及其他必须明确的事项作出决议，并提请股东大会批准。

董事会决议确定具体发行对象的，董事会决议应当确定具体的发行对象名称及其认购价格或定价原则、认购数量或数量区间等；同时应在召开董事会前与相应发行对象签订附条件生效的股份认购合同。董事会决议未确定具体发行对象的，董事会决议应当明确发行对象的范围和资格、定价原则等。

第四十五条　非上市公众公司股东大会就发行优先股进行审议，表决事项参照本办法第三十七条执行。发行优先股决议，须经出席会议的普通股股东（含表决权恢复的优先股股东）所持表决权的三分之二以上通过。已发行优先股的，还须经出席会议的优先股股东（不含表决权恢复的优先股股东）所持表决权的三分之二以上通过。非上市公众公司向公司特定股东及其关联人发行优先股的，股东大会就发行方案进行表决时，关联股东应当回避，公司普通股股东（不含表决权恢复的优先股股东）人数少于二百人的除外。

第四十六条　非上市公众公司发行优先股的申请、审核（豁免）、发行等相关程序应按照《非上市公众公司监督管理办法》等相关规定办理。

第五章　交易转让及登记结算

第四十七条　优先股发行后可以申请上市交易或转让，不设限售期。

公开发行的优先股可以在证券交易所上市交易。上市公司非公开发行的优先股可以在证券交易所转让，非上市公众公司非公开发行的优先股可以在全国中小企业股份转让系统转让，转让范围仅限合格投资者。交易或转让的具体办法由证券交易所或全国中小企业股份转让系统另行制定。

第四十八条　优先股交易或转让环节的投资者适当性标准应当与发行环节保持一致；非公开发行的相同条款优先股经交易或转让后，投资者不得超过二百人。

第四十九条　中国证券登记结算公司为优先股提供登记、存管、清算、交收等服务。

第六章　信息披露

第五十条　公司应当按照中国证监会有关信息披露规则编制募集优先股说明书或其他信息披露文件，依法履行信息披露义务。上市公司相关信息披露程序和要求参照《上市公司证券发行管理办法》和《上市公司非公开发行股票实施细则》及有关监管指引的规定。非上市公众公司非公开发行优先股的信息披露程序和要求参照《非上市公众公司监督管理办法》及有关监管指引的规定。

第五十一条　发行优先股的公司披露定期报告时，应当以专门章节披露已发行优先股情况、持有公司优先股股份最多的前十名股东的名单和持股数额、优先股股东的利润分配情况、优先股的回购情况、优先股股东表决权恢复及行使情况、优先股会计处理情况及其他与优先股有关的情况，具体内容与格式由中国证监会规定。

第五十二条　发行优先股的上市公司，发生表决权恢复、回购普通股等事项，以及其他可能对其普通股或优先股交易或转让价格产生较大影响事项的，上市公司应当按照《证券法》第六十七条以及中国证监会的相关规定，履行临时报告、公告等信息披露义务。

第五十三条　发行优先股的非上市公众公司按照《非上市公众公司监督管理办法》及有关监管指引的规定履行日常信息披露义务。

第七章　回购与并购重组

第五十四条　上市公司可以非公开发行优先股作为支付手段，向公司特定股东回购普通股。上市公司回购普通股的价格应当公允、合理，不得损害股东或其他利益相关方的合法利益。

第五十五条 上市公司以减少注册资本为目的回购普通股公开发行优先股的，以及以非公开发行优先股为支付手段向公司特定股东回购普通股的，除应当符合优先股发行条件和程序，还应符合以下规定：

（一）上市公司回购普通股应当由董事会依法作出决议并提交股东大会批准；

（二）上市公司股东大会就回购普通股作出的决议，应当包括下列事项：回购普通股的价格区间，回购普通股的数量和比例，回购普通股的期限，决议的有效期，对董事会办理本次回购股份事宜的具体授权，其他相关事项。以发行优先股作为支付手段的，应当包括拟用于支付的优先股总金额以及支付比例；回购方案实施完毕之日起一年内公开发行优先股的，应当包括回购的资金总额以及资金来源；

（三）上市公司股东大会就回购普通股作出决议，必须经出席会议的普通股股东（含表决权恢复的优先股股东）所持表决权的三分之二以上通过；

（四）上市公司应当在股东大会作出回购普通股决议后的次日公告该决议；

（五）依法通知债权人；

本办法未做规定的应当符合中国证监会有关上市公司回购的其他规定。

第五十六条 上市公司收购要约适用于被收购公司的所有股东，但可以针对优先股股东和普通股股东提出不同的收购条件。

第五十七条 上市公司可以按照《上市公司重大资产重组管理办法》规定的条件发行优先股购买资产，同时应当遵守本办法第三十三条，以及第三十五条至第三十八条的规定，依法披露有关信息、履行相应程序。

第五十八条 上市公司发行优先股作为支付手段购买资产的，可以同时募集配套资金。

第五十九条 非上市公众公司发行优先股的方案涉及重大资产重组的，应当符合中国证监会有关重大资产重组的规定。

第八章　监管措施和法律责任

第六十条　公司及其控股股东或实际控制人，公司董事、监事、高级管理人员以及其他直接责任人员，相关市场中介机构及责任人员，以及优先股试点的其他市场参与者违反本办法规定的，依照《公司法》《证券法》和中国证监会的有关规定处理；涉嫌犯罪的，依法移送司法机关，追究其刑事责任。

第六十一条　上市公司、非上市公众公司违反本办法规定，存在未按规定制定有关章程条款、不按照约定召集股东大会恢复优先股股东表决权等损害优先股股东和中小股东权益等行为的，中国证监会应当责令改正，对上市公司、非上市公众公司和其直接负责的主管人员和其他直接责任人员，可以采取相应的行政监管措施以及警告、三万元以下罚款等行政处罚。

第六十二条　上市公司违反本办法第二十二条第（二）款规定的，中国证监会可以责令改正，并在三十六个月内不受理该公司的公开发行证券申请。

第六十三条　上市公司、非上市公众公司向本办法规定的合格投资者以外的投资者非公开发行优先股，中国证监会应当责令改正，并可以自确认之日起在三十六个月内不受理该公司的发行优先股申请。

第六十四条　承销机构在承销非公开发行的优先股时，将优先股配售给不符合本办法合格投资者规定的对象的，中国证监会可以责令改正，并在三十六个月内不接受其参与证券承销。

第九章　附　　则

第六十五条　本办法所称合格投资者包括：

（一）经有关金融监管部门批准设立的金融机构，包括商业银行、证券公司、基金管理公司、信托公司和保险公司等；

（二）上述金融机构面向投资者发行的理财产品，包括但不限于银行理财产品、信托产品、投连险产品、基金产品、证券公司资产管理产品等；

（三）实收资本或实收股本总额不低于人民币五百万元的企业法人；

（四）实缴出资总额不低于人民币五百万元的合伙企业；

（五）合格境外机构投资者（QFII）、人民币合格境外机构投资者（RQFII）、符合国务院相关部门规定的境外战略投资者；

（六）除发行人董事、高级管理人员及其配偶以外的，名下各类证券账户、资金账户、资产管理账户的资产总额不低于人民币五百万元的个人投资者；

（七）经中国证监会认可的其他合格投资者。

第六十六条 非上市公众公司首次公开发行普通股并同时非公开发行优先股的，其优先股的发行与信息披露应符合本办法中关于上市公司非公开发行优先股的有关规定。

第六十七条 注册在境内的境外上市公司在境外发行优先股，应当符合境外募集股份及上市的有关规定。

注册在境内的境外上市公司在境内发行优先股，参照执行本办法关于非上市公众公司发行优先股的规定，以及《非上市公众公司监督管理办法》等相关规定，其优先股可以在全国中小企业股份转让系统进行转让。

第六十八条 本办法下列用语含义如下：

（一）强制分红：公司在有可分配税后利润的情况下必须向优先股股东分配股息；

（二）可分配税后利润：发行人股东依法享有的未分配利润；

（三）加权平均净资产收益率：按照《公开发行证券的公司信息披露编报规则第9号——净资产收益率和每股收益的计算及披露》计算的加权平均净资产收益率；

（四）上证50指数：中证指数有限公司发布的上证50指数。

第六十九条 本办法中计算合格投资者人数时，同一资产管理机构以其管理的两只以上产品认购或受让优先股的，视为一人。

第七十条 本办法自公布之日起施行。

全国中小企业股份转让系统有限责任公司关于发布《全国中小企业股份转让系统做市商做市业务管理规定(试行)》的公告

（2014 年 06 月 05 日发布）

为规范做市商行为，防范做市业务风险，保护投资者合法权益，根据《全国中小企业股份转让系统业务规则(试行)》《全国中小企业股份转让系统股票转让细则(试行)》《全国中小企业股份转让系统主办券商管理细则(试行)》等有关规定，全国中小企业股份转让系统有限责任公司(以下简称“全国股份转让系统公司”)制定了《全国中小企业股份转让系统做市商做市业务管理规定(试行)》(以下简称《管理规定》)，现予发布，自发布之日起施行。现就有关事项公告如下：

一、全国股份转让系统公司自《管理规定》发布之日起受理证券公司在全国中小企业股份转让系统从事做市业务备案申请。

二、证券公司应按照《管理规定》和《全国中小企业股份转让系统做市业务备案申请文件内容与格式指南》要求，认真做好做市业务各项准备工作，提交做市业务备案申请文件。自获得全国股份转让系统公司做市业务备案函起 3 个月内，证券公司应当按要求完成做市技术系统测试并达到上线条件，完成开立做市专用证券账户、做市专用交易单元等后续工作，确保按期开展做市业务。

特此公告。

全国中小企业股份转让系统有限责任公司

2014 年 6 月 5 日

附

全国中小企业股份转让系统
做市商做市业务管理规定(试行)

第一条 为加强对做市商做市业务的监督管理,规范做市商行为,保护投资者合法权益,根据《全国中小企业股份转让系统业务规则(试行)》(以下简称《业务规则》)、《全国中小企业股份转让系统股票转让细则(试行)》(以下简称《转让细则》)、《全国中小企业股份转让系统主办券商管理细则》(以下简称《管理细则》)等相关规定,制定本规定。

第二条 本规定所称作市商是指经全国中小企业股份转让系统有限责任公司(以下简称"全国股份转让系统公司")同意,在全国中小企业股份转让系统(以下简称"全国股份转让系统")发布买卖双向报价,并在其报价数量范围内按其报价履行与投资者成交义务的证券公司或其他机构。

第三条 做市商及其做市业务人员应当遵守法律法规和全国股份转让系统相关规定,勤勉尽责、诚实守信,接受全国股份转让系统公司的自律管理。

第四条 证券公司在全国股份转让系统开展做市业务前,应当向全国股份转让系统公司申请备案。其他机构在全国股份转让系统开展做市业务的具体规定,由全国股份转让系统公司另行制定。

第五条 证券公司申请在全国股份转让系统开展做市业务,应当具备下列条件:

(一)具备证券自营业务资格;

(二)设立做市业务专门部门,配备开展做市业务必要人员;

(三)建立做市业务管理制度;

(四)具备做市业务专用技术系统;

(五)全国股份转让系统公司规定的其他条件。

第六条 证券公司在全国股份转让系统开展做市业务申请备案,应向全国股份转让系统公司提交下列文件:

（一）申请书；

（二）证券公司基本情况申报表；

（三）《经营证券业务许可证》（副本）复印件；

（四）做市业务实施方案，包括做市业务部门设置、人员配备与分工情况、做市业务管理制度、做市业务专用技术系统准备情况说明、做市业务实施方案的合规审查意见等；

（五）最近一年度经审计的财务报告、净资本计算表、风险控制指标监管报表、风险资本准备计算表；

（六）全国股份转让系统公司要求提交的其他文件。

第七条 证券公司申请文件齐备的，全国股份转让系统公司予以受理。全国股份转让系统公司自受理之日起十个转让日内向证券公司出具是否同意从事做市业务的备案函，并予以公告。

第八条 全国股份转让系统公司根据审慎原则，可对做市商做市业务专用技术系统、业务实施情况等进行现场检查。

第九条 做市商做市业务人员应当具备下列条件：

（一）已取得证券从业资格；

（二）具备证券投资、投资顾问、投资银行、研究或类似从业经验；

（三）熟悉相关法律、行政法规、部门规章以及做市业务规则；

（四）具备良好的诚信记录和职业操守，最近二十四个月内未受到过中国证监会行政处罚，最近十二个月内未受到过全国股份转让系统公司、证券交易所、证券业协会、基金业协会等自律组织处分；

（五）全国股份转让系统公司规定的其他条件。

做市业务人员应当签署《做市业务人员自律承诺书》，并向全国股份转让系统公司报备。

第十条 做市商做市专用技术系统应当满足以下要求：

（一）符合《全国中小企业股份转让系统交易支持平台数据接口规范》；

（二）具备开展做市业务所需的委托、报价、成交、行情揭示、数据汇总、统计和查询等必要功能；

（三）系统操作全程留痕；

（四）全国股份转让系统公司规定的其他条件。

做市商应当制定做市专用技术系统安全运行管理制度，并设置必要的数据接口，便利监管部门及时了解和检查做市业务相关情况。

第十一条 做市商应当建立健全下列做市业务内部管理制度：

（一）做市股票报价管理制度，包括做市股票报价的决策与执行程序、报价调整和报价监控机制等；

（二）做市库存股票管理制度，包括做市股票论证、获取、处置的决策程序和库存股票动态调节机制等；

（三）做市资金管理制度，包括做市资金审批、调拨和使用流程等；

（四）业务隔离制度，确保做市业务与推荐业务、证券投资咨询、证券自营、证券经纪、证券资产管理等业务在机构、人员、信息、账户、资金上严格分离；

（五）风险控制与合规管理制度，包括做市业务风险识别、评估和控制机制、做市业务的合规检查与评估机制等；

（六）异常情况处理制度，包括突发事件处理预案、异常情况处理机制等；

（七）内部报告与留痕制度，包括业务运作、风险监控、合规管理及其他相关信息的报告路径及反馈机制、强制留痕制度等；

（八）全国股份转让系统公司规定的其他制度。

第十二条 做市商应当对做市业务进行集中统一管理，建立做市业务相关决策、授权与执行体系。明确做市业务决策机构与决策机制，合理确定做市业务规模和可承受的风险限额。

第十三条 做市商应设立做市业务部门，专职负责做市业务的具体管理和运作。做市业务部门应制定规范的做市业务操作规程，明确部门内部岗位设置及职责分工。

第十四条 做市商及其做市业务人员应依法、合规开展做市业务，不得从事下列行为：

（一）不履行或不规范履行报价义务；

（二）利用内幕信息进行投资决策和交易；

（三）利用信息优势和资金优势，单独或者通过合谋，制造异常价格波动；

（四）以不正当方式影响其他做市商做市；

（五）与其他做市商通过串通报价或私下交换做市策略、做市库存股票数量等信息谋取不正当利益；

（六）与所做市的挂牌公司及其股东就股权回购、现金补偿等作出约定；

（七）做市业务人员通过做市向自身或利益相关者进行利益输送；

（八）全国股份转让系统公司规定的其他行为。

第十五条　做市商应当于每月的前五个转让日内向全国股份转让系统公司报送上月做市业务情况报告，包括但不限于合规情况、履行做市义务情况、做市股票库存、做市业务盈亏及相关风险控制指标等信息。

第十六条　做市商应当积极配合全国股份转让系统公司的自律管理，按照全国股份转让系统公司要求及时说明情况，提供相关文件、资料，不得拒绝或者拖延提供有关资料，不得提供虚假、误导性或者不完整的资料。

第十七条　全国股份转让系统公司对做市商及其做市业务人员执业情况进行持续记录，建立做市业务评价体系，并可将相关信息予以公开。

第十八条　做市商主动终止从事做市业务的，应当向全国股份转让系统公司提出申请。全国股份转让系统公司同意其终止从事做市业务的，自受理之日起 10 个转让日内书面通知该做市商并公告。

做市商因违反本规定或其他全国股份转让系统相关规定被终止从事做市业务的，全国股份转让系统公司书面通知该做市商并公告。

第十九条　做市商终止从事做市业务，应当制订业务处置方案，做好业务终止后续处置工作，包括做市库存股票处理、做市专用证券账户注销等，并将处置方案、处置情况及时报告全国股份转让系统公司。

第二十条　做市商违反本规定的，全国股份转让系统公司可以视情况采取以下措施，并记入诚信档案：

（一）约见谈话；

（二）要求提交书面承诺；

（三）出具警示函；

（四）责令改正；

（五）通报批评；

（六）公开谴责；

（七）暂停、限制直至终止其从事做市业务；

（八）向中国证监会报告有关违法违规行为。

第二十一条 做市业务人员违反本规定的，全国股份转让系统公司可以视情况采取以下措施，并记入诚信档案：

（一）约见谈话；

（二）责令参加培训；

（三）责令所在机构给予处分；

（四）通报批评；

（五）公开谴责；

（六）向中国证监会报告有关违法违规行为。

第二十二条 本规定由全国股份转让系统公司负责解释。

第二十三条 本规定自发布之日起施行。

第二章 相关业务规定

上海股权托管交易中心挂牌公司股份转让规则

（2012年02月14日上海股权托管交易中心发布）

第一章 总 则

第一条 为规范挂牌公司股份在上海股权托管交易中心(以下简称“上海股交中心”)的转让行为,维护市场秩序,保护投资者合法权益,根据《上海股权托管交易中心非上市股份有限公司股份转让业务暂行管理办法》(以下简称《暂行办法》)等有关规定,制定本规则。

第二条 挂牌公司股份转让应遵循公平、公正的原则,禁止欺诈等违法违规行为。

第三条 上海股交中心会员和投资者参与挂牌公司股份转让应遵守有关法律法规、政策性规定及上海股交中心相关业务规则,遵循自愿、有偿、诚实信用原则。

第四条 投资者买卖挂牌公司股份成交的,应按上海股交中心相关规定缴纳佣金等有关转让费用。

第二章 转让系统和转让时间

第五条 挂牌公司股份转让应使用上海股交中心所提供的转让系统和设施。转让系统和设施由交易主机、专用应用软件系统及相关的通信系统等组成。

第六条 挂牌公司股份转让日为每周一至周五,转让时间为上午9:30至

11:30，下午13:00至15:00。

遇法定节假日和上海股交中心公告的暂停转让日，股份暂停转让。

第七条 转让时间内因故暂停的，转让时间不作顺延。

第三章 股份转让

第一节 一般规定

第八条 投资者买卖挂牌公司股份，应持有股份转让账户和资金账户，委托代理买卖机构办理，并与代理买卖机构签订股份转让委托协议。

第九条 股份转让系统提供协议转让方式。投资者可委托代理买卖机构在股份转让系统发布买卖意向，达成转让意向的，通过股份转让系统确认成交。

第十条 投资者买入的股份，在交收前不得卖出。

第十一条 投资者买入后卖出（或卖出后买入）同一挂牌公司股份的时间间隔不少于五个转让日。

第十二条 代理买卖机构应按照有关规定妥善保管委托、申报记录和凭证。

第十三条 股份转让价格实行涨跌幅限制，涨跌幅比例限制为前成交均价的±30%，挂牌公司股份成交首日及上海股交中心认定的其他情形不设涨跌幅限制。挂牌公司股份的前成交均价指前一转让日该股份所有成交的加权平均价；前一转让日无成交的，以前一转让日的前成交均价为当日的前成交均价。

第二节 委托

第十四条 投资者委托分为意向委托、定价委托和成交确认委托。

意向委托是指投资者委托代理买卖机构按其指定价格和数量买卖股份的意向指令，意向委托不具有成交功能。

定价委托是指投资者委托代理买卖机构按其指定价格买卖不超过其指定数量股份的指令。

成交确认委托是指买卖双方达成成交协议，或投资者拟与定价委托成交，委托代理买卖机构以指定价格和数量与指定对手方确认成交的指令。

第十五条 意向委托、定价委托和成交确认委托均可撤销，但已经股份转让系统确认成交的委托不得撤销或变更。

第十六条 股份转让系统接受意向委托、定价委托和成交确认委托。

意向委托和定价委托应注明股份名称、股份代码、股份转让账户、买卖方向、买卖价格、买卖数量、联系人和联系方式等内容。

成交确认委托应注明股份名称、股份代码、股份转让账户、买卖方向、成交价格、成交数量、约定号等内容。

约定号是指申报中用于配对成交的标识。

委托的股份数量以“股”为单位，每笔委托股份数量应为 1 万股及以上。投资者股份转让账户中某一挂牌公司股份余额不足 1 万股的，应一次性委托卖出。股份的报价单位为“每股价格”。报价最小变动单位为 0.01 元。

第十七条 投资者可以撤销委托的未成交部分。

第三节 申 报

第十八条 代理买卖机构接受投资者的买卖委托后，应按照委托的内容，根据投资者委托的时间先后顺序，向转让系统交易主机发送买卖申报指令。

买卖申报当日有效。

第十九条 股份转让系统交易主机接受买卖申报的时间为转让日的上午 9:30 至 11:30，下午 13:00 至 15:00。

在转让时间内，未成交申报可以撤销。撤销申报经股份转让系统交易主机确认方为有效。

第二十条 代理买卖机构收到投资者卖出或买入股份的委托后应验证卖方股份转让账户和买方资金账户，如卖方股份余额或买方资金余额不足，不得向股份转让系统申报。

第二十一条 股份转让系统收到拟与定价申报成交的成交确认申报后，系统中无对应定价申报的，该成交确认申报以撤销处理。

第二十二条 每笔申报股份数量应不低于 1 万股，不足 1 万股的应一次性申报卖出。

第二十三条 挂牌公司股份转让的计价单位为“每股价格”，申报价格最小变动单位为 0.01 元。

第二十四条 申报的股份数量以“股”为单位。

第四节 成　　交

第二十五条 股份转让系统对成交确认申报和定价申报的股份代码、买卖方向、买卖价格、买卖数量、约定号等信息进行核对，相互匹配的，予以配对成交。

第二十六条 多笔成交确认申报与同一笔定价申报匹配的，按时间优先的原则配对成交。

时间优先的原则为：先申报者优先于后申报者。先后顺序按股份转让系统交易主机接受申报的时间确定。

第二十七条 成交确认申报与定价申报可以部分配对成交。

成交确认申报股份数量小于定价申报的，以成交确认申报的股份数量为成交股份数量。定价申报未成交股份数量不小于1万股的，该定价申报继续有效；小于1万股的，以撤单处理，如定价申报卖方股份转让账户中该股份可转让余额为零，则该定价申报继续有效。

成交确认申报股份数量大于定价申报的，以定价申报的股份数量为成交股份数量。成交确认申报未成交部分以撤单处理。

第二十八条 买卖申报经股份转让系统交易主机配对成交后，股份转让即告成立，转让记录由股份转让系统发送至代理买卖机构。

符合本规则各项规定达成的股份转让于成立时生效，买卖双方须承认股份转让结果，履行清算交收义务。

因不可抗力、意外事件、股份转让系统被非法侵入等原因造成严重后果的股份转让行为，上海股交中心可以采取适当措施或认定无效。

违反本规则，严重影响上海股交中心正常运行的股份转让，上海股交中心有权宣布取消，由此造成的损失由违规转让者承担。

第二十九条 依照本规则达成的股份转让，其成交结果以股份转让系统交易主机记录的成交数据为准。

第三十条 代理买卖机构的有关清算交收业务由上海股交中心统一负责办理。

第五节 协议转让方式特别规定

第三十一条 投资者因司法裁决、继承、赠予和特殊情况下的协议转让等原因需要办理股份过户的，依照上海股交中心相关规定办理非转让过户。

第四章　其他转让事项

第三十二条　对其股份的挂牌、停牌、复牌、终止挂牌，挂牌公司应予以公告。

第三十三条　挂牌公司股份挂牌、停牌、复牌、终止挂牌的其他规定，按照《暂行办法》及其他相关业务规则的规定执行。

第三十四条　挂牌公司股份停牌时，上海股交中心发布的行情信息中包括该股份信息；挂牌公司股份终止挂牌后，行情信息中无该股份信息。

第五章　转让信息

第三十五条　股份转让时间内，股份转让系统通过上海股交中心指定网站和股份转让行情系统发布最新的报价和成交信息，代理买卖机构在其经营场所披露挂牌公司股份最新的报价和成交信息。

第三十六条　报价信息包括：实时揭示意向委托和定价委托的委托类别、股份名称、股份代码、买卖方向、买卖价格、买卖数量、联系人和联系方式等。

第三十七条　成交信息包括：实时揭示前成交均价、当日最高价、当日最低价、当日加权平均价、最新成交价、当日总成交笔数、总成交量、总成交金额，并逐笔揭示当日成交的股份名称、股份代码、成交价格、成交数量等。

股份挂牌首日，前成交均价为该股份最近一期经审计的每股净资产。

第三十八条　报价信息和成交信息归上海股交中心所有。未经许可，任何机构和个人不得使用，包括但不限于拷贝、下载、存储、发送、转发。

第六章　股份转让监管

第三十九条　上海股交中心对股份转让中的下列事项，予以重点监控：

（一）涉嫌欺诈等违法违规行为；

（二）股份转让的时间、数量、方式等受到有关法律法规、政策性规定及上海股交中心业务规则等相关规定限制的行为；

（三）可能严重影响股份转让价格或者股份转让成交量的异常行为；

（四）股份转让价格或者股份转让成交量明显异常的情形；

（五）上海股交中心认为需要重点监控的其他事项。

第四十条　代理买卖机构发现投资者的股份转让出现第三十九条所列重点监控事项之一，且可能严重影响股份转让秩序的，应予以警示，并及时向上海股交中心报告。

第四十一条　上海股交中心可以针对股份转让中重点监控事项进行现场或非现场调查，代理买卖机构、会员、挂牌公司及投资者应予以配合。

第四十二条　上海股交中心在现场或非现场调查中，可以根据需要，要求相关代理买卖机构及投资者及时、真实、准确、完整地提供下列文件和资料：

（一）投资者的开户资料、授权委托书、资金账户情况和相关股份转让账户的转让情况等；

（二）相关股份转让账户或资金账户的实际控制者和操作者情况、资金来源以及相关账户间是否存在关联的说明等；

（三）对股份转让中重点监控事项的解释；

（四）其他与上海股交中心重点监控事项有关的资料。

第四十三条　对第三十九条所列重点监控事项中情节严重的行为，上海股交中心可以视情况采取下列措施，并记入相关诚信档案：

（一）谈话提醒；

（二）警告；

（三）通报批评；

（四）谴责；

（五）暂停其参与挂牌公司股份转让。

对第（五）项措施有异议的，可以自接到相关措施执行通知之日起15日内，向上海股交中心申请复核。复核期间不停止该措施的执行。

第七章　转让异常情况处理

第四十四条　发生下列转让异常情况之一，导致部分或全部转让不能进行的，上海股交中心可以决定单独或同时采取暂缓进入交收、技术性停牌或临时停市等措施：

（一）不可抗力；

（二）意外事件；

（三）技术故障；

（四）上海股交中心认定的其他异常情况。

第四十五条 出现无法申报或行情传输中断情况的，代理买卖机构应及时向上海股交中心报告。无法申报或行情传输中断的代理买卖机构数量超过代理买卖机构总数10%以上的，属于转让异常情况，上海股交中心可以实行临时停市。

第四十六条 上海股交中心认为可能发生第四十四条、第四十五条规定的转让异常情况，并严重影响转让正常进行的，可以决定技术性停牌或临时停市。

第四十七条 上海股交中心对暂缓进入交收、技术性停牌或临时停市决定予以公告。

技术性停牌或临时停市原因消除后，上海股交中心可以决定恢复转让，并予以公告。

第四十八条 因转让异常情况及上海股交中心采取的相应措施造成损失的，上海股交中心不承担赔偿责任。

第四十九条 转让异常情况处理的具体规定，由上海股交中心另行制定。

第八章 转让纠纷

第五十条 代理买卖机构与投资者之间发生转让纠纷，相关代理买卖机构应记录有关情况，以备上海股交中心查阅。转让纠纷影响正常转让的，代理买卖机构应及时向上海股交中心报告。

第五十一条 代理买卖机构与投资者之间发生转让纠纷，上海股交中心可以按有关规定，提供必要的转让数据。

第五十二条 投资者对转让有疑义的，代理买卖机构有义务协调处理。

第九章 附则

第五十三条 通过上海股交中心股份转让系统进行股份转让的，参照本规则的相关规定执行；上海股交中心另有规定的，从其规定。

第五十四条 本规则中所述时间，以上海股交中心交易主机的时间为准。

第五十五条 本规则中市场指上海股权托管交易市场。

第五十六条 本规则未定义的用语的含义,依照有关法律法规、政策性规定及上海股交中心相关业务规则确定。

第五十七条 本规则所称“超过”“低于”“不足”“小于”不含本数,“以上”含本数。

第五十八条 本规则由上海股交中心负责解释。

第五十九条 本规则经上海市金融服务办公室批准后实施。

全国中小企业股份转让系统业务规则(试行)

(2013年02月08日全国中小企业股份转让系统有限责任公司发布，
2013年12月30日修改)

第一章 总 则

1.1 为规范全国中小企业股份转让系统(以下简称“全国股份转让系统”)运行，维护市场正常秩序，保护投资者合法权益，根据《中华人民共和国公司法》(以下简称《公司法》)、《中华人民共和国证券法》《国务院关于全国中小企业股份转让系统有关问题的决定》以及《非上市公众公司监督管理办法》(以下简称《管理办法》)、《全国中小企业股份转让系统有限责任公司管理暂行办法》等法律、行政法规、部门规章，制定本业务规则。

1.2 在全国股份转让系统挂牌的股票、可转换公司债券及其他证券品种，适用本业务规则。本业务规则未作规定的，适用全国中小企业股份转让系统有限责任公司(以下简称“全国股份转让系统公司”)的其他有关规定。

1.3 全国股份转让系统的证券公开转让及相关活动，实行公开、公平、公正的原则，禁止证券欺诈、内幕交易、操纵市场等违法违规行为。

市场参与人应当遵循自愿、有偿、诚实信用的原则。

1.4 申请挂牌公司、挂牌公司及其董事、监事、高级管理人员、股东、实际控制人，主办券商、会计师事务所、律师事务所、其他证券服务机构及其相关人员，投资者应当遵守法律、行政法规、部门规章、本业务规则及全国股份转让系统公司其他业务规定。

1.5 申请挂牌公司、挂牌公司及其他信息披露义务人、主办券商应当真实、准确、完整、及时地披露信息，不得有虚假记载、误导性陈述或者重大遗漏。

申请挂牌公司、挂牌公司的董事、监事、高级管理人员应当忠实、勤勉地履行职责，保证公司披露信息的真实、准确、完整、及时、公平。

申请挂牌公司、挂牌公司及其他信息披露义务人、主办券商依法披露的信息，应当第一时间在全国股份转让系统指定信息披露平台（www.neeq.com.cn或www.neeq.cc）公布。

1.6 全国股份转让系统实行主办券商制度。主办券商应当对所推荐的挂牌公司履行持续督导义务。

1.7 主办券商、会计师事务所、律师事务所、其他证券服务机构及其相关人员在全国股份转让系统从事相关业务，应严格履行法定职责，遵守行业规范，勤勉尽责，诚实守信，并对出具文件的真实性、准确性、完整性负责。

1.8 全国股份转让系统实行投资者适当性管理制度。投资者应当具备一定的证券投资经验和相应的风险识别和承担能力，知悉相关业务规则，自行承担投资风险。

1.9 挂牌公司、主办券商、投资者等市场参与人，应当按照规定交纳相关税费。

1.10 挂牌公司是纳入中国证监会监管的非上市公众公司，股东人数可以超过二百人。

股东人数未超过二百人的股份有限公司，直接向全国股份转让系统公司申请挂牌。

股东人数超过二百人的股份有限公司，公开转让申请经中国证监会核准后，可以按照本业务规则的规定向全国股份转让系统公司申请挂牌。

1.11 全国股份转让系统公司依法对申请挂牌公司、挂牌公司及其他信息披露义务人、主办券商等市场参与人进行自律监管。

第二章 股票挂牌

2.1 股份有限公司申请股票在全国股份转让系统挂牌，不受股东所有制性质的限制，不限于高新技术企业，应当符合下列条件：

（一）依法设立且存续满两年。有限责任公司按原账面净资产值折股整体变更为股份有限公司的，存续时间可以从有限责任公司成立之日起计算；

（二）业务明确，具有持续经营能力；

（三）公司治理机制健全，合法规范经营；

（四）股权明晰，股票发行和转让行为合法合规；

（五）主办券商推荐并持续督导；

（六）全国股份转让系统公司要求的其他条件。

2.2　申请挂牌公司应当与主办券商签订推荐挂牌并持续督导协议，按照全国股份转让系统公司的有关规定编制申请文件，并向全国股份转让系统公司申报。

2.3　全国股份转让系统公司对挂牌申请文件审查后，出具是否同意挂牌的审查意见。

2.4　申请挂牌公司取得全国股份转让系统公司同意挂牌的审查意见后，按照全国股份转让系统公司规定的有关程序办理挂牌手续。

申请挂牌公司应当在其股票挂牌前与全国股份转让系统公司签署挂牌协议，明确双方的权利、义务和有关事项。

2.5　申请挂牌公司应当在其股票挂牌前依照全国股份转让系统公司的规定披露公开转让说明书等文件。

2.6　申请挂牌公司在其股票挂牌前实施限制性股票或股票期权等股权激励计划且尚未行权完毕的，应当在公开转让说明书中披露股权激励计划等情况。

2.7　申请挂牌公司在其股票挂牌前，应当与中国证券登记结算有限责任公司（以下简称"中国结算"）签订证券登记及服务协议，办理全部股票的集中登记。

2.8　挂牌公司控股股东及实际控制人在挂牌前直接或间接持有的股票分三批解除转让限制，每批解除转让限制的数量均为其挂牌前所持股票的三分之一，解除转让限制的时间分别为挂牌之日、挂牌期满一年和两年。

挂牌前十二个月以内控股股东及实际控制人直接或间接持有的股票进行过转让的，该股票的管理按照前款规定执行，主办券商为开展做市业务取得的做市初始库存股票除外。

因司法裁决、继承等原因导致有限售期的股票持有人发生变更的，后续持有人应继续执行股票限售规定。

2.9　股票解除转让限制，应由挂牌公司向主办券商提出，由主办券商报全国股份转让系统公司备案。全国股份转让系统公司备案确认后，通知中国结算办理解除限售登记。

第三章 股票转让

第一节 一般规定

3.1.1 股票转让采用无纸化的公开转让形式，或经中国证监会批准的其他转让形式。

3.1.2 股票转让可以采取协议方式、做市方式、竞价方式或其他中国证监会批准的转让方式。经全国股份转让系统公司同意，挂牌股票可以转换转让方式。

3.1.3 挂牌股票采取协议转让方式的，全国股份转让系统公司同时提供集合竞价转让安排。

3.1.4 挂牌股票采取做市转让方式的，须有2家以上从事做市业务的主办券商(以下简称“做市商”)为其提供做市报价服务。

做市商应当在全国股份转让系统持续发布买卖双向报价，并在报价价位和数量范围内履行与投资者的成交义务。做市转让方式下，投资者之间不能成交。全国股份转让系统公司另有规定的除外。

3.1.5 全国股份转让系统为证券转让提供相关设施，包括交易主机、交易单元、报盘系统及相关通信系统等。

3.1.6 主办券商进入全国股份转让系统进行证券转让，应当先向全国股份转让系统公司申请取得转让权限，成为转让参与人。

3.1.7 股票转让时间为每周一至周五上午9：15至11:30，下午13:00至15:00。转让时间内因故停市，转让时间不作顺延。

遇法定节假日和全国股份转让系统公司公告的休市日，全国股份转让系统休市。

3.1.8 全国股份转让系统对股票转让不设涨跌幅限制。全国股份转让系统公司另有规定的除外。

3.1.9 投资者买卖挂牌公司股票，应当开立证券账户和资金账户，并与主办券商签订证券买卖委托代理协议。

投资者开立证券账户，应当按照中国结算的相关规定办理。

3.1.10 主办券商接受投资者的买卖委托后，应当确认投资者具备相应股票或资金，并按照投资者委托的时间先后顺序向全国股份转让系统申报。

3.1.11 买卖挂牌公司股票，申报数量应当为1 000股或其整数倍。

卖出挂牌公司股票时，余额不足1 000股部分，应当一次性申报卖出。

3.1.12 股票转让的计价单位为“每股价格”。股票转让的申报价格最小变动单位为0.01元人民币。

3.1.13 全国股份转让系统公司可以根据市场需要，调整股票单笔买卖申报数量和申报价格的最小变动单位。

3.1.14 申报当日有效。投资者可以撤销委托申报的未成交部分。

3.1.15 买卖申报经交易主机成交确认后，转让即告成立，买卖双方必须承认转让结果，履行清算交收义务，本规则另有规定的除外。

3.1.16 中国结算作为共同对手方，为股票转让提供清算和多边净额担保交收服务；或不作为共同对手方，提供其他清算、交收等服务。

3.1.17 投资者卖出股票，须委托代理其买入该股票的主办券商办理。如需委托另一家主办券商卖出该股票，须办理股票转托管手续。

3.1.18 投资者因司法裁决、继承等特殊原因需要办理股票过户的，依照中国结算的规定办理。

第二节 转 让 信 息

3.2.1 全国股份转让系统公司每个转让日发布股票转让即时行情、股票转让公开信息等转让信息，及时编制反映市场转让情况的各类报表，并通过全国股份转让系统指定信息披露平台或其他媒体予以公布。

3.2.2 全国股份转让系统公司负责全国股份转让系统信息的统一管理和发布。未经全国股份转让系统公司许可，任何机构和个人不得发布、使用和传播转让信息。经全国股份转让系统公司许可使用转让信息的机构和个人，未经同意不得将转让信息提供给其他机构和个人使用或予以传播。

3.2.3 全国股份转让系统公司可以根据市场发展需要，编制综合指数、成分指数、分类指数等证券指数，随即时行情发布。

证券指数的设置和编制方法，由全国股份转让系统公司另行规定。

第三节　监控与异常情况处理

3.3.1　全国股份转让系统公司对股票转让中出现的异常转让行为进行重点监控,并可以视情况采取盘中临时停止股票转让等措施。

3.3.2　发生下列转让异常情况之一,导致部分或全部转让不能正常进行的,全国股份转让系统公司可以决定单独或同时采取暂缓进入清算交收程序、技术性停牌或临时停市等措施:

(一)不可抗力;

(二)意外事件;

(三)技术故障;

(四)全国股份转让系统公司认定的其他异常情况。

3.3.3　全国股份转让系统公司对暂缓进入清算交收程序、技术性停牌或临时停市决定予以公告。技术性停牌或临时停市原因消除后,全国股份转让系统公司可以决定恢复转让,并予以公告。

因转让异常情况及全国股份转让系统公司采取的相应措施造成损失的,全国股份转让系统公司不承担赔偿责任。

3.3.4　转让异常情况处理的具体规定,由全国股份转让系统公司另行制定并报中国证监会批准。

第四章　挂 牌 公 司

第一节　公 司 治 理

4.1.1　挂牌公司应当按照法律、行政法规、部门规章、全国股份转让系统公司相关业务规定完善公司治理,确保所有股东,特别是中小股东享有平等地位,充分行使合法权利。

4.1.2　挂牌公司应当依据《公司法》及有关非上市公众公司章程必备条款的规定制定公司章程并披露。

挂牌公司应当依照公司章程的规定,规范重大事项的内部决策程序。

4.1.3　挂牌公司与控股股东、实际控制人及其控制的其他企业应实行人员、资产、财务分开,各自独立核算、独立承担责任和风险。

4.1.4　控股股东、实际控制人及其控制的其他企业应切实保证挂牌公司的独立性,不得利用其股东权利或者实际控制能力,通过关联交易、垫付费用、提供担保及其他方式直接或者间接侵占挂牌公司资金、资产,损害挂牌公司及其他股东的利益。

4.1.5 挂牌公司董事会做出的对公司治理机制的讨论评估应当在年度报告中披露。

4.1.6 挂牌公司可以实施股权激励,具体办法另行规定。

第二节 信息披露

4.2.1 挂牌公司应当按照全国股份转让系统公司相关规定编制并披露定期报告和临时报告;上述文件披露前,挂牌公司应当依据公司章程履行内部程序。

挂牌公司应当按照《企业会计准则》的要求编制财务报告,全国股份转让系统公司另有规定的除外。

挂牌公司发生的或者与之有关的事件没有达到全国股份转让系统公司规定的披露标准,或者全国股份转让系统公司没有具体规定,但公司董事会认为该事件对公司股票转让价格可能产生较大影响的,公司应当及时披露。

4.2.2 若挂牌公司有充分依据证明其拟披露的信息属于国家机密、商业秘密,可能导致其违反国家有关保密法律、行政法规规定或者严重损害挂牌公司利益的,可以向全国股份转让系统公司申请豁免披露或履行相关义务。

4.2.3 挂牌公司应当制定并执行信息披露事务管理制度。

挂牌公司设有董事会秘书的,由董事会秘书负责信息披露管理事务,未设董事会秘书的,挂牌公司应指定一名具有相关专业知识的人员负责信息披露管理事务,并向全国股份转让系统公司报备。负责信息披露管理事务的人员应列席公司的董事会和股东大会。

4.2.4 挂牌公司及其他信息披露义务人应当对其披露信息内容的真实性、准确性、完整性承担责任。

4.2.5 挂牌公司、相关信息披露义务人和其他知情人不得泄露内幕信息。

4.2.6 主办券商应对挂牌公司拟披露的信息披露文件进行审查,履行持续督导职责。

4.2.7　全国股份转让系统公司对挂牌公司及其他信息披露义务人已披露的信息进行审查。

4.2.8　挂牌公司出现下列情形之一的，全国股份转让系统公司对股票转让实行风险警示，在公司股票简称前加注标识并公告：

（一）最近一个会计年度的财务会计报告被出具否定意见或者无法表示意见的审计报告；

（二）最近一个会计年度经审计的期末净资产为负值；

（三）全国股份转让系统公司规定的其他情形。

第三节　股票发行

4.3.1　本业务规则规定的股票发行，是指申请挂牌公司、挂牌公司向符合全国股份转让系统投资者适当性管理要求的对象发行股票的行为。

股票发行可以采取路演、询价等方式选定投资者。

4.3.2　申请挂牌公司、挂牌公司股票发行应当符合全国股份转让系统公司有关投资者适当性管理、信息披露等规定。

4.3.3　按照《管理办法》应申请核准的股票发行，挂牌公司在取得中国证监会核准文件后，按照全国股份转让系统公司的规定办理股票发行新增股份的挂牌手续。

4.3.4　按照《管理办法》豁免申请核准的股票发行，主办券商应履行持续督导职责并发表意见，挂牌公司在发行验资完毕后填报备案登记表，办理新增股份的登记及挂牌手续。

4.3.5　申请挂牌公司申请股票在全国股份转让系统挂牌的同时股票发行的，应在公开转让说明书中披露。

第四节　暂停与恢复转让

4.4.1　挂牌公司发生下列事项，应当向全国股份转让系统公司申请暂停转让，直至按规定披露或相关情形消除后恢复转让：

（一）预计应披露的重大信息在披露前已难以保密或已经泄露，或公共媒体出现与公司有关传闻，可能或已经对股票转让价格产生较大影响的；

（二）涉及需要向有关部门进行政策咨询、方案论证的无先例或存在重大不确定性的重大事项，或挂牌公司有合理理由需要申请暂停股票转让的其他事项；

（三）向中国证监会申请公开发行股票并在证券交易所上市，或向证券交易所申请股票上市；

（四）向全国股份转让系统公司主动申请终止挂牌；

（五）未在规定期限内披露年度报告或者半年度报告；

（六）主办券商与挂牌公司解除持续督导协议；

（七）出现依《公司法》第一百八十一条规定解散的情形，或法院依法受理公司重整、和解或者破产清算申请。

挂牌公司未按规定向全国股份转让系统公司申请暂停股票转让的，主办券商应当及时向全国股份转让系统公司报告并提出处理建议。

4.4.2 全国股份转让系统公司可以根据中国证监会的要求或者基于维护市场秩序的需要，决定挂牌公司股票的暂停与恢复转让事宜。

第五节 终止与重新挂牌

4.5.1 挂牌公司出现下列情形之一的，全国股份转让系统公司终止其股票挂牌：

（一）中国证监会核准其公开发行股票并在证券交易所上市，或证券交易所同意其股票上市；

（二）终止挂牌申请获得全国股份转让系统公司同意；

（三）未在规定期限内披露年度报告或者半年度报告的，自期满之日起两个月内仍未披露年度报告或半年度报告；

（四）主办券商与挂牌公司解除持续督导协议，挂牌公司未能在股票暂停转让之日起三个月内与其他主办券商签署持续督导协议的；

（五）挂牌公司经清算组或管理人清算并注销公司登记的；

（六）全国股份转让系统公司规定的其他情形。

4.5.2 全国股份转让系统公司在作出股票终止挂牌决定后发布公告，并报中国证监会备案。

挂牌公司应当在收到全国股份转让系统公司的股票终止挂牌决定后及时披露股票终止挂牌公告。

4.5.3 对因本业务规则4.5.1条第(三)、第(四)项情形终止挂牌的公司，全国股份转让系统公司可以为其提供股票非公开转让服务。

4.5.4 导致公司终止挂牌的情形消除后，经公司申请、主办券商推荐及全国股份转让系统公司同意，公司股票可以重新挂牌。

第五章 主办券商

5.1 主办券商是指在全国股份转让系统从事下列部分或全部业务的证券公司：

（一）推荐业务：推荐申请挂牌公司股票挂牌，持续督导挂牌公司，为挂牌公司股票发行、并购重组等提供相关服务；

（二）经纪业务：代理开立证券账户、代理买卖股票等业务；

（三）做市业务；

（四）全国股份转让系统公司规定的其他业务。

从事前款第一项业务的，应当具有证券承销与保荐业务资格；从事前款第(二)项业务的，应当具有证券经纪业务资格；从事前款第(三)项业务的，应当具有证券自营业务资格。

5.2 证券公司在全国股份转让系统开展相关业务前，应向全国股份转让系统公司申请备案。

全国股份转让系统公司同意备案的，与其签订协议，出具备案函并公告。

5.3 主办券商应在取得全国股份转让系统公司备案函后五个转让日内，在全国股份转让系统指定信息披露平台披露公司基本情况、主要业务人员情况及全国股份转让系统公司要求披露的其他信息。

主办券商在全国股份转让系统开展业务期间，应按全国股份转让系统公司要求报送并披露相关执业情况等信息。

主办券商所披露信息内容发生变更的，应按规定及时报告全国股份转让系统公司并进行更新。

5.4 主办券商在全国股份转让系统开展业务，应当建立健全各项业务管理制度和业务操作流程，建立健全风险管理制度和合规管理制度，保障业务依法合规进行，严格防范和控制业务风险。

5.5 主办券商应当实现推荐业务、经纪业务、做市业务以及其他业务之间的有效隔离,防范内幕交易,避免利益冲突。

5.6 主办券商开展推荐业务,应勤勉尽责地进行尽职调查和内核,并承担相应责任。

5.7 主办券商应持续督导所推荐挂牌公司诚实守信、规范履行信息披露义务、完善公司治理机制。

主办券商与挂牌公司解除持续督导协议前,应当报告全国股份转让系统公司并说明理由。

5.8 主办券商应当建立健全投资者适当性管理工作制度和业务流程,严格执行全国股份转让系统投资者适当性管理各项要求。

5.9 主办券商发现投资者存在异常交易行为,应提醒投资者;对可能严重影响正常交易秩序的异常交易行为,应及时报告全国股份转让系统公司。

5.10 主办券商开展做市业务不得利用信息优势和资金优势,通过单独或者合谋,以串通报价或相互买卖操纵股票转让价格,损害投资者利益。

5.11 全国股份转让系统公司对主办券商及其从业人员的执业行为进行持续管理,开展现场检查和非现场检查,记录其执业情况、违规行为等信息。

第六章 监管措施与违规处分

6.1 全国股份转让系统公司可以对本业务规则1.4条规定的监管对象采取下列自律监管措施:

(一)要求申请挂牌公司、挂牌公司及其他信息披露义务人或者其董事(会)、监事(会)和高级管理人员、主办券商、证券服务机构及其相关人员对有关问题作出解释、说明和披露;

(二)要求申请挂牌公司、挂牌公司聘请中介机构对公司存在的问题进行核查并发表意见;

(三)约见谈话;

(四)要求提交书面承诺;

(五)出具警示函;

(六)责令改正;

（七）暂不受理相关主办券商、证券服务机构或其相关人员出具的文件；

（八）暂停解除挂牌公司控股股东、实际控制人的股票限售；

（九）限制证券账户交易；

（十）向中国证监会报告有关违法违规行为；

（十一）其他自律监管措施。

监管对象应当积极配合全国股份转让系统公司的日常监管，在规定期限内回答问询，按照全国股份转让系统公司的要求提交说明，或者披露相应的更正或补充公告。

6.2　申请挂牌公司、挂牌公司、相关信息披露义务人违反本业务规则、全国股份转让系统公司其他相关业务规定的，全国股份转让系统公司视情节轻重给予以下处分，并记入证券期货市场诚信档案数据库（以下简称“诚信档案”）：

（一）通报批评；

（二）公开谴责。

6.3　申请挂牌公司、挂牌公司的董事、监事、高级管理人员违反本业务规则、全国股份转让系统公司其他相关业务规定的，全国股份转让系统公司视情节轻重给予以下处分，并记入诚信档案：

（一）通报批评；

（二）公开谴责；

（三）认定其不适合担任公司董事、监事、高级管理人员。

6.4　主办券商违反本业务规则、全国股份转让系统公司其他相关业务规定的，全国股份转让系统公司视情节轻重给予以下处分，并记入诚信档案：

（一）通报批评；

（二）公开谴责；

（三）限制、暂停直至终止其从事相关业务。

6.5　主办券商的相关业务人员违反本业务规则、全国股份转让系统公司其他相关业务规定的，全国股份转让系统公司视情节轻重给予以下处分，并记入诚信档案：

（一）通报批评；

（二）公开谴责。

6.6　会计师事务所、律师事务所、其他证券服务机构及其工作人员违反本业务规则、全国股份转让系统公司其他相关业务规定的，全国股份转让系统公司视情节轻重给予以下处分，记入诚信档案并向相关行业自律组织通报：

（一）通报批评；

（二）公开谴责。

6.7　全国股份转让系统公司设立纪律处分委员会对本业务规则规定的纪律处分事项进行审核，作出独立的专业判断并形成审核意见。全国股份转让系统公司根据纪律处分委员会的审核意见，作出是否给予纪律处分的决定。

监管对象不服全国股份转让系统公司作出的纪律处分决定的，可自收到处分通知之日起15个工作日内向全国股份转让系统公司申请复核，复核期间该处分决定不停止执行。

第七章　附　　则

7.1　原证券公司代办股份转让系统挂牌的STAQ、NET系统公司和退市公司的股票转让、信息披露等事项另行规定。

7.2　本业务规则所称“以上”“以内”含本数，“超过”不含本数。

7.3　本业务规则由全国股份转让系统公司负责解释。

7.4　本业务规则经中国证监会批准后生效，自发布之日起实施。

全国中小企业股份转让系统股票发行业务细则(试行)

(2013年12月30日全国中小企业股份转让系统有限责任公司发布)

第一章 总 则

第一条 为了规范挂牌公司的股票发行行为,保护投资者合法权益,根据《非上市公众公司监督管理办法》(以下简称《管理办法》)、《全国中小企业股份转让系统有限责任公司管理暂行办法》、《全国中小企业股份转让系统业务规则(试行)》(以下简称《业务规则》)等有关规定,制定本细则。

第二条 本细则规定的股票发行,是指挂牌公司向符合规定的投资者发行股票,发行后股东人数累计不超过200人的行为。

实施本细则规定的股票发行,应当按照规定向全国中小企业股份转让系统有限责任公司(以下简称"全国股份转让系统公司")履行备案程序。

第三条 挂牌公司股票发行,必须真实、准确、完整、及时、公平地披露信息,不得有虚假记载、误导性陈述或者重大遗漏。

挂牌公司的控股股东、实际控制人、股票发行对象及其他信息披露义务人,应当按照有关规定及时向公司提供信息,配合公司履行信息披露义务。

第四条 挂牌公司的董事、监事、高级管理人员、控股股东及实际控制人,主办券商、会计师事务所、律师事务所等证券服务机构及其相关人员,应当遵守有关法律法规、规章、规范性文件及业务规定,勤勉尽责,不得利用挂牌公司股票发行谋取不正当利益,禁止泄露内幕信息和利用内幕信息进行股票转让或者操纵股票转让价格。

第五条 挂牌公司、主办券商选择发行对象、确定发行价格或者发行价格区间,应当遵循公平、公正原则,维护公司及其股东的合法权益。

第六条 发行股票导致挂牌公司的控股股东或者实际控制人发生变化的,相关规定另行制定。

发行股票购买资产导致重大资产重组,且发行后股东人数累计不超过200

人的，相关规定另行制定。

第二章　发行要求与认购规定

第七条　挂牌公司股票发行应当满足《管理办法》规定的公司治理、信息披露及发行对象的要求。

第八条　挂牌公司股票发行以现金认购的，公司现有股东在同等条件下对发行的股票有权优先认购。每一股东可优先认购的股份数量上限为股权登记日其在公司的持股比例与本次发行股份数量上限的乘积。

公司章程对优先认购另有规定的，从其规定。

第九条　发行对象承诺对其认购股票进行转让限制的，应当遵守其承诺，并予以披露。

第十条　发行对象可用现金或者非现金资产认购发行股票。

第三章　董事会与股东大会决议

第十一条　挂牌公司董事会应当就股票发行有关事项作出决议。

第十二条　挂牌公司董事会作出股票发行决议，应当符合下列规定：

（一）董事会决议确定具体发行对象的，董事会决议应当明确具体发行对象（是否为关联方）及其认购价格、认购数量或数量上限、现有股东优先认购办法等事项。认购办法中应当明确现有股东放弃优先认购股票份额的认购安排。

已确定的发行对象（现有股东除外）与公司签署的附生效条件的股票认购合同应当经董事会批准。

（二）董事会决议未确定具体发行对象的，董事会决议应当明确发行对象的范围、发行价格区间、发行价格确定办法、发行数量上限、现有股东优先认购办法等事项。

（三）发行对象用非现金资产认购发行股票的，董事会决议应当明确交易对手（应当说明是否为关联方）、标的资产、作价原则及审计、评估等事项。

（四）董事会应当说明本次发行募集资金的用途。

第十三条　董事会决议确定具体发行对象的，挂牌公司应当与相关发行对象签订附生效条件的股票认购合同。

前款所述认购合同应当载明该发行对象拟认购股票的数量或数量区间、认购价格、限售期，同时约定本次发行经公司董事会、股东大会批准后，该合同即生效。

第十四条 挂牌公司股东大会应当就股票发行等事项作出决议。

第十五条 挂牌公司股东大会审议通过股票发行方案后，董事会决议作出重大调整的，公司应当重新召开股东大会并按照第十四条的规定进行审议。

第四章 发行与备案

第十六条 董事会决议确定具体发行对象的，挂牌公司应当按照本细则及有关要求，依据股票认购合同的约定发行股票；有优先认购安排的，应当办理现有股东优先认购手续。

第十七条 董事会决议未确定具体发行对象的，挂牌公司及主办券商可以向包括挂牌公司股东、主办券商经纪业务客户、机构投资者、集合信托计划、证券投资基金、证券公司资产管理计划以及其他个人投资者在内的询价对象进行询价，询价对象应当符合投资者适当性的规定。

第十八条 挂牌公司及主办券商应当在确定的询价对象范围内接收询价对象的申购报价；主办券商应根据询价对象的申购报价情况，按照价格优先的原则，并考虑认购数量或其他因素，与挂牌公司协商确定发行对象、发行价格和发行股数。

现有股东优先认购的，在相同认购价格下应优先满足现有股东的认购需求。

第十九条 依据第十八条规定确定发行价格后，挂牌公司应当与发行对象签订正式认购合同，发行对象应当按照合同约定缴款。

第二十条 挂牌公司应当在股票发行认购结束后及时办理验资手续，验资报告应当由具有证券、期货相关业务资格的会计师事务所出具。

第二十一条 主办券商和律师事务所应当在尽职调查基础上，分别对本次股票发行出具书面意见。

第二十二条 挂牌公司在验资完成后十个转让日内，按照规定向全国股份转让系统公司报送材料（行情专区），履行备案程序。

第二十三条 全国股份转让系统公司对材料进行审查，并根据审查结果出具股份登记函，送达挂牌公司并送交中国证券登记结算有限责任公司（以下简称“中国结算”）和主办券商。

以非现金资产认购股票的情形，尚未完成相关资产权属过户或相关资产存在重大法律瑕疵的，全国股份转让系统公司不予出具股份登记函。

第二十四条 挂牌公司按照中国结算相关规定，向中国结算申请办理股份登记，并取得股份登记证明文件。

主办券商应当协助挂牌公司持股份登记函向中国结算办理股份登记手续。

挂牌公司完成股份登记的办理后，新增股票按照挂牌转让公告中安排的时间在全国中小企业股份转让系统挂牌转让。

第五章 信息披露

第二十五条 挂牌公司应当分别在董事会和股东大会通过股票发行决议之日起两个转让日内披露董事会、股东大会决议公告。

第二十六条 以非现金资产认购股票涉及资产审计、评估的，资产审计结果、评估结果应当最晚和召开股东大会的通知同时公告。

第二十七条 挂牌公司应当在披露董事会决议的同时，披露经董事会批准的股票发行方案。

第二十八条 挂牌公司应当在缴款期前披露股票发行认购公告，其中应当披露缴款的股权登记日、投资者参与询价、定价情况，股票配售的原则和方式及现有股东优先认购安排（如有），并明确现有股东及新增投资者的缴款安排。

第二十九条 挂牌公司应当按照要求披露股票发行情况报告书、股票发行法律意见书、主办券商关于股票发行合法合规性意见和股票挂牌转让公告。

第六章 监管措施和违规处分

第三十条 挂牌公司及其董事、监事、高级管理人员、股东、实际控制人及其他相关信息披露义务人，主办券商、会计师事务所、律师事务所及其他证券服务机构，违反本细则及有关规定的，全国股份转让系统公司依据《业务规则》等有关规定采取相应监管措施及纪律处分。

第七章 附 则

第三十一条 申请挂牌同时股票发行，应当在《公开转让说明书》中披露董事会、股东大会决议等内容，并遵守全国股份转让系统公司相关业务规则。

第三十二条 经中国证监会核准的股票发行，公司应当在取得中国证监会的核准文件后，按照全国股份转让系统公司的规定办理股票挂牌手续。

第三十三条 挂牌公司发行优先股的具体业务规则由全国股份转让系统公司另行制定。

第三十四条 本细则由全国股份转让系统公司负责解释。

第三十五条 本细则自发布之日起施行。

全国中小企业股份转让系统股票转让业务细则(试行)

(2013 年 12 月 30 日全国中小企业股份转让系统有限责任公司发布)

第一章　总　　则

第一条　为规范全国中小企业股份转让系统(以下简称"全国股份转让系统")股票转让行为,维护证券市场运行秩序,保护投资者合法权益,根据《中华人民共和国证券法》《全国中小企业股份转让系统有限责任公司管理暂行办法》等法律、行政法规、部门规章、其他规范性文件及《全国中小企业股份转让系统业务规则(试行)》(以下简称《业务规则》)等相关规定,制定本细则。

第二条　在全国股份转让系统挂牌股票的转让,适用本细则。本细则未作规定的,适用全国股份转让系统其他有关规定。

第三条　股票转让及相关活动实行公开、公平、公正的原则,禁止证券欺诈、内幕交易、操纵市场等违法违规行为。

第四条　主办券商、投资者等市场参与人应当遵守法律、行政法规、部门规章、其他规范性文件及全国股份转让系统有关业务规则,遵循自愿、有偿、诚实信用原则。

第五条　全国中小企业股份转让系统有限责任公司(以下简称"全国股份转让系统公司")为股票转让活动提供服务,并依法对相关股票转让活动进行自律管理。

第六条　股票转让采用无纸化的公开转让形式,或经中国证券监督管理委员会(以下简称"中国证监会")批准的其他转让形式。

第二章　转让市场

第一节　转让设施与转让参与人

第七条　全国股份转让系统为股票转让提供相关设施,包括交易主机、交易单元、报盘系统及相关通信系统等。

第八条 主办券商进入全国股份转让系统进行股票转让，应当向全国股份转让系统公司申请取得转让权限，成为转让参与人。

第九条 转让参与人应当通过在全国股份转让系统申请开设的交易单元进行股票转让。

第十条 交易单元是转让参与人向全国股份转让系统公司申请设立的、参与全国股份转让系统证券转让，并接受全国股份转让系统公司服务及监管的基本业务单位。

第十一条 主办券商在全国股份转让系统开展证券经纪、证券自营和做市业务，应当分别开立交易单元。

第十二条 交易单元和转让权限的具体规定，由全国股份转让系统公司另行制定。

第二节 转让方式

第十三条 股票可以采取做市转让方式、协议转让方式、竞价转让方式之一进行转让。

第十四条 股票采取做市转让方式的，应当有2家以上做市商为其提供做市报价服务。申请挂牌公司股票拟采取做市转让方式的，其中一家做市商应为推荐其股票挂牌的主办券商或该主办券商的母(子)公司。

第十五条 股票采取竞价转让方式的，应当符合全国股份转让系统公司规定的条件。具体条件由全国股份转让系统公司另行制定。

第十六条 挂牌公司提出申请并经全国股份转让系统公司同意，可以变更股票转让方式。

第十七条 采取做市转让方式的股票，拟变更为协议或竞价转让方式的，挂牌公司应事前征得该股票所有做市商同意。

第十八条 采取做市转让方式的股票，为其做市的做市商不足2家，且未在30个转让日内恢复为2家以上做市商的，如挂牌公司未按规定提出股票转让方式变更申请，其转让方式将强制变更为协议转让方式。

第三节 转让时间

第十九条 股票转让时间为每周一至周五9:15至11:30,13:00至15:00。

转让时间内因故停市，转让时间不作顺延。

遇法定节假日和全国股份转让系统公司公告的休市日，全国股份转让系统休市。

第二十条 经中国证监会批准，全国股份转让系统公司可以调整转让时间。

第三章 股票转让一般规定

第二十一条 投资者买卖股票，应当以实名方式开立证券账户和资金账户，与主办券商签订证券买卖委托代理协议，并签署相关风险揭示书。

投资者开立证券账户，应当按照中国证券登记结算有限责任公司（以下简称“中国结算”）的规定办理。

第二十二条 投资者可以通过书面委托方式或电话、自助终端、互联网等自助委托方式委托主办券商买卖股票。

投资者进行自助委托的，应按相关规定操作，主办券商应当记录投资者委托的电话号码、网卡地址、IP 地址等信息。

第二十三条 主办券商接受投资者的买卖委托后，应当确认投资者具备相应股票或资金，并按照委托的内容向全国股份转让系统申报，承担相应的交易、交收责任。

主办券商接受投资者买卖委托达成交易的，投资者应当向主办券商交付其委托主办券商卖出的股票或其委托主办券商买入股票的款项，主办券商应当向投资者交付卖出股票所得款项或买入的股票。

第二十四条 投资者可以撤销委托的未成交部分。

被撤销或失效的委托，主办券商应当在确认后及时向投资者返还相应的资金或股票。

第二十五条 主办券商应按照接受投资者委托的时间先后顺序及时向全国股份转让系统申报。

第二十六条 申报指令应当按全国股份转让系统公司规定的格式传送。全国股份转让系统公司可以根据市场需要，调整申报的内容及方式。

第二十七条 主办券商应当按有关规定妥善保管委托和申报记录。

第二十八条 买卖股票的申报数量应当为 1 000 股或其整数倍。卖出股票时，余额不足 1 000 股部分，应当一次性申报卖出。

第二十九条 股票转让的计价单位为“每股价格”。股票转让的申报价格最小变动单位为 0.01 元人民币。

按成交原则达成的价格不在最小价格变动单位范围内的，按照四舍五入原则取至相应的最小价格变动单位。

第三十条 股票转让单笔申报最大数量不得超过 100 万股。

第三十一条 全国股份转让系统公司可以根据市场需要，调整股票单笔申报数量、申报价格的最小变动单位和单笔申报最大数量。

第三十二条 申报当日有效。

买卖申报和撤销申报经全国股份转让系统交易主机确认后方为有效。

第三十三条 主办券商通过报盘系统向全国股份转让系统交易主机发送买卖申报指令。买卖申报经交易主机撮合成交后，转让即告成立。按本细则各项规定达成的交易于成立时生效，交易记录由全国股份转让系统公司发送至主办券商。

因不可抗力、意外事件、交易系统被非法侵入等原因造成严重后果的转让，全国股份转让系统公司可以采取适当措施或认定无效。

对显失公平的转让，经全国股份转让系统公司认定，可以采取适当措施。

第三十四条 违反本细则，严重破坏证券市场正常运行的转让，全国股份转让系统公司有权宣布取消转让。由此造成的损失由违规转让者承担。

第三十五条 依照本细则达成的交易，其成交结果以交易主机记录的成交数据为准。

第三十六条 全国股份转让系统对股票转让不设涨跌幅限制。全国股份转让系统公司另有规定的除外。

第三十七条 投资者买入的股票，买入当日不得卖出；做市商买入的股票，买入当日可以卖出。全国股份转让系统公司另有规定的除外。

第三十八条 按照本细则达成的交易，买卖双方必须承认交易结果，履行清算交收义务。

股票买卖的清算交收业务，应当按照中国结算的规定办理。

第三十九条　全国股份转让系统公司每个转让日发布股票转让即时行情、股票转让公开信息等转让信息，及时编制反映市场转让情况的各类报表，并通过全国股份转让系统指定信息披露平台或其他媒体予以公布。

第四十条　全国股份转让系统对采取做市、协议和竞价转让方式的股票即时行情实行分类揭示。

第四十一条　全国股份转让系统公司负责全国股份转让系统信息的统一管理和发布。未经全国股份转让系统公司许可，任何机构和个人不得发布、使用和传播转让信息。经全国股份转让系统公司许可使用转让信息的机构和个人，未经同意不得将转让信息提供给其他机构和个人使用或予以传播。

第四十二条　全国股份转让系统公司可以根据市场需要，调整即时行情和股票转让公开信息发布的内容和方式。

第四十三条　全国股份转让系统公司可以根据市场发展需要，编制综合指数、成份指数、分类指数等股票指数，随即时行情发布。

股票指数的设置和编制方法，由全国股份转让系统公司另行规定。

第四章　做市转让方式

第一节　委托与申报

第四十四条　做市商应在全国股份转让系统持续发布买卖双向报价，并在其报价数量范围内按其报价履行与投资者的成交义务。做市转让方式下，投资者之间不能成交。全国股份转让系统公司另有规定的除外。

第四十五条　投资者可以采用限价委托方式委托主办券商买卖股票。

限价委托是指投资者委托主办券商按其限定的价格买卖股票的指令，主办券商必须按限定的价格或低于限定的价格申报买入股票；按限定的价格或高于限定的价格申报卖出股票。

限价委托应包括证券账户号码、证券代码、买卖方向、委托数量、委托价格等内容。

第四十六条　全国股份转让系统接受主办券商的限价申报、做市商的做市申报。全国股份转让系统公司另有规定的除外。

限价申报应包括证券账户号码、证券代码、交易单元代码、证券营业部识别码、买卖方向、申报数量、申报价格等内容。

做市申报是指做市商为履行做市义务，向全国股份转让系统发送的，按其指定价格买卖不超过其指定数量股票的指令。做市申报应包括证券账户号码、证券代码、交易单元代码、买卖申报数量和价格等内容。

第四十七条 全国股份转让系统接受限价申报、做市申报的时间为每个转让日的 9:15 至 11:30、13:00 至 15:00。全国股份转让系统公司可以调整接受申报的时间。

第四十八条 做市商应最迟于每个转让日的 9:30 开始发布买卖双向报价，履行做市报价义务。

第四十九条 做市商每次提交做市申报应当同时包含买入价格与卖出价格，且相对买卖价差不得超过 5%。相对买卖价差计算公式为

相对买卖价差=(卖出价格－买入价格)÷卖出价格×100%

卖出价格与买入价格之差等于最小价格变动单位的，不受前款限制。

第五十条 做市商提交新的做市申报后，前次做市申报的未成交部分自动撤销。

第五十一条 做市商前次做市申报撤销或其申报数量经成交后不足 1 000 股的，做市商应于 5 分钟内重新报价。

第五十二条 做市商持有库存股票不足 1 000 股时，可以免予履行卖出报价义务。

出现前款所述情形，做市商应及时向全国股份转让系统公司报告并调节库存股票数量，并最迟于该情形发生后第 3 个转让日恢复正常双向报价。

第五十三条 单个做市商持有库存股票达到挂牌公司总股本 20%时，可以免予履行买入报价义务。

出现前款所述情形，做市商应及时向全国股份转让系统公司报告，并最迟于该情形发生后第 3 个转让日恢复正常双向报价。

第二节 成 交

第五十四条 每个转让日的 9:30 至 11:30、13:00 至 15:00 为做市转让撮合时间。

做市商每个转让日提供双向报价的时间应不少于做市转让撮合时间的75%。

第五十五条　全国股份转让系统对到价的限价申报即时与做市申报进行成交；如有2笔以上做市申报到价的，按照价格优先、时间优先原则成交。成交价以做市申报价格为准。

做市商更改报价使限价申报到价的，全国股份转让系统按照价格优先、时间优先原则将到价限价申报依次与该做市申报进行成交。成交价以做市申报价格为准。

到价是指限价申报买入价格等于或高于做市申报卖出价格，或限价申报卖出价格等于或低于做市申报买入价格。

限价申报之间、做市申报之间不能成交。

第三节　做市商管理

第五十六条　证券公司在全国股份转让系统开展做市业务前，应向全国股份转让系统公司申请备案。

第五十七条　做市商开展做市业务，应通过专用证券账户进行。做市专用证券账户应向中国结算和全国股份转让系统公司报备。

做市商不再为挂牌公司股票提供做市报价服务的，应将库存股票转出做市专用证券账户。

第五十八条　做市商证券自营账户不得持有其做市股票或参与做市股票的买卖。

第五十九条　挂牌时采取做市转让方式的股票，初始做市商应当取得合计不低于挂牌公司总股本5%或100万股(以孰低为准)，且每家做市商不低于10万股的做市库存股票。

除前款所述情形外，做市商在做市前应当取得不低于10万股的做市库存股票。

第六十条　做市商的做市库存股票可通过以下方式取得：

(一) 股东在挂牌前转让；

(二) 股票发行；

（三）在全国股份转让系统买入；

（四）其他合法方式。

第六十一条 挂牌时采取做市转让方式的股票，后续加入的做市商须在该股票挂牌满 3 个月后方可为其提供做市报价服务。

采取做市转让方式的股票，后续加入的做市商应当向全国股份转让系统公司提出申请。

第六十二条 挂牌时采取做市转让方式的股票和由其他转让方式变更为做市转让方式的股票，其初始做市商为股票做市不满 6 个月的，不得退出为该股票做市。后续加入的做市商为股票做市不满 3 个月的，不得退出为该股票做市。

做市商退出做市的，应当事前提出申请并经全国股份转让系统公司同意。做市商退出做市后，1 个月内不得申请再次为该股票做市。

第六十三条 出现下列情形时，做市商自动终止为相关股票做市：

（一）该股票摘牌；

（二）该股票因其他做市商退出导致做市商不足 2 家而变更转让方式；

（三）做市商被暂停、终止从事做市业务或被禁止为该股票做市；

（四）全国股份转让系统公司认定的其他情形。

第四节　做市商间转让

第六十四条 做市商间为调节库存股等进行股票转让的，可以通过互报成交确认申报方式进行。

第六十五条 做市商的成交确认申报是指做市商之间按指定价格和数量与指定对手方确认成交的指令。

做市商的成交确认申报应包括证券账户号码、证券代码、交易单元代码、买卖方向、申报数量、申报价格、对手方交易单元、对手方证券账户号码以及成交约定号等内容。

第六十六条 全国股份转让系统接受做市商成交确认申报和对做市商成交确认申报进行成交确认的时间为每个转让日的 15:00 至 15:30。

第六十七条 全国股份转让系统对证券代码、申报价格和申报数量相同，买卖方向相反，指定对手方交易单元、证券账户号码相符及成交约定号一致的做市商成交确认申报进行确认成交。

做市商间转让股票，其成交价格应在该股票当日最高、最低成交价之间；当日无成交的，其成交价格不得高于前收盘价的110%且不低于前收盘价的90%。

第六十八条 做市商当日从其他做市商处买入的股票，买入当日不得卖出。

第六十九条 做市商间转让不纳入即时行情和指数的计算，成交量在每个转让日做市商间转让结束后计入该股票成交总量。

第七十条 每个转让日做市商间转让结束后，全国股份转让系统公司逐笔公布做市商间转让信息，包括证券名称、成交量、成交价以及买卖双方做市商名称等。

第五节 其他规定

第七十一条 采取做市转让方式的股票，开盘价为该股票当日第一笔成交价。

第七十二条 采取做市转让方式的股票，收盘价为该股票当日最后一笔成交价。当日无成交的，以前收盘价为当日收盘价。

第七十三条 全国股份转让系统为做市商提供其做市股票实时最高10个价位的买入限价申报价格和数量、最低10个价位的卖出限价申报价格和数量等信息，以及为该股票提供做市报价服务做市商的实时最优10笔买入和卖出做市申报价格和数量等信息。

第七十四条 采取做市转让方式的股票，全国股份转让系统每个转让日9:30开始发布即时行情，其内容主要包括证券代码、证券简称、前收盘价、最近成交价、当日最高价、当日最低价、当日累计成交数量、当日累计成交金额、做市商实时最高3个价位买入申报价格和数量、做市商实时最低3个价位卖出申报价格和数量等。

第五章 协议转让方式

第一节 委托与申报

第七十五条 投资者委托分为意向委托、定价委托和成交确认委托。意向委托是指投资者委托主办券商按其确定价格和数量买卖股票的意向指令，意向委托不具有成交功能。

意向委托应包括证券账户号码、证券代码、买卖方向、委托数量、委托价格、联系人、联系方式等内容。

定价委托是指投资者委托主办券商按其指定的价格买卖不超过其指定数量股票的指令。定价委托应包括证券账户号码、证券代码、买卖方向、委托数量、委托价格等内容。

成交确认委托是指投资者买卖双方达成成交协议，或投资者拟与定价委托成交，委托主办券商以指定价格和数量与指定对手方确认成交的指令。成交确认委托应包括：证券账户号码、证券代码、买卖方向、委托数量、委托价格、成交约定号等内容；拟与对手方通过互报成交确认委托方式成交的，还应注明对手方交易单元代码和对手方证券账户号码。

第七十六条 全国股份转让系统接受主办券商的意向申报、定价申报和成交确认申报。

意向申报应包括证券账户号码、证券代码、交易单元代码、证券营业部识别码、买卖方向、申报数量、申报价格、联系人、联系方式等内容。

定价申报应包括证券账户号码、证券代码、交易单元代码、证券营业部识别码、买卖方向、申报数量、申报价格等内容。

成交确认申报应包括：证券账户号码、证券代码、交易单元代码、证券营业部识别码、买卖方向、申报数量、申报价格、成交约定号等内容；若投资者成交确认委托中包括对手方交易单元代码和对手方证券账户号码，其对应成交确认申报指令也应包括相关内容。

第七十七条 交易主机接受申报的时间为每个转让日的9:15至11:30、13:00至15:00。

全国股份转让系统公司可以调整接受申报的时间。

第七十八条 全国股份转让系统收到拟与定价申报成交的成交确认申报后，如系统中无对应的定价申报，该成交确认申报以撤单处理。

第二节　成　　交

第七十九条 每个转让日的9:30至11:30、13:00至15:00为协议转让的成交确认时间。

第八十条　全国股份转让系统按照时间优先原则，将成交确认申报和与该成交确认申报证券代码、申报价格相同，买卖方向相反及成交约定号一致的定价申报进行确认成交。

成交确认申报与定价申报可以部分成交。成交确认申报股票数量小于定价申报的，以成交确认申报的股票数量为成交股票数量；成交确认申报股票数量大于定价申报的，以定价申报的股票数量为成交股票数量。成交确认申报未成交部分以撤单处理。

第八十一条　全国股份转让系统对证券代码、申报价格和申报数量相同，买卖方向相反，指定对手方交易单元、证券账户号码相符及成交约定号一致的成交确认申报进行确认成交。

第八十二条　每个转让日 15:00，全国股份转让系统按照时间优先原则，将证券代码和申报价格相同、买卖方向相反的未成交定价申报进行匹配成交。

第三节　其他规定

第八十三条　采取协议转让方式的股票，开盘价为当日该股票的第一笔成交价。

第八十四条　采取协议转让方式的股票，以当日最后 30 分钟转让时间的成交量加权平均价为当日收盘价。最后 30 分钟转让时间无成交的，以当日成交量加权平均价为当日收盘价。当日无成交的，以前收盘价为当日收盘价。

第八十五条　采取协议转让方式的股票，每个转让日的即时行情内容主要包括前收盘价、最近成交价、当日最高成交价、当日最低成交价、当日累计成交数量以及定价申报的价格、数量、成交约定号等。

第八十六条　采取协议转让方式的股票，全国股份转让系统公司公布当日每笔成交信息，内容包括证券代码、证券简称、成交价格、成交数量、买卖双方主办券商证券营业部或交易单元的名称等。

股票转让公开信息涉及机构专用交易单元的，公布名称为“机构专用”。

第六章　竞价转让方式

第一节　委托与申报

第八十七条　股票竞价转让采用集合竞价和连续竞价两种方式。集合竞价，是指对一段时间内接受的买卖申报一次性集中撮合的竞价方式。连续竞价，是指对买卖申报逐笔连续撮合的竞价方式。

第八十八条 股票采取竞价转让方式的，每个转让日的9:15至9:25为开盘集合竞价时间，9:30至11:30、13:00至14:55为连续竞价时间，14:55至15:00为收盘集合竞价时间。

第八十九条 投资者可以采用限价委托方式委托主办券商买卖股票。

限价委托是指投资者委托主办券商按其限定的价格买卖股票的指令，主办券商必须按限定的价格或低于限定的价格申报买入股票；按限定的价格或高于限定的价格申报卖出股票。

限价委托应包括证券账户号码、证券代码、买卖方向、委托数量、委托价格等内容。

第九十条 全国股份转让系统接受主办券商的限价申报。

限价申报应包括证券账户号码、证券代码、交易单元代码、证券营业部识别码、买卖方向、申报数量、申报价格等内容。

第九十一条 全国股份转让系统接受主办券商限价申报的时间为每个转让日9:15至11:30、13:00至15:00。

每个转让日9:20至9:25、14:55至15:00，交易主机不接受撤销申报；在其他接受申报的时间内，未成交申报可以撤销。

每个转让日9:25至9:30，交易主机只接受申报，但不对买卖申报或撤销申报作处理。

全国股份转让系统公司可以调整接受申报的时间。

第九十二条 全国股份转让系统对申报设置有效价格区间。开盘集合竞价的申报有效价格区间为前收盘价的上下20%以内。

连续竞价、收盘集合竞价的申报有效价格区间为最近成交价的上下20%以内；当日无成交的，申报有效价格区间为前收盘价的上下20%以内。不在有效价格区间范围内的申报不参与竞价，暂存于交易主机；当成交价波动使其进入有效价格区间时，交易主机自动取出申报，参加竞价。

挂牌后无成交的股票，对申报不设置有效价格区间。

第二节 成 交

第九十三条 股票竞价转让按价格优先、时间优先的原则撮合成交。

第九十四条 集合竞价时，成交价的确定原则为：

（一）可实现最大成交量；

（二）高于该价格的买入申报与低于该价格的卖出申报全部成交；

（三）与该价格相同的买方或卖方至少有一方全部成交。

两个以上价格符合上述条件的，取在该价格以上的买入申报累计数量与在该价格以下的卖出申报累计数量之差最小的价格为成交价；若买卖申报累计数量之差仍存在相等情况的，按如下方式确定成交价：

（一）开盘集合竞价时取最接近前收盘价的价格为成交价；无前收盘价的，取其平均价为成交价；

（二）收盘集合竞价时取最接近最近成交价的价格为成交价；当日无成交的，收盘集合竞价时取最接近前收盘价的价格为成交价；无前收盘价的，取其平均价为成交价。

集合竞价的所有转让以同一价格成交。

第九十五条 连续竞价时，成交价的确定原则为：

（一）最高买入申报与最低卖出申报价格相同，以该价格为成交价；

（二）买入申报价格高于集中申报簿当时最低卖出申报价格时，以集中申报簿当时的最低卖出申报价格为成交价；

（三）卖出申报价格低于集中申报簿当时最高买入申报价格时，以集中申报簿当时的最高买入申报价格为成交价。

第三节 其 他 规 定

第九十六条 采取竞价转让方式的股票，开盘价为当日该股票的第一笔成交价。

开盘价通过集合竞价方式产生，不能通过集合竞价产生的，以连续竞价方式产生。

第九十七条 采取竞价转让方式的股票，收盘价通过集合竞价的方式产生。收盘集合竞价不能产生收盘价或未进行收盘集合竞价的，以该转让日最后一笔成交价为收盘价。当日无成交的,以前收盘价为当日收盘价。

第九十八条 集合竞价期间,即时行情内容包括证券代码、证券简称、前收盘价、集合竞价参考价、匹配量和未匹配量等。

连续竞价期间,即时行情内容包括证券代码、证券简称、前收盘价、最近成交价、当日最高成交价、当日最低成交价、当日累计成交数量、当日累计成交金额、实时最高5个价位买入申报价格和数量、实时最低5个价位卖出申报价格和数量等。

第九十九条 采取竞价转让方式的股票出现下列情形之一的,全国股份转让系统公司分别公布相关股票当日买入、卖出金额最大5家主办券商证券营业部或交易单元的名称及其各自的买入、卖出金额:

(一)当日价格振幅达到30%的前5只股票;

价格振幅的计算公式为:价格振幅=(当日最高价-当日最低价)/当日最低价×100%。

(二)当日换手率达到10%的前5只股票;

换手率的计算公式为:换手率=成交股数/无限售条件股份总数×100%。

价格振幅或换手率相同的,依次按成交金额和成交量选取。

股票转让公开信息涉及机构专用交易单元的,公布名称为"机构专用"。

第七章 其他转让事项

第一节 转托管

第一百条 投资者可以以同一证券账户在单个或多个主办券商的不同证券营业部买入股票。

第一百零一条 投资者买入的股票可以通过原买入股票的交易单元委托卖出,也可以向原买入股票的交易单元发出转托管指令,转托管完成后,在转入的交易单元委托卖出。转托管的具体规定,由中国结算制定。

第二节 挂牌、摘牌、暂停与恢复转让

第一百零二条 全国股份转让系统对股票实行挂牌转让。

第一百零三条 股票依法不再具备挂牌条件的,全国股份转让系统公司终止其挂牌转让,予以摘牌。

第一百零四条 全国股份转让系统公司可以对出现异常转让情况的股票采取盘中临时停止转让措施并予以公告。

具体暂停与恢复转让时间,以相关公告为准。

第一百零五条 挂牌公司股票暂停转让时,全国股份转让系统公司发布的行情中包括该股票的信息;股票摘牌后,行情中无该股票的信息。

第一百零六条 股票的挂牌、摘牌、暂停与恢复转让,由全国股份转让系统公司予以公告。相关信息披露义务人应当按照全国股份转让系统公司的要求及时公告。

第一百零七条 股票挂牌、摘牌、暂停与恢复转让的其他规定,按照全国股份转让系统公司其他有关规定执行。

第三节 除权与除息

第一百零八条 股票发生权益分派、公积金转增股本等情况,全国股份转让系统在权益登记日的次一转让日对该股票做除权除息处理。全国股份转让系统公司另有规定的除外。

第一百零九条 除权(息)参考价计算公式为

除权(息)参考价=(前收盘价－现金红利)÷(1＋股份变动比例)

挂牌公司认为有必要调整上述计算公式时,可以向全国股份转让系统公司提出调整申请并说明理由。经全国股份转让系统公司同意的,挂牌公司应当向市场公布该次除权(息)适用的除权(息)参考价计算公式。

第一百一十条 除权(息)日股票买卖,按除权(息)参考价作为计算涨跌幅度和有效申报价格区间的基准,全国股份转让系统公司另有规定的除外。

第一百一十一条 在除权(息)日,挂牌公司应变更股票简称,在简称前冠以"XR""XD""DR"等字样。

"XR"代表除权;"XD"代表除息;"DR"代表除权并除息。

第八章 转让行为自律监管

第一百一十二条 全国股份转让系统公司对股票转让过程中出现的下列事项,予以重点监控:

(一) 涉嫌内幕交易、操纵市场等违法违规行为;

（二）可能影响股票转让价格或者股票成交量的异常转让行为；

（三）股票转让价格或者股票成交量明显异常的情形；

（四）买卖股票的范围、时间、数量、方式等受到法律、行政法规、部门规章、其他规范性文件、《业务规则》及全国股份转让系统其他规定限制的行为；

（五）全国股份转让系统公司认为需要重点监控的其他事项。

第一百一十三条 可能影响股票转让价格或者股票成交量的异常转让行为包括：

（一）可能对股票转让价格产生重大影响的信息披露前，大量或持续买入或卖出相关股票；

（二）单个证券账户，或两个以上固定的或涉嫌关联的证券账户之间，大量或频繁进行反向交易；

（三）单个证券账户，或两个以上固定的或涉嫌关联的证券账户，大笔申报、连续申报、密集申报或申报价格明显偏离该证券行情揭示的最近成交价；

（四）频繁申报或撤销申报，或大额申报后撤销申报，以影响股票转让价格或误导其他投资者；

（五）集合竞价期间以明显高于前收盘价的价格申报买入后又撤销申报，随后申报卖出该证券，或以明显低于前收盘价的价格申报卖出后又撤销申报，随后申报买入该证券；

（六）对单一股票在一段时期内进行大量且连续交易；

（七）大量或者频繁进行高买低卖交易；

（八）单独或者合谋，在公开发布投资分析、预测或建议前买入或卖出相关股票，或进行与自身公开发布的投资分析、预测或建议相背离的股票转让；

（九）申报或成交行为造成市场价格异常或秩序混乱；

（十）涉嫌编造并传播交易虚假信息，诱骗其他投资者买卖股票；

（十一）全国股份转让系统公司认为需要重点监控的其他异常转让。

主办券商发现客户存在上述异常转让行为，应提醒客户；对可能严重影响交易秩序的异常转让行为，应及时报告全国股份转让系统公司。

第一百一十四条 股票转让价格或者股票成交量明显异常的情形包括：

（一）同一证券营业部或同一地区的证券营业部集中买入或卖出同一股票且数量较大；

（二）股票转让价格连续大幅上涨或下跌，且挂牌公司无重大事项公告；

（三）全国股份转让系统公司认为需要重点监控的其他异常转让情形。

第一百一十五条 全国股份转让系统公司对做市商的以下行为进行重点监控：

（一）不履行或不规范履行报价义务；

（二）频繁触发豁免报价条件；

（三）涉嫌以不正当方式影响其他做市商做市；

（四）库存股数量异常变动；

（五）报价异常变动，或通过频繁更改报价涉嫌扰乱市场秩序；

（六）做市商之间涉嫌串通报价或私下交换交易策略、做市库存股票数量等信息以谋取不正当利益；

（七）做市商与特定投资者在一段时间内对特定股票进行大量且连续交易；

（八）其他涉嫌违法违规行为。

第一百一十六条 全国股份转让系统公司可根据监管需要，对主办券商相关业务活动中的风险管理、技术系统运行、做市义务履行等情况进行监督检查。

第一百一十七条 全国股份转让系统公司可以单独或联合其他有关单位，对异常转让行为等情形进行现场或非现场调查。相关主办券商和投资者应当予以配合。

第一百一十八条 全国股份转让系统公司在现场或非现场调查中，可以根据需要要求主办券商及其证券营业部、投资者及时、准确、完整地提供下列文件和资料：

（一）投资者的开户资料、授权委托书、资金账户情况和相关账户的转让情况等；

（二）相关证券账户或资金账户的实际控制人、操作人和受益人情况、资金来源以及相关账户间是否存在关联的说明等；

（三）对股票转让中重点监控事项的解释；

（四）其他与全国股份转让系统公司重点监控事项有关的资料。

第一百一十九条 对第一百一十二条、第一百一十三条、第一百一十四条、第一百一十五条所述重点监控事项中情节严重的行为，全国股份转让系统公司可以视情况采取以下措施：

（一）约见谈话；

（二）要求提交书面承诺；

（三）出具警示函；

（四）限制证券账户转让；

（五）向中国证监会报告有关违法违规行为；

（六）其他自律监管措施。

第一百二十条 转让参与人及相关业务人员违反本细则的，全国股份转让系统公司可根据《业务规则》及全国股份转让系统其他相关业务规定，对其进行纪律处分，并记入诚信档案。

第九章 转让异常情况处理

第一百二十一条 发生下列转让异常情况一，导致部分或全部转让不能正常进行的，全国股份转让系统公司可以决定单独或同时采取暂缓进入清算交收程序、技术性停牌或临时停市等措施：

（一）不可抗力；

（二）意外事件；

（三）技术故障；

（四）全国股份转让系统公司认定的其他异常情况。

第一百二十二条 出现无法申报或行情传输中断情况的，主办券商应及时向全国股份转让系统公司报告。无法申报或行情传输中断的证券营业部数量超过全部主办券商所属证券营业部总数10%以上的，属于转让异常情况，全国股份转让系统公司可以实行临时停市。

第一百二十三条 全国股份转让系统公司认为可能发生第一百二十一条、第一百二十二条规定的转让异常情况，并严重影响转让正常进行的，可以决定技术性停牌或临时停市。

第一百二十四条　全国股份转让系统公司对暂缓进入清算交收程序、技术性停牌或临时停市决定予以公告。技术性停牌或临时停市原因消除后，全国股份转让系统公司可以决定恢复转让，并予以公告。

因转让异常情况及全国股份转让系统公司采取的必要措施造成损失的，全国股份转让系统公司不承担责任。

第一百二十五条　转让异常情况处理的具体规定，由全国股份转让系统公司另行制定，并报中国证监会批准。

第十章　转让纠纷

第一百二十六条　主办券商之间、主办券商和客户之间发生转让纠纷，相关主办券商应当记录有关情况，以备全国股份转让系统公司查阅。转让纠纷影响正常转让的，主办券商应当及时向全国股份转让系统公司报告。

第一百二十七条　主办券商之间、主办券商和客户之间发生转让纠纷，全国股份转让系统公司可以按有关规定，提供必要的交易数据。

第一百二十八条　客户对转让有疑义的，主办券商有义务协调处理。

第十一章　转让费用

第一百二十九条　投资者买卖股票成交的，应当按规定向代理股票买卖的主办券商缴纳佣金。

第一百三十条　主办券商应当按规定向全国股份转让系统交纳转让经手费及其他费用。

第一百三十一条　股票转让的收费项目、收费标准和收费方式等按有关规定执行。

第十二章　附　　则

第一百三十二条　原STAQ、NET系统公司和退市公司挂牌股票转让相关事项另行规定。

第一百三十三条　本细则所述时间，以全国股份转让系统交易主机的时间为准。

第一百三十四条　本细则下列用语具有如下含义：

（一）“做市商”是指经全国股份转让系统公司同意，在全国股份转让系统持续发布买卖双向报价，并在其报价数量范围内按其报价履行与投资者成交义务的证券公司。

（二）“委托”是指投资者向主办券商进行具体授权买卖股票的行为。

（三）“申报”是指转让参与人向全国股份转让系统交易主机发送股票买卖指令的行为。

（四）“集中申报簿”是指交易主机某一时点按买卖方向以及价格优先、时间优先顺序排列的所有未成交申报队列。

（五）“集合竞价参考价”是指截至揭示时集中申报簿中所有申报按照集合竞价规则形成的虚拟集合竞价成交价。

（六）“匹配量”是指截至揭示时集中申报簿中所有申报按照集合竞价规则形成的虚拟成交数量。

（七）“未匹配量”是指截至揭示时集中申报簿中在集合竞价参考价位上的不能按照集合竞价参考价虚拟成交的买方或卖方申报剩余量。

第一百三十五条 本细则所述价格优先的原则是指较高价格买入申报优先于较低价格买入申报，较低价格卖出申报优先于较高价格卖出申报；时间优先的原则是指买卖方向、价格相同的，先申报者优先于后申报者，先后顺序按交易主机接受申报的时间确定。

第一百三十六条 本细则所称“超过”“低于”“高于”“不足”“大于”不含本数，“以内”“达到”“以上”“以下”含本数。

第一百三十七条 本细则由全国股份转让系统公司负责解释。

上海股权托管交易中心科技创新企业股份转让系统挂牌公司股份转让及监管规则(试行)

(2015年11月22日上海股权托管交易中心发布)

第一章 总 则

第一条 为规范挂牌公司股份在上海股权托管交易中心(以下简称“上股交”)科技创新企业股份转让系统(以下简称“科技创新板”)的转让行为,维护市场秩序,保护投资者合法权益,根据《上海股权托管交易中心科技创新企业股份转让系统管理办法(试行)》等有关规定,制定本规则。

第二条 挂牌公司股份转让应遵循公平、公正的原则,禁止欺诈、操纵市场等违反本规则和上股交其他业务规定的行为。

第三条 挂牌公司股份转让可以委托上股交或具有科技创新板经纪业务资格的中介机构(以下简称“经纪业务机构”)提供代理开户、代理买卖、投资咨询等服务。

第四条 中介机构及其控股股东、实际控制人、董事、监事、高级管理人员及其他从业人员,参与科技创新板股份转让的投资者,应当遵守本规则及上股交其他业务规定,遵循自愿、有偿、诚实信用原则。

第五条 挂牌公司股份可以采取协议转让方式或有权部门批准的其他转让方式进行转让。

第六条 投资者完成挂牌公司股份转让的,应按上股交相关规定缴纳税费等转让费用。

第七条 挂牌公司股份转让不得向不特定投资者宣传推介,不得公开劝诱,不得采用变相公开方式。

第八条 挂牌公司股份转让行为和股东人数应符合相关法律、行政法规、部门规章、规范性文件的规定。

第二章　投资者准入

第九条　参与挂牌公司股份转让的投资者应为下列合格投资者：

（一）依法设立的具备风险识别能力和风险承担能力的法人机构、合伙企业；

（二）金融机构依法发行的理财产品；

（三）经上股交认可的其他投资者。

挂牌公司自然人股东不受合格投资者资质条件的限制，可以参与本挂牌公司股份转让。

第十条　投资者参与挂牌公司股份转让，应充分了解科技创新板投资规则、特点，充分知悉挂牌公司股份的风险特征，结合自身风险偏好确定投资目标，客观评估自身的风险识别能力和风险承受能力，审慎参与挂牌公司股份转让，并对其开户申请材料的真实性承担法律责任。

第三章　交易结算系统、可转让股份和转让时间

第十一条　挂牌公司股份转让应使用上股交指定的交易结算系统（以下简称“交易结算系统”）。

第十二条　挂牌公司可转让的股份数量以在上股交登记的为准。

根据相关法律法规、上股交规定、挂牌公司股东的承诺，上股交对挂牌公司股东所持股份在一定时间内设定股份限制转让，该限制转让的股份在符合上股交规定的限制转让时间要求，经上股交审查通过后，可进入交易结算系统进行转让。

第十三条　挂牌公司股份转让日为每周一至周五，转让时间为上午九点三十分至下午三点整（9:30至15:00）。

交易结算系统以国家授时中心发布的标准时间（北京时间）为计时时间。

遇国家法定节假日和其他特殊情况，股份暂停转让。转让时间内因故暂停的，转让时间不作顺延。

第四章　股份转让

第一节　一般规定

第十四条　投资者买卖挂牌公司股份的，应开立投资者账户和对应的资金

账户，分别用于存放投资者所拥有的金融产品权益和金融产品转让的资金。

投资者可委托上股交或经纪业务机构办理开户手续。

第十五条 投资者可自行在交易结算系统发布买卖意向，也可委托上股交、经纪业务机构或上股交认可的第三方机构在交易结算系统发布买卖意向，达成转让意向的，通过交易结算系统确认成交。

第十六条 投资者买入后卖出(或卖出后买入)挂牌公司股份的时间间隔不少于五个转让日。

第十七条 上股交、经纪业务机构或上股交认可的第三方机构应按照有关规定妥善保管委托、申报记录和凭证。

第十八条 股份转让价格实行涨跌幅限制，涨跌幅比例限制为前成交均价的 50%，挂牌公司股份成交首日及上股交认定的其他情形不设涨跌幅限制。

第十九条 挂牌公司股份的前成交均价指前一转让日该股份所有成交的加权平均价；前一转让日无成交的，以前一转让日的前成交均价为当日的前成交均价。挂牌公司挂牌日的前成交均价为挂牌公司每股净资产。

第二十条 特殊情况下的股份转让由上海股交中心另行约定。

第二节 委 托

第二十一条 投资者委托分为定价委托和成交确认委托。

定价委托是指投资者委托上股交、经纪业务机构或上股交认可的第三方机构按其指定价格买卖不超过其指定数量股份的指令。

成交确认委托是指买卖双方达成成交意向，或投资者拟与定价委托成交，委托上股交、经纪业务机构或上股交认可的第三方机构以指定价格和数量与指定对手方确认成交的指令。

第二十二条 定价委托和成交确认委托均可撤销，但已经交易结算系统确认成交部分的委托不得撤销或变更。

第二十三条 交易结算系统在转让时间内接受定价委托和成交确认委托的申报。

定价委托应注明股份名称、股份代码、投资者账户、买卖方向、买卖价格、买卖数量、联系人和联系方式等内容。

成交确认委托应注明股份名称、股份代码、投资者账户、买卖方向、成交价格、成交数量、约定号等内容，在拟与定价委托成交的成交确认委托中无须注明约定号。

约定号是指申报中用于配对成交的标识。

委托的股份数量以“股”为单位，每笔委托股份数量应为 1 000 股及以上。投资者账户中某一挂牌公司股份可转让余额不足 1 000 股的，应一次性委托卖出。股份的报价单位为“每股价格”。报价最小变动单位为 0.01 元。

委托有效期为一至三十个转让日，最小变动单位为一个转让日。

如遇挂牌公司除权除息等情况，或因前成交均价变动导致该委托价格失效的情况，委托自动撤销。

第二十四条 投资者可以在转让时间内撤销未成交的或未成交部分的委托。

第三节 申 报

第二十五条 买卖申报委托有效期为一至三十个转让日，最小变动单位为一个转让日。

转让日申报时间为上午九点三十分至下午三点整(9:30 至 15:00)。

第二十六条 在每一转让日清算交收完成后，交易结算系统根据转让日交收情况对有效期内的买卖申报进行确认。

买卖申报有效的，均作为次一转让日的买卖申报；买卖申报无效的，交易结算系统予以自动撤销处理。

在转让时间内，未成交的或未成交部分的买卖申报可以撤销。撤销申报经交易结算系统确认方为有效。

第二十七条 经纪业务机构、上股交认定的第三方机构在收到投资者卖出或买入股份的委托后应验证卖方投资者账户中可转让股份余额和买方资金账户中资金余额，如卖方股份余额或买方资金余额不足，不得向交易结算系统申报。

第二十八条 交易结算系统收到拟与定价申报成交的成交确认申报后，交易结算系统中无对应定价申报的，该成交确认申报以撤销处理。

第二十九条 申报的股份数量以“股”为单位，每笔申报股份数量应为 1 000

股及以上。投资者账户中某一挂牌公司的可转让股份余额不足 1 000 股的，应一次性申报卖出。

第三十条　股份转让的计价单位为“每股价格”，申报价格最小变动单位为 0.01 元。

第四节　成　　交

第三十一条　交易结算系统对成交确认申报和定价申报的股份代码、买卖方向、买卖价格、买卖数量、约定号等信息进行核对，相互匹配的，予以配对成交。

第三十二条　多笔买入或卖出定价申报与同一笔卖出或买入定价申报匹配的，按时间优先的原则配对成交。

时间优先的原则为：先申报者优先于后申报者，先后顺序按交易结算系统接受申报的时间确定。

第三十三条　成交确认申报和定价买卖申报可以部分配对成交。

成交确认申报股份数量小于定价申报的，以成交确认申报的股份数量为成交股份数量。定价申报未成交股份数量不小于 1 000 股的，该定价申报继续有效；小于 1 000 股的，以撤销处理，如定价卖出申报的投资者账户中可转让股份余额为零，则该定价卖出申报继续有效。

成交确认申报股份数量大于定价申报的，以定价申报的股份数量为成交股份数量。成交确认申报未成交部分以撤销处理。

第三十四条　买卖申报经交易结算系统配对成交后，股份转让即告生效，买卖双方须承认股份转让结果，履行清算交收义务，并于清算交收完成后确立股份转让完成。

因不可抗力、意外事件、交易结算系统被非法入侵等原因造成严重后果的，上股交可以采取适当措施或认定当日股份转让行为无效。

违反本规则，严重影响上股交交易结算系统正常运行的股份转让，上股交有权宣布取消，由此造成的损失由违规转让者承担。

第三十五条　依照本规则达成的股份转让，其成交结果以交易结算系统记录的成交数据为准。

第五章　股份转让信息

第三十六条　股份转让时间内，上股交通过指定网站发布最新的转让信息。

转让信息包括报价信息和成交信息。

第三十七条　上股交负责股份转让信息的统一管理和发布。未经上股交许可，任何机构和个人不得发布、使用和传播转让信息。经上股交许可使用股份转让信息的中介机构、其他第三方机构，未经同意不得将股份转让信息提供给其他机构和个人使用或予以传播。

第三十八条　报价信息包括：定价委托的委托类别、股份名称、股份代码、买卖方向、买卖价格、买卖数量、联系人和联系方式等。

成交信息包括：前成交均价、当日最高价、当日最低价、当日加权平均价、最新成交价、当日总成交笔数、总成交量、总成交金额，并逐笔揭示当日成交的股份名称、股份代码、成交价格、成交数量等。

第三十九条　报价信息和成交信息归上股交所有。未经许可，任何机构和个人不得使用，包括但不限于拷贝、下载、存储、发送、转发、修改、变更。

第六章　暂停及恢复股份转让

第四十条　挂牌公司向境内、外有关资本市场申请上市或挂牌的，或出现《公司法》规定的解散情形，或法院依法受理挂牌公司破产清算、重组或和解申请的，应按规定向上股交申请暂停其股份转让。上股交自相关部门正式受理其申请材料的次一转让日起暂停其股份转让。

第四十一条　挂牌公司涉及无先例或存在不确定性因素的重大事项需要暂停股份转让的，上股交有权暂停其股份转让，直至造成重大影响情形消除、重大事项获得许可或不确定性因素消除。

第四十二条　挂牌公司违反上股交相关业务规则，上股交有权决定其股份暂停转让，并发布暂停股份转让公告。

第四十三条　暂停股份转让公告内容应包括但不限于：

（一）暂停股份转让的挂牌公司名称、股份简称、股份代码；

（二）暂停股份转让的原因；

（三）暂停股份转让的开始时间及预计持续时间；

（四）暂停转让期间挂牌公司接受投资者咨询的主要方式；

（五）其他有关事项。

第四十四条　暂停股份转让时间原则上不得超过三个月。暂停期间，挂牌公司至少应每月披露一次相关事项的进展情况、未能恢复股份转让的原因及预计恢复股份转让的时间。

第四十五条　挂牌公司暂停股份转让情形消除后五个转让日内，应向上股交提出恢复股份转让申请，上股交审核同意后予以恢复。

第七章　终止股份转让

第四十六条　挂牌公司出现下列情形之一的，上股交为其办理终止股份转让手续：

（一）在境内、外有关资本市场上市或挂牌；

（二）经管理人或清算组清算并注销挂牌公司登记的；

（三）上股交认定的其他情形。

第四十七条　挂牌公司终止股份转让，应先向上股交提交书面申请，上股交审核同意后，挂牌公司应在规定期限内办理终止股份转让手续。

第四十八条　挂牌公司应于终止股份转让手续办理完毕后的次一转让日在上股交指定网站发布终止股份转让公告。

第四十九条　终止股份转让公告的内容应包括但不限于：

（一）终止股份转让的挂牌公司名称、股份简称、股份代码；

（二）终止股份转让的原因；

（三）终止股份转让的时间；

（四）挂牌公司接受投资者咨询的主要方式；

（五）其他有关事项。

第五十条　办理股份的退出托管登记手续应向上股交提交股份退出登记托管申请和要求的其他文件。

第五十一条　挂牌公司股份退出登记托管手续办理完毕后，上股交发布关于终止为挂牌公司提供股份登记托管服务的公告。

挂牌公司三个月内未按规定办理股份退出登记托管手续的,上股交可将其股份登记数据和资料送达该挂牌公司,并由公证机关进行公证,视同该挂牌公司股份退出托管手续办理完毕。

第八章 股份转让监管

第五十二条 上股交对股份转让中的下列事项,予以重点监控:

(一)涉嫌欺诈等违法违规行为;

(二)股份转让的时间、数量、方式等受到有关法律法规、政策性规定及上股交业务规则等相关规定限制的行为;

(三)可能严重影响股份转让价格或者股份转让成交量的异常行为;

(四)股份转让价格或者股份转让成交量明显异常的情形;

(五)上股交认为需要重点监控的其他事项。

第五十三条 上股交可以针对股份转让中重点监控事项进行现场或非现场调查,中介机构、上股交认可的第三方机构、挂牌公司及投资者应予以配合。

第五十四条 上股交在现场或非现场调查中,可以根据需要,要求经纪业务机构、上股交认可的第三方机构及投资者及时、真实、准确、完整地提供下列文件和资料:

(一)投资者的开户资料、授权委托书、资金账户情况和相关投资者账户的转让情况等;

(二)相关投资者账户的实际控制者和操作者情况、资金来源以及相关账户间是否存在关联的说明等;

(三)对股份转让中重点监控事项的解释;

(四)其他与上股交重点监控事项有关的资料。

第五十五条 经纪业务机构发现投资者的股份转让出现第五十二条所列重点监控事项之一,且可能严重影响股份转让秩序的,应予以警示,并及时向上股交报告。

第五十六条 对第五十二条所列重点监控事项中情节严重的行为主体,上股交可根据本规则第九章的规定,予以处理。

第九章　转让异常情况处理

第五十七条　发生下列转让异常情况之一，导致部分或全部转让不能进行的，上股交可以决定单独或同时采取暂缓进入交收、技术性停牌或临时停市等措施：

（一）不可抗力；

（二）意外事件；

（三）技术故障；

（四）上股交认定的其他异常情况。

第五十八条　上股交认为可能发生第五十七条规定的转让异常情况，并严重影响转让正常进行的，可以决定技术性停牌或临时停市。

第五十九条　上股交对暂缓进入交收、技术性停牌或临时停市决定予以公告。

技术性停牌或临时停市原因消除后，上股交可以决定恢复转让，并予以公告。

第六十条　因股份转让异常情况及上股交采取的相应措施造成损失的，上股交不承担赔偿责任。

第六十一条　股份转让异常情况处理的具体规定，由上股交另行制定。

第十章　股份转让纠纷处理

第六十二条　挂牌公司或经纪业务机构、上股交认可的第三方机构与投资者之间发生转让纠纷，相关经纪业务机构或第三方机构应记录有关情况，以备上股交查阅。转让纠纷影响正常转让的，经纪业务机构应及时向上股交报告。

第六十三条　经纪业务机构、上股交认可的第三方机构与投资者之间发生转让纠纷，上股交可以按有关规定，提供必要的转让数据。

第六十四条　投资者对转让有疑义的，挂牌公司、上股交、经纪业务机构或上股交认可的第三方机构有义务协调处理。

第十一章　自律监管与违规处分

第六十五条　上股交对挂牌公司及其控股股东、实际控制人、董事、监事、高级管理人员、信息披露负责人、相关信息知情者及其他相关责任人,中介机构及其控股股东、实际控制人、董事、监事、高级管理人员、项目负责人、项目小组成员及其从业人员,参与科技创新板股份转让、非公开发行股份的投资者等采取下列自律监管措施:

(一)要求挂牌公司及其他信息披露义务人或者其董事(会)、监事(会)和高级管理人员、中介机构及其相关从业人员对有关问题作出解释、说明和披露;

(二)要求挂牌公司聘请中介机构对公司存在的问题进行核查并发表意见;

(三)约见谈话;

(四)要求提交书面承诺;

(五)出具警示函;

(六)责令改正;

(七)暂不受理中介机构及其从业人员出具的文件;

(八)其他自律监管措施。

监管对象应当积极配合上股交的日常监管,在规定期限内回答问询,按照上股交的要求提交说明,或披露相应的更正或补充公告。

第六十六条 挂牌公司、中介机构及其从业人员、投资者在接受核查时应积极配合,及时提供相关材料。

第六十七条 挂牌公司违反本规则规定的,上股交责令其改正,视情节轻重给予其以下处理,并记入挂牌公司诚信档案:

(一)通报批评;

(二)公开谴责;

(三)暂停或限制其股份转让;

(四)暂停其开展非公开发行等融资业务;

(五)终止股份转让。

第六十八条 挂牌公司的控股股东、实际控制人、董事、监事、高级管理人员、相关责任人员违反本规则规定的,上股交责令其改正,视情节轻重给予其以下处理,并记入诚信档案:

(一)通报批评;

（二）公开谴责；

（三）认定其不适合担任挂牌公司的董事、监事、高级管理人；

（四）暂停或限制其股份转让；

（五）市场禁入。

第六十九条　中介机构违反本规则规定的，上股交责令其改正，视情节轻重给予其以下处理，并记入中介机构诚信档案，同时向有关部门、相关行业组织通报：

（一）通报批评；

（二）公开谴责；

（三）暂停其业务资格；

（四）取消其业务资格。

第七十条　中介机构的控股股东、实际控制人、董事、监事、高级管理人员、项目负责人及其他相关责任人员违反本规则规定的，上股交责令其改正，视情节轻重给予其以下处理，并记入诚信档案：

（一）通报批评；

（二）公开谴责；

（三）暂停其从事相关业务的资格；

（四）责令所在机构给予处分；

（五）市场禁入。

第七十一条　投资者违反本规则规定的，上股交责令其改正，视情节轻重给予其以下处分，并记入投资者诚信档案：

（一）通报批评；

（二）公开谴责；

（三）暂停或限制其投资者账户转让。

第七十二条　中介机构、挂牌公司及其相关从业人员开展业务和投资者参与挂牌公司股份转让，存在违反相关法律、行政法规、部门规章、规范性文件规定的行为，上股交及时报告上海市金融服务办公室，并建议有关部门依法查处。

第七十三条　受处分对象对上股交处理决定有异议的，可自收到处理通知之日起十五个转让日内向上股交申请复核，复核期间该处理决定不停止执行。

第十二章　附　　则

第七十四条　本规则未定义的用语的含义，依照有关法律法规、政策性规定及上股交相关业务规则确定。

第七十五条　本规则所称“超过”“不足”“小于”不含本数。

第七十六条　本规则由上股交负责解释、修订。

第七十七条　本规则经上海市金融服务办公室批准后生效，自发布之日起实施。

天津股权交易所私募债券业务试点办法(试行)

(2016 年 09 月 30 日天津股权交易所发布)

第一章 总 则

第一条 为规范天津股权交易所私募债券业务,根据《公司法》《证券法》《合同法》和《国务院关于清理整顿各类交易场所切实防范金融风险的决定》(国发[2011]38 号)、《国务院办公厅关于清理整顿各类交易场所的实施意见》(国办发[2012]37 号)等法律、法规以及天津股权交易所(以下简称"本所")相关业务规则,制定本办法。

第二条 本办法所称私募债券,是指在中国境内依法注册的公司、企业及其他商事主体在中国境内以非公开方式募集和转让,约定在一定期限还本付息的债券。

第三条 发债主体应当以非公开方式募集债券,每款私募债券的投资者合计不得超过 200 人,且不可采用广告、公开劝诱和变相公开方式。

第四条 为有效控制风险,保护投资者合法权益,发债主体应向投资者充分揭示风险,制定偿债保障计划等投资者保护措施,加强投资者权益保护。

申请在本所私募债券募集和转让的发债主体应当接受并积极配合本所监管,按本办法及本所相关要求进行信息披露。

第五条 参与私募债券募集和转让业务的承销机构、会计师事务所、律师事务所、担保公司等中介机构,应勤勉尽职,诚实守信,严格遵守执业规范和职业道德。

第六条 私募债券在本所进行转让的,募集前应当向本所备案。本所接受备案或转让申请的,并不表示对私募债券的投资风险或收益等做出判断或保证。私募债券投资风险由投资者自行承担。

第七条 本所为私募债券提供登记结算、转让过户、信息披露等服务,实施自律管理,并接受有关部门的监管。

第二章 市场准入

第八条 在本所备案的私募债券,应当符合下列条件:

(一) 发债主体是中国境内依法注册的公司、企业及其他商事主体;

(二) 发债主体对还本付息的资金安排有明确方案;

(三) 募集利率不得超过同期银行贷款基准利率的3倍;

(四) 有关法律法规或监管部门对特殊行业的发债主体有限制性规定的,遵照其规定;

(五) 发债主体工商注册所在地金融主管部门或行业主管部门对本次私募债券募集的备案函;

(六) 本所规定的其他条件。

第九条 参与私募债券认购和转让的合格机构投资者,应当符合下列条件:

(一) 经有关金融监管部门批准设立的金融机构;

(二) 经本所同意,金融机构面向投资者发行的金融产品,包括但不限于:

1. 银行理财产品;

2. 信托产品;

3. 基金产品;

4. 证券公司资产管理产品。

(三) 有健全的组织机构和严格的财务管理制度的法人企业及合伙企业;

(四) 经本所认可的其他机构投资者。

有关法律法规或监管部门对上述投资主体投资私募债券有限制性规定的,遵照其规定。

参与私募债券认购和转让的合格个人投资者应当至少符合下列条件:

(一) 具有完全民事行为能力;

(二) 愿意接受投资风险,且风险能力测试得分不低于70分;

(三) 个人名下各类金融资产总额不低于人民币30万元。

发债主体的董事、监事、高级管理人员及持股比例超过5%的股东,可以参与该发债主体私募债券募集的认购和转让。

第十条 合格投资者在本所参与私募债券转让应签署风险认知书,承诺具备合格投资者资格，知悉私募债券风险，自行承担投资风险。

第十一条 以下机构可在本所申请私募债券承销商资格：

（一）证券公司、银行、信托公司、保险公司等金融机构及相关联机构；

（二）天交所认可的其他机构。

第十二条 以下审计机构可在本所申请私募债券审计资格：

（一）有证券、期货从业资格的会计师事务所；

（二）满足《天津股权交易所中介服务机构注册指引》准入条件且承销商、投资方认可的会计师事务所。

第三章 备案与募集

第十三条 私募债券在本所进行转让的，募集前应当在本所备案。备案材料应当包含以下内容：

（一）私募债券备案申请函及备案登记表；

（二）发债主体公司章程及营业执照（副本）复印件；

（三）发债主体内设有权机构关于本期私募债券募集事项的决议；

（四）私募债券承销协议；

（五）私募债券募集说明书；

（六）承销商出具的尽职调查报告；

（七）私募债券受托管理协议及私募债券持有人会议规则；

（八）发债主体最近两个完整会计年度的财务报告（持续经营不满两年的除外）；

（九）律师事务所出具的关于本期私募债券募集的法律意见书；

（十）发债主体全体董事、监事和高级管理人员保证募集申请文件真实、准确、完整及接受本所自律监管的承诺书；

（十一）发债主体工商注册所在地金融主管部门或行业主管部门对本次私募债券募集的备案函；

（十二）本所要求的其他文件。

第十四条 本所对发债主体备案材料进行审核后，将在 5 个工作日内出具《接受备案通知书》。

发债主体取得《接受备案通知书》后，应当在 6 个月内完成第一期募集，若 6

个月内未完成首次募集或一年内未完成本次备案金额限度内募集的，应当重新备案。

第十五条 《接受备案通知书》到期时，募集是否成功应根据承销协议中的约定进行判定；若根据承销协议本次募集尚未成功，应返还投资者本金并加算银行同期存款利息。

第十六条 发债主体一次备案申请通过后，可一次募集或分多期募集，第二期及后续募集无须重新提交备案材料但需在募集说明书或补充说明中明确分期募集的具体条款。

第十七条 发债主体在募集完成后按照本所要求提交募集材料，本所在10个工作日内确认是否同意发债主体私募债券进入本所转让。

第十八条 本所接受转让申请的私募债券，在转让前应由本所登记托管部门按照《天津股权交易所私募债券登记结算业务规则》办理登记托管。

第四章 转让服务

第十九条 发债主体申请私募债券在本所转让的，应当与本所签订《私募债券转让服务协议》，明确双方的权利义务。

第二十条 私募债券以现货方式转让，不可采用信用方式。

第二十一条 私募债券转让以点选成交或协议转让方式进行，不进行集中竞价或连续竞价。

第二十二条 本所不接受单款私募债券投资者超过200人的申报委托。

第五章 信息披露

第二十三条 发债主体、承销商及其他信息披露义务人，应当按照本办法及募集说明书的约定履行信息披露义务。

第二十四条 信息披露应当在本所网站专区或以本所认可的其他方式向合格投资者披露。

第二十五条 发债主体应当披露年度报告、半年度报告等定期报告，受托管理人应当披露受托管理人年度事务报告、半年度事务报告等定期报告；若募集说明书另行约定的，遵照募集说明书约定进行披露。

第二十六条　发债主体应当及时披露其在私募债券存续期内可能发生的影响其偿债能力的重大事项。

第二十七条　在私募债券存续期内，发债主体应当按照本所规定披露本金兑付、付息事项。

第二十八条　发债主体持股比例超过5%的股东转让私募债券的，应当及时通报发债主体，并通过发债主体在转让达成后1个工作日内进行披露。

第六章　投资者权益保护

第二十九条　发债主体应当为私募债券持有人聘请私募债券受托管理人。为私募债券募集提供担保的机构不得担任该私募债券的受托管理人。

第三十条　私募债券受托管理人应当履行本所及私募债券受托管理协议中所列示的职责。

第三十一条　发债主体应当与私募债券受托管理人制定私募债券持有人会议规则，约定私募债券持有人通过私募债券持有人会议行使权利的范围、程序和其他重要事项。

第三十二条　发债主体应当设立偿债保障金专户，用于兑息、兑付资金的归集和管理。

第三十三条　发债主体应当在募集说明书中约定采取限制股息分配等措施，以保障私募债券本息按时兑付。

第三十四条　发债主体应同时采取其他内外部增信措施，提高偿债能力，控制私募债券风险。增信措施包括但不限于下列方式：

（一）限制发债主体将资产抵押给其他债权人；

（二）第三方担保；

（三）发债主体资产抵押、质押；

（四）商业保险。

第七章　自律监管

第三十五条　发债主体以欺骗手段骗取私募债券募集备案的，本所可以采取约见谈话、通报批评、公开谴责、暂停或终止为其债券提供转让服务等措施。

第三十六条 在持续信息披露阶段,发债主体或者其他信息披露义务人未按照规定披露信息的,或者所出具的文件含有虚假记载、误导性陈述、重大遗漏的,本所可以采取约见谈话、通报批评、公开谴责等措施;情节严重的,上报相关主管机关查处。

第三十七条 发债主体、承销商向不符合规定条件的投资者募集私募债券的,本所可采取约见谈话、通报批评、公开谴责等措施;情节严重的,上报相关主管机关查处。

第三十八条 承销商出具有虚假记载、误导性陈述或者重大遗漏的申请文件,或者在承销过程中存在违反公平竞争、进行不正当利益输送、直接或间接谋取不正当利益等行为的,本所可采取约见谈话、通报批评、公开谴责等措施;情节严重的,上报相关主管机关依照有关规定处理。

第三十九条 为私募债券募集提供除承销以外服务的服务机构和人员,在其出具的专项文件中存在虚假记载、误导性陈述或者重大遗漏的,本所可采取约见谈话、通报批评、公开谴责等措施;情节严重的,上报相关主管机关处理。

第四十条 发债主体、债券受托管理人等违反本办法规定,本所可以责令整改;对其直接负责的主管人员和其他直接责任人员,可以采取约见谈话、出具警示函等措施,并记入诚信档案并公布。

第四十一条 私募债券转让双方转让行为违反本办法,本所可以责令其改正,并视情节轻重采取相应的监管措施。

第四十二条 对于违反募集说明书、受托管理协议等相关约定的,当事人可以通过自行协商、第三方调解、民事诉讼或者按照约定仲裁等方式处理。

第四十三条 违反本办法规定,涉嫌构成刑事犯罪的,移送司法机关依法追究刑事责任。

第八章 附 则

第四十四条 本所将依据本办法制定相关实施细则。

第四十五条 本办法由本所负责解释。

第四十六条 本办法在报天津市金融工作局备案后生效,自发布之日起施行。

天津股权交易所非上市非公众股份有限公司股权挂牌交易管理暂行办法

（2016年09月30日天津股权交易所发布）

第一章 总 则

第一条 为了规范非上市非公众股份有限公司股权进入天津股权交易所（以下简称“天交所”）挂牌交易行为，促进挂牌公司创新发展和规范运作，保护投资者的合法权益，根据《中华人民共和国公司法》（以下简称“公司法”）、《中华人民共和国证券法》（以下简称“证券法”）等法律、法规和有关规定，制定本办法。

第二条 非上市非公众股份有限公司（以下简称“申请人”）股权在天交所挂牌交易，适用本办法。

第三条 天交所市场股权挂牌交易业务的非上市非公众股份有限公司、市场中介服务机构、投资者等机构和人员，均应遵循平等、自愿、诚实信用原则，遵守本办法及相关规定。

第四条 市场中介服务机构及其执业人员应遵循勤勉尽责、诚实守信的原则，认真履行审慎核查和辅导义务，对其所出具文件的真实性、准确性、完整性负责。保荐服务机构或督导服务机构应督促挂牌公司按照天交所规定履行信息披露义务，做好对挂牌公司持续督导工作。

第五条 参与天交所挂牌公司股权交易的投资者，应具备相应的风险识别和承担能力，并按天交所规定进行合格投资人注册。

第六条 天交所依据相关法律法规规定制定市场业务规则，提供公开、公平、公正的市场环境，维护交易的正常秩序。

第七条 天交所对申请人及其信息披露文件的审核批准和监督，不表明对其投资价值、投资者收益及申请人提交或披露文件、信息的真实、准确、完整做出实质性判断或者保证。因申请人经营与收益的变化引致的投资风险，由投资者自行承担。

第二章 挂牌条件

第八条 依据挂牌公司准入条件的不同,天交所分别设立主板、成长板、创业板三个板块。

第九条 申请人是依法设立且合法存续的非上市非公众股份有限公司(股东人数不超过 200)。

第十条 申请人应聘请在天交所注册并取得执业资格的保荐服务机构、会计师事务所、律师事务所等服务机构提供专项服务。

第十一条 天交所规定的其他条件。

天交所依据市场发展情况,可以对公司挂牌准入条件适时进行调整。

第三章 挂牌程序

第十二条 申请人董事会、股东大会应依法就股权挂牌交易相关事宜做出决议。

第十三条 申请人应按照天交所要求制作项目启动方案,由保荐服务机构、会计师事务所及律师事务所确认后提交天交所审核。

第十四条 项目启动方案经天交所审核通过后,申请人可与中介机构签订服务协议,服务协议应报送天交所备案。

第十五条 申请人在挂牌前进行定向私募的,应按照《公司法》等相关法律法规及天交所规定进行。

第十六条 申请人应按天交所有关规定制作股权挂牌交易申报文件,申报文件原则上需经申请人当地政府主管部门备案同意后,由保荐服务机构报送天交所。其中,申请人股权存在国有成分或外资成分的,须取得国有资产管理部门出具的国有股权设置批复文件或商务主管部门出具的外资股确认文件后,方可由保荐服务机构向天交所报送申报文件;申请人属于银行、小额贷款公司、担保、融资租赁等特殊行业的,须取得相关行业主管部门同意其挂牌的函件后,方可由保荐服务机构向天交所报送申报文件。

第十七条 天交所收到股权挂牌交易申报文件后 5 个工作日内作出是否受理的决定。

第十八条　天交所受理申报文件后进行内审；内审通过后提交专家审核委员会审核。

第十九条　天交所依据内审和专家审核委员会意见，对申报文件做出同意或不同意提交市场监管部门备案的意见。

第二十条　市场监管部门收到申请人申报文件后5个工作日内未提出异议的，天交所在5个工作日内做出同意申请人股权挂牌交易的决定。

第二十一条　申请人应自天交所同意其股权挂牌交易之日起3个月内完成股权挂牌工作；超过3个月未挂牌的，需重新申请。

第二十二条　申请人自天交所同意其股权挂牌交易之日至挂牌交易前，应按天交所要求办理全部股权集中登记托管。

第二十三条　股权挂牌交易申请未通过的，具备条件后申请人可按天交所规定重新提出申请。

第四章　股权转让

第一节　一般规定

第二十四条　挂牌公司股权转让为现款现货交易，不得采用信用方式。

第二十五条　在天交所市场投资，须按照天交所规定申请注册为合格投资人。投资人股权账户分个人账户和法人账户。

第二十六条　股权转让采取点选成交与协商成交相结合的交易制度。不得进行集中连续竞价交易。

第二十七条　天交所为挂牌公司股权转让提供相关配套设施。

第二十八条　股权转让时间为每周一至周五9:15至11:30，13:00至15:00。转让时间内因故停市，转让时间不作顺延。

遇法定节假日和天交所公告的休市日，市场休市。

第二十九条　投资人交易委托的数量单位为10 000股，即一手，或其整数倍。卖出股权时，余额不足1手的部分应当最后一次性卖出。

第三十条　挂牌公司股权转让实行价格涨跌幅限制。

第三十一条　交易系统对所有报价委托不进行自动配对成交，均采用出让方（受让方）自行选择受让方（出让方）报价委托的方式，即点选成交的方式进行交易。

第三十二条 交易系统不允许同一投资人在同一交易时间同时报出买价和卖价,即不允许投资人进行双向报价。

第二节 转让信息

第三十三条 天交所负责挂牌公司股权转让信息的统一管理和发布。未经天交所许可,任何机构和个人不得发布、使用和传播转让信息。经天交所许可使用转让信息的机构和个人,未经同意不得将转让信息提供给其他机构和个人使用或予以传播。

第三十四条 天交所将依据市场发展情况,编制相关市场价格指数。

第三节 异常情况处理

第三十五条 发生交易异常情况,导致市场部分或全部交易不能进行的,天交所可以决定临时停市或停牌。

第三十六条 挂牌公司出现异常情况,导致投资人权益可能受到损害的,天交所对该公司股权交易发布重大风险警示,并对其股权实施停牌。

第三十七条 技术性停牌或临时停市原因消除后,天交所可以决定恢复转让,并予以公告。

因转让异常情况及天交所采取的相应措施造成损失的,天交所不承担赔偿责任。

第五章 信息披露

第三十八条 挂牌公司应按照本办法及天交所信息披露相关规定履行信息披露义务。

第三十九条 股权挂牌交易前,挂牌公司至少应披露《公司股权挂牌交易说明书》及摘要。

第四十条 挂牌公司及其董事、信息披露责任人等应保证信息披露内容的真实、准确、完整,不存在虚假记载、误导性陈述或重大遗漏。

第四十一条 挂牌公司信息披露文件应通过天交所网站(www.tjsoc.com)及天交所指定其他媒体发布;各媒体发布内容应保证一致;在其他指定媒体披露信息的时间不得早于在天交所网站披露的时间。

第六章 违规处理

第四十二条 挂牌公司及其实际控制人、董事、监事及高级管理人员违反本办法以及天交所相关规定，天交所有权责令其改正，并视情节轻重予以处理，记入挂牌公司诚信档案。

第四十三条 挂牌公司及其实际控制人、董事、监事及高级管理人员存在违反法律、法规行为的，天交所将建议相关国家行政机关查处，追究相关法律责任。

第四十四条 市场中介服务机构及其相关执业人员违反本办法以及天交所相关规定，天交所有权责令其改正，并视情节轻重予以处理，记入市场服务机构诚信档案。

第四十五条 市场中介服务机构及其相关执业人员存在违反法律、法规行为的，天交所将建议相关国家行政机关查处，追究相关法律责任。

第七章 其他事项

第四十六条 挂牌公司申请公开发行股票并上市或到境外上市的，应按照《证券法》以及其他法律法规和天交所相关规定办理。

第四十七条 挂牌公司可向特定注册合格投资人进行定向增资，但应按照《公司法》及其他法律法规和天交所相关规定办理。

第八章 附 则

第四十八条 本办法所称挂牌公司是指经审核同意其股权进入天交所挂牌交易的非上市非公众股份有限公司。

第四十九条 本办法所称市场中介服务机构是指依据天交所规定在天交所注册并考核合格的保荐服务机构、会计师事务所、律师事务所、督导服务机构等专业服务机构。

第五十条 本办法由天交所负责解释、补充和修订。

第五十一条 本办法自发布之日起施行。

第三章　具体业务指引

全国中小企业股份转让系统股票发行业务指引第1号——备案文件的内容与格式(试行)

(2013年12月30日全国中小企业股份转让系统有限责任公司发布)

第一条　为了规范股票发行备案文件的内容与格式，根据《全国中小企业股份转让系统业务规则(试行)》《全国中小企业股份转让系统股票发行业务细则(试行)》等有关规定，制定本指引。

第二条　向全国股份转让系统公司履行股票发行备案程序的挂牌公司，应按照本指引要求制作和报送备案文件。

第三条　公司报送备案文件应提交原件一份，复印件二份。每次报送书面备案文件的同时，应报送一份与书面文件一致的电子文件(Word、Excel、PDF及全国股份转让系统公司要求的其他文件格式)。

第四条　涉及非现金资产认购的，非现金资产若为股权资产，应当提供具有证券、期货相关业务资格的会计师事务所出具的标的资产最近一年及一期(如有)的审计报告，审计截止日距审议该交易事项的股东大会召开日不得超过6个月；非现金资产若为股权以外的其他非现金资产，应当提供资产评估事务所出具的评估报告，评估基准日距审议该交易事项的股东大会召开日不得超过1年。

第五条　本指引附录规定的备案文件目录是对股票发行备案文件的最低要求。根据备案审查需要，全国股份转让系统公司可以要求公司、主办券商、律师事务所及其他证券服务机构补充材料。

第六条　备案文件所有需要签名处，均应为签名人亲笔签名，不得以名章、签名章等代替。

第七条　备案文件的封面和侧面应标明“××公司股票发行备案文件”字样，扉页应标明挂牌公司法定代表人、董事会秘书或信息披露事务负责人，主办券商主管领导、项日负责人，以及相关中介机构项目负责人姓名、电话、传真等联系方式。

第八条　备案文件章与章之间、节与节之间应有明显的分隔标识，文件中的页码应与目录中的页码相符。

第九条　备案文件应采用标准 A4 纸张双面印刷(需提供原件的历史文件除外)。

第十条　本指引由全国股份转让系统公司负责解释。

第十一条　本指引自发布之日起施行。

附

全国中小企业股份转让系统股票发行备案文件目录

第一部分　要求披露的文件

1.1　股票发行方案

1.2　股票发行情况报告书

1.3　公司关于股票发行的董事会决议

1.4　公司关于股票发行的股东大会决议

1.5　股票发行认购公告

1.6　主办券商关于股票发行合法合规性意见

1.7　股票发行法律意见书

1.8　具有证券、期货相关业务资格的会计师事务所或资产评估机构出具的资产审计或评估报告(如有)

第二部分　不要求披露的文件

一、挂牌公司相关文件

2.1　备案登记表

2.2　股票发行备案报告

2.3　认购合同或认购缴款凭证

二、其他文件

2.4　挂牌公司全体董事对备案文件真实性、准确性和完整性的承诺书

2.5　本次股票发行的验资报告

2.6　资产权属证明文件(如有)

2.7　资产生产经营所需行业资质的资质证明或批准文件(如有)

2.8　签字注册会计师、律师或者资产评估师的执业证书复印件及其所在机构的执业证书复印件

2.9　要求报送的其他文件

全国中小企业股份转让系统股票发行业务指引第 2 号——股票发行方案及发行情况报告书的内容与格式(试行)

(2013 年 12 月 30 日全国中小企业股份转让系统有限责任公司发布)

第一章　总　　则

第一条　为了规范挂牌公司股票发行的信息披露行为,根据《全国中小企业股份转让系统业务规则(试行)》《全国中小企业股份转让系统股票发行业务细则(试行)》等有关规定,制定本指引。

第二条　向全国股份转让系统公司履行股票发行备案程序的挂牌公司,编制并披露的股票发行方案和发行情况报告书应当符合本指引的要求。

第三条　在不影响信息披露完整性并保证阅读方便的前提下,对定期报告、临时公告或者其他信息披露文件中曾经披露过的信息,如未发生变化,公司可以采取索引的方法进行披露。

第四条　本指引有关要求对本次发行不适用或者需要豁免适用的,公司应当向全国股份转让系统公司提出申请,经同意后,公司可根据实际情况进行调整,并在提交发行申请文件时作出书面说明。

第二章　股票发行方案

第五条　股票发行方案文本封面应标有"×××公司股票发行方案"字样,并载明公司、主办券商的名称和住所。

第六条　股票发行方案扉页应载有如下声明:

"本公司全体董事、监事、高级管理人员承诺股票发行方案不存在虚假记载、误导性陈述或重大遗漏,并对其真实性、准确性和完整性承担个别和连带的法律责任。"

"根据《证券法》的规定,本公司经营与收益的变化,由本公司自行负责,由此变化引致的投资风险,由投资者自行负责。"

第七条 公司应在股票发行方案的目录标明各章、节的标题及相应的页码，内容编排也应符合通行惯例。对可能造成投资者理解障碍及有特定含义的术语，公司应作出释义，并在目录次页排印。

第八条 股票发行方案应当至少包括以下内容：

（一）公司基本信息；

（二）发行计划；

（三）非现金资产的基本信息，包括资产名称、权属关系，及其审计或资产评估情况等；

（四）董事会关于资产定价合理性的讨论与分析（如有）；

（五）董事会关于本次发行对公司影响的讨论与分析；

（六）其他需要披露的重大事项；

（七）有关声明。

第九条 公司应当披露以下基本信息：

（一）公司名称、证券简称、证券代码；

（二）公司的注册地址、联系方式；

（三）公司的法定代表人、董事会秘书或信息披露负责人。

第十条 公司应在发行计划中披露以下内容：

（一）发行目的；

（二）发行对象或发行对象的范围，以及现有股东的优先认购安排；

（三）发行价格或价格区间，以及定价方法；

（四）发行股份数量或数量上限，预计募集资金总额；

（五）在董事会决议日至股份认购股权登记日期间预计将发生除权、除息的，应说明发行数量和发行价格是否相应调整；此外，还应说明公司挂牌以来的分红派息、转增股本及其对公司价格的影响；

（六）本次发行股票的限售安排或发行对象自愿锁定的承诺，如无限售安排或自愿锁定承诺，也应予以说明；

（七）募集资金用途；

（八）本次发行前滚存未分配利润的处置方案；

（九）本次发行拟提交股东大会批准和授权的相关事项；

（十）本次发行涉及主管部门审批、核准或备案事项情况。

第十一条　发行对象以非现金资产认购发行股票的，还应按照第十二条、第十三条、第十四条的有关规定以及第十七条中关于“资产转让合同的内容摘要”的规定披露相关内容。

第十二条　以非股权资产认购发行股票的，应披露相关资产的下列基本情况：

（一）相关资产的名称、类别以及所有者和经营管理者的基本情况。

（二）资产权属是否清晰，是否存在权利受限、权属争议或者妨碍权属转移的其他情况；

相关资产涉及许可他人使用，或者作为被许可方使用他人资产的，应当简要披露许可合同的主要内容；资产交易涉及债权债务转移的，应当披露相关债权债务的基本情况、债权人同意转移的证明及与此相关的解决方案；所从事业务需要取得许可资格或资质的，还应当披露当前许可资格或资质的状况；涉及需呈报有关主管部门批准的，应说明是否已获得有效批准。

（三）相关资产独立运营和核算的，披露最近一年及一期（如有）经具有证券、期货相关业务资格的会计师事务所审计的财务报表及审计意见，被出具非标准审计意见的应当披露涉及事项及其影响。

（四）资产的交易价格、定价依据，资产评估方法及资产评估价值。

第十三条　以股权资产认购发行股票的，应披露相关股权的下列基本情况：

（一）股权所在公司的名称、企业性质、注册地、主要办公地点、法定代表人、注册资本、实收资本；股权及控制关系，包括公司的主要股东及其持股比例、最近两年控股股东或实际控制人的变化情况、股东出资协议及公司章程中可能对本次交易产生影响的主要内容、原高管人员的安排；

（二）股权权属是否清晰、是否存在权利受限、权属争议或者妨碍权属转移的其他情况；

股权资产为有限责任公司股权的，股权转让是否已取得其他股东同意，或有证据表明其他股东已放弃优先购买权；股权对应公司所从事业务需要取得许可资格或资质的，还应当披露当前许可资格或资质的状况；涉及需呈报有关主管部门批准的，应说明是否已获得有效批准；

（三）股权对应公司主要资产的权属状况及对外担保和主要负债情况；

（四）披露最近一年及一期（如有）经具有证券、期货相关业务资格的会计师事务所审计的财务报表及审计意见，被出具非标准审计意见的应当披露涉及事项及其影响；

（五）股权的交易价格、定价依据，资产评估方法及资产评估价值（如有）。

第十四条 资产交易价格以经审计的账面值为依据的，公司董事会应当对定价合理性予以说明。

资产交易根据资产评估结果定价的，在评估机构出具资产评估报告后，公司董事会应当对评估机构的独立性、评估假设前提和评估结论的合理性、评估方法的适用性、主要参数的合理性、未来收益预测的谨慎性等问题发表意见，并说明定价的合理性，资产定价是否存在损害公司和股东合法权益的情形。

第十五条 董事会应当就股票发行对公司的影响，披露以下内容：

（一）公司与控股股东及其关联人之间的业务关系、管理关系、关联交易及同业竞争等变化情况；

（二）发行对象以非现金资产认购发行股票的，说明相关资产占公司最近一年期末总资产、净资产的比重；相关资产注入是否导致公司债务或者或有负债的增加，是否导致新增关联交易或同业竞争；

（三）本次发行对其他股东权益或其他类别股东权益的影响；

（四）与本次发行相关特有风险的说明。

第十六条 为增加公司信息披露透明度，公司还应披露以下重大事项：

（一）是否存在公司的权益被股东及其关联方严重损害且尚未消除的情形。

（二）是否存在公司及其附属公司违规对外提供担保且尚未解除的情形。

（三）是否存在现任董事、监事、高级管理人员最近二十四个月内受到过中国证监会行政处罚（指被处以罚款以上行政处罚的行为；被处以罚款的行为，除主办券商和律师能依法合理说明或处罚机关认定该行为不属于重大违法违规行为的外，都应当披露）或者最近十二个月内受到过全国股份转让系统公司公开谴责的情形。

（四）是否存在其他严重损害股东合法权益或者社会公共利益的情形。

（五）附生效条件的股票认购合同的内容摘要（如有）。

第十七条 董事会决议确定具体发行对象的，应当披露股票认购合同的内容摘要，至少应包括以下内容：

（一）合同主体、签订时间；

（二）认购方式、支付方式；

（三）合同的生效条件和生效时间；

（四）合同附带的任何保留条款、前置条件；

（五）自愿限售安排；

（六）估值调整条款（例如以达到约定业绩为条件的股权质押、股权回购或现金支付等）；

（七）违约责任条款。

资产转让合同的内容摘要除满足前款规定外，至少还应包括：

（一）目标资产及其价格或定价依据；

（二）资产交付或过户时间安排；

（三）资产自评估截止日至资产交付日或过户日所产生收益的归属；

（四）与资产相关的负债及人员安排。

第十八条 公司应披露下列机构的名称、法定代表人、住所、联系电话、传真，同时应披露有关经办人员的姓名：

（一）主办券商；

（二）律师事务所；

（三）会计师事务所；

（四）资产评估机构（如有）；

（五）其他与股票发行有关的机构。

第十九条 公司全体董事、监事、高级管理人员应在股票发行方案的尾页签名，并加盖公司公章。

第三章 股票发行情况报告书

第二十条 股票发行情况报告书应至少包括以下内容：

（一）本次发行的基本情况；

（二）发行前后相关情况对比；

（三）新增股份限售安排（如有）；

（四）主办券商关于本次股票发行合法合规性的结论性意见；

（五）律师事务所关于本次股票发行的结论性意见；

（六）公司全体董事、监事、高级管理人员的公开声明；

（七）备查文件。

第二十一条 发行基本情况应包括本次发行股票的数量、发行价格、现有股东优先认购的情况、其他发行对象情况及认购股份数量等。

第二十二条 发行前后相关情况对比应至少包括以下内容：

（一）本次发行前后前 10 名股东持股数量、持股比例及股票限售等比较情况；

（二）本次发行前后股本结构、股东人数、资产结构、业务结构、公司控制权以及董事、监事、高级管理人员及核心员工持股的变动情况；

（三）发行后主要财务指标变化。最近两年主要财务指标、按股票发行完成后总股本计算的每股收益等指标的变化情况。

第二十三条 本次股票发行股份如有限售安排的，应当予以说明；如无限售安排的，也应说明。

第二十四条 发行情况报告书应披露主办券商关于本次发行合法合规性的结论性意见，至少包括以下内容：

（一）关于本次股票发行是否符合豁免申请核准条件的意见；

（二）关于公司治理规范性的意见；

（三）关于公司是否规范履行了信息披露义务的意见；

（四）关于本次股票发行对象是否符合投资者适当性要求的意见；

（五）关于发行过程及结果是否合法合规的意见；

（六）关于发行定价方式、定价过程是否公正、公平，定价结果是否合法有效的意见；

（七）关于公司本次股票发行现有股东优先认购安排规范性的意见；

（八）主办券商认为应当发表的其他意见。

第二十五条 发行情况报告书应披露律师事务所关于本次股票发行法律意见书的结论性意见，至少包括以下内容：

（一）公司是否符合豁免向中国证监会申请核准股票发行的条件；

（二）发行对象是否符合中国证监会及全国股份转让系统公司关于投资者适当性制度的有关规定；

（三）发行过程及结果合法合规性的说明，包括但不限于：董事会、股东大会议事程序是否合规，是否执行了公司章程规定的表决权回避制度，发行结果是否合法有效等；

（四）与本次股票发行相关的合同等法律文件是否合法合规；

（五）安排现有股东优先认购的，应当对优先认购的相关程序及认购结果进行说明；依据公司章程排除适用的，也应当对相关情况进行说明；

（六）以非现金资产认购发行股份的，应当说明资产评估程序是否合法合规，是否存在资产权属不清或者其他妨碍权属转移的法律风险；标的资产尚未取得完备权属证书的，应说明取得权属证书是否存在法律障碍；

以非现金资产认购发行股份涉及需呈报有关主管部门批准的，应说明是否已获得有效批准；资产相关业务需要取得许可资格或资质的，应说明是否具备相关许可资格或资质；

（七）律师认为需要说明的其他问题。

律师已勤勉尽责仍不能发表肯定性意见的，应发表保留意见，并说明相应的理由及其对本次股票发行的影响。

第二十六条 股票发行方案首次披露后，公司就本次发行的有关事项做出调整的，董事会应在发行情况报告书中做出专门说明，说明调整的内容及履行的审议程序。

第二十七条 公司全体董事、监事、高级管理人员应在发行情况报告书正文后声明：

"公司全体董事、监事、高级管理人员承诺本发行情况报告书不存在虚假记载、误导性陈述或重大遗漏，并对其真实性、准确性和完整性承担个别和连带的法律责任。"

公司全体董事、监事、高级管理人员应在股票发行方案的尾页签名，并加盖公司公章。

第四章　附　　则

第二十八条　本指引由全国股份转让系统公司负责解释。

第二十九条　本指引自发布之日起施行。

全国中小企业股份转让系统股票发行业务指引第3号——主办券商关于股票发行合法合规性意见的内容与格式(试行)

（2013年12月30日全国中小企业股份转让系统有限责任公司发布）

第一章　总　　则

第一条　为了规范挂牌公司股票发行的信息披露行为，根据《全国中小企业股份转让系统业务规则（试行）》《全国中小企业股份转让系统股票发行业务细则（试行）》等有关规定，制定本指引。

第二条　主办券商为根据《非上市公众公司监督管理办法》（以下简称《管理办法》）向全国股份转让系统公司履行股票发行备案程序的挂牌公司出具股票发行合法合规性意见，应当按照本指引第二章的要求编制，并与股票发行情况报告书一同披露。

第三条　主办券商出具股票发行合法合规性意见，应建立在充分了解公司经营状况、风险等现存问题的基础之上，切实对公司股票发行履行尽职调查职责，保证报告相关内容的真实、准确、完整及报告结论的客观性。

第四条　主办券商应在合法合规性意见中对照本指引及有关规定逐项发表明确的结论性意见，并载明得出每项结论的查证过程及事实依据。

第二章　股票发行合法合规性意见必备内容

第五条　股票发行主办券商合法合规性意见应当包括以下内容：

（一）关于本次股票发行是否符合豁免申请核准条件的意见；

（二）关于公司治理规范性的意见；

（三）关于公司是否规范履行了信息披露义务的意见；

（四）关于本次股票发行对象是否符合投资者适当性要求的意见；

（五）关于发行过程及结果是否合法合规的意见；

（六）关于发行定价方式、定价过程是否公正、公平，定价结果是否合法有效的意见；

（七）关于公司本次股票发行现有股东优先认购安排规范性的意见；

（八）主办券商认为应当发表的其他意见。

第六条 主办券商应对公司符合《管理办法》中豁免申请核准股票发行的情形进行说明。

第七条 主办券商应当对公司治理是否存在违反《管理办法》第二章规定的情形发表明确意见；如不存在违规情形，也应当进行说明。

第八条 主办券商应对公司是否已按照相关规定，真实、准确、完整、及时、公平地披露了本次股票发行应当披露的信息发表明确意见。

主办券商还应对公司在申请挂牌及挂牌期间是否规范履行了信息披露义务，是否曾因信息披露违规或违法，被全国股份转让系统公司依法采取监管措施或纪律处分、被中国证监会采取监管措施或给予行政处罚进行说明。

对于曾被给予行政处罚、采取监管措施或纪律处分的挂牌公司，主办券商应在合法合规性意见中就被惩处事项对公司的影响、是否已督促挂牌公司及时改正、相关责任人处理情况及相关信息披露事项的整改情况进行说明。

第九条 主办券商应当对本次股票发行新增股东是否符合投资者适当性要求发表明确意见，并列明做出判断的主要依据。

第十条 主办券商应对本次股票发行过程的规范性及结果的有效性发表明确意见，包括但不限于：董事会、股东大会议事程序是否合规，是否执行了公司章程规定的表决权回避制度，发行结果是否合法有效等。

第十一条 主办券商应对本次股票发行定价程序的规范性及结果的有效性发表意见。

发行对象使用非现金资产认购发行股票的，主办券商应在合法合规性意见中对交易对手是否为关联方、标的资产权属是否清晰、审计或资产评估是否规范等事项发表明确意见。

涉及需呈报有关主管部门批准的，主办券商需对是否已获得有效批准发表明确意见；资产相关业务需要取得许可资格或资质的，主办券商需对是否具备相关许可资格或资质发表明确意见。

第十二条　安排现有股东优先认购的，应当对优先认购的相关程序及认购结果进行说明；依据公司章程排除适用的，也应当对相关情况进行说明。

第十三条　若主办券商认为公司尚有未披露或未充分披露且对本次股票发行有影响的重大信息或事项，可以进行补充披露，并提示该信息或事项对本次股票发行可能造成的影响。

第十四条　主办券商法定代表人或法定代表人授权的代表、项目负责人应在合法合规性意见上签字，并加盖主办券商公章，注明报告日期。

主办券商法定代表人授权他人代为签字的，需同时提供授权委托书原件。

第三章　附　　则

第十五条　本指引由全国股份转让系统公司负责解释。

第十六条　本指引自发布之日起实施。

全国中小企业股份转让系统股票发行业务指引第4号——法律意见书的内容与格式(试行)

(2013年12月30日全国中小企业股份转让系统有限责任公司发布)

第一章 总 则

第一条 为了规范挂牌公司股票发行的信息披露行为,根据《全国中小企业股份转让系统业务规则(试行)》《全国中小企业股份转让系统股票发行业务细则(试行)》等有关规定,制定本指引。

第二条 律师事务所为根据《非上市公众公司监督管理办法》向全国股份转让系统公司履行股票发行备案程序的挂牌公司出具股票发行法律意见书,应当按照本指引第二章的要求编制,并与股票发行情况报告书一同披露。

第三条 公司聘请的律师事务所及其委派的律师(以下“律师”均指签名律师及其所任职的律师事务所),应在尽职调查基础上,按本指引的要求出具法律意见书,对照本指引及有关规定逐项发表明确意见或结论。

本指引仅是股票发行法律意见书内容的最低要求,本指引未明确要求,但律师认为对公司股票发行有重大影响的法律问题,律师应当发表意见。

第四条 律师应在法律意见书中详尽、完整地阐述所发表意见或结论的依据、进行有关核查验证的过程、所涉及的必要资料或文件。

第五条 对不符合有关法律、法规和中国证监会、全国股份转让系统公司有关规定的事项,或已勤勉尽责仍不能对其法律性质或其合法性作出准确判断的事项,律师应发表保留意见,并说明相应的理由。

第六条 法律意见书应由2名以上(含2名)经办律师和其所在律师事务所的负责人签名,并经该律师事务所加盖公章、签署日期。

第二章 法律意见书的必备内容

第七条 律师应在充分核查验证的基础上,对本次股票发行的下列(包括但不限于)事项明确发表结论性意见。所发表的结论性意见应包括是否合法合规、是否真实有效、是否存在纠纷或潜在风险;不存在下列事项的,也应明确说明:

(一)公司是否符合豁免向中国证监会申请核准股票发行的条件。

(二)发行对象是否符合中国证监会及全国股份转让系统公司关于投资者适当性制度的有关规定。

(三)发行过程及结果合法合规性的说明,包括但不限于董事会、股东大会议事程序是否合规,是否执行了公司章程规定的表决权回避制度,发行结果是否合法有效等。

(四)与本次股票发行相关的合同等法律文件是否合法合规。

(五)安排现有股东优先认购的,应当对优先认购的相关程序及认购结果进行说明;依据公司章程排除适用的,也应当对相关情况进行说明。

(六)以非现金资产认购发行股份的,应当说明资产评估程序是否合法合规,是否存在资产权属不清或者其他妨碍权属转移的法律风险;标的资产尚未取得完备权属证书的,应说明取得权属证书是否存在法律障碍。

以非现金资产认购发行股份涉及需呈报有关主管部门批准的,应说明是否已获得有效批准;资产相关业务需要取得许可资格或资质的,应说明是否具备相关许可资格或资质。

(七)律师认为需要说明的其他问题。

第八条　有下列情形之一的,律师应当发表保留意见并予以说明,充分揭示其对本次股票发行的影响程度及存在的风险:

(一)公司股票发行的全部或者部分事项不符合中国证监会和全国股份转让系统公司相关规定;

(二)股票发行的事实不清楚,材料不充分,不能全面反映客观情况;

(三)核查和验证范围受到客观条件的限制,律师无法取得应有证据;

(四)律师已要求公司纠正、补充,而公司未予以纠正、补充;

(五)律师已依法履行勤勉尽责义务,仍不能对全部或者部分事项作出准确判断;

（六）律师认为应当予以说明的其他情形。律师出具保留意见的，全国股份转让系统公司可以要求公司予以说明或改正。

第三章　附　　则

第九条　本规则由全国股份转让系统公司负责解释。

第十条　本规则自公布之日起施行。

全国中小企业股份转让系统有限责任公司关于发布《全国中小企业股份转让系统股票转让方式确定及变更指引(试行)》的公告

(2014年07月03日发布)

为明确全国中小企业股份转让系统(以下简称“全国股份转让系统”)股票转让方式的确定、变更以及做市商加入、退出等相关事宜,根据《全国中小企业股份转让系统业务规则(试行)》《全国中小企业股份转让系统股票转让细则(试行)》(以下简称《转让细则》)等有关规定,全国中小企业股份转让系统有限责任公司(以下简称“全国股份转让系统公司”)制定了《全国中小企业股份转让系统股票转让方式确定及变更指引(试行)》(以下简称《指引》),现予发布,并就有关事项公告如下:

一、《指引》自发布之日起实施,(申请)挂牌公司可根据自身情况,申请股票采取协议转让或做市转让方式。

二、《指引》实施后,申请挂牌公司需在提交挂牌申请材料的同时,提交股票转让方式申请,明确股票拟采取的转让方式。

三、截至《指引》发布之日,挂牌申请材料已经接收但全国股份转让系统公司尚未出具审查意见的申请挂牌公司,其股票拟采取做市转让方式的,应按照《指引》规定履行股东大会决策程序、提交股票转让方式申请;未在全国股份转让系统公司出具审查意见前提交做市转让方式申请的,其股票挂牌时采取协议转让方式,申请挂牌公司无须履行股东大会决策程序,也无须提交股票转让方式申请。

四、截至《指引》发布之日,已取得全国股份转让系统公司同意挂牌函但尚未挂牌的申请挂牌公司,其股票挂牌时采取协议转让方式。上述公司可在股票挂牌后按照《指引》规定,申请将股票转让方式变更为做市转让方式。

五、截至《指引》发布之日,已经在全国股份转让系统挂牌的公司,其股票拟采取做市转让方式的，应当按照《指引》规定，申请变更股票转让方式。

特此公告。

附

全国中小企业股份转让系统股票转让方式确定及变更指引(试行)

第一章 总 则

第一条 为明确全国中小企业股份转让系统(以下简称"全国股份转让系统")申请挂牌公司、挂牌公司股票(以下简称"股票")转让方式的确定、变更以及做市商加入、退出等相关事宜，根据《全国中小企业股份转让系统业务规则(试行)》《全国中小企业股份转让系统股票转让细则(试行)》(以下简称《转让细则》)等有关规定，制定本指引。

第二条 股票可以采取做市转让方式、协议转让方式或竞价转让方式之一进行转让。挂牌公司提出申请并经全国中小企业股份转让系统有限责任公司(以下简称"全国股份转让系统公司")同意，可以变更股票转让方式。

股票采取竞价转让方式的，竞价转让的实施条件、竞价转让方式的确定及有关变更要求，由全国股份转让系统公司另行制定。

第三条 申请挂牌公司股东大会应当就股票采取何种转让方式作出决议。

挂牌公司拟申请变更股票转让方式的，其股东大会应当就股票转让方式变更事宜作出决议。挂牌公司应当在股东大会会议结束后 2 个转让日内在全国股份转让系统公司指定信息披露平台(以下简称"指定网站")公告决议内容。

第二章 申请挂牌公司股票转让方式的确定

第四条 股票挂牌时拟采取协议转让方式的，申请挂牌公司应当在提交挂牌申请材料的同时，向全国股份转让系统公司提交以下材料：

(一) 关于股票采取协议转让方式的申请；

(二) 关于同意公司股票采取协议转让方式的决议；

（三）全国股份转让系统公司要求提交的其他材料。

第五条　股票挂牌时拟采取做市转让方式的，应当具备以下条件：

（一）2家以上做市商同意为申请挂牌公司股票提供做市报价服务，且其中一家做市商为推荐该股票挂牌的主办券商或该主办券商的母（子）公司；

（二）做市商合计取得不低于申请挂牌公司总股本5%或100万股（以孰低为准），且每家做市商不低于10万股的做市库存股票；

（三）全国股份转让系统公司规定的其他条件。

第六条　股票挂牌时拟采取做市转让方式的，申请挂牌公司应当在提交挂牌申请材料的同时，向全国股份转让系统公司提交以下材料：

（一）关于股票采取做市转让方式的申请；

（二）关于同意公司股票采取做市转让方式的决议；

（三）做市商为申请挂牌公司股票提供做市报价服务申请；

（四）全国股份转让系统公司要求的其他材料。

第七条　全国股份转让系统公司在出具同意挂牌审查意见时，确认申请挂牌公司股票的转让方式。

第八条　股票采取做市转让方式的，申请挂牌公司应当在股票挂牌前确认做市商做市库存股票已经按照中国证券登记结算有限责任公司（以下简称“中国结算”）要求登记于做市商做市专用证券账户，并将做市商做市库存股票登记结果向全国股份转让系统公司报告。

第九条　申请挂牌公司应当按照全国股份转让系统公司的要求在公开转让说明书和挂牌提示性公告中披露其股票转让方式。

第三章　协议转让方式变更为做市转让方式

第十条　采取协议转让方式的股票，挂牌公司申请变更为做市转让方式的，应当符合以下条件：

（一）2家以上做市商同意为该股票提供做市报价服务，并且每家做市商已取得不低于10万股的做市库存股票；

（二）全国股份转让系统公司规定的其他条件。

第十一条　挂牌公司应当在作出有关变更转让方式的决议后3个月内，向全国股份转让系统公司提交以下申请材料：

（一）变更股票转让方式为做市转让方式申请；

（二）挂牌公司关于变更股票转让方式的决议；

（三）做市商为挂牌公司股票提供做市报价服务申请；

（四）全国股份转让系统公司要求的其他材料。

第十二条 全国股份转让系统公司收到申请材料后，在3个转让日内出具意见，并于出具意见当日（T日）收市后通知挂牌公司和相关做市商。挂牌公司应当于T日在指定网站公告。

第十三条 全国股份转让系统公司同意挂牌公司股票转让方式变更为做市转让方式的，自T+2转让日起该股票转让方式变更为做市转让方式，相关做市商应当履行对该股票的做市报价义务。

第四章 做市转让方式变更为协议转让方式

第十四条 采取做市转让方式的股票，挂牌公司申请变更为协议转让方式的，应当符合以下条件：

（一）该股票所有做市商均已满足《转让细则》关于最低做市期限的要求，且均同意退出做市；

（二）全国股份转让系统公司规定的其他条件。

第十五条 挂牌公司应当在作出有关变更转让方式的决议后5个转让日内，向全国股份转让系统公司提交以下申请材料：

（一）变更股票转让方式为协议转让方式申请；

（二）挂牌公司关于变更股票转让方式的决议；

（三）做市商同意退出做市声明；

（四）全国股份转让系统公司要求的其他材料。

第十六条 全国股份转让系统公司收到申请材料后，在3个转让日内出具意见，并于出具意见当日（T日）收市后通知挂牌公司和相关做市商。挂牌公司应当于T日在指定网站公告。

第十七条 全国股份转让系统公司同意挂牌公司股票转让方式变更为协议转让方式的，自T+2转让日起该股票转让方式变更为协议转让方式，相关做市商停止为该股票提供做市报价服务，并应当按照《转让细则》有关规定将该挂牌公司股票转出做市专用证券账户。

第五章 申请后续加入为股票做市

第十八条 挂牌时采取做市转让方式的股票，拟后续加入的做市商须在该股票挂牌满3个月后方可经申请同意后为该股票提供做市报价服务。

做市商退出做市后，1个月内不得申请再次为该股票做市。

第十九条 采取做市转让方式的股票，做市商拟后续加入为该股票做市的，应事先向全国股份转让系统公司提交后续加入做市申请。全国股份转让系统公司接受申请的时间为每个转让日的15:00至17:00。

第二十条 全国股份转让系统公司收到申请后，在3个转让日内出具意见，并于出具意见当日（T日）收市后通知提出申请的做市商。

全国股份转让系统公司同意申请的，该做市商应当于T日在指定网站公告，并于T+1转让日开始履行对该股票的做市报价义务。

第二十一条 挂牌公司提交将股票由做市转让方式变更为协议转让方式申请后，全国股份转让系统公司停止接受做市商后续加入为该股票做市的申请，已经接受申请的，中止审查。

第六章 申请退出为股票做市

第二十二条 挂牌时采取做市转让方式的股票和由协议转让方式变更为做市转让方式的股票，其初始做市商为股票做市不满6个月的，不得申请退出为该股票做市。后续加入的做市商为相关股票做市不满3个月的，不得申请退出为该股票做市。

第二十三条 做市商拟退出为股票做市的，应事先向全国股份转让系统公司提交退出做市申请。全国股份转让系统公司接受申请的时间为每个转让日的15:00至17:00。

第二十四条 全国股份转让系统公司收到申请后，在3个转让日内出具意见，并于出具意见当日（T日）收市后通知申请退出的做市商。

全国股份转让系统公司同意申请的，该做市商应当于T日在指定网站公告，自 T+1 转让日起停止履行为相关股票提供做市报价服务，并应当按照《转让细则》有关规定将该挂牌公司股票转出做市专用证券账户。

第七章　特殊情形处理

第二十五条　采取做市转让方式的股票发生下列情形之一，将导致该股票做市商不足 2 家时，全国股份转让系统公司于有关情形发生当日（T 日）收市后在公司网站公告相关情况：

（一）该股票做市商提出申请并经全国股份转让系统公司同意，退出为该股票做市；

（二）该股票做市商被暂停、终止从事做市业务，或被禁止为该股票做市。

自 T+1 转让日起，该股票暂停转让。暂停转让期间，挂牌公司应当每 5 个转让日在指定网站发布一次提示性公告。

第二十六条　发生第二十五条所述情形导致股票暂停转让的，相关股票在以下情形发生后恢复转让：

（一）该股票做市商在 T+30 个转让日内恢复为 2 家以上；

（二）挂牌公司在 T+30 个转让日内提出申请并经全国股份转让系统公司同意，股票转让方式变更为协议转让方式；

（三）依据《转让细则》第十八条规定，全国股份转让系统公司强制将股票转让方式变更为协议转让方式。

因发生上述（一）（三）情形，股票恢复转让的，全国股份转让系统公司于恢复转让前一转让日在公司网站公告相关情况。

第八章　附　　则

第二十七条　本指引所称“以上”包含本数，“不足”不包含本数。

第二十八条　本指引由全国股份转让系统公司负责解释。

第二十九条　本指引自发布之日起施行。

全国中小企业股份转让系统优先股业务指引(试行)

（2015 年 09 月 21 日全国中小企业股份转让系统有限责任公司发布）

第一章　总　　则

第一条　为规范全国中小企业股份转让系统(以下简称“全国股转系统”)的优先股试点工作，保护投资者合法权益，根据《国务院关于开展优先股试点的指导意见》(以下简称《指导意见》)、《优先股试点管理办法》(以下简称《试点办法》)、《非上市公众公司监督管理办法》(以下简称《管理办法》)等有关规定，以及《全国中小企业股份转让系统业务规则(试行)》(以下简称《业务规则》)等业务规则，制定本指引。

第二条　发行人向符合《试点办法》规定的合格投资者发行优先股并在全国股转系统进行转让的，适用本指引的规定。

前款所称的发行人包括：

(一) 普通股在全国股转系统挂牌的公司(以下简称“挂牌公司”)、申请其普通股在全国股转系统挂牌的公司(以下简称“申请挂牌公司”)；

(二) 符合中国证监会规定的其他非上市公众公司；

(三) 注册在境内的境外上市公司。

第三条　发行人应当遵守《指导意见》《试点办法》等关于非上市公众公司优先股发行、转让和信息披露的相关规定。

第四条　普通股股东人数与优先股股东人数合并累计不超过二百人的挂牌公司，按照本指引的规定发行优先股的，应当向全国中小企业股份转让系统有限责任公司(以下简称“全国股转公司”)履行备案程序。

前款所称的“普通股股东人数与优先股股东人数合并累计不超过二百人”是指挂牌公司董事会确定的，审议本次优先股发行的股东大会的股权登记日，在册的普通股股东人数和优先股股东人数，与本次发行的优先股股东人数，合并累计之和不超过二百人。

经中国证监会核准发行优先股的非上市公众公司、注册在境内的境外上市公司，其优先股拟在全国股转系统进行转让的，应当在中国证监会核准并完成发行后，向全国股转公司办理优先股挂牌手续。

第五条 优先股的发行备案或挂牌，应由在全国股转系统从事推荐业务的主办券商推荐。

第六条 主办券商和律师事务所应当在尽职调查基础上，分别对本次优先股发行出具推荐工作报告和法律意见书。

第七条 申请挂牌公司发行优先股并在全国股转系统进行转让的，参照适用本指引的相关规定。

第八条 优先股在全国股转系统进行转让的，发行人应当在其优先股挂牌前，与全国股转公司签署优先股转让服务协议，明确双方的权利、义务和有关事项。

第九条 优先股的登记、存管和结算等业务，按中国证券登记结算有限责任公司（以下简称“中国结算”）的相关业务规则办理。

第二章 发 行

第十条 发行人应当符合《试点办法》第四十一条、第四十二条的规定。

第十一条 发行人存在下列情形之一的，不得发行优先股：

（一）本次发行申请文件有虚假记载、误导性陈述或重大遗漏；

（二）最近十二个月内受到过中国证监会的行政处罚；

（三）因涉嫌犯罪正被司法机关立案侦查或涉嫌违法违规正被中国证监会立案调查；

（四）发行人的权益被控股股东或实际控制人严重损害且尚未消除；

（五）发行人及其附属公司违规对外提供担保且尚未解除；

（六）存在可能严重影响公司持续经营的担保、诉讼、仲裁、市场重大质疑或其他重大事项；

（七）其董事和高级管理人员不符合法律、行政法规和规章规定的任职资格；

（八）严重损害投资者合法权益和社会公共利益的其他情形。

第十二条　发行人应当向符合《试点办法》第六十五条规定的合格投资者发行优先股。每次发行对象不得超过二百人，且持有相同条款优先股的发行对象累计不得超过二百人。

第十三条　发行对象可以用现金或非现金资产认购发行的优先股。发行对象以非现金资产认购优先股的，应当按照《全国中小企业股份转让系统股票发行业务细则(试行)》(以下简称《股票发行细则》)等相关规定，履行相应的程序和信息披露义务。

第十四条　发行人的董事会、股东大会就优先股发行作出决议，应当符合《试点办法》第四十四条、第四十五条的规定。

第十五条　发行人须修改公司章程，以明确优先股股东参与利润和剩余财产分配、优先股股东的表决权限制与恢复等事项的，发行人董事会应就修改公司章程和发行优先股一并作出决议，并提交股东大会审议。

第十六条　普通股股东人数与优先股股东人数合并累计不超过二百人的挂牌公司，其优先股的发行、备案等程序按照《股票发行细则》等业务规则的相关规定办理。发行人应当在验资完成后的十个转让日内，编制和报送备案材料，全国股转公司对备案材料进行审查后，根据审查结果出具优先股登记函。

第十七条　经中国证监会核准发行优先股的非上市公众公司、注册在境内的境外上市公司，其优先股在全国股转系统进行转让的，应当在验资完成后的十个转让日内，向全国股转公司办理优先股挂牌手续。

第三章　转让服务

第十八条　优先股的计价单位为“每股价格”，每股票面金额为100元人民币，申报价格最小变动单位为0.01元人民币。买卖优先股的申报数量应当为1 000股或其整数倍；卖出优先股时，余额不足1 000股部分，应当一次性申报卖出。

第十九条　全国股转系统接受优先股转让申报的时间为每个转让日的9:15至11:30，13:00至15:00。

第二十条　在全国股转系统转让的优先股可以采取以下申报方式：

(一) 定价申报。投资者可以委托主办券商按其指定的价格买卖不超过其指定数量优先股,定价申报应包括证券账户号码、证券代码、交易单元代码、证券营业部识别码、买卖方向、申报数量、申报价格等内容。

（二）成交确认申报。转让双方就品种、价格、数量达成成交协议,或投资者拟与定价申报成交,可以委托主办券商以指定价格和数量与指定对手方确认成交,成交确认申报应包括：证券账户号码、证券代码、交易单元代码、证券营业部识别码、买卖方向、申报数量、申报价格、成交约定号等内容;转让双方达成成交协议、均拟委托主办券商通过成交确认申报成交的,还应注明对手方交易单元代码和对手方证券账户号码。

第二十一条 全国股转系统收到拟与定价申报成交的成交确认申报后,如系统中无对应的定价申报,该成交确认申报以撤单处理。

第二十二条 每个转让日的9:30至11:30、13:00至15:00为优先股转让的成交确认时间。

第二十三条 全国股转系统按照申报时间先后顺序,将成交确认申报和与该成交确认申报证券代码、申报价格相同,买卖方向相反及成交约定号一致的定价申报进行确认成交。

成交确认申报与定价申报可以部分成交。

成交确认申报数量小于定价申报的,以成交确认申报的数量为成交数量。定价申报未成交部分当日继续有效。

成交确认申报数量大于定价申报的,以定价申报的数量为成交数量。成交确认申报未成交部分以撤单处理。

第二十四条 全国股转系统对证券代码、申报价格和申报数量相同,买卖方向相反,指定对手方交易单元、证券账户号码相符及成交约定号一致的成交确认申报进行确认成交。

第二十五条 投资者买入的优先股,在交收前不得卖出。

第二十六条 优先股的除息处理独立于普通股进行,并单独公布相应的除息参考价格。

第二十七条 优先股转让环节的投资者适当性标准应当与发行环节保持一致。相同条款的优先股经转让后,投资者不得超过二百人。

根据本指引所述成交原则，全国股转系统按照申报时间先后顺序对转让申报进行确认成交，对导致投资者超过二百人的转让不予确认。

第二十八条 主办券商应当切实履行投资者适当性管理职责，通过现场问询、核对资料、签订确认书等方式，审查参与优先股转让的投资者是否为符合规定的合格投资者，并留存有关资料。

主办券商应当向首次参与优先股转让的投资者全面介绍优先股的产品特征和相关制度规则，充分揭示投资风险，并要求其签署优先股投资风险揭示书。

第二十九条 开盘价，为当日该优先股的第一笔成交价。

第三十条 收盘价，为当日该优先股所有转让的成交量加权平均价；当日无成交的，以前收盘价为当日收盘价。优先股挂牌首日，以发行价为前收盘价。

第三十一条 主办券商应保证参与优先股转让的投资者账户具备与申报相对应的优先股或资金。

持有或者租用全国股转系统交易单元的机构参与优先股转让，应当通过持有或者租用的交易单元申报，并确保具备与申报相对应的优先股或资金。

第三十二条 全国股转系统向主办券商实时发送申报及成交信息，主办券商应当向其符合投资者适当性要求的投资者即时提供该信息。

第三十三条 全国股转公司每个转让日收市后公布当日每笔成交信息，内容包括证券代码、证券简称、成交价格、成交数量、买卖双方主办券商证券营业部或交易单元的名称等。

优先股转让公开信息涉及机构专用交易单元的，公布名称为“机构专用”。

第三十四条 主办券商应对优先股的转让信息予以独立显示。

第三十五条 优先股的暂停、恢复转让事宜，按照《业务规则》关于暂停、恢复转让的有关规定执行。

挂牌公司的普通股暂停、恢复转让的，其优先股应当同时暂停、恢复转让。

第三十六条 优先股的终止、重新挂牌事宜，按照《业务规则》关于终止、重新挂牌的有关规定执行。

挂牌公司的普通股终止转让的，其优先股应当同时终止转让。

第三十七条 优先股转让的相关事宜，本指引未规定的，参照《全国中小企业股份转让系统股票转让细则(试行)》中关于协议转让的有关规定执行。

第四章 信息披露

第一节 发行披露

第三十八条 发行人应当分别在董事会和股东大会通过优先股发行决议之日起两个转让日内披露董事会、股东大会决议公告。

第三十九条 发行人的董事会决议公告,应当按照《试点办法》第四十四条的规定包含下列事项及其表决结果:

(一)本次发行优先股的方案,包括发行数量、优先股股东参与分配利润的方式、赎回或回售条款(如有)等。

(二)董事会决议确定具体发行对象的,应当确定具体的发行对象名称及其认购价格或定价原则、认购数量或数量区间等;董事会决议未确定具体发行对象的,董事会决议应当明确发行对象的范围和资格、定价原则等。

(三)本次发行优先股对公司各类股东权益的影响。

(四)发行目的与募集资金用途。

(五)公司章程的修订方案。

(六)其他事项。

第四十条 发行人应当在缴款期前披露优先股认购公告,明确缴款安排。本次发行安排现有优先股股东优先认购的,应明确优先认购安排。

第四十一条 发行人在优先股挂牌转让前,应当披露优先股转让公告。

第四十二条 发行人在披露优先股转让公告的同时,应当披露定向发行优先股说明书、发行情况报告书、主办券商推荐工作报告和法律意见书。

第四十三条 发行人应当按照中国证监会《非上市公众公司信息披露内容与格式准则第7号》的规定,编制并披露定向发行优先股说明书和发行情况报告书。

经中国证监会核准发行优先股的非上市公众公司、注册在境内的境外上市公司,应遵守中国证监会对其信息披露的相关规定,并参照适用本指引的规定。

第二节 持续信息披露

第四十四条 发行人披露定期报告时,应当按照《试点办法》等规定,披露优先股的有关情况。相关业务规则另行制定。

第四十五条 发行人应当按照挂牌公司信息披露的相关业务规则，及时披露对优先股转让价格产生较大影响的信息，包括但不限于优先股挂牌、付息、调息、赎回、回售，优先股股东表决权的恢复、行使、变动，优先股股东分类表决，优先股募集资金的存放、使用，分配利润或剩余财产，以及转换为普通股等。

挂牌公司按照全国股转系统信息披露的相关业务规则，对重大事件发布临时公告时，如该重大事件对优先股价格或优先股股东权益可能产生较大影响的，应当在临时公告中予以专门说明。

第四十六条 优先股付息日前的两个转让日内，发行人应当披露优先股付息公告。完成股息支付后的两个转让日内，发行人应当披露优先股股东的利润分配情况。

第四十七条 发行人应当在满足优先股赎回条件或回售条件的两个转让日内，披露赎回或回售的提示性公告。赎回提示性公告中应当明确披露是否行使赎回权。发行人还应当在赎回期或回售期结束前至少发布三次赎回提示性公告（如决定行使赎回权）或回售提示性公告。公告中应当载明赎回或回售的程序、价格、付款方法、付款时间等。

优先股赎回或回售实施完成后，发行人应当披露优先股赎回或回售结果公告。

第四十八条 优先股股东按照法律法规和公司章程的规定，对股东大会审议的特定事项享有表决权的，发行人应当在召开股东大会的通知中，予以提示。

第四十九条 发行人累计三个会计年度或连续两个会计年度未按约定支付优先股股息的，应当在披露批准当年利润分配方案的股东大会决议同时，披露优先股表决权恢复的提示性公告。公告应当载明优先股表决权恢复的起始期限、每股优先股享有的表决权比例等内容。

对于股息可累积到下一会计年度的优先股，发行人应当在其全额支付所欠股息后的两个转让日内，披露表决权恢复终止的提示性公告。对于股息不可累积的优先股，发行人应当在其全额支付当年股息后的两个转让日内，披露表决权恢复终止的提示性公告。

发行人出现公司章程规定的其他优先股表决权恢复情形的，应当参照前两款规定发布提示公告。

第五十条 商业银行发行触发条件发生时强制可转换为普通股的优先股，应当在触发条件发生后的两个转让日内，披露优先股转换为普通股的提示性公告。转换完成后，应当披露股权结构的变动情况。

第五十一条 投资者通过转让或其他方式取得可转换优先股达到该优先股发行总量的20%后，应在该事实发生之日起两个转让日内予以公告，同时报告全国股转公司并通知发行人；自该事实发生之日起至披露后两个转让日内，不得再行买卖该发行人的优先股和普通股。

投资者持有的可转换优先股达到该优先股发行总量的20%后，其持有的优先股占该优先股发行总量的比例每增加或减少10%，应当依照前述规定进行报告和公告；自该事实发生之日起至披露后两个转让日内，不得再行买卖该发行人的优先股和普通股。

第五十二条 优先股的风险警示事宜，按照《业务规则》关于风险警示的规定执行，并予以公告。

发行人的普通股被实施风险警示的，其优先股应当同时实施风险警示。

第五章 监管措施和违规处分

第五十三条 发行人及其董事、监事、高级管理人员、股东、实际控制人及其他相关信息披露义务人，主办券商、会计师事务所、律师事务所及其他证券服务机构，以及投资者等市场主体违反本指引及有关规定的，全国股转公司依据《业务规则》采取相应监管措施及纪律处分。

第六章 附 则

第五十四条 优先股的转让限制与解除转让限制应当符合《试点办法》第十四条的规定，具体程序按照挂牌公司普通股转让限制与解除转让限制的相关规定办理。

第五十五条 发行人在全国股转系统发行优先股涉及重大资产重组的，按照中国证监会和全国股转公司的相关规定办理。

第五十六条　发行优先股并在全国股转系统进行转让的，应缴纳优先股挂牌初费、优先股挂牌年费和优先股转让经手费。

发行人应按照每次发行的优先股股本缴纳优先股挂牌初费。

发行人应按照上一年度年末的优先股股本缴纳挂牌年费。挂牌当年的挂牌年费，按照该次发行的优先股股本和实际挂牌月份（自挂牌日的次月起计算）予以折算，与挂牌初费一并缴纳。

投资者应按优先股转让成交金额缴纳优先股转让经手费。

试点期间，优先股挂牌初费、优先股挂牌年费和优先股转让经手费的收费标准按照全国股转系统普通股相应收费标准收取。

第五十七条　本指引由全国股转公司负责解释。

第五十八条　本指引自发布之日起施行。

全国中小企业股份转让系统优先股业务指南第1号
——发行备案和申请办理挂牌的文件与程序

（2015年09月21日全国中小企业股份转让系统有限责任公司发布）

第一条 为了规范优先股发行备案和申请办理挂牌的文件与程序，根据《全国中小企业股份转让系统优先股业务指引（试行）》（以下简称《业务指引》）等业务规则，制定本指南。

第二条 发行人办理优先股发行备案和挂牌手续，适用本指南的规定。

第三条 发行人应当在验资完成后的10个转让日内，向全国中小企业股份转让系统有限责任公司（以下简称"全国股转公司"）接收申请材料的服务窗口（北京市西城区金融大街丁26号金阳大厦南门）报送以下文件。

办理豁免申请核准的优先股发行备案，发行人应当提交备案登记表和该登记表中列明的备案文件。

优先股发行经中国证监会核准的，发行人申请办理优先股挂牌手续，应当提交优先股发行登记表和该登记表中列明的文件。

经接收服务窗口人员核对，确认提交的文件齐备后，向发行人出具《材料接收确认单》。文件一经接收，未经全国股转公司同意，不得变更或撤回。

第四条 发行人在提交备案文件或申请挂牌文件的同时，应当向全国股转公司申请本次发行优先股的证券代码和证券简称，并提交经发行人的法定代表人或其授权代表签字和加盖发行人公章的优先股转让服务协议。发行人的法定代表人授权他人代为签字的，需同时提供授权委托书原件。

优先股证券代码和证券简称的申请、编制和分配等应当按照《全国中小企业股份转让系统证券代码、证券简称编制管理暂行办法》等相关规定办理。

第五条 全国股转公司对提交的文件的审查程序参照《全国中小企业股份转让系统股票发行业务指南》等规定办理。

第六条 全国股转公司对文件审查后出具优先股登记函，送达发行人并送交中国证券登记结算有限责任公司(以下简称“中国结算”)和主办券商。

发行人在领取优先股登记函之前,应当按规定缴纳挂牌费用。发行人在领取优先股登记函的同时,可一并领取本次发行优先股的证券代码和证券简称、优先股转让服务协议。

第七条 发行人按照中国结算的要求向中国结算申请办理优先股登记。

发行人在取得中国结算出具的优先股登记证明文件后,将优先股登记证明文件扫描件提交全国股转公司(扫描件可发送至电子邮箱:ywbl@neeq.org.cn),并确定优先股挂牌转让日期。

发行人在优先股挂牌转让前,应当披露优先股挂牌转让公告。挂牌转让公告应当明确本次登记优先股的转让日。

发行人在披露优先股转让公告的同时,应当披露定向发行优先股说明书、发行情况报告书、主办券商推荐工作报告和法律意见书。

全国中小企业股份转让系统优先股业务指南第2号——主办券商推荐工作报告的内容与格式

（2015年09月21日全国中小企业股份转让系统有限责任公司发布）

第一章 总 则

第一条 为规范全国中小企业股份转让系统（以下简称“全国股转系统”）主办券商优先股推荐工作报告的编制与披露，根据《全国中小企业股份转让系统优先股业务指引（试行）》（以下简称《业务指引》）等业务规则，制定本指南。

第二条 主办券商向全国中小企业股份转让系统有限责任公司（以下简称“全国股转公司”）推荐优先股发行备案或挂牌的，应当按照本指南的要求编制和披露推荐工作报告。

第三条 本指南对主办券商推荐工作报告的格式未明确规定的，可参照《全国中小企业股份转让系统股票发行业务指引第3号——主办券商关于股票发行合法合规性意见的内容与格式（试行）》的相关规定。

第四条 主办券商出具推荐工作报告，应建立在充分了解发行人经营状况、财务状况和风险因素等相关信息的基础之上，切实履行尽职调查职责，保证报告相关内容的真实、准确、完整及报告结论的客观性。

第五条 主办券商应在推荐工作报告中对照本指南及有关规定逐项发表明确的结论性意见，并载明得出每项结论的查证过程及事实依据。

第二章 推荐工作报告必备内容

第六条 主办券商推荐工作报告应当包括以下内容：

（一）本次优先股发行是否符合豁免申请核准的条件；

（二）发行人是否符合《优先股试点管理办法》（以下简称《试点办法》）规定的发行条件；

（三）发行人是否存在《试点办法》规定的不得发行优先股的情形；

（四）发行人的财务状况、偿付能力；

（五）发行人的对外担保情况、未决诉讼或仲裁事项；

（六）本次发行优先股决策程序的合法合规性；

（七）本次优先股发行的规模、募集金额、票面股息率或发行价格的合法合规性；

（八）本次发行优先股具体条款设置的合法合规性；

（九）本次优先股发行对象的投资者适当性；

（十）本次发行优先股的风险因素；

（十一）本次发行优先股对发行人、普通股股东、其他优先股股东（如有）的影响；

（十二）本次发行涉及公司章程修改的事项；

（十三）本次发行优先股的会计处理方法，以及相关税费政策和依据；

（十四）非现金资产认购的相关事项（如有）；

（十五）主办券商认为需要说明的其他事项。

第七条　主办券商应当对本次优先股发行是否符合豁免申请核准的条件发表明确意见。

第八条　主办券商应当对发行人是否符合《试点办法》规定的发行条件逐项发表明确意见：

（一）发行人是否符合合法规范经营的条件。包括但不限于：发行人及其控股股东、实际控制人、董事、监事和高级管理人员最近十二个月内是否受到刑事处罚，或因重大违法行为受到行政处罚，或受到全国股转公司的纪律处分。发行人及其控股股东、实际控制人、董事、监事和高级管理人员是否因涉嫌犯罪正被司法机关立案侦查，或因重大违法行为受到行政机关的立案调查。重大违法行为的标准参照《全国中小企业股份转让系统股票挂牌条件适用基本标准指引（试行）》的相关规定。

（二）发行人是否符合公司治理机制健全的条件。包括但不限于：发行人是否按照《公司法》《非上市公众公司监督管理办法》的规定，建立股东大会、董事会、监事会和高级管理层组成的公司治理架构，是否制定相应的公司治理制度，并有效实施。董事会是否对公司治理的有效性进行讨论、评估。

（三）发行人是否符合依法履行信息披露义务的条件。包括但不限于：发行人是否按照相关规定，真实、准确、完整、及时、公平地披露了本次优先股发行应当披露的信息。发行人在申请普通股挂牌及挂牌期间是否规范履行了信息披露义务；是否曾因信息披露违规或违法，被全国股转公司依法采取纪律处分、被中国证监会采取监管措施或给予行政处罚。

第九条 主办券商应当对发行人是否存在《试点办法》规定的不得发行优先股的情形发表明确意见。

第十条 主办券商应根据发行人最近两个完整会计年度的财务报表和审计报告，以及最近一期（如有）的会计报表，重点分析发行人的盈利能力、偿债能力及现金流等各项财务指标。各项财务指标及相关会计科目有较大变动或异常的，应分析其原因。

第十一条 主办券商应对发行人是否真实、准确、完整地披露了以下内容发表明确意见：

（一）发行人最近一期期末的对外担保情况；

（二）对发行人财务状况、经营成果、声誉、业务活动、未来前景等可能产生较大影响的未决诉讼或仲裁，可能出现的处理结果或已生效法律文书的执行情况。

第十二条 主办券商应当对本次优先股发行的董事会、股东大会决策程序是否合法合规，是否执行了《试点办法》规定的表决权回避、分类表决（如有）等制度发表明确意见。

第十三条 主办券商应当对本次优先股发行的规模、募集金额、票面股息率或发行价格是否符合《试点办法》的规定发表明确意见。

第十四条 主办券商应当对本次发行优先股的具体条款设置是否合法合规发表明确意见，包括：

（一）优先股股东参与分配的股息率或其确定方式、股息发放的条件、股息支付方式、股息是否累积、是否参与剩余利润分配等是否明确，是否符合《试点办法》的规定；

（二）优先股设置有赎回、回售、转换为普通股（如有）等特殊条款的，特殊条款是否明确，是否符合《试点办法》的规定；

（三）优先股股东参与分类表决、优先股股东表决权的限制与恢复等安排是否明确，是否符合《试点办法》的规定；

（四）优先股的清偿顺序，每股清算金额是否明确，是否符合《试点办法》的规定。

第十五条 主办券商应当对优先股发行对象的人数和投资者适当性发表意见，包括但不限于：

（一）优先股的发行对象是否符合《试点办法》规定的投资者人数限制；

（二）优先股的发行对象是否符合《试点办法》规定的投资者适当性的要求；

（三）发行人的董事、高级管理人员及其配偶是否参与认购本公司发行的优先股。

第十六条 主办券商应当对发行人是否真实、准确、完整地披露了优先股的风险因素发表意见。

第十七条 主办券商应对发行人是否真实、准确、完整地披露了发行优先股对发行人、普通股股东、其他优先股股东（如有）的影响发表意见。

第十八条 本次优先股发行须修改公司章程的，主办券商应当对发行人是否履行了相应的修改程序，公司章程修改内容是否与定向发行优先股说明书和发行情况报告书的相关内容一致发表明确意见。

第十九条 主办券商应对本次发行优先股相关会计处理与税费政策的适用是否准确发表明确意见，包括：

（一）本次发行优先股的会计处理；

（二）本次发行优先股的股息是否在所得税前列支及其政策依据；

（三）投资者与本次发行的优先股转让、股息发放、回购等相关的税费、征收依据及缴纳方式。

第二十条 发行对象以非现金资产认购优先股的，主办券商应当参照全国股转系统股票发行的相关业务规则在推荐工作报告中发表意见。

第二十一条 若主办券商认为公司尚有未披露或未充分披露且对本次优先

股发行有影响的重大信息或事项，可以进行补充披露，并提示该信息或事项对本次优先股发行可能造成的影响。

第二十二条 主办券商法定代表人或法定代表人授权的代表、项目负责人应在推荐工作报告上签字，并加盖主办券商公章，注明报告日期。

主办券商法定代表人授权他人代为签字的，需同时提供授权委托书原件。

第三章 附 则

第二十三条 本指南由全国股转公司负责解释。

第二十四条 本指南自发布之日起实施。

全国中小企业股份转让系统优先股业务指南第 3 号
——法律意见书的内容与格式

（2015 年 09 月 21 日全国中小企业股份转让系统有限责任公司发布）

第一章 总 则

第一条 为了规范全国中小企业股份转让系统（以下简称“全国股转系统”）优先股法律意见书的编制与披露，根据《全国中小企业股份转让系统优先股业务指引（试行）》（以下简称《业务指引》）等业务规则，制定本指南。

第二条 律师事务所根据《业务指引》为优先股发行出具的法律意见书应当包括本指南第二章规定的内容。

第三条 本指南对法律意见书的格式未明确规定的，可参照《全国中小企业股份转让系统股票发行业务指引第 4 号——法律意见书的内容与格式（试行）》的相关规定。

第四条 公司聘请的律师事务所及其委派的律师（以下“律师”均指签名律师及其所任职的律师事务所），应在尽职调查基础上，按本指南的要求出具法律意见书，对照本指南及有关规定逐项发表明确意见或结论。

本指南仅是对法律意见书内容的一般性要求，本指南未明确要求，但律师认为对优先股发行有重大影响的法律问题，律师应当发表意见。

第五条 律师应在法律意见书中详尽、完整地阐述所发表意见或结论的依据、进行有关核查验证的过程、所涉及的必要资料或文件。

第六条 对不符合有关法律、法规和中国证监会、全国中小企业股份转让系统有限责任公司（以下简称“全国股转公司”）有关规定的事项，或已勤勉尽责仍不能对其法律性质或其合法性作出准确判断的事项，律师应发表保留意见，并说明相应的理由。

第七条 法律意见书应由两名以上（含两名）经办律师和其所在律师事务所的负责人签名，并经该律师事务所加盖公章、签署日期。

第二章　法律意见书的必备内容

第八条　律师应在进行充分核查验证的基础上，对本次优先股发行的下列（包括但不限于）事项明确发表结论性意见。所发表的结论性意见应包括是否合法合规、是否真实有效、是否存在纠纷或潜在风险；不存在下列事项的，也应明确说明：

（一）关于发行人是否符合《优先股试点管理办法》（以下简称《试点办法》）第四十一条规定的发行条件；

（二）发行人是否存在《试点办法》第二十五条规定的不得发行优先股相关情形；

（三）本次优先股发行是否符合豁免申请核准的条件；

（四）优先股发行规模和募集金额是否合法合规；

（五）优先股股东的表决权、分配权等条款设置，以及优先股的赎回、回售和转股（如有）等特殊条款是否合法合规；

（六）发行优先股的决策程序和定价结果是否合法合规；

（七）发行对象是否符合投资者适当性和投资者人数限制的规定；

（八）认购合同、公司章程等法律文件是否真实、合法、有效；

（九）本次优先股发行涉及的公司章程修改内容是否与定向发行优先股说明书和发行情况报告书的相关内容一致；

（十）律师事务所认为需要说明的其他事项。

第三章　附　　则

第九条　本指南由全国股转公司负责解释。

第十条　本指南自公布之日起施行。

第三编　市 场 退 出

第一章　法规规章总则

证券登记结算管理办法

（2006 年 04 月 07 日中国证券监督管理委员会发布，

2009 年 11 月 20 日修改）

第一章　总　　则

第一条　为了规范证券登记结算行为，保护投资者的合法权益，维护证券登记结算秩序，防范证券登记结算风险，保障证券市场安全高效运行，根据《证券法》、《公司法》等法律、行政法规的规定，制定本办法。

第二条　在证券交易所上市的股票、债券、证券投资基金份额等证券及证券衍生品种（以下统称"证券"）的登记结算，适用本办法。

非上市证券的登记结算业务，参照本办法执行。

境内上市外资股的登记结算业务，法律、行政法规、中国证券监督管理委员会（以下简称"中国证监会"）另有规定的，从其规定。

第三条　证券登记结算活动必须实行公开、公平、公正、安全、高效的原则。

第四条　证券登记结算机构是为证券交易提供集中登记、存管与结算服务，不以营利为目的的法人。

证券登记结算业务采取全国集中统一的运营方式，由证券登记结算机构依法集中统一办理。

证券登记结算机构实行行业自律管理。

第五条 证券登记结算活动必须遵守法律、行政法规、中国证监会的规定以及证券登记结算机构依法制定的业务规则。

第六条 中国证监会依法对证券登记结算机构及证券登记结算活动进行监督管理。

第二章 证券登记结算机构

第七条 证券登记结算机构的设立和解散,必须经中国证监会批准。

第八条 证券登记结算机构履行下列职能:

(一)证券账户、结算账户的设立和管理;

(二)证券的存管和过户;

(三)证券持有人名册登记及权益登记;

(四)证券和资金的清算交收及相关管理;

(五)受发行人的委托派发证券权益;

(六)依法提供与证券登记结算业务有关的查询、信息、咨询和培训服务;

(七)中国证监会批准的其他业务。

第九条 证券登记结算机构不得从事下列活动:

(一)与证券登记结算业务无关的投资;

(二)购置非自用不动产;

(三)在本办法第六十五条、第六十六条规定之外买卖证券;

(四)法律、行政法规和中国证监会禁止的其他行为。

第十条 证券登记结算机构的下列事项,应当报中国证监会批准:

(一)章程、业务规则的制定和修改;

(二)重大国际合作与交流活动、涉港澳台重大事务;

(三)与证券登记结算有关的主要收费项目和标准的制定或调整;

(四)董事长、副董事长、总经理和副总经理的任免;

(五)依法应当报中国证监会批准的其他事项。

前款第(一)项中所称的业务规则,是指证券登记结算机构的证券账户管理、证券登记、证券托管与存管、证券结算、结算参与人管理等与证券登记结算业务有关的业务规则。

第十一条 证券登记结算机构的下列事项和文件，应当向中国证监会报告：

（一）业务实施细则；

（二）制定或修改业务管理制度、业务复原计划、紧急应对程序；

（三）办理新的证券品种的登记结算业务，变更登记结算业务模式；

（四）结算参与人和结算银行资格的取得和丧失等变动情况；

（五）发现重大业务风险和技术风险，发现重大违法违规行为，或涉及重大诉讼；

（六）任免分公司总经理、公司总经理助理、公司部门负责人；

（七）有关经营情况和国家有关规定执行情况的年度工作报告；

（八）经会计师事务所审计的年度财务报告，财务预决算方案和重大开支项目，聘请或更换会计师事务所；

（九）与证券交易所签订的主要业务合作协议，与证券发行人、结算参与人和结算银行签订的各项业务协议的样本格式；

（十）中国证监会要求报告的其他事项和文件。

第十二条 证券登记结算机构应当妥善保存登记、存管和结算的原始凭证及有关文件和资料。其保存期限不得少于 20 年。

第十三条 证券登记结算机构对其所编制的与证券登记结算业务有关的数据和资料进行专属管理；未经证券登记结算机构同意，任何组织和个人不得将其专属管理的数据和资料用于商业目的。

第十四条 证券登记结算机构及其工作人员依法对与证券登记结算业务有关的数据和资料负有保密义务。

对与证券登记结算业务有关的数据和资料，证券登记结算机构应当拒绝查询，但有下列情形之一的，证券登记结算机构应当依法办理：

（一）证券持有人查询其本人的有关证券资料；

（二）证券发行人查询其证券持有人名册及有关资料；

（三）证券交易所、中国金融期货交易所依法履行职责要求证券登记结算机构提供相关数据和资料；

（四）人民法院、人民检察院、公安机关和中国证监会依照法定的条件和程序进行查询和取证。

证券登记结算机构应当采取有效措施，方便证券持有人查询其本人证券的持有记录。

第十五条 证券登记结算机构应当公开业务规则、与证券登记结算业务有关的主要收费项目和标准。

证券登记结算机构制定或者变更业务规则、调整证券登记结算主要收费项目和标准等，应当征求相关市场参与人的意见。

第十六条 证券登记结算机构工作人员必须忠于职守、依法办事、不得利用职务便利谋取不正当利益，不得泄露所知悉的有关单位和个人的商业秘密。

证券登记结算机构违反《证券法》及本办法规定的，中国证监会依法予以行政处罚；对直接负责的主管人员和其他直接责任人员，依法给予行政处分。

第三章 证券账户的管理

第十七条 投资者通过证券账户持有证券，证券账户用于记录投资者持有证券的余额及其变动情况。

第十八条 证券应当记录在证券持有人本人的证券账户内，但依据法律、行政法规和中国证监会的规定，证券记录在名义持有人证券账户内的，从其规定。

证券登记结算机构为依法履行职责，可以要求名义持有人提供其名下证券权益拥有人的相关资料。

第十九条 投资者开立证券账户应当向证券登记结算机构提出申请。

前款所称投资者包括中国公民、中国法人、中国合伙企业及法律、行政法规、中国证监会规章规定的其他投资者。

投资者申请开立证券账户应当保证其提交的开户资料真实、准确、完整。

第二十条 证券登记结算机构可以直接为投资者开立证券账户，也可以委托证券公司代为办理。

证券登记结算机构为投资者开立证券账户，应当遵循方便投资者和优化配置账户资源的原则。

第二十一条 证券公司代理开立证券账户，应当向证券登记结算机构申请取得开户代理资格。

证券公司代理开立证券账户，应当根据证券登记结算机构的业务规则，对投资者提供的有效身份证明文件原件及其他开户资料的真实性、准确性、完整性进行审核，并应当妥善保管相关开户资料，保管期限不得少于20年。

第二十二条 投资者不得将本人的证券账户提供给他人使用。

第二十三条 证券登记结算机构应当根据业务规则，对开户代理机构开立证券账户的活动进行监督。开户代理机构违反业务规则的，证券登记结算机构可以根据业务规则暂停、取消其开户代理资格，并提请中国证监会按照相关规定采取暂停或撤销其相关证券业务许可；对直接负责的主管人员和其他直接责任人员，单处或并处警告、罚款、撤销任职资格或证券从业资格等处罚措施。

第二十四条 证券公司应当掌握其客户的资料及资信状况，并对其客户证券账户的使用情况进行监督。证券公司发现其客户在证券账户使用过程中存在违规行为的，应当按照证券登记结算机构的业务规则处理，并及时向证券登记结算机构和证券交易所报告。涉及法人以他人名义设立证券账户或者利用他人证券账户买卖证券的，还应当向中国证监会报告，由中国证监会依法予以处罚。

第二十五条 投资者在证券账户开立和使用过程中存在违规行为的，证券登记结算机构应当依法对违规证券账户采取限制使用、注销等处置措施。

第四章 证券的登记

第二十六条 上市证券的发行人，应当委托证券登记结算机构办理其所发行证券的登记业务。

证券登记结算机构应当与委托其办理证券登记业务的证券发行人签订证券登记及服务协议，明确双方的权利义务。

证券登记结算机构应当制定并公布证券登记及服务协议的范本。

证券登记结算机构可以根据政府债券主管部门的要求办理上市政府债券的登记业务。

第二十七条 证券登记结算机构根据证券账户的记录，确认证券持有人持有证券的事实，办理证券持有人名册的登记。

第二十八条 证券公开发行后，证券发行人应当向证券登记结算机构提交已发行证券的证券持有人名册及其他相关资料。证券登记结算机构据此办理证券持有人名册的初始登记。

证券发行人应当保证其所提交资料的合法、真实、准确、完整。证券登记结算机构不承担由于证券发行人原因导致证券持有人名册及其他相关资料有误而产生的损失和法律后果。

第二十九条 证券在证券交易所上市交易的,证券登记结算机构应当根据证券交易的交收结果办理证券持有人名册的变更登记。

证券以协议转让、继承、捐赠、强制执行、行政划拨等方式转让的,证券登记结算机构根据业务规则变更相关证券账户的余额,并相应办理证券持有人名册的变更登记。

证券因质押、锁定、冻结等原因导致其持有人权利受到限制的,证券登记结算机构应当在证券持有人名册上加以标记。

第三十条 证券登记结算机构应当保证证券持有人名册和登记过户记录真实、准确、完整,不得隐匿、伪造或者毁损。

第三十一条 证券登记结算机构应当按照业务规则和协议定期向证券发行人发送其证券持有人名册及有关资料。

第三十二条 证券发行人申请办理权益分派等代理服务的,应当按照业务规则和协议向证券登记结算机构提交有关资料并支付款项。

证券发行人未及时履行上述义务的,证券登记结算机构有权推迟或不予办理,证券发行人应当及时发布公告说明有关情况。

第三十三条 证券发行人或者其清算组等终止证券登记及相关服务协议的,证券登记结算机构应当依法向其交付证券持有人名册及其他登记资料。

第五章 证券的托管和存管

第三十四条 投资者应当委托证券公司托管其持有的证券,证券公司应当将其自有证券和所托管的客户证券交由证券登记结算机构存管,但法律、行政法规和中国证监会另有规定的除外。

第三十五条 证券登记结算机构为证券公司设立客户证券总账和自有证券总账,用以统计证券公司交存的客户证券和自有证券。

证券公司应当委托证券登记结算机构维护其客户及自有证券账户，但法律、行政法规和中国证监会另有规定的除外。

第三十六条　投资者买卖证券，应当与证券公司签订证券交易、托管与结算协议。

证券登记结算机构应当制定和公布证券交易、托管与结算协议中与证券登记结算业务有关的必备条款。必备条款应当包括但不限于以下内容：

（一）证券公司根据客户的委托，按照证券交易规则提出交易申报，根据成交结果完成其与客户的证券和资金的交收，并承担相应的交收责任；客户应当同意集中交易结束后，由证券公司委托证券登记结算机构办理其证券账户与证券公司证券交收账户之间的证券划付；

（二）实行质押式回购交易的，投资者和证券公司应当按照业务规则的规定向证券登记结算机构提交用于回购的质押券。投资者和证券公司之间债权债务关系不影响证券登记结算机构按照业务规则对证券公司提交的质押券行使质押权；

（三）客户出现资金交收违约时，证券公司可以委托证券登记结算机构将客户净买入证券划付到其证券处置账户内，并要求客户在约定期限内补足资金。客户出现证券交收违约时，证券公司可以将相当于证券交收违约金额的资金暂不划付给该客户。

第三十七条　证券公司应当将其与客户之间建立、变更和终止证券托管关系的事项报送证券登记结算机构。

证券登记结算机构应当对上述事项加以记录。

第三十八条　客户要求证券公司将其持有证券转由其他证券公司托管的，相关证券公司应当依据证券交易所及证券登记结算机构有关业务规则予以办理，不得拒绝，但有关法律、行政法规和中国证监会另有规定的除外。

第三十九条　证券公司应当采取有效措施，保证其托管的证券的安全，禁止挪用、盗卖。

证券登记结算机构应当采取有效措施，保证其存管的证券的安全，禁止挪用、盗卖。

第四十条 证券的质押、锁定、冻结或扣划，由托管证券的证券公司和证券登记结算机构按照证券登记结算机构的相关规定办理。

第六章 证券和资金的清算交收

第四十一条 证券公司参与证券和资金的集中清算交收，应当向证券登记结算机构申请取得结算参与人资格，与证券登记结算机构签订结算协议，明确双方的权利义务。

没有取得结算参与人资格的证券公司，应当与结算参与人签订委托结算协议，委托结算参与人代其进行证券和资金的集中清算交收。

证券登记结算机构应当制定并公布结算协议和委托结算协议范本。

第四十二条 证券登记结算机构应当选择符合条件的商业银行作为结算银行，办理资金划付业务。

结算银行的条件，由证券登记结算机构制定。

第四十三条 证券和资金结算实行分级结算原则。证券登记结算机构负责办理证券登记结算机构与结算参与人之间的集中清算交收；结算参与人负责办理结算参与人与客户之间的清算交收。

第四十四条 证券登记结算机构应当设立证券集中交收账户和资金集中交收账户，用以办理与结算参与人的证券和资金的集中清算交收。

结算参与人应当根据证券登记结算机构的规定，申请开立证券交收账户和资金交收账户用以办理证券和资金的交收。同时经营证券自营业务和经纪业务的结算参与人，应当申请开立自营证券、资金交收账户和客户证券、资金交收账户分别用以办理自营业务的证券、资金交收和经纪业务的证券、资金交收。

第四十五条 证券登记结算机构采取多边净额结算方式的，应当根据业务规则作为结算参与人的共同对手方，按照货银对付的原则，以结算参与人为结算单位办理清算交收。

第四十六条 证券登记结算机构与参与多边净额结算的结算参与人签订的结算协议应当包括下列内容：

（一）对于结算参与人负责结算的证券交易合同，该合同双方结算参与人向对手方结算参与人收取证券或资金的权利，以及向对手方结算参与人支付资金或证券的义务一并转让给证券登记结算机构；

（二）受让前项权利和义务后，证券登记结算机构享有原合同双方结算参与人对其对手方结算参与人的权利，并应履行原合同双方结算参与人对其对手方结算参与人的义务。

第四十七条　证券登记结算机构进行多边净额清算时，应当将结算参与人的证券和资金轧差计算出应收应付净额，并在清算结束后将清算结果及时通知结算参与人。

证券登记结算机构采取其他结算方式的，应当按照相关业务规则进行清算。

第四十八条　集中交收前，结算参与人应当向客户收取其应付的证券和资金，并在结算参与人证券交收账户、结算参与人资金交收账户留存足额证券和资金。

结算参与人与客户之间的证券划付，应当委托证券登记结算机构代为办理。

第四十九条　集中交收过程中，证券登记结算机构应当在交收时点，向结算参与人收取其应付的资金和证券，同时交付其应收的证券和资金。交收完成后不可撤销。

结算参与人未能足额履行应付证券或资金交收义务的，不能取得相应的资金或证券。

对于同时经营自营业务以及经纪业务或资产管理业务的结算参与人，如果其客户资金交收账户资金不足的，证券登记结算机构可以动用该结算参与人自营资金交收账户内的资金完成交收。

第五十条　集中交收后，结算参与人应当向客户交付其应收的证券和资金。

结算参与人与客户之间的证券划付，应当委托证券登记结算机构代为办理。

第五十一条　证券登记结算机构应当在结算业务规则中对结算参与人与证券登记结算机构之间的证券和资金的集中交收以及结算参与人与客户之间的证券和资金的交收期限分别做出规定。

结算参与人应当在规定的交收期限内完成证券和资金的交收。

第五十二条 因证券登记结算机构的原因导致清算结果有误的，结算参与人在履行交收责任后可以要求证券登记结算机构予以纠正，并承担结算参与人遭受的直接损失。

第七章 风险防范和交收违约处理

第一节 风险防范和控制措施

第五十三条 证券登记结算机构应当采取下列措施，加强证券登记结算业务的风险防范和控制：

（一）制定完善的风险防范制度和内部控制制度；

（二）建立完善的技术系统，制定由结算参与人共同遵守的技术标准和规范；

（三）建立完善的结算参与人和结算银行准入标准和风险评估体系；

（四）对结算数据和技术系统进行备份，制定业务紧急应变程序和操作流程。

第五十四条 证券登记结算机构应当与证券交易所相互配合，建立证券市场系统性风险的防范制度。

证券登记结算机构应当与证券交易所签订业务合作协议，明确双方的权利义务。

第五十五条 证券登记结算机构应当按照结算风险共担的原则，组织结算参与人建立证券结算互保金，用于在结算参与人交收违约时保障交收的连续进行。

证券结算互保金的筹集、使用、管理和补缴办法，由证券登记结算机构在业务规则中规定。

第五十六条 证券登记结算机构可以视结算参与人的风险状况，采取要求结算参与人提供交收担保等风险控制措施。

结算参与人提供交收担保的具体标准，由证券登记结算机构根据结算参与人的风险程度确定和调整。

证券登记结算机构应当将结算参与人提交的交收担保物与其自有资产隔离，严格按结算参与人分户管理，不得挪用。

第五十七条　结算参与人可以在其资金交收账户内，存放证券结算备付金用于完成交收。

证券登记结算机构应当将结算参与人存放的结算备付金与其自有资金隔离，严格按结算参与人分户管理，不得挪用。

第五十八条　证券登记结算机构应当对质押式回购实行质押品保管库制度，将结算参与人提交的用于融资回购担保的质押券转移到质押品保管库。

第五十九条　证券登记结算机构收取的下列资金和证券，只能按业务规则用于已成交的证券交易的清算交收，不得被强制执行：

（一）证券登记结算机构收取的证券结算风险基金、证券结算互保金，以及交收担保物、回购质押券等用于担保交收的资金和证券；

（二）证券登记结算机构根据本办法设立的证券集中交收账户、资金集中交收账户、专用清偿账户内的证券和资金以及根据业务规则设立的其他专用交收账户内的证券和资金；

（三）结算参与人证券交收账户、结算参与人证券处置账户等结算账户内的证券以及结算参与人资金交收账户内根据成交结果确定的应付资金；

（四）根据成交结果确定的投资者进入交收程序的应付证券和资金；

（五）证券登记结算机构在银行开设的结算备付金等专用存款账户、新股发行验资专户内的资金，以及发行人拟向投资者派发的债息、股息和红利等。

第六十条　证券登记结算机构可以根据组织管理证券登记结算业务的需要，按照有关规定申请授信额度，或将专用清偿账户中的证券用于申请质押贷款，以保障证券登记结算活动的持续正常进行。

第二节　集中交收的违约处理

第六十一条　证券登记结算机构应当设立专用清偿账户，用于在结算参与人发生违约时存放暂不交付或扣划的证券和资金。

第六十二条　结算参与人发生资金交收违约时，应当按照以下程序办理：

（一）违约结算参与人应当向证券登记结算机构发送证券交收划付指令，在该结算参与人当日全部应收证券中指定相当于已交付资金等额的证券种类、数量及对应的证券账户，由证券登记结算机构交付结算参与人；并指定相当于不足金额的证券种类和数量，由证券登记结算机构暂不交付给结算参与人。

（二）证券登记结算机构在规定期限内收到有效证券交收划付指令的，应当依据结算业务规则将相应证券交付结算参与人，将暂不交付的证券划入专用清偿账户，并通知该结算参与人在规定的期限内补足资金或提交交收担保。

证券登记结算机构在规定期限内未收到有效证券交收划付指令的，属于结算参与人重大交收违约情形，证券登记结算机构应当将拟交付给结算参与人的全部证券划入专用清偿账户，暂不交付结算参与人，并通知结算参与人在规定的期限内补足资金或提交交收担保。

暂不交付的证券、补充资金或交收担保不足以弥补违约金额的，证券登记结算机构可以扣划该结算参与人的自营证券，并在转入专用清偿账户后通知结算参与人。

第六十三条 结算参与人发生资金交收违约的，证券登记结算机构应当按照下列顺序动用资金，完成与对手方结算参与人的资金交收：

（一）违约结算参与人的担保物中的现金部分；

（二）证券结算互保金中违约结算参与人交纳的部分；

（三）证券结算互保金中其他结算参与人交纳的部分；

（四）证券结算风险基金；

（五）其他资金。

第六十四条 结算参与人发生证券交收违约时，证券登记结算机构有权暂不交付相当于违约金额的应收资金。

证券登记结算机构应当将暂不划付的资金划入专用清偿账户，并通知该结算参与人。结算参与人应当在规定的期限内补足证券，或者提供证券登记结算机构认可的担保。

第六十五条 结算参与人发生证券交收违约的，证券登记结算机构可以动用下列证券，完成与对手方结算参与人的证券交收：

（一）违约结算参与人提交的用以冲抵的相同证券；

（二）委托证券公司以专用清偿账户中的资金买入的相同证券；

（三）其他来源的相同证券。

第六十六条 违约结算参与人未在规定的期间内补足资金、证券的，证券登记结算机构可以处分违约结算参与人所提供的担保物、质押品保管库中的回购质押券、卖出专用清偿账户内的证券。

前款处置所得，用于补足违约结算参与人欠付的资金、证券和支付相关费用；有剩余的，应当归还该相关违约结算参与人；不足偿付的，证券登记结算机构应当向相关违约结算参与人追偿。

在规定期限内无法追偿的证券或资金，证券登记结算机构可以依法动用证券结算互保金和证券结算风险基金予以弥补。依法动用证券结算互保金和证券结算风险基金弥补损失后，证券登记结算机构应当继续向违约结算参与人追偿。

第六十七条 结算参与人发生资金交收违约或证券交收违约的，证券登记结算机构可以按照有关规定收取违约金。证券登记结算机构收取的违约金应当计入证券结算风险基金。

第六十八条 结算参与人发生重大交收违约情形的，证券登记结算机构可以按照以下程序办理：

（一）暂停、终止办理其部分、全部结算业务，以及中止、撤销结算参与人资格，并提请证券交易所采取停止交易措施。

（二）提请中国证监会按照相关规定采取暂停或撤销其相关证券业务许可；对直接负责的主管人员和其他直接责任人员，单处或并处警告、罚款、撤销任职资格或证券从业资格的处罚措施。

证券登记结算机构提请证券交易所采取停止交易措施的具体办法由证券登记结算机构商证券交易所制订，报中国证监会批准。

第六十九条 证券登记结算机构依法动用证券结算互保金和证券结算风险基金，以及对违约结算参与人采取前条规定的处置措施的，应当在证券登记结算机构年度报告中列示。

第三节 结算参与人与客户交收的违约处理

第七十条 结算参与人可以根据证券登记结算机构的规定，向证券登记结算机构申请开立证券处置账户，用以存放暂不交付给客户的证券。

第七十一条 结算参与人可以视客户的风险状况，采取包括要求客户提供交收担保在内的风险控制措施。

客户提供交收担保的具体标准，由结算参与人与客户在证券交易、托管与结算协议中明确。

第七十二条 客户出现资金交收违约时，结算参与人可以发出指令，委托证券登记结算机构将客户净买入证券划付到其证券处置账户内，并要求客户在约定期限内补足资金。

第七十三条 客户出现证券交收违约时，结算参与人可以将相当于证券交收违约金额的资金暂不划付给该客户。

第七十四条 违约客户未在规定的期间内补足资金、证券的，结算参与人可以将证券处置账户内的相应证券卖出，或用暂不交付的资金补购相应证券。

前款处置所得，用于补足违约客户欠付的资金、证券和支付相关费用；有剩余的，应当归还该客户；尚有不足的，结算参与人有权继续向客户追偿。

第七十五条 结算参与人未及时将客户应收资金支付给客户或未及时委托证券登记结算机构将客户应收证券从其证券交收账户划付到客户证券账户的，结算参与人应当对客户承担违约责任，给客户造成损失的，结算参与人应当承担对客户的赔偿责任。

第七十六条 客户对结算参与人交收违约的，结算参与人不能因此拒绝履行对证券登记结算机构的交收义务，也不得影响已经完成和正在进行的证券和资金的集中交收及证券登记结算机构代为办理的证券划付。

第七十七条 没有取得结算参与人资格的证券公司与其客户之间的结算权利义务关系，参照本办法执行。

第八章 附 则

第七十八条 本办法下列用语的含义是：

登记，是指证券登记结算机构接受证券发行人的委托，通过设立和维护证券持有人名册确认证券持有人持有证券事实的行为。

托管，是指证券公司接受客户委托，代其保管证券并提供代收红利等权益维护服务的行为。

存管，是指证券登记结算机构接受证券公司委托，集中保管证券公司的客户证券和自有证券,并提供代收红利等权益维护服务的行为。

结算,是指清算和交收。

清算,是指按照确定的规则计算证券和资金的应收应付数额的行为。

交收,是指根据确定的清算结果,通过转移证券和资金履行相关债权债务的行为。

名义持有人,是指受他人指定并代表他人持有证券的机构。

结算参与人,是指经证券登记结算机构核准,有资格参与集中清算交收的证券公司或其他机构。

共同对手方,是指在结算过程中,同时作为所有买方和卖方的交收对手并保证交收顺利完成的主体。

货银对付,是指证券登记结算机构与结算参与人在交收过程中,当且仅当资金交付时给付证券、证券交付时给付资金。

多边净额结算,是指证券登记结算机构将每个结算参与人所有达成交易的应收应付证券或资金予以冲抵轧差,计算出相对每个结算参与人的应收应付证券或资金的净额,再按照应收应付证券或资金的净额与每个结算参与人进行交收。

证券集中交收账户,是指证券登记结算机构为办理多边交收业务开立的结算账户,用于办理结算参与人与证券登记结算机构之间的证券划付。

资金集中交收账户,是指证券登记结算机构为办理多边交收业务开立的结算账户,用于办理结算参与人与证券登记结算机构之间的资金划付。

结算参与人证券交收账户,是指结算参与人向证券登记结算机构申请开立的用于证券交收的结算账户。对于同时经营自营业务以及经纪业务或资产管理业务的结算参与人,其证券交收账户包括自营证券交收账户和客户证券交收账户。

结算参与人资金交收账户,是指结算参与人向证券登记结算机构申请开立的用于资金交收的结算账户。对于同时经营自营业务以及经纪业务或资产管理业务的结算参与人,其资金交收账户包括自营资金交收账户和客户资金交收账户。

专用清偿账户，是指证券登记结算机构开立的结算账户，用于存放结算参与人交收违约时证券登记结算机构暂未交付、扣划的证券和资金。

证券处置账户，是指结算参与人向证券登记结算机构申请开立的结算账户，用于存放客户交收违约时证券公司暂不交付给客户的证券。

质押品保管库，是指证券登记结算机构开立的质押品保管专用账户，用于存放结算参与人提交的用于回购的质押券等质押品。

证券结算备付金，是指结算参与人在其资金交收账户内存放的用于完成资金交收的资金。

证券结算互保金，是指全体结算参与人缴纳的用以在发生交收违约时弥补流动性不足以及交收违约损失的资金。

第七十九条 证券公司以外的机构经中国证监会批准，可以接受证券登记结算机构委托为投资者开立证券账户、可以接受投资者委托托管其证券，或者申请成为结算参与人为客户办理证券和资金的清算交收，有关证券登记结算业务处理参照本办法执行。

第八十条 本办法由中国证监会负责解释、修订。

第八十一条 本办法自 2006 年 7 月 1 日起施行。

上海市产权交易项目中止和终止暂行规定

(2006年12月28日上海市产权交易管理办公室发布)

第一条(依据)

为维护本市产权交易市场正常的交易秩序,保障各方的合法权益,根据国务院国资委、财政部发布的《企业国有产权转让管理暂行办法》、上海市人民政府发布的《上海市产权交易市场管理办法》等相关规定,制定本规定。

第二条(适用范围)

在上海联合产权交易所(以下称"联交所")进行的产权交易项目的中止和终止(以下称"中止"和"终止"),适用本规定。

第三条(含义)

本规定所称的中止,是指产权交易进程中,出现妨碍交易活动且严重影响交易按规定程序正常实施的情形时,联交所将该交易项目予以暂停的行为;

本规定所称的终止,是指产权交易进程中,出现妨碍交易活动且严重影响交易按规定程序正常实施的情形,经调查核实并确认无法被消除时,联交所将该交易项目予以终结的行为。

第四条(联交所职责)

联交所可以依申请中止、终止交易项目,也可以经审查直接作出中止、终止的决定。

联交所在受理申请,作出中止或终止决定过程中以及中止期间应当进行调查核实、组织调解,以维护产权交易市场正常的交易秩序。

第五条(监管部门)

上海市产权交易管理办公室(以下称"市产管办")负责对产权交易项目的中止和终止进行监督,核查处理有关当事人对联交所作出的中止和终止决定提出的异议申请。

第六条(中止情形)

出让方、意向受让方或其他相关主体在产权交易过程中发现以下情形的,应向联交所提出中止申请,由联交所作出中止或不予中止的决定;联交所也可以根据下列情形直接作出中止的决定:

(一)标的产权存在以下情形的:

1. 标的产权权属不清或者存在权属纠纷的;

2. 标的产权或标的企业主要资产被查封、扣押、冻结的;

3. 标的企业资产状况、财务状况、经营状况发生重大变化影响继续交易的;

(二)产权出让方、出让标的企业在进场交易前存在以下情形的:

1. 出让方、出让标的企业不履行相应的内部决策程序、批准程序或者超越权限、擅自转让产权的;

2. 出让方、出让标的企业故意隐匿应当纳入评估范围的资产,或者向中介机构提供虚假会计资料,导致审计、评估结果失真,以及未经审计、评估,可能造成国有资产流失的;

3. 出让方、出让标的企业未按规定妥善安置职工、接续社会保险关系、处理拖欠职工各项债务以及未补缴欠缴的各项社会保险费,可能侵害职工合法权益的;

4. 出让方未按规定落实转让标的企业的债权债务、非法转移债权或者逃避债务清偿责任的;

5. 以企业产权作为担保,在转让该产权时,未经担保权人同意的;

(三)进场交易过程中存在以下情形的:

1. 产权出让方或意向受让方主体资格存在瑕疵或提供的材料虚假、失实或不完整的;

2. 出让方提出的出让条件和受让方的资格条件中出现不正当的限制性要求、具有明确指向性或者违反公平竞争内容的,但国家法律法规另有规定的除外;

3. 企业国有产权向管理层转让,《产权转让公告》未按规定披露信息,以及管理层对企业经营业绩下降负有直接责任或无法提供受让资金来源相关证明的；

4. 出让方扰乱交易秩序或者故意设置障碍，阻碍意向受让方及其受托执业会员开展尽职调查，对符合条件的意向受让方不予资格确认的；

5. 意向受让方或其受托执业会员借尽职调查之名，通过获取出让方或标的企业的商业秘密，侵害出让方或标的企业合法权益的；

6. 出让文件和挂牌文件内容不一致，交易双方有较大争议的；

7. 意向受让方或出让方在竞价过程中违反约定竞价规则，扰乱竞价秩序的；

8. 意向受让方在产权转让竞价中，恶意串通压低价格，可能造成国有资产流失的；

9. 意向受让方弄虚作假、以他人名义参与竞价，扰乱竞价交易活动的正常秩序，损害国家利益、公众利益或者他人合法权益的；

10. 意向受让方对出让方、评审委、联交所工作人员或其他相关人员采取施加影响、行贿等不正当竞争手段，影响竞价公正性的；

（四）法律法规规定的其他违规事项、当事人之间存在重大争议纠纷或其他严重影响交易的情况。

第七条(中止申请)

当事人已经委托产权经纪机构代理交易的，应当通过产权经纪机构提交中止申请；其他当事人可以委托产权经纪机构提交中止申请。

当事人提交中止申请，应当提供相关证据和事由说明。通过产权经纪机构提交申请的，产权经纪机构应当对申请材料进行核实，就中止申请的提出和协调处理向当事人提供符合本规定的服务。

第八条(受理)

联交所在收到中止申请后，应仔细审查申请材料的齐全性、完整性，并在收到申请次日起 2 个工作日内决定是否受理。

第九条(作出中止或不予中止决定)

交易项目中止申请受理后，联交所应当对申请材料的合法性、有效性和所提出的中止情形进一步审核，并在受理当事人中止申请次日起 5 个工作日内作出交易中止或不予中止的决定。

作出中止决定的，应当出具中止决定书，确定中止期限，并在联交所网站上进行公布；作出不予中止决定的，联交所应向申请人书面说明不予中止的理由。

交易项目中止，自中止决定作出之日起执行。

联交所作出中止或不予中止的决定，应当抄送市产管办备案。

第十条(中止期限)

产权交易项目的中止期限由联交所根据交易项目具体情况确定，一般不超过30天。中止期限届满后，联交所可以根据当事人的要求和核实处理情况向市产管办申请予以延长，延长期限由市产管办批准。

第十一条(异议申请)

申请人对联交所作出的不予中止决定存在异议的，可以向市产管办提出异议申请；其他当事人对联交所作出的中止决定存在异议的，可以在中止期限内向市产管办提出异议申请。

第十二条(调查和调解)

交易项目中止期间，联交所应尽快对中止事项进行调查或组织双方当事人对争议事项进行调解。联交所可以通过相关部门或委托中介机构对违规事实的真实性进行核实，当事人主张请求或者反对对方请求的，应当提供证据。

联交所在中止期限内，可以依据有关规定、规则和调查调解情况，作出责令限期改正、取消意向受让方资格、扣除保证金等书面决定。

第十三条(恢复交易、终止交易项目)

导致交易活动不能按规定程序正常实施的情形消除后，联交所应当尽快恢复交易，并出具书面意见。

交易各方当事人在中止期限届满后仍未能消除致使中止的情形或不能通过调解达成共识的，联交所可以作出交易项目终止的决定。

联交所作出恢复交易、终止交易项目决定的，应当事先将有关情况向市产管办通报；作出恢复交易、终止交易项目决定后，应当抄送市产管办备案。

第十四条(直接终止情形)

出让方、意向受让人或其他相关主体可以直接向联交所提出终止申请，由联交所作出终止或不予终止的决定。联交所也可以根据下列情形直接作出终止的决定：

（一）标的产权因不可抗力毁损、灭失；

（二）标的企业解散、吊销营业执照或依法被注销的；

（三）出让企业或受让企业解散，或依法被注销的；

（四）出让方或意向受让方为自然人，丧失民事行为能力或死亡的；

（五）出让方无故不推进产权交易进程，经联交所催办仍不作为的。

第十五条（直接终止申请）

当事人已经委托产权经纪机构代理交易的，应当通过产权经纪机构提交终止申请；其他当事人可以委托产权经纪机构提交终止申请。

当事人提交终止申请，应当提供相关证据和事由说明。通过产权经纪机构提交申请的，产权经纪机构应当进行核实，就终止申请的提出和协调处理向当事人提供符合本规定的服务。

第十六条（直接终止申请的受理）

联交所在收到终止申请后，应仔细审查申请材料的齐全性、完整性，并在收到申请次日起 2 个工作日内决定是否受理。

第十七条（直接终止交易项目）

联交所受理符合规定的终止申请后，应当在受理当事人终止申请次日起 7 个工作日内作出终止或不予终止的决定。

联交所直接终止交易项目的，应当事先将有关情况向市产管办通报；作出直接终止交易项目的决定后，应当抄送市产管办备案。

当事人或利益相关第三人对直接终止交易申请中的情形存在异议的，联交所应当先中止交易，在中止期间对该事项进行必要的调查核实。联交所在直接终止审查过程中中止交易项目的，应符合本规定关于中止和终止的程序和规定。

第十八条（公平公正审议委员会）

市产管办认为必要时，可以将涉及中止、终止的争议事项或违规事项提交产权交易市场公平公正审议委员会审议。公平公正审议委员会的审议意见应当作为解决纠纷、处理违规事项的主要依据。

第十九条(责任承担)

因当事人违规造成交易项目中止或终止的,当事人应向联交所承担违规责任,并赔偿联交所损失;

因当事人违规造成交易相对方损失的,由有过错的一方负损害赔偿的责任;如果双方都有过错的,按照过错大小分别承担责任。

产权经纪机构在委托人存有本规定第六条相关情形而违反交易规则、扰乱交易秩序时,没有及时发现并予以劝阻的,应当承担相应责任。

第二十条(市产管办监管职责)

联交所工作人员在交易过程中串通交易主体扰乱市场秩序,违反市场规则,侵害他人权益或公共权益、谋取不正当利益的;出现对应当中止或终止的交易项目未予以中止或终止的以及存在其他消极不作为情形的,由市产管办依照本规定要求联交所中止或终止交易项目并予以查处。

联交所作出中止交易项目、恢复交易、终止交易项目等决定不适当的,市产管办可以要求联交所变更决定。

第二十一条(解释)

本规定由市产管办负责解释。

第二十二条(施行)

本规定自2007年1月1日起施行。

上海产权交易市场产权交易价款结算管理规则

（2007 年 12 月 21 日上海市产权交易管理办公室发布）

第一条　为规范产权交易价款结算行为，保护产权交易主体的合法权益，防范产权交易价款结算风险，保证产权交易价款结算的安全，根据《上海市产权交易市场管理办法》（上海市人民政府令第 36 号）以及《上海市产权交易市场管理办法实施细则》（沪国资委产〔2005〕284 号）的有关规定，制定本规则。

第二条　本规则适用于在上海联合产权交易所（以下称"联交所"）进行的产权交易的价款结算行为。

第三条　产权交易价款结算活动应当遵循公正、安全、高效的原则。

第四条　联交所实行产权交易价款统一结算制度，开设独立的产权交易价款结算账户，统一收付产权交易价款。

第五条　本规则所称的产权交易价款，是指产权交易双方在《产权交易合同》中约定的一次付清的交易款项或者采取分期付款方式的首期付款额。

本规则所称的结算，是指产权交易主体按照确定的应收应付的价款数额，通过联交所的价款结算部门支付资金，履行相关权利义务或者债权债务的行为。

第六条　联交所应当为产权交易建立完善的价款结算系统，为产权交易提供高效、安全的价款结算服务，具体履行产权交易价款结算账户的日常管理、产权交易价款的清算交收及相关管理、督促相关主体交付价款等职能。

第七条　产权交易价款统一以人民币计价结算。

第八条　产权交易价款按下列流程进行结算：

（一）产权交易双方签订《产权交易合同》后，联交所按照合同约定，向受让方出具《产权交易价款汇入通知书》，督促受让方在合同约定的时限内交付产权交易价款。

（二）受让方将产权交易价款划入联交所产权交易价款结算账户，联交所向受让方出具产权交易价款交割凭证。

（三）联交所在收到产权交易价款之日起的 3 个工作日内，将产权交易价款划入出让方指定的银行账户，同时由出让方授权的经办人员在产权交易价款交割凭证上签字确认。

第九条 联交所应当按照中国人民银行同期的活期存款利率，向资金的接收方一并支付相关的产权交易价款在产权交易价款结算账户滞留期间所滋生的利息。

第十条 产权交易价款原则上不能由第三方代为收付。确需第三方代为收付的，需提交相关的书面授权说明。

第十一条 除人民法院、人民检察院、公安机关、纪检监察部门以及市场监管机构依照法定的条件和程序进行查询和取证外，联交所及其工作人员应当对与产权交易价款结算业务有关的数据和资料负有保密义务。

第十二条 产权交易价款结算的具体操作流程由联交所依据本规则制订，并报市产管办审核后执行。

第十三条 本规则自 2008 年 3 月 1 日起施行。

第二章　相关业务规定

上海股权托管交易中心
非上市股份有限公司股份转让登记结算业务规则

（2012年02月14日上海股权托管交易中心发布）

第一章　总　　则

第一条　为规范上海股权托管交易中心（以下简称“上海股交中心”）非上市股份有限公司（以下简称“非上市公司”）股份转让的登记结算业务，明确参与各方的权利义务，防范登记结算业务风险，根据《上海股权托管交易中心非上市股份有限公司股份转让业务暂行管理办法》等有关规定，制定本规则。

第二条　非上市公司应在取得上海股交中心同意挂牌的通知后，向上海股交中心申请办理全部股份的集中登记。

第三条　上海股交中心设立电子化股份登记簿记系统，实行股份的无纸化管理，依据电子登记簿记系统记录的结果，确认股份持有人持有股份的事实。电子登记簿记系统记录采取整数位，记录股份数量的最小单位为壹股。

第四条　上海股交中心按照货银对付的原则，为挂牌公司的股份转让提供逐笔全额非担保交收服务。

第五条　登记结算各方应按上海股交中心相关规定交纳登记结算相关费用。

第二章　账 户 管 理

第六条　投资者应持有有关股份转让账户和资金账户参与挂牌公司股份的

转让。

第七条 股份转让账户的开立、挂失补办、资料查询、资料变更和账户注销等业务,按照上海股交中心相关规定办理。

第三章 登记托管

第八条 非上市公司在获得上海股交中心关于同意挂牌的通知及股份简称和代码后,与上海股交中心签订非上市股份有限公司进入上海股权托管交易中心挂牌协议书,办理股份初始登记。股份登记采取申报制,上海股交中心对非上市公司提交的申请材料进行形式审核。非上市公司应对申请材料的真实性、准确性与完整性负责。

第九条 非上市公司申请办理股份初始登记时,应提供以下申请材料:

(一)股份登记申请;

(二)上海股交中心同意挂牌的通知;

(三)股份公司设立的批文;

(四)签字盖章的公司进入上海股权托管交易中心挂牌协议书;

(五)公司股东名册;

(六)涉及司法冻结或质押登记的,还需提供司法协助执行、质押登记相关申请材料;

(七)公司董事、监事及高级管理人员持股名册和其他依法依约需限售的持股名册;

(八)公司有效的营业执照复印件、法定代表人证明书、法定代表人授权委托书;

(九)上海股交中心要求的其他材料。

第十条 上海股交中心对上述材料审核无误后,办理股份预登记,向非上市公司出具预登记持有人名册清单。

非上市公司核对确认预登记持有人名册清单、签字盖章后,上海股交中心完成股份登记,并出具股份登记确认书。

第十一条 上海股交中心依据股份转让系统股份转让的交收结果,办理挂牌公司股份的变更登记。

挂牌公司股份涉及的司法裁决、继承、特殊情况下的协议转让等非转让变更登记业务，参照上海股交中心相关业务规则办理。

第十二条 投资者应将其持有的挂牌公司股份托管于上海股交中心，法律法规另有规定的除外。

第十三条 挂牌公司进行送股、转增或派息等权益分派，应向上海股交中心提出申请，并与上海股交中心商定权益登记日(R 日)。

送股、转增或派息等权益于R+1 日到账。

第十四条 挂牌公司委托上海股交中心派息，必须在 R－1 日将派息款及相关税费足额划至上海股交中心指定账户。上海股交中心于 R+1 日将派息款划至交易结算资金管理总账户，并逐笔簿记相关投资者资金账户。

挂牌公司不能在规定期限内划入相关款项的，应及时通知上海股交中心，并刊登延期实施公告。

第十五条 挂牌公司股份依法依约需进行限售或解除限售的，由挂牌公司向上海股交中心提出书面申请，上海股交中心确认后办理相关登记手续。

第十六条 挂牌公司因召开股东大会、自行派息或上海股交中心认可的其他原因，可以向上海股交中心申请领取挂牌公司股东名册。

第十七条 挂牌公司可通过电子或书面的方式申领其公司股东名册，可通过当面或邮寄等方式接收挂牌公司股东名册。

第十八条 挂牌公司股份终止挂牌后，挂牌公司应及时到上海股交中心办理股份的退出登记手续。

第十九条 挂牌公司未按规定办理股份退出登记手续的，上海股交中心可将其股份登记数据和资料送达该挂牌公司，并由公证机关进行公证，视同该挂牌公司股份退出登记手续办理完毕。

第二十条 挂牌公司股份退出登记办理完毕后，上海股交中心在指定网站发布关于终止为挂牌公司提供股份登记服务的公告。

第四章 清算交收

第二十一条 上海股交中心依据客户的委托，负责办理客户的股份和资金的清算交收。

第二十二条 上海股交中心使用交易结算资金管理账户、股份转让账户和资金结算账户，对股份和资金进行逐笔全额、非担保交收。

第二十三条 股份转让系统股份转让的交收日为每个转让 T 日（以下简称“T 日”），T 日最终交收时点为 15:00。

在 T 日最终交收时点，上海股交中心验证投资者是否拥有足额的可转让股份或资金用于交收，股份或资金余额不足的，交收失败。

第二十四条 T 日终，上海股交中心根据股份转让系统的挂牌公司股份转让成交数据，逐笔清算应收、应付的股份及资金，同一转让日内每笔股份转让业务不进行轧差计算。

第二十五条 对 T 日股份转让系统清算的应收、应付股份及资金，上海股交中心于 T 日清算时办理资金记账及股份过户登记。在清算交收后，上海股交中心将投资者资金结算账户发生明细和余额发送到投资者的资金存管银行，用于簿记投资者的交易结算资金管理账户和余额核对。

投资者 T 日委托卖出的未成交的挂牌公司股份，相应委托在 T 日清算时失效，有关股份在 T+1 日可继续申报卖出。

投资者 T 日买入的挂牌公司股份在交收成功后，于 T+5 日可用。

投资者 T 日的未成交买入委托，在 T 日清算时失效。

第二十六条 上海股交中心为股份转让系统股份转让提供逐笔全额非担保交收服务。由于股份或资金余额不足导致的交收失败，上海股交中心不承担法律责任。

第二十七条 交收失败的违约方承担交收失败的责任，同时上海股交中心将其交收违约记录记入相关诚信档案。

第五章 附 则

第二十八条 本规则由上海股交中心负责解释。

第二十九条 本规则经上海市金融服务办公室批准后实施。

中国证券登记结算有限责任公司关于公布《中国证券登记结算有限责任公司关于全国中小企业股份转让系统登记结算业务实施细则》的通知

（2013年12月30日发布）

各市场参与人：

为规范全国中小企业股份转让系统（以下简称“全国股份转让系统”）的股票转让登记结算业务，我公司制定了《中国证券登记结算有限责任公司关于全国中小企业股份转让系统登记结算业务实施细则》（以下简称《细则》，见附件）。经中国证监会批准，现予公布。《细则》将在有关各方完成业务和技术准备后实施，具体时间另行通知。

请各结算参与人及相关机构按照我公司要求完成登记结算业务准备和技术系统的开发改造工作，及时做好《细则》实施的各项准备。《细则》实施前，全国股份转让系统登记结算业务仍按《全国中小企业股份转让系统过渡期登记结算暂行办法》执行。

特此通知。

中国证券登记结算有限责任公司

2013年12月30日

附

中国证券登记结算有限责任公司关于全国中小企业股份转让系统登记结算业务实施细则

第一章 总 则

第一条 为规范在全国中小企业股份转让系统（以下简称“全国股份转让系统”）挂牌的非上市公众公司（以下简称“挂牌公司”）股票转让登记结算业务，明确参与各方的权利义务，防范登记结算业务风险，根据《公司法》《证券法》《证券登记结算管理办法》《非上市公众公司管理办法》和《全国中小企业股份转让系统有限责任公司管理暂行办法》等法律法规、部门规章的规定，以及中国证券登记结算有限责任公司（以下简称“本公司”）有关业务规则，制定本细则。

第二条 本细则适用于拟在和已在全国股份转让系统挂牌股票的登记、存管及结算业务。本细则未作规定的，适用本公司其他相关业务规定。

第三条 本公司设立电子化证券簿记系统，实行股份的无纸化管理，依据电子证券簿记系统记录的结果，确认股份持有人持有股份的事实。电子化证券簿记系统记录采取整数位，记录股份数量的最小单位为壹股。

第四条 本公司可作为结算参与人的共同对手方，对挂牌公司股票转让提供多边净额清算、担保交收服务（以下简称“多边净额结算”）；也可根据股票转让业务的具体情况及市场需求，不作为共同对手方，提供逐笔全额结算等其他结算服务。

第二章 账户管理

第一节 证券账户

第五条 投资者参与挂牌公司股票转让应当使用在本公司开立的证券账户。

做市商应开立专用证券账户用以开展做市业务。做市专用证券账户只能用于其做市股票的交易，不能用于其他交易。

第六条 证券账户的开立、资料查询、资料变更和注销等业务，按照本公司证券账户管理相关业务规则办理。

第七条 挂牌公司股份应当记录在股份持有人以本人名义开立的证券账户中。

符合法律、行政法规和中国证券监督管理委员会（以下简称“中国证监会”）规定的，股份也可以记录在名义持有人名下；名义持有人应当负责记录其名下权益拥有人持有的股份余额及其变更情况，也可以委托本公司进行记录。名义持有人应该按本公司的要求向本公司提供其名下的权益拥有人资料。

第二节 清算交收账户

第八条 本公司可根据业务需要，在结算系统中以本公司的名义开立如下清算交收账户：

（一）证券集中交收账户，用以办理本公司与结算参与人的证券集中交收。

（二）资金集中交收账户，用以办理本公司与结算参与人的资金集中交收。

（三）专用清偿证券账户，用以存放本公司扣划的交收违约结算参与人自营类待处分证券或其指定的其他待处分证券。该账户可用于为完成集中交收违约处理而进行的证券买卖。

（四）专用清偿资金账户，用以存放暂不交付给交收违约结算参与人的待处分资金。

（五）本公司根据业务需要设立的其他清算交收账户。

第九条 本公司依据证券或资金管理需要为结算参与人设立各类清算交收相关账户，结算参与人可根据业务需要申请开立：

（一）证券交收账户，用以办理结算参与人与本公司的证券交收和结算参与人与其客户的证券交收。

（二）资金交收账户，用以办理结算参与人与本公司的资金交收。资金交收账户即结算备付金账户。

（三）证券处置账户，用以存放结算参与人申报的资金交收违约客户的证券。

（四）根据业务需要设立的其他清算交收相关账户。

第十条 同时办理自营与客户证券交易结算业务的结算参与人，应当分别开立用于办理自营业务(含做市业务)结算和客户业务结算的证券交收账户、资金交收账户。

第十一条 本公司在结算银行开立结算备付金专用存款账户，用于存放结算参与人向本公司划入的资金和办理本公司与结算参与人之间的资金划付。

第十二条 对于结算参与人资金交收账户等清算交收相关账户内的资金，本公司按照中国人民银行的有关规定以及与结算银行的协商结果，确定利率水平、计息方法和计息日期，向结算参与人计付利息。

第三章 登记存管

第十三条 本公司对股份登记申请人有效送达的登记资料进行形式审核，股份登记申请人应当对其提供的登记资料的合法性、真实性、准确性及完整性负责并承担相应的法律责任。

有效送达的登记资料指股份登记申请人直接送达或通过主办券商或本公司认可的其他机构间接送达本公司的书面文件或电子文件。

第十四条 拟挂牌公司向本公司申请办理挂牌股份初始登记业务前，应当与本公司签订证券登记及服务协议。

第十五条 申请挂牌公司在获得全国中小企业股份转让系统有限责任公司(以下简称"全国股份转让系统公司")同意挂牌的审查意见及中国证监会的核准文件后，应向本公司申请办理全部股份的集中登记。

拟挂牌公司申请办理股份初始登记时，应当提供以下申请材料：

(一)股份登记申请；

(二)全国股份转让系统公司同意挂牌的审查意见，需要中国证监会核准的，还需提供证监会的核准文件；

(三)全国股份转让系统公司出具的证券代码、证券简称确认函；

(四)拟挂牌公司已签字盖章的"证券登记及服务协议"；

(五)拟挂牌公司股份涉及司法冻结或限制转让、质押登记的，还需提供司法协助执行或限制转让、质押登记相关申请材料；

(六)拟挂牌公司营业执照复印件、组织机构代码证复印件、法定代表人证明书、法定代表人授权委托书；

（七）本公司要求提供的其他材料。

第十六条　本公司对拟挂牌公司的初始登记申请材料审核无误后，根据其申报的股份持有明细数据，办理股份初始登记，并向拟挂牌公司出具股份登记证明文件。

由于拟挂牌公司提供的申请材料有误导致初始登记不实所致的一切法律责任由拟挂牌公司承担，挂牌公司申请对股份初始登记结果进行更正的，本公司依据生效的司法裁决或本公司认可的其他证明材料办理更正手续。

第十七条　挂牌公司申请办理定向发行新增股份登记，应当提供以下申请材料：

（一）挂牌公司新增股份登记申请；

（二）全国股份转让系统公司同意定向发行的审查意见（豁免申请核准的挂牌公司不需提交），需要中国证监会核准的，还需提供证监会的核准文件；

（三）经全国股份转让系统公司确认的定向发行备案登记表（豁免申请核准的挂牌公司需要提交）；

（四）具有从事证券业务资格的会计师事务所出具的关于挂牌公司全部募集资金到位的验资报告（包括非货币资产所有权转移至挂牌公司处的证明文件）；

（五）挂牌公司营业执照复印件、组织机构代码证复印件、法定代表人证明书、法定代表人授权委托书；

（六）本公司要求提供的其他材料。

第十八条　本公司对挂牌公司提交的定向发行新增股份登记申请材料审核无误后，根据其申报的股份持有明细数据，办理定向发行新增股份初始登记，并向挂牌公司出具股份登记证明文件。

由于挂牌公司提供的申请材料有误导致定向发行新增股份初始登记不实所致的一切法律责任由挂牌公司承担，挂牌公司申请对新增股份初始登记结果进行更正的，本公司依据生效的司法裁决或本公司认可的其他证明材料办理更正手续。

第十九条 挂牌公司办理配股、股份拆分、股份合并、股份注销等登记,应该向全国股份转让系统公司备案,经备案确认后向本公司提出申请,本公司对挂牌公司的申请材料审核通过后,根据其申请办理相应的股份登记。

第二十条 本公司依据全国股份转让系统成交转让的交收结果,办理全国股份转让系统成交转让的过户登记。

第二十一条 挂牌公司股东因继承、赠予、依法进行财产分割或者法人因法人资格丧失等原因需办理股份非交易过户的,参照本公司证券非交易过户业务规则办理。

第二十二条 挂牌公司股份因涉及司法冻结、解冻、续冻、扣划等其他原因需办理变更登记业务的,参照本公司相关业务规则办理。

第二十三条 挂牌公司股份质押登记,参照本公司证券质押登记业务规则办理。

第二十四条 做市商应当向本公司申报或撤销做市专用证券账户与自营证券账户之间的关联关系。

做市商将自有股票用于做市业务时,可以向本公司发送做市库存股票划入指令,由本公司根据指令将相关股票从做市商自营证券账户划入其做市专用证券账户。

做市商可以向本公司发送做市库存股票划出指令,由本公司根据指令将相关股票从做市商的做市专用证券账户划入其自营证券账户。

第二十五条 投资者应当委托主办券商托管其持有的挂牌公司股份,主办券商应当将其自有股份及投资者托管的挂牌公司股份交由本公司存管,但法律、行政法规、中国证监会和本公司另有规定的除外。

做市商应当将其做市股份托管在专用托管单元。

第二十六条 投资者可以通过单个或多个主办券商的不同交易单元以同一证券账户买入股份,买入股份托管在交易单元所对应的托管单元。

投资者可以通过托管单元对应的交易单元卖出股份,如需通过其他交易单元卖出股份,应当办理股份转托管,转托管手续通过转出的主办券商办理。

第二十七条 挂牌公司派发股份股利及公积金转增股本应当向本公司提出

申请，本公司对挂牌公司的申请材料审核通过后，根据其申请派发相应股份。

第二十八条 挂牌公司委托本公司派发现金红利，应当向本公司提出申请，并在本公司规定的时间内将用于派发现金红利的资金划至本公司指定银行账户；本公司确认挂牌公司的相应款项到账后，根据本公司有关业务规定办理资金划付手续。

第二十九条 挂牌公司委托本公司派发现金红利，不能在本公司规定期限内划入相关款项的，应当及时通知本公司，并在中国证监会指定媒体上公告，说明原因。因挂牌公司未在规定期限内划入相关款项、未能履行及时通知及公告义务所致的一切法律责任由该挂牌公司承担，本公司不承担任何责任。

第三十条 本公司根据挂牌公司的申报和全国股份转让系统公司的确认办理挂牌公司股份的限售或解除限售的登记。

第三十一条 本公司向挂牌公司提供以下持有人名册服务：

（一）定期向挂牌公司提供每月末的持有人名册；

（二）因召开股东大会、股本数量变动等原因，挂牌公司申领持有人名册；

（三）本公司认可的其他情形。

挂牌公司取得持有人名册后，应当妥善保管，并在法律、行政法规和部门规章许可的范围内使用持有人名册。因挂牌公司不当使用持有人名册所产生的一切法律责任由挂牌公司承担。

第三十二条 挂牌公司终止挂牌后，如股票转至其他证券交易场所转让且继续委托本公司为其提供股份登记服务的，本公司根据相关规定，将记录在股份持有人证券账户中的股份转移至该股份持有人另一证券账户。

第三十三条 挂牌公司终止挂牌后，如股东人数超过200人的，应当委托本公司继续为其提供股份登记服务；如股东人数低于200人且股票不转至其他证券交易场所转让的，仍可继续委托本公司为其提供股份登记服务。投资者持有的股份继续托管在相关券商处。

第三十四条 挂牌公司终止挂牌后，不再委托本公司继续为其提供股份登记服务的，须按规定办理股份退出登记手续。未按规定办理股份退出登记手续的，本公司可将其证券登记数据和资料送达该挂牌公司，并由公证机关进行公证，视同该挂牌公司退出登记手续办理完毕。

第三十五条 退出登记手续办理完毕后，本公司在本公司网站、全国股份转让系统公司指定信息披露平台及中国证监会指定报刊上刊登关于终止为挂牌公司提供登记服务的公告。

第四章 清算交收及违约处理

第一节 基本原则

第三十六条 主办券商及其他机构参与挂牌股票转让结算业务的，应取得本公司的结算参与人资格，遵守本公司《结算参与人管理规则》的有关规定。

第三十七条 本公司按照分级结算的原则，办理本公司与结算参与人之间或结算参与人相互之间的清算交收；结算参与人负责办理其与客户之间的清算交收。结算参与人与其客户之间的纠纷不影响本公司按照相关规定办理清算交收以及对违约结算参与人进行交收违约处理。

结算参与人与客户之间的股票划付，应当委托本公司代为办理。

第三十八条 结算参与人应当在与其客户签订的协议中至少明确以下事项：

（一）结算参与人依据客户的委托，负责办理与客户的股票和资金的清算交收。客户只与结算参与人发生结算关系，不与本公司发生结算关系。

（二）客户同意在清算交收过程中，由结算参与人委托本公司办理其证券账户与结算参与人证券交收账户之间的股票划拨。

（三）客户知晓并同意，本公司可能出于风险防范的需要，将非集合竞价的异常交易从多边净额结算中划分出来，实施逐笔全额结算。由此带来的可能损失由客户与结算参与人协商解决。

（四）客户知晓并同意，当客户对结算参与人发生资金交收违约，且结算参与人也对本公司发生资金交收违约的情况下，结算参与人有权向本公司申报将违约客户的股票作为待处分证券，本公司将根据结算参与人的申报办理相关股票的划转。结算参与人未基于客户的真实交易、交收情况向本公司申报划转的，由结算参与人负责对客户承担由此造成的一切损失和法律责任。

第三十九条 结算参与人的资金交收账户可以办理多边净额结算业务和逐

笔全额结算等其他结算业务的资金交收。

每一交收日日终，本公司按照先多边净额结算、后逐笔全额结算等其他结算业务的顺序办理交收。

第二节 多边净额结算及违约处理

第四十条 每个转让日(以下简称“T 日”)收市后，本公司根据全国股份转让系统发送的股票转让成交数据和相关非交易数据，以结算参与人为交收对手，轧差计算出各结算参与人资金交收账户应收或应付资金净额、证券交收账户各类股票的应收和应付净额，形成当日净额清算结果，并及时通知结算参与人。

第四十一条 T 日日终，本公司根据当日清算结果完成与各结算参与人的股票交收，并代为办理结算参与人证券交收账户与其名下投资者证券账户间的股票划付。本公司将股票交收结果数据发送各结算参与人。

第四十二条 结算参与人应根据 T 日清算结果，于次一转让日(以下简称“T+1 日”)最终交收时点前，将足额资金划入资金交收账户，保证其资金交收账户在最终交收时点有足额资金用于完成交收。

第四十三条 T+1 日最终交收时点，本公司根据 T 日清算结果，完成本公司与结算参与人之间不可撤销的资金交收。

本公司不因其他结算参与人交收违约而拒绝对正常履行交收义务的结算参与人承担交收责任。

结算参与人应当就其负责结算的全部自营和客户股票交易对本公司承担交收责任，不得以客户交收违约为由拒绝承担对本公司的交收责任。

第四十四条 结算参与人同时开立自营、客户资金交收账户，且 T+1 日最终交收时点该结算参与人客户资金交收账户内可交收资金余额不足的，本公司对其采取关联交收处理，将其已完成当日交收后的自营资金交收账户内的可交收资金余额用于弥补该不足部分。

对于自营资金交收账户实际用于关联交收的资金，在保证客户资金交收账户内的资金余额满足当日资金交收需要和最低结算备付金限额要求的前提下，结算参与人可以申请将相应资金从客户资金交收账户划回自营资金交收账户。

可交收资金余额是指资金交收账户内全部资金扣除被冻结部分后的余额。

第四十五条 T日日终，结算参与人未能足额履行多边净额结算的股票交付义务的，构成股票交收违约。本公司在资金清算时将与结算参与人应付未付股票等值的资金确定为待处分资金，并按照待处分资金金额的千分之一逐日向违约结算参与人计收违约金。

本公司给予违约结算参与人一定的宽限期，违约结算参与人在规定时间内补足违约交收股票及其权益、违约金的，本公司交付其待处分资金；结算参与人未及时补足的，本公司动用相应待处分资金，通过委托第三方等方式买入违约交收的股票，并弥补相应的权益、违约金和购买股票所产生的各项税费、佣金等。

第四十六条 结算参与人发生股票交收违约的，除按照第四十五条的规定处理外，本公司有权采取以下措施：

（一）按照本公司《证券登记结算业务参与机构自律管理措施实施细则》的规定，对违约结算参与人采取自律管理措施。

（二）将其交收违约情况记入相关诚信档案，报告监管部门。

（三）提请全国股份转让系统公司暂停违约结算参与人的做市商资格。

（四）经中国证监会批准的其他措施。

第四十七条 在T+1日最终交收时点，结算参与人未能足额履行多边净额结算的资金交付义务的，构成资金交收违约。结算参与人发生资金交收违约的，本公司有权采取以下措施：

（一）自违约交收日起，按违约交收金额以及与结算银行商定的金融同业存款利率逐日向违约结算参与人收取垫付资金利息，并按违约交收金额的千分之一逐日计收违约金。

（二）动用该结算参与人在本公司存放的其他自有资金。

（三）扣划该结算参与人的自营证券。

自营证券的范围包括在全国股份转让系统、上海和深圳证券交易所转让或交易的证券。

（四）自违约交收日日终起，限制违约结算参与人在透支期间买入股票的转托管。

（五）按照本公司《证券登记结算业务参与机构自律管理措施实施细则》的

规定，对违约结算参与人采取自律管理措施。

（六）将其交收违约情况记入相关诚信档案，报告监管部门。

（七）提请全国股份转让系统公司暂停违约结算参与人的做市商资格。

（八）提请全国股份转让系统公司限制或暂停违约结算参与人的股票买入交易。

（九）经中国证监会批准的其他措施。

第四十八条 违约结算参与人在规定时间内弥补资金交收违约的，本公司将已扣划的自营证券及权益交付给该结算参与人；违约结算参与人未能在规定的时间内弥补的，本公司有权将已扣划的自营证券及权益或违约结算参与人指定的其他证券作为待处分证券进行处置。

本公司有权从待处分证券中选择拟处置证券，通过委托第三方等方式卖出，卖出证券所得资金用于弥补结算参与人资金交收违约，包括违约交收资金的本金、利息、违约金及相关费用。

第四十九条 本公司按照本规则的相关规定动用相关待处分资金或待处分证券等弥补结算参与人证券交收违约或资金交收违约后有剩余的，交付该结算参与人；仍有不足的，本公司向该违约结算参与人继续追索。

第三节 逐笔全额结算及其他结算方式

第五十条 逐笔全额结算过程中，本公司按照双方结算参与人的委托组织办理股票转让的清算和交收，不承担共同对手方责任。

第五十一条 本公司根据全国股份转让系统发送的股票转让成交数据进行逐笔清算，计算出结算参与人每笔股票转让的应收或应付的资金和股票数量，并将清算结果发送各结算参与人。

第五十二条 本公司于交收时点，根据清算结果，按照特定的交收顺序，逐笔检查应付资金结算参与人相关资金交收账户中的资金以及应付股票结算参与人名下相关证券账户中的股票是否足额，检查的最小单位是单笔股票转让清算的对应数量。

买卖双方结算参与人应付股票及资金均足额的，本公司办理相关股票和资金的交收。任何一方或双方结算参与人应付资金或应付股票不足的，交收失败。

逐笔全额结算的交收失败由双方结算参与人自行协商解决，本公司不承担相关法律责任。

本公司可将违约方结算参与人的交收违约情况作为评估其结算风险的参考指标，情况严重的，将报告监管部门。

第五十三条 本公司可根据市场需求提供代收代付服务。结算参与人等主体可自行清算并上传清算数据，本公司根据相关业务规定、收付款双方协议约定或付款方确认的数据办理资金划付。如果付款方资金不足，则划付失败。

第五十四条 本公司将根据股票转让业务发展情况和市场需求，对逐笔全额结算、代收代付等服务提供不同的清算交收周期安排。

第五章 风险管理

第五十五条 结算参与人应当依据本细则的规定，制定完善的风险防范和控制制度。

结算参与人与其客户办理证券资金结算业务前，应该全面准确地向客户解释本规则，并与其客户签订协议，明确双方的证券资金结算业务处理原则。

第五十六条 本公司可根据结算风险管理的需要，将结算参与人非集合竞价的异常交易从多边净额结算中划分出来，实施逐笔全额结算。

第五十七条 结算参与人应按照本公司的相关业务规则和规定缴纳结算备付金、结算保证金。

对于风险较高的结算参与人，本公司有权提高其最低结算备付金比例、结算保证金缴纳额度或要求其提交额外的担保品。

第六章 附 则

第五十八条 本公司将根据有权部门批准的收费项目和标准，在提供服务时收取相关费用。具体收费项目和标准另行通知。

第五十九条 全国股份转让系统挂牌债券的登记、存管及结算业务安排由本公司另行规定。

第六十条 因地震、台风、水灾、火灾、战争及其他不可抗力因素，以及不可预测或无法控制的系统故障、设备故障、通信故障、停电等突发事故给有关当事人造成损失的，本公司不承担责任。

第六十一条 本细则由本公司负责修订和解释。本细则关于“主办券商”“转让日”等用语参照全国股份转让系统公司的相关规定。

第六十二条 本细则自____年__月__日起实施。

上海股权托管交易中心
科技创新企业股份转让系统登记结算业务规则(试行)

(2015年11月22日上海股权托管交易中心发布)

第一章 总 则

第一条 为规范上海股权托管交易中心(以下简称"上股交")科技创新企业股份转让系统(以下简称"科技创新板")申请挂牌公司、挂牌公司股份转让的登记结算业务,明确参与各方的权利义务,防范登记结算业务风险,根据《上海股权托管交易中心科技创新企业股份转让系统管理办法(试行)》等有关规定,制定本规则。

第二条 挂牌公司认定上股交为公司唯一的股份托管机构,国家法律、行政法规和部门规章有特殊规定的除外。

第三条 上股交设立电子化股份登记的簿记系统,实行股份的无纸化管理,依据电子登记簿记系统记录的结果,确认股份持有人持有股份的事实。电子登记簿记系统记录采取整数位,记录股份数量的最小单位为壹股。

第四条 上股交按照货银对付原则为挂牌公司股份转让提供逐笔全额非担保交收服务。

第五条 根据上股交指定的交易结算系统(以下简称"交易结算系统")记录的股份转让成交数据,上股交负责办理挂牌公司股份的清算交收。清算交收后,由上股交统一将股份、资金记入簿记系统。

第六条 参与登记结算各方应按上股交相关规定缴纳登记结算相关费用。

第七条 根据相关法律、行政法规和部门规章的规定,上股交可向国家司法机关、税务部门提供股份转让记录、公司权益分派等信息。

第八条 办理公司股份登记结算业务的时间以国家授时中心发布的标准时间(北京时间)为计时时间。

第二章　账户管理

第九条　投资者买卖挂牌公司股份的，应持有效身份证明文件开立投资者账户和对应的资金账户，分别用于存放投资者所拥有的金融产品权益和金融产品转让的资金。

上股交为投资者设立交易结算资金管理账户，该账户与投资者的资金账户一一对应。

第十条　投资者应为其投资者账户和资金账户设定密码并自行负责保管，通过使用账户和密码的一切操作，均视为其本人的投资行为。上股交不为投资者的投资行为承担任何责任。

第十一条　投资者账户的开立、挂失补办、权益查询、资料变更和账户注销等操作程序，由上股交另行制定。

第十二条　投资者账户信息发生变更的，应及时至上股交或经纪业务机构申请办理账户信息变更登记。未及时办理信息变更而造成的一切损失和责任由投资者自行承担。

第三章　登记托管

第十三条　申请挂牌公司在取得上股交关于同意挂牌的通知后，应申请取得股份简称和代码，并向上股交申请办理全部股份的初始登记。

第十四条　挂牌公司在取得上股交关于新增股份登记的通知后，应向上股交申请办理新增股份的登记托管，在二十个转让日内完成全部新增股份的登记托管及挂牌手续。

第十五条　股份登记采取申报制，上股交对申请挂牌公司、挂牌公司提交的申请材料进行形式审核。申请挂牌公司、挂牌公司应对申请材料的真实性、准确性与完整性负责。

第十六条　申请挂牌公司申请办理股份初始登记时，应提供以下申请材料：

（一）股份登记托管申请；

（二）公司股东名册和相关文件；

（三）公司股东身份证明文件；

（四）上股交要求的其他材料。

第十七条 挂牌公司申请办理新增股份的登记时，应提供以下申请材料：

（一）公司新增股份股东名册和相关文件；

（二）公司股东身份证明文件；

（三）上股交要求的其他材料。

第十八条 上股交对上述材料形式审核无误后，完成股份登记，并出具股份登记确认书。

第十九条 根据相关法律法规、上股交规定及公司股东承诺，对于初始登记股份或新增股份，上股交对符合限制转让条件的股份进行限制转让登记。

第二十条 挂牌公司股东所持股份涉及司法裁决、继承、赠予等特殊情况的，须持国家司法部门或公证机构的证明文件在上股交办理股份非交易过户变更登记。

第二十一条 挂牌公司股东所持股份在特殊情况下的协议转让，由挂牌公司向上股交提出书面申请并经审核批准后，公司股东在上股交办理特殊情况下协议转让股份的过户变更登记。

第二十二条 申请办理股份质押的冻结登记或撤销冻结登记，质押双方应向上股交提出申请，并提交相应申请文件。

第二十三条 上股交对股份质押的冻结登记或撤销冻结登记的申请文件进行形式审核。申请人应当保证其所提供的股份质押合同等申请文件真实、准确、完整，以及股份质押行为、内容、程序符合相关法律、行政法规和部门规章等有关规定。

第二十四条 挂牌公司进行送股、转增或派息等委托权益分派，应向上股交提出申请，与上股交签订《委托代理权益分派协议》，并商定权益登记日（R日）等相关事项。

挂牌公司应按照相关法律、行政法规、部门规章的规定自行向国家税务部门缴纳权益分派相关税费。

第二十五条 挂牌公司委托上股交派息，应最迟于权益登记日前一日（R－1日）将派息款及相关手续费足额划至上股交指定银行账户。上股交于协议约定的派息日将派息款划至交易结算资金管理总账户，并逐笔簿记相关投资者资金账户。

挂牌公司不能在规定期限内划入相关款项的，应及时通知上股交，并在上股交指定网站发布延期实施派息公告。

第二十六条　挂牌公司股份依法依约进行限制转让或解除限制转让的，由挂牌公司向上股交提出书面申请，经上股交确认后办理相关登记手续。

第二十七条　上股交对挂牌公司董事、监事、高级管理人员所增持的挂牌公司股份按照相关法律、行政法规、部门规章和上股交规定，进行限制转让登记。挂牌公司应及时将公司董事、监事、高级管理人员的变动情况通知上股交，并按照规定办理股份的限制转让或解除限制转让。

因挂牌公司未及时将公司董事、监事、高级管理人员的变动情况通知上股交并办理相关手续，而造成违反相关法律、行政法规、部门规章的一切责任由挂牌公司及相关责任人自行承担。

第二十八条　挂牌公司因召开股东大会、权益分派或上股交认可的其他原因，可以向上股交申请领取挂牌公司股东名册。

第二十九条　挂牌公司可通过电子或书面的方式申领其公司股东名册，可通过当面领取或邮寄等方式接收挂牌公司股东名册，由挂牌公司法定代表人委托代理人当面领取，或上股交按照挂牌公司登记的指定联系人和地址邮寄挂牌公司股东名册。

第三十条　挂牌公司终止股份转让后，挂牌公司应及时到上股交办理全部股份的退出登记托管手续。

第三十一条　挂牌公司未按规定办理全部股份退出登记托管手续的，上股交可在自行聘请的法律顾问的见证或公证机关的公证下将挂牌公司股份登记托管数据和相关资料送达该公司；上股交未能与挂牌公司取得联系的，且挂牌公司未按规定办理股份退出登记托管手续的，上股交可将其股份登记托管数据和资料在公证机关的公证下进行归档封存。

挂牌公司股份登记托管数据和资料一经送达或归档封存，均视同该挂牌公司股份退出登记托管手续办理完毕。

第三十二条 挂牌公司股份退出登记托管办理完毕后,上股交在指定网站发布关于终止为挂牌公司提供股份登记托管服务的公告。

第四章 清算交收

第三十三条 上股交依据投资者的委托,负责办理投资者的股份和资金的清算交收。

第三十四条 上股交使用交易结算资金管理账户、投资者账户和资金账户,对股份和资金进行逐笔全额、非担保交收。

第三十五条 挂牌公司股份转让的交收日为每个转让日(T日),T日最终交收时点为下午三点(15:00)。

在T日最终交收时点,上股交验证投资者是否拥有足额的可转让股份或资金用于交收,股份或资金余额不足的,作为交收失败处理。

T日股份转让结束后,上股交根据挂牌公司股份转让成交数据,逐笔清算应收、应付的股份及资金,同一转让日内每笔股份转让业务不进行轧差计算。

在T日清算时,上股交对挂牌公司股份转让的应收、应付股份及资金进行清算,并办理资金记账及股份过户登记。在清算交收后,上股交将投资者资金账户发生明细和余额发送到投资者的资金存管(资金结算)银行,用于簿记投资者的交易结算资金管理账户和余额核对。

上股交依据挂牌公司股份转让的交收结果,办理挂牌公司股份的变更登记。

第三十六条 投资者交易结算资金业务办理时间为转让日的上午九点至下午四点(9:00至16:00)。

第三十七条 投资者在T日进行委托,委托有效期设n个转让日。

在每个转让日清算交收后,投资者在委托有效期内的未成交委托或未成交部分委托继续有效。如遇挂牌公司除权除息等情况,或因前成交均价变动导致该委托的股份转让价格失效的情况,股份委托自动撤销。

投资者T日卖出,在委托有效期内持续有效且委托未成交的,在T+n−1日清算时自动撤销,该股份可在T+n日继续申报。

n个转让日可为一至三十个转让日,最小变动单位为一个转让日。

第三十八条 投资者买入股份(或卖出股份)交收成功的,买入后卖出(或卖出后买入)挂牌公司股份的时间间隔不少于五个转让日。

第三十九条　由于投资者的股份或资金余额不足导致的交收失败,由交收失败的违约方承担交收失败的责任,上股交不承担责任。同时上股交将其交收违约纪录记入相关诚信档案,股份转让双方另有约定的除外。

第五章　附　　则

第四十条　本规则由上股交负责解释、修订。

第四十一条　本规则经上海市金融服务办公室批准后生效,自发布之日起实施。

天津股权交易所产品交易资金结算办法

（2016 年 09 月 30 日天津股权交易所发布）

第一条 为规范天津股权交易所(以下简称“天交所”)挂牌产品交易及结算管理,明确参与各方的权利义务,防范产品与资金结算风险,特制定本办法。

第二条 天交所实行全额保证金交易,交易保证金由第三方银行存管。

第三条 天交所按照货银对付的原则,直接与投资人进行清算交收。

第四条 天交所应当选择具备下列条件的商业银行担任资金存管机构：

a）有专门的业务部门负责履行资金存管职责；

b）具有健全的资金存管制度和风险管理、内部控制制度；

c）具备安全存管资金的条件和能力；

d）具有足够的熟悉资金存管业务的专职人员；

e）具有安全高效的清算、交割系统；

f）具有符合要求的营业场所、安全防范措施和与存管资金有关的其他设施；

g）最近三年内没有重大违法、违规行为。

第五条 投资人在指定资金存管机构申请开设资金存款账户。

第六条 投资人在进入市场交易前,应在天交所指定服务网点申请本地资金管理账户与所在资金存管机构开立的资金存款账户建立绑定关系。

第七条 投资人进行委托报价挂牌产品前需确保本地资金管理账户有足额资金(包括各项手续费),如果本地资金管理账户可用资金余额不足,投资人可以通过系统提供银行转账功能,将资金从银行存款账户转入到本地资金管理账户。

第八条 投资人提交委托单后,交易系统对委托单所产生金额及交易数量进行冻结,日终清算时进行交收,如果本地资金管理账户可用资金余额不足,交易系统不受理该笔委托。

第九条 对于买方撤销买入委托和报价的情况,交易系统在收到撤单确认后，立即发出指令，将对应冻结资金进行解冻到本地资金管理账户中。

第十条　天交所登记托管系统在当日收盘后进行清算，清算内容包括非交易类股权清算、交易类股权清算、资金清算、权益类业务清算。

第十一条　在清算完成后，进行交收（入账）处理，簿记投资人账户余额和产品变动流水，簿记资金管理账户资金余额和流水，实现货银交收。

第十二条　在投资人支付交易结算资金的间隔期，资金存管机构发现对交易资金的划款指令违反法律、行政法规和其他有关规定或者资金存管合同约定的，应当及时向天交所和监管机构报告。

第十三条　本办法由天津股权交易所负责解释。

第十四条　本办法自颁布之日起实施。

第三章　具体业务指引

中国证券登记结算有限责任公司北京分公司两网公司和退市公司证券登记结算业务指南

（2014 年 04 月 30 日发布）

释　义

中国结算：中国证券登记结算有限责任公司。

本公司：中国证券登记结算有限责任公司北京分公司。

证监会：中国证券监督管理委员会。

全国股份转让系统：全国中小企业股份转让系统。

全国股份转让系统公司：全国中小企业股份转让系统有限责任公司。

主办券商：在全国股份转让系统具有从事推荐、经纪、自营、做市等相关业务资格的证券公司。

推荐主办券商：推荐非上市股份有限公司进入全国中小企业股份转让系统挂牌，并负责指导、督促其履行信息披露义务的主办券商。

两网公司：在全国股份转让系统挂牌的原 STAQ、NET 系统公司。

退市公司：从沪、深证券交易所退市的原上市公司。

发行人：包括两网公司和退市公司。

原主板：包括沪深市场原主板、深市中小企业板、创业板。

A 类股份：在全国股份转让系统挂牌并以人民币计价交易的股份。

B 类股份：在全国股份转让系统挂牌并以美元计价交易的股份。

高级管理人员：指两网及退市公司的经理、副经理、财务负责人，董事会秘书和公司章程规定的其他人员。

T日：股份转让日。

R日：权益登记日。

声 明

证券登记实行证券发行人申报制。本公司根据发行人提供的登记申请材料和数据进行证券登记。本公司对发行人提供的登记申请材料和数据进行形式审核，发行人应当保证其所提供的登记申请材料和数据真实、准确、完整。

本指南仅为方便有关机构及人士在本公司办理证券登记结算相关业务之用，如本指南与法律、法规及有关业务规则发生冲突，应以法律、法规及有关业务规则为准。

本公司将根据需要修改本指南并在网站(www.chinaclear.cn)及时更新，恕不另行通知。

本公司保留对本指南的最终解释权。

证券账户

投资者可使用深市证券账户进行两网及退市股票转让。

深市人民币普通股票账户(简称“A股账户”)适用A类股份及B类股份的转让，深市人民币特种股票账户(简称“B股账户”)仅适用B类股份的转让。

证券账户的开立、注销及证券账户资料变更等业务，按照本公司《证券账户管理规则》等业务规则办理。

股份登记及权益分派

推荐主办券商负责到本公司办理退市公司进入全国股份转让系统的相关登记结算事宜。

一、初始登记

(一) 概述

在全国股份转让系统公司出具关于股份登记托管的函后，推荐主办券商向本公司申请办理股份初始登记。在取得本公司出具的证券登记确认书后，推荐主办券商再到全国股份转让系统公司办理挂牌转让业务。

A、B类股份均参照本指南办理。

（二）所需材料

推荐主办券商应于股份转让日前五个工作日向本公司申请办理退市公司的股份初始登记，并提交以下材料：

1. 全国股份转让系统公司出具的关于股份登记托管的函（复印件）。

2. 全国股份转让系统公司出具的关于证券简称、证券代码的文件。

3. 公司退市前与推荐主办券商签订的《推荐恢复上市、股票转让协议书》，或证券交易所指定主办券商为退市公司提供股票转让服务的文件。

4.《股份登记申请书》。

5. 退市公司股份登记电子数据文件（按照股份拟登记的证券账户号码升序排列）。

1）电子数据文件以EXCEL表格形式提交，数据文件模板见www.chinaclear.cn—服务支持—业务资料—接口规范—全国股份转让系统；

2）董事、监事和高级管理人员持有的股份以及有限售条件的流通股份，应托管在推荐主办券商的托管单元上。

6. 涉及国有股东在挂牌转让前持有股份的，需提供国有资产监督管理部门的批准文件；涉及境外投资者在挂牌转让前持有股份的，需提供商务主管部门的批准文件。

7. 持有人股份挂牌前被冻结的，须提供质押冻结或司法冻结的相关材料。其中，司法冻结的应提供协助执行通知书、裁定书、已冻结证明等材料及复印件；质押冻结的应提供质押登记申请书、双方签字的已生效的质押合同、质押双方有效身份证明文件、已冻结证明等材料及复印件。

8. 推荐主办券商法定代表人证明书及身份证复印件、法定代表人授权委托书、经办人身份证原件及复印件。

9. 本公司要求提供的其他材料。

注：第3、第4、第8项材料均需加盖推荐主办券商公章，多页的材料需加盖骑缝章。

上述相关申请表格下载参见“中国结算北京分公司两网及退市公司业务申请表格”(见 www.chinaclear.cn—服务支持—业务资料—业务表格—全国股份转让系统)。

数据接口见 www.chinaclear.cn—服务支持—业务资料—接口规范—全国股份转让系统。

(三) 办理流程

1. 本公司受理上述材料后,对照原市场退出登记数据对推荐主办券商提交的股份登记申请数据进行检查核对。如有关键信息不一致的,推荐主办券商应当予以更正。如认为不需要更正的,推荐主办券商应当作出书面说明,并承诺承担相应的法律责任。

2. 本公司受理上述材料并审核通过后,开具登记费收费通知。

3. 缴纳登记费后,本公司打印《网下登记股份持有人名册清单》交推荐主办券商盖章确认。

4. 经推荐主办券商确认后,本公司于两个工作日内完成股份登记,并向推荐主办券商出具股份登记确认书、股本结构表,由其送交全国股份转让系统公司相关部门。

(四) 注意事项

1. 未经推荐主办券商确权登记的股份,无限售条件的流通股可由任一有资格的主办券商继续进行确权登记,非流通股或有限售条件的流通股需由推荐主办券商继续进行确权登记。

2. 对初始登记前已被司法冻结的股份,本公司在办理初始登记时一并进行冻结登记。

3. 对于沪市、深市退市公司,推荐主办券商需对照《全国股份转让系统与沪深市场股份性质分类及标识对应关系表》对原沪市、深市股份性质进行进入全国股份转让系统前的相应转换,并将经确认的投资者持股数记录在转换后的相应股本结构中。

4. 对于法定代表人证明书、授权委托书,推荐主办券商可以提交当地工商局出具的证明文件,如无当地工商局出具的证明文件,也可按照本公司提供的模板填写提交(模板文件见 www.chinaclear.cn—服务支持—业务资料—业务表格—全国股份转让系统—中国结算北京分公司两网及退市公司业务申请表格)。

二、待确权股份登记

(一) 概述

待确权股份是指推荐主办券商未向本公司提供具体持有人名称且本公司只登记总额的股份。推荐主办券商应当定期、不定期与本公司核对待确权股份登记、托管情况。

A、B类股份均参照本指南办理。

(二) 电子方式确权申请

无限售条件的流通股可通过电子方式申请确权。

对于可以通过电子方式申报确权数据的退市公司及部分两网公司的无限售条件流通股,推荐主办券商每日可将主办券商传送的确权数据通过 CCNET 向本公司及时申报,本公司当日对申报数据与原持有人相关信息进行有效性检查:

对于退市公司:对检查通过的一般确权申报数据,当日完成登记,股份可于下一工作日转让;对检查通过的特殊确权申报数据(沪深退市证券中股份已过户的或与主板[含中小板、创业板]资料不符的),推荐主办券商需将《与主板不一致的股份登记申报数据确权申请表》和情况说明等书面材料(相关材料应经业务办理人签字、盖章)传真至本公司,本公司于一个工作日内完成登记,股份可于登记后下一工作日转让;对未通过检查的申报数据,当日回报给推荐主办券商。

对于两网公司:推荐主办券商将确权数据通过 CCNET 向本公司申报当天,需同时将《待确权股份登记、托管数据申请表》传真给本公司。确权数据通过检查后,本公司于一个工作日内完成登记,股份可于登记后下一工作日转让。

(三) 书面方式确权申请

1. 对于不能通过电子方式申报确权数据的两网公司,推荐主办券商向本公司申请办理无限售条件的流通股待确权股份的确权登记,应提交以下材料:

1)《待确权股份登记、托管数据申请表》;

2) 待确权股份电子数据(以 EXCEL 表格形式提交,数据文件模板见 www.chinaclear.cn—服务支持—业务资料—接口规范—全国股份转让系统);

3）本公司要求提供的其他材料。

2. 申请非流通股或有限售条件流通股确权登记，推荐主办券商需向本公司提交以下材料：

1）《待确权股份登记、托管数据申请表》；

2）待确权股份电子数据（以 EXCEL 表格形式提交，数据文件模板见 www.chinaclear.cn—服务支持—业务资料—接口规范—全国股份转让系统）；

3）涉及国有股东在挂牌转让前持有股份的，需提供国有资产监督管理部门的批准文件；涉及境外投资者在挂牌转让前持有股份的，需提供商务主管部门的批准文件；

4）持有人股份挂牌前被冻结的，须提供质押冻结或司法冻结的相关材料，其中，司法冻结的应提供协助执行通知书、裁定书、已冻结证明等材料及复印件；质押冻结的应提供质押登记申请书、双方签字的已生效的质押合同、质押双方有效身份证明文件、已冻结证明等材料及复印件；

5）发生股份性质变更或转让的，须提供股份性质变更或转让的相关材料复印件；

6）推荐主办券商企业法人营业执照复印件；

7）推荐主办券商法定代表人证明书及身份证复印件、法定代表人授权委托书、经办人身份证原件及复印件；

8）本公司要求提供的其他材料。

注：以上材料除电子数据外，均需加盖推荐主办券商公章，多页的材料需加盖骑缝章。

上述相关申请表格下载参见“中国结算北京分公司两网及退市公司业务申请表格”（见 www.chinaclear.cn—服务支持—业务资料—业务表格—全国股份转让系统）。

数据接口见 www.chinaclear.cn—服务支持—业务资料—接口规范—全国股份转让系统。

（四）办理流程

参照本指南初始登记业务办理流程。

（五）注意事项

1. 推荐主办券商办理待确权股份确权登记，应授权专人负责，并向本公司提供预留印鉴。推荐主办券商负责本项工作的经办人、负责人发生变更时，应及时通知本公司并更换印鉴。

2. 对于法定代表人证明书、授权委托书，推荐主办券商可以提交当地工商局出具的证明文件，如无当地工商局出具的证明文件，也可按照本公司提供的模板填写提交（模板文件见 www. chinaclear. cn—服务支持—业务资料—业务表格—全国股份转让系统—中国结算北京分公司两网及退市公司业务申请表格）。

三、退出登记

（一）概述

发行人终止在全国股份转让系统挂牌转让且不再委托本公司提供登记服务的，推荐主办券商应当及时到本公司办理退出登记事宜。

A、B 类股份均参照本指南办理。

（二）所需材料

在全国股份转让系统公司公告股票终止在全国股份转让系统公开转让决定后的 10 个工作日内，推荐主办券商向本公司提交以下材料：

1. 全国股份转让系统公司出具的关于终止股票挂牌的确认函；

2. 推荐主办券商营业执照复印件（加盖单位公章）；

3. 推荐主办券商法定代表人证明书及身份证复印件、法定代表人授权委托书、经办人身份证原件及复印件；

4. 涉及欠费事宜的，还需提交欠费还款承诺。

注：上述申报材料中所有复印件都需加盖公章，如材料页数较多，还需加盖骑缝章。

对于法定代表人证明文件、授权委托书，推荐主办券商可以提交当地工商局出具的证明文件，如无当地工商局出具的证明文件，也可按照本公司提供的模板填写提交（模板文件见 www. chinaclear. cn—服务支持—业务资料—业务表格—全国股份转让系统—中国结算北京分公司两网及退市公司业务申请表格）。

上述相关申请表格下载参见“中国结算北京分公司两网及退市公司业务申

请表格”(见 www.chinaclear.cn—服务支持—业务资料—业务表格—全国股份转让系统)。

数据接口见 www.chinaclear.cn—服务支持—业务资料—接口规范—全国股份转让系统。

(三) 办理流程

1. 本公司对中请材料审核无误后,向推荐主办券商移交所有退出登记资料,同时推荐主办券商就移交材料内容与本公司签订股份登记资料移交备忘录。本公司移交的退出登记资料包括:

1) 股份持有人名册,包括股份退出登记电子数据(含托管单元信息)和书面持有人名册(按持有人合并的全排名名册);

2) 股本结构表;

3) 未托管股份明细表或股东限售股份持股明细表;

4) 本公司办理的股份质押、司法冻结清单及相应的原始凭证复印件;

5) 其他材料。

2. 退出登记办理完毕后,本公司在本公司网站、全国股份转让系统公司指定信息披露平台及中国证监会指定报刊上刊登关于终止为发行人提供登记服务的公告。

四、权益分派

(一) 概述

权益分派业务包括送红股、公积金转增股本和现金红利派发。对于已办理股份确权的投资者,其现金红利由本公司派发;对于未办理股份确权的投资者,其现金红利由发行人自行派发。

(二) 所需材料

发行人在刊登权益分派实施公告前 2 个工作日向本公司提交以下材料:

1.《委托代理权益分派申请表》;

2. 股东大会决议复印件;

3. 权益分派实施公告;

4. 权益分派方案中包含派息的,还需提供关于退款账户的说明(模板文件

见 www. chinaclear. cn—服务支持—业务资料—业务表格—全国股份转让系统）

第4项中所述账户用于接收本公司在R+2日返还的剩余款项。

注：申报材料中所有复印件都需加盖发行人的公章，如材料页数较多，还需加盖骑缝章。

上述相关申请表格下载参见“中国结算北京分公司两网及退市公司业务申请表格”（见 www. chinaclear. cn—服务支持—业务资料—业务表格—全国股份转让系统）。

数据接口见 www. chinaclear. cn—服务支持—业务资料—接口规范—全国股份转让系统。

（三）办理流程

1. 发行人申请办理权益分派业务，需于R－6日前向本公司提交上述申请材料。

2. 本公司对申请材料进行审核，并可以根据业务安排情况另行确定权益登记日。审核后，将经本公司确认的《委托代理权益分派申请表》及权益分派实施公告反馈给发行人。收到本公司反馈后，发行人办理刊登权益分派实施公告事宜。

3. 本公司在刊登公告日将《权益分派付款通知》传真给发行人，发行人收到该通知后确认回传，并按通知中的要求在R－1日下午4：00前将相关款项汇到本公司指定账户。

若发行人不能确保R－1日下午4：00前将相关款项汇至本公司指定账户，发行人应于R－1日下午2:30前向本公司提交《推迟现金红利派发申请》，本公司将立即暂停实施该笔权益分派。同时发行人应在中国证监会指定媒体上公告，说明权益派发推迟或取消的原因及后续处理程序，由此产生的一切后果，由发行人承担。

4. 本公司根据R日日终投资者证券账户登记的证券余额进行权益计算。投资者R日买入的证券，享有相关权益；投资者R日卖出的证券，不享有相关权益。

5. R+1 日，本公司将《权益分派结果统计报表》和《退款通知》传真给发行人。

6. 发行人送转股的股份，由本公司于 R+1 日记入持有人的证券账户。通过本公司派发的现金红利，由本公司于 R+1 日划至结算参与人的备付金账户，再由结算参与人划入持有人的资金账户。

7. R+2 日，本公司将剩余款项退还发行人。

8. 本公司将在 R+5 日内向发行人寄送登记费或手续费发票，请发行人注意查收。

（四）注意事项

1. 发行人应确保权益派发的权益登记日不得与配股、增发等发行行为的权益登记日重合，并确保 R－6 日至 R 日期间不得因其它业务改变公司的股本数或权益数。发行人应确保实施公告内容与提交的申请材料内容完全一致。

2. 每 10 股送转股的股数或派发的现金红利金额（单位为“元”），小数点后最多为 6 位。例如：每 10 股送 0.123456 股。

3. 送转股过程中产生不足 1 股的零碎股，按数量大小排序，数量小的循环进位给数量大的持有人，以达到最小记账单位 1 股。

4. 根据相关规定，个人、证券投资基金、合格境外机构投资者（以下简称“QFII”）股息红利所得税由发行人代扣代缴，除上述主体以外的股份持有人的股息红利所得税由持有人自行申报缴纳。本公司在 R 日后方可计算持有人名册中个人投资者与机构投资者各自所占的比例，因此，发行人在 R－1 日前汇入的现金红利需为全额的含税金额。本公司派发红股、现金红利时，为发行人计算个人、证券投资基金和 QFII 的所得税金额，由发行人负责向主管税务部门申报缴纳，扣税比例从税务部门的相关规定。

清算交收

一、主办券商

主办券商参与全国股份转让系统两网公司和退市公司 A 类股份转让的结算业务，应按照本公司《证券资金结算业务指南》的规定，向本公司申请开通结算业务资格。主办券商参与A类股份转让结算业务所涉及的结算账户资料变更、交易单元业务、结算风险管理等均按照本公司《证券资金结算业务指南》的规定执行。

主办券商参与全国股份转让系统B类股份转让业务前，应向本公司申请开通B类股份转让的结算业务资格。主办券商只有在本公司为其开通B类股份转让结算业务资格后，方可参与全国股份转让系统B类股份转让。

主办券商应按照本公司以下规定申请开通B类股份转让证券资金结算业务。

(一) 提交业务申请资料

1. B类股份转让结算业务资格申请表；

2. 外管局颁发的《经营外汇业务许可证》(复印件，加盖公章)；

3. 关于指定B类股份转让结算银行的申请；

4. B类股份转让结算账户确认书；

5. B类股份转让业务授权有效印鉴；

6. 营业执照(复印件，加盖公章)；

7. 本公司要求的其他材料。

相关申请表格下载参见"www.chinaclear.cn—服务支持—业务资料—业务表格—全国股份转让系统—中国结算北京分公司两网公司和退市公司证券登记结算业务申请表格"。

本公司授权中国银行为B类股份结算银行。

申请B类股份结算资格的境内证券公司，在结算银行系统内开立B类股份结算银行账户，应选择结算银行的北京营业网点或证券公司所在地营业网点为开户行。

(二) 缴纳**B**类股份转让结算保证金

主办券商每开通一个具有B类交易权限的交易单元需通过如下银行账户向本公司缴纳B类股份转让结算保证金7万美元：

开户银行：中国银行北京市分行营业部

账户名称：中国证券登记结算有限责任公司北京分公司结算保证金存款

账户

账号：341562392427

（三）向结算银行报送材料

证券公司需向B类股份结算银行报送如下材料：

1. B类股份转让结算交收协议（异地证券公司）；该项材料由结算银行提供。

2. B类股份转让结算账户确认书。

二、A类股份清算交收

A类股份交易的清算交收参见本公司《证券资金结算业务指南》。

三、B类股份清算交收

B类股份转让的清算交收实行中央交收、净额清算及交收期为T+3日的交收安排，遇国家法定节假日和香港地区法定节假日时交收顺延，无法按时完成交收的结算参与人必须承担由此而引起的一切损失。

境外券商不能直接参与B类股份转让的结算，须与有全国股份转让业务资格的结算参与人签署代理协议后，由该结算参与人代为完成并承担相应清算交收责任。

（一）B类股份转让的清算交收流程

1. 一类指令修改（SI1）：本公司T+1日进行一类指令对盘。主办券商应及时核对成交资料中股东代码的有效性和正确性，如有错误，应当于T+1日下午2:00前以电话传真方式通知本公司，并邮寄修改一类指令的正本。

2. 二类指令（SI2）：涉及境外托管银行的转托管指令。由主办券商和托管银行于T+2日中午12:00前以传真方式分别向本公司发送SI2指令，配对成功后转托管方能成功。主办券商和托管银行应邮寄二类指令的正本。

3. 试交收：本公司在T+2日下午3:00之后执行试交收处理，预先计算出各主办券商T+3日应交收的资金净额。试交收处理完毕后，所有交收数据不得变更。

4. 证券交收：本公司在T+3日上午进行证券交收处理，记加或记减投资者证券账户。

5. 资金交付：资金应付方主办券商应当在 T+3 日中午 12:00 之前将应付款项足额汇入本公司指定的银行账户。本公司在 T+3 日中午 12:00 之前向结算银行发出汇款指令，由结算银行将款项划入应收方主办券商指定的银行账户。

B 类股份转让清算交收具体流程参见附件 2。一类指令修改和二类指令申请表的下载，参见“www.chinaclear.cn—服务支持—业务资料—业务表格—全国股份转让系统—中国结算北京分公司两网公司和退市公司证券登记结算业务申请表格”。

(二) B 类股份转让卖空处理

B 类股份转让禁止卖空，对于发生卖空行为的结算参与人，本公司按照以下规定进行处理：

1. B 类股份卖空：指结算参与人或其属下投资者证券账户上某只股票的卖出股数超过该股票的实际持有余额，造成股份不足的，则为 B 类股份卖空。

2. T+3 日，本公司在最终交收时冻结相关结算参与人卖空所得资金，将卖空通知传真给该结算参与人，并要求其在 T+5 日前补足卖空证券，否则本公司有权在 T+6 日实行强制性补购。因强制补购所产生的亏损及费用和引起的后果由违约结算参与人承担。

3. 发生卖空的结算参与人须于 T+4 日前将《B 类股份转让卖空情况报告书》递交本公司。如因系统等原因造成的卖空，应在情况报告书中说明。

4. 对于发生卖空行为的结算参与人，本公司将处以罚款并没收盈余，该笔款项在 B 类资金结算账户或交收款中扣除。罚款根据卖空数量乘以每股 1 美元的标准一次性收取。本公司于扣款当日将《付款通知》传真给各相关结算参与人。

5. 由于二类指令延误或转托管造成的卖空，在 T+5 日前转托管到账的，可以免罚。

(三) B 类股份转让买空处理

B 类股份转让禁止买空，对于发生买空行为的结算参与人，本公司按照以下规定处理：

1. B类买空：指结算参与人未在交收日规定时间将买入股份的款项汇入本公司账户，导致交收资金不足的行为。

2. 本公司T+3日动用结算保证金完成交收。

3. T+3日后，结算参与人汇入本公司银行账户的交收款项首先补足T+3日动用的结算保证金金额，剩余部分作为交收资金用于当日资金交收。

4. 买空行为一经发现，本公司立即冻结该结算参与人应交收的相应股份。该结算参与人必须在T+5日前补足透支金额，如未及时补足透支金额，本公司有权在T+6日强制性卖出股份。因强制卖出所造成亏损等后果由违约结算参与人承担。

5. 根据买空金额，本公司从交收日开始按中国银行北京分行提供的美元存款利率收取透支垫息并按0.5%(日)收取罚息。

其他业务与事项

一、质押登记

流通股(含有限售条件及无限售条件的)和非流通股的质押登记及解除质押登记，参照本公司《中国结算北京分公司投资者业务指南》"证券质押业务"办理；

二、非交易过户

证券非交易过户包括证券协议转让(含行政划拨)、法人资格丧失、继承和遗赠、离婚财产分割、向基金会捐赠等所涉证券过户等。

对于涉及有限售条件流通股或非流通股的非交易过户，投资者需至本公司柜台申请办理；对于涉及无限售条件流通股的非交易过户，投资者可直接通过证券托管主办券商通过CCNET系统电子申报办理。

具体业务办理流程，参见本公司《中国结算北京分公司投资者业务指南》"证券非交易过户业务"。

三、协助执法

有限售条件流通股和非流通股的司法冻结业务需至本公司柜台办理；无限售条件流通股的司法冻结业务，可由托管主办券商直接办理。具体参照本公司《中国结算北京分公司投资者业务指南》"协助执法业务"执行。

执法机关因司法裁决办理非交易过户的，可至本公司柜台申请办理或者由托管证券公司代理，具体流程参照《中国结算北京分公司投资者业务指南》“协助执法业务”。

四、转托管

投资者需申请 A、B 类股份转托管业务的，可通过转出的主办券商营业部办理转托管。具体业务办理流程参见《中国结算北京分公司投资者业务指南》“证券转托管业务（投资者申请）”。

收 费 标 准

收费标准详见 www. chinaclear. cn—法律规则—业务规则—其他—收费标准。

联 系 方 式

一、受理地点

北京市西城区金融大街 26 号金阳大厦五层

中国证券登记结算有限责任公司北京分公司

邮编：100033

二、咨询电话

业务类型	电话	传真
股份登记及权益分派	010-58598844、58598893	010-58598982
清算交收	010-58598864、58598874	010-58598975
其他业务	010-58598843	010-58598975

第四编　公 司 治 理

第一章　法规规章总则

非上市公众公司监督管理办法

（2012 年 09 月 28 日中国证券监督管理委员会发布，

2013 年 12 月 26 日修改）

第一章　总　　则

第一条　为了规范非上市公众公司股票转让和发行行为，保护投资者合法权益，维护社会公共利益，根据《证券法》《公司法》及相关法律法规的规定，制定本办法。

第二条　本办法所称非上市公众公司（以下简称“公众公司”）是指有下列情形之一且其股票未在证券交易所上市交易的股份有限公司：

（一）股票向特定对象发行或者转让导致股东累计超过 200 人；

（二）股票公开转让。

第三条　公众公司应当按照法律、行政法规、本办法和公司章程的规定，做到股权明晰，合法规范经营，公司治理机制健全，履行信息披露义务。

第四条　公众公司公开转让股票应当在全国中小企业股份转让系统进行，公开转让的公众公司股票应当在中国证券登记结算公司集中登记存管。

第五条　公众公司可以依法进行股权融资、债权融资、资产重组等。

公众公司发行优先股等证券品种，应当遵守法律、行政法规和中国证券监督管理委员会（以下简称“中国证监会”）的相关规定。

第六条 为公司出具专项文件的证券公司、律师事务所、会计师事务所及其他证券服务机构，应当勤勉尽责、诚实守信，认真履行审慎核查义务，按照依法制定的业务规则、行业执业规范和职业道德准则发表专业意见，保证所出具文件的真实性、准确性和完整性，并接受中国证监会的监管。

第二章 公司治理

第七条 公众公司应当依法制定公司章程。

中国证监会依法对公众公司章程必备条款作出具体规定，规范公司章程的制定和修改。

第八条 公众公司应当建立兼顾公司特点和公司治理机制基本要求的股东大会、董事会、监事会制度，明晰职责和议事规则。

第九条 公众公司的治理结构应当确保所有股东，特别是中小股东充分行使法律、行政法规和公司章程规定的合法权益。

股东对法律、行政法规和公司章程规定的公司重大事项，享有知情权和参与权。

公众公司应当建立健全投资者关系管理，保护投资者的合法权益。

第十条 公众公司股东大会、董事会、监事会的召集、提案审议、通知时间、召开程序、授权委托、表决和决议等应当符合法律、行政法规和公司章程的规定；会议记录应当完整并安全保存。

股东大会的提案审议应当符合程序，保障股东的知情权、参与权、质询权和表决权；董事会应当在职权范围和股东大会授权范围内对审议事项作出决议，不得代替股东大会对超出董事会职权范围和授权范围的事项进行决议。

第十一条 公众公司董事会应当对公司的治理机制是否给所有的股东提供合适的保护和平等权利等情况进行充分讨论、评估。

第十二条 公众公司应当强化内部管理，按照相关规定建立会计核算体系、财务管理和风险控制等制度，确保公司财务报告真实可靠及行为合法合规。

第十三条 公众公司进行关联交易应当遵循平等、自愿、等价、有偿的原则，保证交易公平、公允，维护公司的合法权益，根据法律、行政法规、中国证监会的规定和公司章程，履行相应的审议程序。

第十四条 公众公司应当采取有效措施防止股东及其关联方以各种形式占用或者转移公司的资金、资产及其他资源。

第十五条 公众公司实施并购重组行为，应当按照法律、行政法规、中国证监会的规定和公司章程，履行相应的决策程序并聘请证券公司和相关证券服务机构出具专业意见。

任何单位和个人不得利用并购重组损害公众公司及其股东的合法权益。

第十六条 进行公众公司收购，收购人或者其实际控制人应当具有健全的公司治理机制和良好的诚信记录。收购人不得以任何形式从被收购公司获得财务资助，不得利用收购活动损害被收购公司及其股东的合法权益。

在公众公司收购中，收购人持有的被收购公司的股份，在收购完成后 12 个月内不得转让。

第十七条 公众公司实施重大资产重组，重组的相关资产应当权属清晰、定价公允，重组后的公众公司治理机制健全，不得损害公众公司和股东的合法权益。

第十八条 公众公司应当按照法律的规定，同时结合公司的实际情况在章程中约定建立表决权回避制度。

第十九条 公众公司应当在章程中约定纠纷解决机制。股东有权按照法律、行政法规和公司章程的规定，通过仲裁、民事诉讼或者其他法律手段保护其合法权益。

第三章 信息披露

第二十条 公司及其他信息披露义务人应当按照法律、行政法规和中国证监会的规定，真实、准确、完整、及时地披露信息，不得有虚假记载、误导性陈述或者重大遗漏。公司及其他信息披露义务人应当向所有投资者同时公开披露信息。

公司的董事、监事、高级管理人员应当忠实、勤勉地履行职责，保证公司披露信息的真实、准确、完整、及时。

第二十一条 信息披露文件主要包括公开转让说明书、定向转让说明书、定向发行说明书、发行情况报告书、定期报告和临时报告等。具体的内容与格式、编制规则及披露要求，由中国证监会另行制定。

第二十二条 股票公开转让与定向发行的公众公司应当披露半年度报告、年度报告。年度报告中的财务会计报告应当经具有证券期货相关业务资格的会计师事务所审计。

股票向特定对象转让导致股东累计超过200人的公众公司，应当披露年度报告。年度报告中的财务会计报告应当经会计师事务所审计。

第二十三条 公众公司董事、高级管理人员应当对定期报告签署书面确认意见；对报告内容有异议的，应当单独陈述理由，并与定期报告同时披露。公众公司不得以董事、高级管理人员对定期报告内容有异议为由不按时披露定期报告。

公众公司监事会应当对董事会编制的定期报告进行审核并提出书面审核意见，说明董事会对定期报告的编制和审核程序是否符合法律、行政法规、中国证监会的规定和公司章程，报告的内容是否能够真实、准确、完整地反映公司实际情况。

第二十四条 证券公司、律师事务所、会计师事务所及其他证券服务机构出具的文件和其他有关的重要文件应当作为备查文件，予以披露。

第二十五条 发生可能对股票价格产生较大影响的重大事件，投资者尚未得知时，公众公司应当立即将有关该重大事件的情况报送临时报告，并予以公告，说明事件的起因、目前的状态和可能产生的后果。

第二十六条 公众公司实施并购重组的，相关信息披露义务人应当依法严格履行公告义务，并及时准确地向公众公司通报有关信息，配合公众公司及时、准确、完整地进行披露。

参与并购重组的相关单位和人员，在并购重组的信息依法披露前负有保密义务，禁止利用该信息进行内幕交易。

第二十七条 公众公司应当制定信息披露事务管理制度并指定具有相关专业知识的人员负责信息披露事务。

第二十八条 除监事会公告外，公众公司披露的信息应当以董事会公告的形式发布。董事、监事、高级管理人员非经董事会书面授权，不得对外发布未披露的信息。

第二十九条 公司及其他信息披露义务人依法披露的信息，应当在中国证监会指定的信息披露平台公布。公司及其他信息披露义务人可在公司网站或者其他公众媒体上刊登依本办法必须披露的信息，但披露的内容应当完全一致，且不得早于在中国证监会指定的信息披露平台披露的时间。

股票向特定对象转让导致股东累计超过200人的公众公司可以在公司章程中约定其他信息披露方式；在中国证监会指定的信息披露平台披露相关信息的，应当符合本条第一款的要求。

第三十条 公司及其他信息披露义务人应当将信息披露公告文稿和相关备查文件置备于公司住所供社会公众查阅。

第三十一条 公司应当配合为其提供服务的证券公司及律师事务所、会计师事务所等证券服务机构的工作，按要求提供所需资料，不得要求证券公司、证券服务机构出具与客观事实不符的文件或者阻碍其工作。

第四章 股票转让

第三十二条 股票向特定对象转让导致股东累计超过200人的股份有限公司，应当自上述行为发生之日起3个月内，按照中国证监会有关规定制作申请文件，申请文件应当包括但不限于：定向转让说明书、律师事务所出具的法律意见书、会计师事务所出具的审计报告。股份有限公司持申请文件向中国证监会申请核准。在提交申请文件前，股份有限公司应当将相关情况通知所有股东。

在3个月内股东人数降至200人以内的，可以不提出申请。

股票向特定对象转让应当以非公开方式协议转让。申请股票公开转让的，按照本办法第三十三条、第三十四条的规定办理。

第三十三条 公司申请其股票公开转让的，董事会应当依法就股票公开转让的具体方案作出决议，并提请股东大会批准，股东大会决议必须经出席会议的股东所持表决权的2/3以上通过。

董事会和股东大会决议中还应当包括以下内容：

（一）按照中国证监会的相关规定修改公司章程；

（二）按照法律、行政法规和公司章程的规定建立健全公司治理机制；

（三）履行信息披露义务，按照相关规定披露公开转让说明书、年度报告、半年度报告及其他信息披露内容。

第三十四条 股东人数超过200人的公司申请其股票公开转让，应当按照中国证监会有关规定制作公开转让的申请文件，申请文件应当包括但不限于：公开转让说明书、律师事务所出具的法律意见书、具有证券期货相关业务资格的会计师事务所出具的审计报告、证券公司出具的推荐文件。公司持申请文件向中国证监会申请核准。

公开转让说明书应当在公开转让前披露。

第三十五条 中国证监会受理申请文件后，依法对公司治理和信息披露进行审核，在20个工作日内作出核准、中止审核、终止审核、不予核准的决定。

第三十六条 股东人数未超过200人的公司申请其股票公开转让，中国证监会豁免核准，由全国中小企业股份转让系统进行审查。

第三十七条 公司及其董事、监事、高级管理人员，应当对公开转让说明书、定向转让说明书签署书面确认意见，保证所披露的信息真实、准确、完整。

第三十八条 本办法施行前股东人数超过200人的股份有限公司，符合条件的，可以申请在全国中小企业股份转让系统挂牌公开转让股票、首次公开发行并在证券交易所上市。

第五章 定向发行

第三十九条 本办法所称定向发行包括向特定对象发行股票导致股东累计超过200人，以及股东人数超过200人的公众公司向特定对象发行股票两种情形。

前款所称特定对象的范围包括下列机构或者自然人：

（一）公司股东；

（二）公司的董事、监事、高级管理人员、核心员工；

（三）符合投资者适当性管理规定的自然人投资者、法人投资者及其他经济组织。

公司确定发行对象时，符合本条第二款第（二）项、第（三）项规定的投资者合计不得超过35名。

核心员工的认定，应当由公司董事会提名，并向全体员工公示和征求意见，由监事会发表明确意见后，经股东大会审议批准。

投资者适当性管理规定由中国证监会另行制定。

第四十条 公司应当对发行对象的身份进行确认，有充分理由确信发行对象符合本办法和公司的相关规定。

公司应当与发行对象签订包含风险揭示条款的认购协议。

第四十一条 公司董事会应当依法就本次股票发行的具体方案作出决议，并提请股东大会批准，股东大会决议必须经出席会议的股东所持表决权的2/3以上通过。

申请向特定对象发行股票导致股东累计超过200人的股份有限公司，董事会和股东大会决议中还应当包括以下内容：

（一）按照中国证监会的相关规定修改公司章程；

（二）按照法律、行政法规和公司章程的规定建立健全公司治理机制；

（三）履行信息披露义务，按照相关规定披露定向发行说明书、发行情况报告书、年度报告、半年度报告及其他信息披露内容。

第四十二条 公司应当按照中国证监会有关规定制作定向发行的申请文件，申请文件应当包括但不限于：定向发行说明书、律师事务所出具的法律意见书、具有证券期货相关业务资格的会计师事务所出具的审计报告、证券公司出具的推荐文件。公司持申请文件向中国证监会申请核准。

第四十三条 中国证监会受理申请文件后，依法对公司治理和信息披露以及发行对象情况进行审核，在20个工作日内作出核准、中止审核、终止审核、不予核准的决定。

第四十四条 公司申请定向发行股票，可申请一次核准，分期发行。自中国证监会予以核准之日起，公司应当在3个月内首期发行，剩余数量应当在12个月内发行完毕。超过核准文件限定的有效期未发行的，须重新经中国证监会核准后方可发行。首期发行数量应当不少于总发行数量的50%，剩余各期发行的数量由公司自行确定，每期发行后5个工作日内将发行情况报中国证监会备案。

第四十五条 在全国中小企业股份转让系统挂牌公开转让股票的公众公司

向特定对象发行股票后股东累计不超过200人的，中国证监会豁免核准，由全国中小企业股份转让系统自律管理，但发行对象应当符合本办法第三十九条的规定。

第四十六条 股票发行结束后，公众公司应当按照中国证监会的有关要求编制并披露发行情况报告书。申请分期发行的公众公司应在每期发行后按照中国证监会的有关要求进行披露，并在全部发行结束或者超过核准文件有效期后按照中国证监会的有关要求编制并披露发行情况报告书。

豁免向中国证监会申请核准定向发行的公众公司，应当在发行结束后按照中国证监会的有关要求编制并披露发行情况报告书。

第四十七条 公司及其董事、监事、高级管理人员，应当对定向发行说明书、发行情况报告书签署书面确认意见，保证所披露的信息真实、准确、完整。

第四十八条 公众公司定向发行股份购买资产的，按照本章有关规定办理。

第六章 监督管理

第四十九条 中国证监会会同国务院有关部门、地方人民政府，依照法律法规和国务院有关规定，各司其职，分工协作，对公众公司进行持续监管，防范风险，维护证券市场秩序。

第五十条 中国证监会依法履行对公司股票转让、定向发行、信息披露的监管职责，有权对公司、证券公司、证券服务机构采取《证券法》第一百八十条规定的措施。

第五十一条 全国中小企业股份转让系统应当发挥自律管理作用，对在全国中小企业股份转让系统公开转让股票的公众公司及相关信息披露义务人披露信息进行监督，督促其依法及时、准确地披露信息。发现公开转让股票的公众公司及相关信息披露义务人有违反法律、行政法规和中国证监会相关规定的行为，应当向中国证监会报告，并采取自律管理措施。

第五十二条 中国证券业协会应当发挥自律管理作用，对从事公司股票转让和定向发行业务的证券公司进行监督，督促其勤勉尽责地履行尽职调查和督导职责。发现证券公司有违反法律、行政法规和中国证监会相关规定的行为，应当向中国证监会报告，并采取自律管理措施。

第五十三条 中国证监会可以要求公司及其他信息披露义务人或者其董事、监事、高级管理人员对有关信息披露问题作出解释、说明或者提供相关资料，并要求公司提供证券公司或者证券服务机构的专业意见。

中国证监会对证券公司和证券服务机构出具文件的真实性、准确性、完整性有疑义的，可以要求相关机构作出解释、补充，并调阅其工作底稿。

第五十四条 证券公司在从事股票转让、定向发行等业务活动中，应当按照中国证监会的有关规定勤勉尽责地进行尽职调查，规范履行内核程序，认真编制相关文件，并持续督导所推荐公司及时履行信息披露义务、完善公司治理。

第五十五条 证券服务机构为公司的股票转让、定向发行等活动出具审计报告、资产评估报告或者法律意见书等文件的，应当严格履行法定职责，遵循勤勉尽责和诚实信用原则，对公司的主体资格、股本情况、规范运作、财务状况、公司治理、信息披露等内容的真实性、准确性、完整性进行充分的核查和验证，并保证其出具的文件不存在虚假记载、误导性陈述或者重大遗漏。

第五十六条 中国证监会依法对公司进行监督检查或者调查，公司有义务提供相关文件资料。对于发现问题的公司，中国证监会可以采取责令改正、监管谈话、责令公开说明、出具警示函等监管措施，并记入诚信档案；涉嫌违法、犯罪的，应当立案调查或者移送司法机关。

第七章 法律责任

第五十七条 公司以欺骗手段骗取核准的，公司报送的报告有虚假记载、误导性陈述或者重大遗漏的，除依照《证券法》有关规定进行处罚外，中国证监会可以采取终止审核并自确认之日起在36个月内不受理公司的股票转让和定向发行申请的监管措施。

第五十八条 公司未按照本办法第三十二条、第三十四条、第四十二条规定，擅自转让或者发行股票的，按照《证券法》第一百八十八条的规定进行处罚。

第五十九条 证券公司、证券服务机构出具的文件有虚假记载、误导性陈述或者重大遗漏的，除依照《证券法》及相关法律法规的规定处罚外，中国证监会可视情节轻重，自确认之日起采取3个月至12个月内不接受该机构出具的相关专项文件，36个月内不接受相关签字人员出具的专项文件的监管措施。

第六十条 公司及其他信息披露义务人未按照规定披露信息，或者所披露的信息有虚假记载、误导性陈述或者重大遗漏的，依照《证券法》第一百九十三条的规定进行处罚。

第六十一条 公司向不符合本办法规定条件的投资者发行股票的，中国证监会可以责令改正，并可以自确认之日起在36个月内不受理其申请。

第六十二条 信息披露义务人及其董事、监事、高级管理人员，公司控股股东、实际控制人，为信息披露义务人出具专项文件的证券公司、证券服务机构及其工作人员，违反《证券法》、行政法规和中国证监会相关规定的，中国证监会可以采取责令改正、监管谈话、出具警示函、认定为不适当人选等监管措施，并记入诚信档案；情节严重的，中国证监会可以对有关责任人员采取证券市场禁入的措施。

第六十三条 公众公司内幕信息知情人或非法获取内幕信息的人，在对公众公司股票价格有重大影响的信息公开前，泄露该信息、买卖或者建议他人买卖该股票的，依照《证券法》第二百零二条的规定进行处罚。

第八章 附　　则

第六十四条 公众公司向不特定对象公开发行股票的，应当遵守《证券法》和中国证监会的相关规定。

公众公司申请在证券交易所上市的，应当遵守中国证监会和证券交易所的相关规定。

第六十五条 本办法施行前股东人数超过200人的股份有限公司，不在全国中小企业股份转让系统挂牌公开转让股票或证券交易所上市的，应当按相关要求规范后申请纳入非上市公众公司监管。

第六十六条 本办法所称股份有限公司是指首次申请股票转让或定向发行的股份有限公司；所称公司包括非上市公众公司和首次申请股票转让或定向发行的股份有限公司。

第六十七条 本办法自2013年1月1日起施行。

非上市公众公司收购管理办法

（2014 年 06 月 23 日中国证券监督管理委员会发布）

第一章　总　　则

第一条　为了规范非上市公众公司（以下简称“公众公司”）的收购及相关股份权益变动活动，保护公众公司和投资者的合法权益，维护证券市场秩序和社会公共利益，促进证券市场资源的优化配置，根据《证券法》《公司法》《国务院关于全国中小企业股份转让系统有关问题的决定》《国务院关于进一步优化企业兼并重组市场环境的意见》及其他相关法律、行政法规，制定本办法。

第二条　股票在全国中小企业股份转让系统（以下简称“全国股份转让系统”）公开转让的公众公司，其收购及相关股份权益变动活动应当遵守本办法的规定。

第三条　公众公司的收购及相关股份权益变动活动，必须遵守法律、行政法规及中国证券监督管理委员会（以下简称“中国证监会”）的规定，遵循公开、公平、公正的原则。当事人应当诚实守信，遵守社会公德、商业道德，自觉维护证券市场秩序，接受政府、社会公众的监督。

第四条　公众公司的收购及相关股份权益变动活动涉及国家产业政策、行业准入、国有股份转让、外商投资等事项，需要取得国家相关部门批准的，应当在取得批准后进行。

第五条　收购人可以通过取得股份的方式成为公众公司的控股股东，可以通过投资关系、协议、其他安排的途径成为公众公司的实际控制人，也可以同时采取上述方式和途径取得公众公司控制权。

收购人包括投资者及其一致行动人。

第六条　进行公众公司收购，收购人及其实际控制人应当具有良好的诚信记录，收购人及其实际控制人为法人的，应当具有健全的公司治理机制。任何人不得利用公众公司收购损害被收购公司及其股东的合法权益。

有下列情形之一的，不得收购公众公司：

（一）收购人负有数额较大债务，到期未清偿，且处于持续状态；

（二）收购人最近 2 年有重大违法行为或者涉嫌有重大违法行为；

（三）收购人最近 2 年有严重的证券市场失信行为；

（四）收购人为自然人的，存在《公司法》第一百四十六条规定的情形；

（五）法律、行政法规规定以及中国证监会认定的不得收购公众公司的其他情形。

第七条 被收购公司的控股股东或者实际控制人不得滥用股东权利损害被收购公司或者其他股东的合法权益。

被收购公司的控股股东、实际控制人及其关联方有损害被收购公司及其他股东合法权益的，上述控股股东、实际控制人在转让被收购公司控制权之前，应当主动消除损害；未能消除损害的，应当就其出让相关股份所得收入用于消除全部损害做出安排，对不足以消除损害的部分应当提供充分有效的履约担保或安排，并提交被收购公司股东大会审议通过，被收购公司的控股股东、实际控制人及其关联方应当回避表决。

第八条 被收购公司的董事、监事、高级管理人员对公司负有忠实义务和勤勉义务，应当公平对待收购本公司的所有收购人。

被收购公司董事会针对收购所做出的决策及采取的措施，应当有利于维护公司及其股东的利益，不得滥用职权对收购设置不适当的障碍，不得利用公司资源向收购人提供任何形式的财务资助。

第九条 收购人按照本办法第三章、第四章的规定进行公众公司收购的，应当聘请具有财务顾问业务资格的专业机构担任财务顾问，但通过国有股行政划转或者变更、因继承取得股份、股份在同一实际控制人控制的不同主体之间进行转让、取得公众公司向其发行的新股、司法判决导致收购人成为或拟成为公众公司第一大股东或者实际控制人的情形除外。

收购人聘请的财务顾问应当勤勉尽责，遵守行业规范和职业道德，保持独立性，对收购人进行辅导，帮助收购人全面评估被收购公司的财务和经营状况；对收购人的相关情况进行尽职调查，对收购人披露的文件进行充分核查和验证；对收购事项客观、公正地发表专业意见，并保证其所制作、出具文件的真实性、准确性和完整性。在收购人公告被收购公司收购报告书至收购完成后 12 个月内，财务顾问应当持续督导收购人遵守法律、行政法规、中国证监会的规定、全国股份转让系统相关规则以及公司章程，依法行使股东权利，切实履行承诺或者相关约定。

财务顾问认为收购人利用收购损害被收购公司及其股东合法权益的，应当拒绝为收购人提供财务顾问服务。

第十条 公众公司的收购及相关股份权益变动活动中的信息披露义务人，应当依法严格履行信息披露和其他法定义务，并保证所披露的信息及时、真实、准确、完整，不得有虚假记载、误导性陈述或者重大遗漏。

信息披露义务人应当在全国股份转让系统指定的信息披露平台（以下简称“指定网站”）依法披露信息；在其他媒体上进行披露的，披露内容应当一致，披露时间不得早于指定网站的披露时间。在相关信息披露前，信息披露义务人及知悉相关信息的人员负有保密义务，禁止利用该信息进行内幕交易和从事证券市场操纵行为。

信息披露义务人依法披露前，相关信息已在媒体上传播或者公司股票转让出现异常的，公众公司应当立即向当事人进行查询，当事人应当及时予以书面答复，公众公司应当及时披露。

第十一条 中国证监会依法对公众公司的收购及相关股份权益变动活动进行监督管理。

全国股份转让系统应当制定业务规则，为公众公司的收购及相关股份权益变动活动提供服务，对相关证券转让活动进行实时监控，监督公众公司的收购及相关股份权益变动活动的信息披露义务人切实履行信息披露义务。

中国证券登记结算有限责任公司应当制定业务规则，为公众公司的收购及相关股份权益变动活动所涉及的证券登记、存管、结算等事宜提供服务。

第二章 权益披露

第十二条 投资者在公众公司中拥有的权益，包括登记在其名下的股份和虽未登记在其名下但该投资者可以实际支配表决权的股份。投资者及其一致行动人在公众公司中拥有的权益应当合并计算。

第十三条 有下列情形之一的，投资者及其一致行动人应当在该事实发生之日起2日内编制并披露权益变动报告书，报送全国股份转让系统，同时通知该公众公司；自该事实发生之日起至披露后2日内，不得再行买卖该公众公司的股票。

（一）通过全国股份转让系统的做市方式、竞价方式进行证券转让，投资者及其一致行动人拥有权益的股份达到公众公司已发行股份的10%；

（二）通过协议方式，投资者及其一致行动人在公众公司中拥有权益的股份拟达到或者超过公众公司已发行股份的10%。

投资者及其一致行动人拥有权益的股份达到公众公司已发行股份的10%后，其拥有权益的股份占该公众公司已发行股份的比例每增加或者减少5%（即其拥有权益的股份每达到5%的整数倍时），应当依照前款规定进行披露。自该事实发生之日起至披露后2日内，不得再行买卖该公众公司的股票。

第十四条 投资者及其一致行动人通过行政划转或者变更、执行法院裁定、继承、赠与等方式导致其直接拥有权益的股份变动达到前条规定比例的，应当按照前条规定履行披露义务。

投资者虽不是公众公司的股东，但通过投资关系、协议、其他安排等方式进行收购导致其间接拥有权益的股份变动达到前条规定比例的，应当按照前条规定履行披露义务。

第十五条 因公众公司向其他投资者发行股份、减少股本导致投资者及其一致行动人拥有权益的股份变动出现本章规定情形的，投资者及其一致行动人免于履行披露义务。公众公司应当自完成增加股本、减少股本的变更登记之日起2日内，就因此导致的公司股东拥有权益的股份变动情况进行披露。

第三章 控制权变动披露

第十六条 通过全国股份转让系统的证券转让，投资者及其一致行动人拥有权益的股份变动导致其成为公众公司第一大股东或者实际控制人，或者通过投资关系、协议转让、行政划转或者变更、执行法院裁定、继承、赠予、其他安排等方式拥有权益的股份变动导致其成为或拟成为公众公司第一大股东或者实际控制人且拥有权益的股份超过公众公司已发行股份10%的，应当在该事实发生之日起2日内编制收购报告书，连同财务顾问专业意见和律师出具的法律意见书一并披露，报送全国股份转让系统，同时通知该公众公司。

收购公众公司股份需要取得国家相关部门批准的，收购人应当在收购报告书中进行明确说明，并持续披露批准程序进展情况。

第十七条 以协议方式进行公众公司收购的，自签订收购协议起至相关股份完成过户的期间为公众公司收购过渡期(以下简称“过渡期”)。在过渡期内，收购人不得通过控股股东提议改选公众公司董事会，确有充分理由改选董事会的，来自收购人的董事不得超过董事会成员总数的1/3；被收购公司不得为收购人及其关联方提供担保；被收购公司不得发行股份募集资金。

在过渡期内，被收购公司除继续从事正常的经营活动或者执行股东大会已经作出的决议外，被收购公司董事会提出拟处置公司资产、调整公司主要业务、担保、贷款等议案，可能对公司的资产、负债、权益或者经营成果造成重大影响的，应当提交股东大会审议通过。

第十八条 按照本办法进行公众公司收购后，收购人成为公司第一大股东或者实际控制人的，收购人持有的被收购公司股份，在收购完成后12个月内不得转让。

收购人在被收购公司中拥有权益的股份在同一实际控制人控制的不同主体之间进行转让不受前述12个月的限制。

第十九条 在公众公司收购中，收购人作出公开承诺事项的，应同时提出所承诺事项未能履行时的约束措施，并公开披露。

全国股份转让系统应当对收购人履行公开承诺行为进行监督和约束，对未能履行承诺的收购人及时采取自律监管措施。

第二十条 公众公司控股股东、实际控制人向收购人协议转让其所持有的公众公司股份的，应当对收购人的主体资格、诚信情况及收购意图进行调查，并在其权益变动报告书中披露有关调查情况。

被收购公司控股股东、实际控制人及其关联方未清偿其对公司的负债，未解除公司为其负债提供的担保，或者存在损害公司利益的其他情形的，被收购公司董事会应当对前述情形及时披露,并采取有效措施维护公司利益。

第四章 要约收购

第二十一条 投资者自愿选择以要约方式收购公众公司股份的,可以向被收购公司所有股东发出收购其所持有的全部股份的要约(以下简称“全面要约”),也可以向被收购公司所有股东发出收购其所持有的部分股份的要约(以下简称“部分要约”)。

第二十二条 收购人自愿以要约方式收购公众公司股份的,其预定收购的股份比例不得低于该公众公司已发行股份的5%。

第二十三条 公众公司应当在公司章程中约定在公司被收购时收购人是否需要向公司全体股东发出全面要约收购,并明确全面要约收购的触发条件以及相应制度安排。

收购人根据被收购公司章程规定需要向公司全体股东发出全面要约收购的,对同一种类股票的要约价格,不得低于要约收购报告书披露日前6个月内取得该种股票所支付的最高价格。

第二十四条 以要约方式进行公众公司收购的,收购人应当公平对待被收购公司的所有股东。

第二十五条 以要约方式收购公众公司股份的,收购人应当聘请财务顾问,并编制要约收购报告书,连同财务顾问专业意见和律师出具的法律意见书一并披露,报送全国股份转让系统,同时通知该公众公司。

要约收购需要取得国家相关部门批准的,收购人应当在要约收购报告书中进行明确说明,并持续披露批准程序进展情况。

第二十六条 收购人可以采用现金、证券、现金与证券相结合等合法方式支付收购公众公司的价款。收购人聘请的财务顾问应当说明收购人具备要约收购的能力。收购人应当在披露要约收购报告书的同时,提供以下至少一项安排保证其具备履约能力:

(一)将不少于收购价款总额的20%作为履约保证金存入中国证券登记结算有限责任公司指定的银行等金融机构;收购人以在中国证券登记结算有限责任公司登记的证券支付收购价款的,在披露要约收购报告书的同时,将用于支付的全部证券向中国证券登记结算有限责任公司申请办理权属变更或锁定；

（二）银行等金融机构对于要约收购所需价款出具的保函；

（三）财务顾问出具承担连带担保责任的书面承诺。如要约期满，收购人不支付收购价款，财务顾问应当承担连带责任，并进行支付。

收购人以证券支付收购价款的，应当披露该证券的发行人最近2年经审计的财务会计报表、证券估值报告，并配合被收购公司或其聘请的独立财务顾问的尽职调查工作。收购人以未在中国证券登记结算有限责任公司登记的证券支付收购价款的，必须同时提供现金方式供被收购公司的股东选择，并详细披露相关证券的保管、送达被收购公司股东的方式和程序安排。

第二十七条 被收购公司董事会应当对收购人的主体资格、资信情况及收购意图进行调查，对要约条件进行分析，对股东是否接受要约提出建议，并可以根据自身情况选择是否聘请独立财务顾问提供专业意见。

被收购公司决定聘请独立财务顾问的，可以聘请为其提供督导服务的主办券商为独立财务顾问，但存在影响独立性、财务顾问业务受到限制等不宜担任独立财务顾问情形的除外。被收购公司也可以同时聘请其他机构为其提供顾问服务。

第二十八条 收购要约约定的收购期限不得少于30日，并不得超过60日；但是出现竞争要约的除外。

收购期限自要约收购报告书披露之日起开始计算。要约收购需要取得国家相关部门批准的，收购人应将取得的本次收购的批准情况连同律师出具的专项核查意见一并在取得全部批准后2日内披露，收购期限自披露之日起开始计算。

在收购要约约定的承诺期限内，收购人不得撤销其收购要约。

第二十九条 采取要约收购方式的，收购人披露后至收购期限届满前，不得卖出被收购公司的股票，也不得采取要约规定以外的形式和超出要约的条件买入被收购公司的股票。

第三十条 收购人需要变更收购要约的，应当重新编制并披露要约收购报告书，报送全国股份转让系统，同时通知被收购公司。变更后的要约收购价格不得低于变更前的要约收购价格。

收购要约期限届满前 15 日内，收购人不得变更收购要约；但是出现竞争要约的除外。

出现竞争要约时，发出初始要约的收购人变更收购要约距初始要约收购期限届满不足 15 日的，应当延长收购期限，延长后的要约期应当不少于 15 日，不得超过最后一个竞争要约的期满日，并按规定比例追加履约保证能力。

发出竞争要约的收购人最迟不得晚于初始要约收购期限届满前 15 日披露要约收购报告书，并应当根据本办法的规定履行披露义务。

第三十一条 在要约收购期间，被收购公司董事不得辞职。

第三十二条 同意接受收购要约的股东(以下简称“预受股东”)，应当委托证券公司办理预受要约的相关手续。

在要约收购期限届满前 2 日内，预受股东不得撤回其对要约的接受。在要约收购期限内，收购人应当每日披露已预受收购要约的股份数量。

在要约收购期限届满后 2 日内，收购人应当披露本次要约收购的结果。

第三十三条 收购期限届满，发出部分要约的收购人应当按照收购要约约定的条件购买被收购公司股东预受的股份，预受要约股份的数量超过预定收购数量时，收购人应当按照同等比例收购预受要约的股份；发出全面要约的收购人应当购买被收购公司股东预受的全部股份。

第五章 监管措施与法律责任

第三十四条 公众公司董事未履行忠实勤勉义务，利用收购谋取不当利益的，中国证监会采取监管谈话、出具警示函等监管措施，情节严重的，有权认定其为不适当人选。涉嫌犯罪的，依法移交司法机关追究其刑事责任。

第三十五条 收购人在收购要约期限届满时，不按照约定支付收购价款或者购买预受股份的，自该事实发生之日起 2 年内不得收购公众公司；涉嫌操纵证券市场的，中国证监会对收购人进行调查，依法追究其法律责任。

前款规定的收购人聘请的财务顾问没有充分证据表明其勤勉尽责的，中国证监会视情节轻重，自确认之日起采取 3 个月至 12 个月内不接受该机构出具的相关专项文件、12 个月至 36 个月内不接受相关签字人员出具的专项文件的监管措施，并依法追究其法律责任。

第三十六条 公众公司控股股东和实际控制人在转让其对公司的控制权时，未清偿其对公司的负债，未解除公司为其提供的担保，或者未对其损害公司利益的其他情形作出纠正的，且被收购公司董事会未对前述情形及时披露并采取有效措施维护公司利益的，中国证监会责令改正，在改正前收购人应当暂停收购活动。

被收购公司董事会未能依法采取有效措施促使公司控股股东、实际控制人予以纠正，或者在收购完成后未能促使收购人履行承诺、安排或者保证的，中国证监会有权认定相关董事为不适当人选。

第三十七条 公众公司的收购及相关股份权益变动活动中的信息披露义务人，未按照本办法的规定履行信息披露以及其他相关义务，或者信息披露文件中有虚假记载、误导性陈述或者重大遗漏的，中国证监会采取责令改正、监管谈话、出具警示函、责令暂停或者终止收购等监管措施；情节严重的，比照《证券法》第一百九十三条、第二百一十三条进行行政处罚，并可以采取市场禁入的措施；涉嫌犯罪的，依法移送司法机关追究刑事责任。

第三十八条 投资者及其一致行动人规避法定程序和义务，变相进行公众公司收购，或者外国投资者规避管辖的，中国证监会采取责令改正、出具警示函、责令暂停或者停止收购等监管措施；情节严重的，进行行政处罚，并可以采取市场禁入的措施；涉嫌犯罪的，依法移交司法机关追究其刑事责任。

第三十九条 为公众公司收购出具审计报告、法律意见书和财务顾问报告的证券服务机构或者证券公司及其专业人员，未依法履行职责的，中国证监会采取责令改正、监管谈话、出具警示函等监管措施；情节严重的，比照《证券法》第二百二十三条进行行政处罚，并可以采取市场禁入的措施；涉嫌犯罪的，依法移送司法机关追究刑事责任。

第四十条 任何知悉收购信息的人员在相关信息依法披露前，泄露该信息、买卖或者建议他人买卖相关公司股票的，比照《证券法》第二百零二条予以处罚；涉嫌犯罪的，依法移送司法机关追究刑事责任。

第四十一条 编造、传播虚假收购信息，操纵证券市场或者进行欺诈活动的，比照《证券法》第二百零三条、二百零七条予以处罚；涉嫌犯罪的，依法移送司法机关追究刑事责任。

第四十二条 中国证监会将公众公司的收购及相关股份权益变动活动中的当事人的违法行为和整改情况记入诚信档案。

第六章 附 则

第四十三条 本办法所称一致行动人、公众公司控制权及持股比例计算等参照《上市公司收购管理办法》的相关规定。

第四十四条 为公众公司收购提供服务的财务顾问的业务许可、业务规则和法律责任等，按照《上市公司并购重组财务顾问业务管理办法》的相关规定执行。

第四十五条 做市商持有公众公司股份相关权益变动信息的披露，由中国证监会另行规定。

第四十六条 股票不在全国股份转让系统公开转让的公众公司收购及相关股份权益变动的信息披露内容比照本办法的相关规定执行。

第四十七条 本办法自 2014 年 7 月 23 日起施行。

非上市公众公司重大资产重组管理办法

(2014年06月23日中国证券监督管理委员会发布)

第一章 总 则

第一条 为了规范非上市公众公司(以下简称"公众公司")重大资产重组行为,保护公众公司和投资者的合法权益,促进公众公司质量不断提高,维护证券市场秩序和社会公共利益,根据《公司法》《证券法》《国务院关于全国中小企业股份转让系统有关问题的决定》《国务院关于进一步优化企业兼并重组市场环境的意见》及其他相关法律、行政法规,制定本办法。

第二条 本办法适用于股票在全国中小企业股份转让系统(以下简称"全国股份转让系统")公开转让的公众公司重大资产重组行为。

本办法所称的重大资产重组是指公众公司及其控股或者控制的公司在日常经营活动之外购买、出售资产或者通过其他方式进行资产交易,导致公众公司的业务、资产发生重大变化的资产交易行为。

公众公司及其控股或者控制的公司购买、出售资产,达到下列标准之一的,构成重大资产重组:

(一)购买、出售的资产总额占公众公司最近一个会计年度经审计的合并财务会计报表期末资产总额的比例达到50%以上;

(二)购买、出售的资产净额占公众公司最近一个会计年度经审计的合并财务会计报表期末净资产额的比例达到50%以上,且购买、出售的资产总额占公众公司最近一个会计年度经审计的合并财务会计报表期末资产总额的比例达到30%以上。

公众公司发行股份购买资产触及本条所列指标的,应当按照本办法的相关要求办理。

第三条 公众公司实施重大资产重组,应当符合下列要求:

(一)重大资产重组所涉及的资产定价公允,不存在损害公众公司和股东合法权益的情形；

（二）重大资产重组所涉及的资产权属清晰，资产过户或者转移不存在法律障碍，相关债权债务处理合法；所购买的资产，应当为权属清晰的经营性资产；

（三）实施重大资产重组后有利于提高公众公司资产质量和增强持续经营能力，不存在可能导致公众公司重组后主要资产为现金或者无具体经营业务的情形；

（四）实施重大资产重组后有利于公众公司形成或者保持健全有效的法人治理结构。

第四条 公众公司实施重大资产重组，有关各方应当及时、公平地披露或者提供信息，保证所披露或者提供信息的真实、准确、完整，不得有虚假记载、误导性陈述或者重大遗漏。

第五条 公众公司的董事、监事和高级管理人员在重大资产重组中，应当诚实守信、勤勉尽责，维护公众公司资产的安全，保护公众公司和全体股东的合法权益。

第六条 公众公司实施重大资产重组，应当聘请独立财务顾问、律师事务所以及具有证券、期货相关业务资格的会计师事务所等证券服务机构出具相关意见。公众公司应当聘请为其提供督导服务的主办券商为独立财务顾问，但存在影响独立性、财务顾问业务受到限制等不宜担任独立财务顾问情形的除外。公众公司也可以同时聘请其他机构为其重大资产重组提供顾问服务。

为公众公司重大资产重组提供服务的证券服务机构及人员，应当遵守法律、行政法规和中国证券监督管理委员会（以下简称“中国证监会”）的有关规定，遵循本行业公认的业务标准和道德规范，严格履行职责，不得谋取不正当利益，并应当对其所制作、出具文件的真实性、准确性和完整性承担责任。

第七条 任何单位和个人对知悉的公众公司重大资产重组信息在依法披露前负有保密义务，不得利用公众公司重大资产重组信息从事内幕交易、操纵证券市场等违法活动。

第二章　重大资产重组的信息管理

第八条 公众公司与交易对方就重大资产重组进行初步磋商时，应当采取有效的保密措施，限定相关敏感信息的知悉范围，并与参与或知悉本次重大资产重组信息的相关主体签订保密协议。

第九条　公众公司及其控股股东、实际控制人等相关主体研究、筹划、决策重大资产重组事项，原则上应当在相关股票暂停转让后或者非转让时间进行，并尽量简化决策流程、提高决策效率、缩短决策时限，尽可能缩小内幕信息知情人范围。如需要向有关部门进行政策咨询、方案论证的，应当在相关股票暂停转让后进行。

第十条　公众公司筹划重大资产重组事项，应当详细记载筹划过程中每一具体环节的进展情况，包括商议相关方案、形成相关意向、签署相关协议或者意向书的具体时间、地点、参与机构和人员、商议和决议内容等，制作书面的交易进程备忘录并予以妥当保存。参与每一具体环节的所有人员应当即时在备忘录上签名确认。

公众公司应当按照全国股份转让系统的规定及时做好内幕信息知情人登记工作。

第十一条　在筹划公众公司重大资产重组的阶段，交易各方初步达成实质性意向或者虽未达成实质性意向，但相关信息已在媒体上传播或者预计该信息难以保密或者公司股票转让出现异常波动的，公众公司应当及时向全国股份转让系统申请股票暂停转让。

第十二条　筹划、实施公众公司重大资产重组，相关信息披露义务人应当公平地向所有投资者披露可能对公众公司股票转让价格产生较大影响的相关信息，不得有选择性地向特定对象提前泄露。

公众公司的股东、实际控制人以及参与重大资产重组筹划、论证、决策等环节的其他相关机构和人员，应当及时、准确地向公众公司通报有关信息，并配合公众公司及时、准确、完整地进行披露。

第三章　重大资产重组的程序

第十三条　公众公司进行重大资产重组，应当由董事会依法作出决议，并提交股东大会审议。

第十四条　公众公司召开董事会决议重大资产重组事项，应当在披露决议的同时披露本次重大资产重组报告书、独立财务顾问报告、法律意见书以及重组涉及的审计报告、资产评估报告(或资产估值报告)。董事会还应当就召开股东大会事项作出安排并披露。

如公众公司就本次重大资产重组首次召开董事会前,相关资产尚未完成审计等工作的,在披露首次董事会决议的同时应当披露重大资产重组预案及独立财务顾问对预案的核查意见。公众公司应在披露重大资产重组预案后6个月内完成审计等工作,并再次召开董事会,在披露董事会决议时一并披露重大资产重组报告书、独立财务顾问报告、法律意见书以及本次重大资产重组涉及的审计报告、资产评估报告(或资产估值报告)等。董事会还应当就召开股东大会事项作出安排并披露。

第十五条 股东大会就重大资产重组事项作出的决议,必须经出席会议的股东所持表决权的2/3以上通过。公众公司股东人数超过200人的,应当对出席会议的持股比例在10%以下的股东表决情况实施单独计票。公众公司应当在决议后及时披露表决情况。

前款所称持股比例在10%以下的股东,不包括公众公司董事、监事、高级管理人员及其关联人以及持股比例在10%以上股东的关联人。

公众公司重大资产重组事项与本公司股东或者其关联人存在关联关系的,股东大会就重大资产重组事项进行表决时,关联股东应当回避表决。

第十六条 公众公司可视自身情况在公司章程中约定是否提供网络投票方式以便于股东参加股东大会;退市公司应当采用安全、便捷的网络投票方式为股东参加股东大会提供便利。

第十七条 公众公司重大资产重组可以使用现金、股份、可转换债券、优先股等支付手段购买资产。

使用股份、可转换债券、优先股等支付手段购买资产的,其支付手段的价格由交易双方自行协商确定,定价可以参考董事会召开前一定期间内公众公司股票的市场价格、同行业可比公司的市盈率或市净率等。董事会应当对定价方法和依据进行充分披露。

第十八条 公众公司重大资产重组不涉及发行股份或者公众公司向特定对

象发行股份购买资产后股东累计不超过200人的，经股东大会决议后，应当在2个工作日内将重大资产重组报告书、独立财务顾问报告、法律意见书以及重组涉及的审计报告、资产评估报告(或资产估值报告)等信息披露文件报送全国股份转让系统。

全国股份转让系统应当对上述信息披露文件的完备性进行审查。

第十九条 公众公司向特定对象发行股份购买资产后股东累计超过200人的重大资产重组，经股东大会决议后，应当按照中国证监会的有关规定编制申请文件并申请核准。

中国证监会受理申请文件后，依法进行审核，在20个工作日内作出核准、中止审核、终止审核、不予核准的决定。

第二十条 股东大会作出重大资产重组的决议后，公众公司拟对交易对象、交易标的、交易价格等作出变更，构成对原重组方案重大调整的，应当在董事会表决通过后重新提交股东大会审议，并按照本办法的规定向全国股份转让系统重新报送信息披露文件或者向中国证监会重新提出核准申请。

股东大会作出重大资产重组的决议后，公众公司董事会决议终止本次交易或者撤回有关申请的，应当说明原因并披露，并提交股东大会审议。

第二十一条 公众公司收到中国证监会就其发行股份购买资产的重大资产重组申请作出的核准、中止审核、终止审核、不予核准的决定后，应当在2个工作日内披露。

中国证监会不予核准的，自中国证监会作出不予核准的决定之日起3个月内，中国证监会不受理该公众公司发行股份购买资产的重大资产重组申请。

第二十二条 公众公司实施重大资产重组，相关当事人作出公开承诺事项的，应当同时提出未能履行承诺时的约束措施并披露。

全国股份转让系统应当加强对相关当事人履行公开承诺行为的监督和约束，对不履行承诺的行为及时采取自律监管措施。

第二十三条 公众公司重大资产重组完成相关批准程序后，应当及时实施重组方案，并在本次重大资产重组实施完毕之日起2个工作日内，编制并披露实施情况报告书及独立财务顾问、律师的专业意见。

退市公司重大资产重组涉及发行股份的，自收到中国证监会核准文件之日起 60 日内，本次重大资产重组未实施完毕的，退市公司应当于期满后 2 个工作日内披露实施进展情况；此后每 30 日应当披露一次，直至实施完毕。

第二十四条 独立财务顾问应当按照中国证监会的相关规定，对实施重大资产重组的公众公司履行持续督导职责。持续督导的期限自公众公司完成本次重大资产重组之日起，应当不少于一个完整会计年度。

第二十五条 独立财务顾问应当结合公众公司重大资产重组实施当年和实施完毕后的第一个完整会计年度的年报，自年报披露之日起 15 日内，对重大资产重组实施的下列事项出具持续督导意见，报送全国股份转让系统，并披露：

（一）交易资产的交付或者过户情况；

（二）交易各方当事人承诺的履行情况及未能履行承诺时相关约束措施的执行情况；

（三）公司治理结构与运行情况；

（四）本次重大资产重组对公司运营、经营业绩影响的状况；

（五）盈利预测的实现情况（如有）；

（六）与已公布的重组方案存在差异的其他事项。

第二十六条 本次重大资产重组涉及发行股份的，特定对象以资产认购而取得的公众公司股份，自股份发行结束之日起 6 个月内不得转让；属于下列情形之一的，12 个月内不得转让：

（一）特定对象为公众公司控股股东、实际控制人或者其控制的关联人；

（二）特定对象通过认购本次发行的股份取得公众公司的实际控制权；

（三）特定对象取得本次发行的股份时，对其用于认购股份的资产持续拥有权益的时间不足 12 个月。

第四章 监督管理与法律责任

第二十七条 全国股份转让系统对公众公司重大资产重组实施自律管理。

全国股份转让系统应当对公众公司涉及重大资产重组的股票暂停与恢复转让、防范内幕交易等作出制度安排；加强对公众公司重大资产重组期间股票转让的实时监管，建立相应的市场核查机制，并在后续阶段对股票转让情况进行持续监管。

全国股份转让系统应当督促公众公司及其他信息披露义务人依法履行信息披露义务，发现公众公司重大资产重组信息披露文件中有违反法律、行政法规和中国证监会规定行为的，应当向中国证监会报告，并采取相应的自律监管措施；情形严重的，应当要求其暂停重大资产重组。

全国股份转让系统应当督促为公众公司提供服务的独立财务顾问诚实守信、勤勉尽责，发现独立财务顾问有违反法律、行政法规和中国证监会规定行为的，应当向中国证监会报告，并采取相应的自律监管措施。

第二十八条　中国证监会依法对公众公司重大资产重组实施监督管理。

中国证监会发现公众公司进行重大资产重组未按照本办法的规定履行信息披露及相关义务、存在可能损害公众公司或者投资者合法权益情形的，有权要求其补充披露相关信息、暂停或者终止其重大资产重组；有权对公众公司、证券服务机构采取《证券法》第一百八十条规定的措施。

第二十九条　重大资产重组实施完毕后，凡不属于公众公司管理层事前无法获知且事后无法控制的原因，购买资产实现的利润未达到盈利预测报告或者资产评估报告预测金额的80%，或者实际运营情况与重大资产重组报告书存在较大差距的，公众公司的董事长、总经理、财务负责人应当在公众公司披露年度报告的同时，作出解释，并向投资者公开道歉；实现利润未达到预测金额的50%的，中国证监会可以对公众公司及相关责任人员采取监管谈话、出具警示函、责令定期报告等监管措施。

第三十条　公众公司或其他信息披露义务人未按照本办法的规定披露或报送信息、报告，或者披露或报送的信息、报告有虚假记载、误导性陈述或者重大遗漏的，责令改正，依照《证券法》第一百九十三条予以处罚；情节严重的，责令停止重大资产重组，并可以对有关责任人员采取市场禁入的措施。

中国证监会还可以采取自确认之日起36个月内不受理公众公司定向发行申请的监管措施。

第三十一条　公众公司董事、监事和高级管理人员在重大资产重组中，未履行诚实守信、勤勉尽责义务，导致重组方案损害公众公司利益的，采取责令改正、监管谈话、出具警示函等监管措施；情节严重的，进行行政处罚，并可以采取市场禁入的措施；涉嫌犯罪的，依法移送司法机关追究刑事责任。

第三十二条 为重大资产重组出具财务顾问报告、审计报告、法律意见书、资产评估报告（或资产估值报告）及其他专业文件的证券服务机构及其从业人员未履行诚实守信、勤勉尽责义务，违反行业规范、业务规则的，采取责令改正、监管谈话、出具警示函等监管措施；情节严重的，依照《证券法》第二百二十六条予以处罚。

前款规定的证券服务机构及其从业人员所制作、出具的文件存在虚假记载、误导性陈述或者重大遗漏的，责令改正，依照《证券法》第二百二十三条予以处罚；情节严重的，可以采取市场禁入的措施；涉嫌犯罪的，依法移送司法机关追究刑事责任；除此之外，中国证监会视情节轻重，自确认之日起采取 3 个月至 12 个月内不接受该机构出具的相关专项文件、12 个月至 36 个月内不接受相关签字人员出具的专项文件的监管措施。

第三十三条 违反本办法的规定构成证券违法行为的，比照《证券法》等法律法规的规定追究法律责任。

第三十四条 中国证监会将公众公司重大资产重组中的当事人的违法行为和整改情况记入诚信档案。

第五章 附　　则

第三十五条 计算本办法第二条规定的比例时，应当遵守下列规定：

（一）购买的资产为股权的，且购买股权导致公众公司取得被投资企业控股权的，其资产总额以被投资企业的资产总额和成交金额二者中的较高者为准，资产净额以被投资企业的净资产额和成交金额二者中的较高者为准；出售股权导致公众公司丧失被投资企业控股权的，其资产总额、资产净额分别以被投资企业的资产总额以及净资产额为准。

除前款规定的情形外，购买的资产为股权的，其资产总额、资产净额均以成交金额为准；出售的资产为股权的，其资产总额、资产净额均以该股权的账面价值为准。

（二）购买的资产为非股权资产的，其资产总额以该资产的账面值和成交金额二者中的较高者为准,资产净额以相关资产与负债账面值的差额和成交金额二者中的较高者为准;出售的资产为非股权资产的,其资产总额、资产净额分别以该资产的账面值、相关资产与负债账面值的差额为准;该非股权资产不涉及负债的,不适用第二条第三款第(二)项规定的资产净额标准。

(三)公众公司同时购买、出售资产的,应当分别计算购买、出售资产的相关比例,并以二者中比例较高者为准。

(四)公众公司在12个月内连续对同一或者相关资产进行购买、出售的,以其累计数分别计算相应数额。已按照本办法的规定履行相应程序的资产交易行为,无须纳入累计计算的范围。

交易标的资产属于同一交易方所有或者控制,或者属于相同或者相近的业务范围,或者中国证监会认定的其他情形下,可以认定为同一或者相关资产。

第三十六条 特定对象以现金认购公众公司定向发行的股份后,公众公司用同一次定向发行所募集的资金向该特定对象购买资产达到重大资产重组标准的适用本办法。

第三十七条 公众公司重大资产重组涉及发行可转换债券、优先股等其他支付手段的,应当遵守《证券法》《国务院关于开展优先股试点的指导意见》和中国证监会的相关规定。

第三十八条 为公众公司重大资产重组提供服务的独立财务顾问业务许可、业务规则及法律责任等,按照《上市公司并购重组财务顾问业务管理办法》的相关规定执行。

第三十九条 退市公司符合中国证监会和证券交易所规定的重新上市条件的,可依法向证券交易所提出申请。

第四十条 股票不在全国股份转让系统公开转让的公众公司重大资产重组履行的决策程序和信息披露内容比照本办法的相关规定执行。

第四十一条 本办法自2014年7月23日起施行。

第二章　相关业务规定

上海股权托管交易中心
股份转让系统挂牌公司股权激励管理办法(试行)

(2014 年 06 月 20 日上海股权托管交易中心发布)

第一章　总　　则

第一条　为进一步促进上海股权托管交易中心(以下简称“上海股交中心”)股份转让系统挂牌公司(以下简称“挂牌公司”)建立、健全激励与约束机制,依据《中华人民共和国公司法》《上海市人民政府关于本市推进股权托管交易市场建设的若干意见》(沪府发〔2011〕99 号)、上海市金融服务办公室印发的《上海股权托管交易中心管理办法(试行)》(沪金融办〔2012〕4 号)和《上海股权托管交易中心非上市股份有限公司股份转让业务暂行管理办法》及其他有关法律、法规、政策性规定,制定本办法。

第二条　本办法所称股权激励是指挂牌公司以本公司股份为标的,对其董事、监事、高级管理人员及其他员工进行的长期性激励。

挂牌公司以限制性股份、股份期权及法律法规、政策性规定允许的其他方式实行股权激励计划的,适用本办法的规定。

第三条　挂牌公司实行的股权激励计划,应当符合法律法规、政策性规定、本办法和公司章程的规定,有利于挂牌公司的持续发展,不得损害挂牌公司及全体股东利益。

挂牌公司的董事、监事和高级管理人员在实行股权激励计划中应当诚实守信，勤勉尽责，维护公司和全体股东的利益。

第四条 挂牌公司实行股权激励计划，应当按照有关规定和本办法的要求履行信息披露义务。

第五条 挂牌公司应当聘请上海股交中心认可的专业机构为股权激励计划出具专项意见；出具意见的专业机构应当诚实守信、勤勉尽责，保证所出具的文件真实、准确、完整。

第六条 任何人不得利用股权激励计划进行欺诈活动。

第二章 一般规定

第七条 挂牌公司具有下列情形之一的，不得实行股权激励计划：

（一）最近一个会计年度财务会计报告被注册会计师出具否定意见或者无法表示意见的审计报告；

（二）最近一年内因重大违法违规行为受到刑事、民事、行政处罚；

（三）最近一年内因严重违反上海股交中心业务规则，受到上海股交中心相关处理；

（四）上海股交中心认定的其他情形。

第八条 股权激励计划的激励对象可以包括挂牌公司的董事、监事、高级管理人员，以及公司认为应当激励的其他员工，但不应当包括独立董事。

最近一年内因严重违反上海股交中心相关业务规则，受到上海股交中心相关处理的人员不能成为激励对象。

股权激励计划经董事会审议通过后，挂牌公司监事会应当对激励对象名单予以核实，并将核实情况在股东大会上予以说明。

第九条 激励对象为董事、监事、高级管理人员的，挂牌公司可以建立绩效考核体系和考核办法，以绩效考核指标为实施股权激励计划的条件。

第十条 挂牌公司不得为激励对象以股权激励计划获取有关权益提供贷款以及其他任何形式的财务资助，包括为其贷款提供担保。

第十一条 拟实行股权激励计划的挂牌公司，可以根据本公司实际情况，通过以下方式解决标的股份来源：

（一）向激励对象发行股份；

（二）回购本公司股份；

（三）与在册股东约定由在册股东向激励对象转让股份；

（四）法律法规允许的其他方式。

第十二条 挂牌公司全部有效的股权激励计划所涉及的标的股份总数由挂牌公司股东大会依照《公司法》《公司章程》及上海股交中心相关规定表决确定。

单次激励计划对单一激励对象拟授予的权益数量原则上不超过挂牌公司该类权益总量的5%。

第十三条 挂牌公司应当在股权激励计划中对下列事项作出明确规定或说明：

（一）股权激励计划的目的；

（二）激励对象的确定依据和范围；

（三）股权激励计划拟授予的权益数量、所涉及的标的股份种类、来源、数量、价格或价格确定依据及占挂牌公司股本总额的百分比；若分次实施的，每次拟授予的权益数量、所涉及的标的股份种类、来源、数量、价格或价格确定依据及占挂牌公司股本总额的百分比；

（四）激励对象各自可获授的权益数量、占股权激励计划拟授予权益总量的百分比；

（五）股权激励计划的有效期、授权日、可行权日、标的股份的禁售期；

（六）限制性股份的授予价格或授予价格的确定方法，股份期权的行权价格或行权价格的确定方法；

（七）激励对象获授权益、行权的条件，如绩效考核体系和考核办法，以绩效考核指标为实施股权激励计划的条件；

（八）股权激励计划所涉及的权益数量、标的股份数量、授予价格或行权价格的调整方法和程序；

（九）公司授予权益及激励对象行权的程序；

（十）公司与激励对象各自的权利义务；

（十一）公司发生控制权变更、合并、分立或激励对象发生职务变更、离职、死亡等事项时如何实施股权激励计划；

（十二）股权激励计划的变更、终止；

（十三）其他重要事项。

第十四条　挂牌公司发生本办法第七条规定的情形之一时，应当终止实施股权激励计划，不得向激励对象继续授予新的权益，激励对象根据股权激励计划已获授但尚未行使的权益应当终止行使。

在股权激励计划实施过程中，激励对象出现本办法第八条规定的不得成为激励对象的情形的，挂牌公司不得继续授予其权益，其已获授但尚未行使的权益应当终止行使。

第十五条　激励对象转让其通过股权激励计划所得股份的，应当符合有关法律、法规及本办法的规定。

第三章　限制性股份

第十六条　本办法所称限制性股份是指激励对象按照股权激励计划规定的条件，从挂牌公司或在册股东处获得的一定数量的本公司股份。

第十七条　挂牌公司或在册股东授予激励对象限制性股份，应当在股权激励计划中约定激励对象获授股份的业绩条件、禁售期限。

第十八条　在下列期间内挂牌公司或在册股东不得向激励对象授予股票：

（一）定期报告公布前 30 日；

（二）重大交易或重大事项决定过程中至该事项公告后 2 个交易日；

（三）其他可能影响股价的重大事件发生之日起至公告后 2 个交易日。

第四章　股份期权

第十九条　本办法所称股份期权是指挂牌公司授予激励对象在未来一定期限内以预先确定的价格（或价格确定依据）和条件购买本公司一定数量股份的权利。

激励对象可以其获授的股份期权在规定的期间内以预先确定的价格（或价格确定依据）和条件购买挂牌公司一定数量的股份，也可以放弃该种权利。

第二十条　激励对象获授的股份期权不得转让、用于担保或偿还债务。

第二十一条　挂牌公司董事会可以根据股东大会审议批准的股份期权计

划,决定一次性授出或分次授出股份期权,但累计授出的股份期权涉及的标的股份总额不得超过股份期权计划所涉及的标的股份总额。

第二十二条 股份期权授权日与获授股份期权首次可以行权日之间的间隔原则上不少于1年。

股份期权的有效期从授权日计算不得超过10年。

第二十三条 在股份期权有效期内,挂牌公司应当规定激励对象行权期次。

股份期权有效期过后,已授出但尚未行权的股份期权不得行权。

第二十四条 挂牌公司在授予激励对象股份期权时,应当确定行权价格或行权价格的确定方法。行权价格由挂牌公司股东大会审议确定,不应低于下列价格较高者:

(1) 挂牌公司最近一年(或一期)经审计的每股净资产;

(2) 挂牌公司最近一次除权除息后的定向增资价格。

第二十五条 挂牌公司因标的股份除权、除息或其他原因需要调整行权价格或股份期权数量的,可以按照股份期权计划规定的原则和方式进行调整。

挂牌公司依据前款调整行权价格或股份期权数量的,应当由董事会做出决议并经股东大会审议批准。

专业机构就上述调整是否符合本办法、公司章程和股份期权计划的规定向董事会出具专业意见。

第五章 实施程序和信息披露

第二十六条 挂牌公司董事会负责拟定股权激励计划草案。

第二十七条 专业机构应当就股权激励计划是否有利于挂牌公司的持续发展,是否存在明显损害挂牌公司及中小股东利益发表独立意见。

第二十八条 挂牌公司应当在董事会审议通过股权激励计划草案后的2个转让日内,公告董事会决议、股权激励计划草案摘要。

股权激励计划草案摘要至少应当包括本办法第十三条第(一)至(八)项、第(十二)项的内容。

第二十九条 专业机构对股权激励计划出具专项意见,包括但不限于如下事项:

（一）股权激励计划是否符合本办法的规定；

（二）股权激励计划是否已经履行了法定程序；

（三）挂牌公司是否已经履行了信息披露义务；

（四）对激励对象范围和资格的核查意见；

（五）公司实施股权激励计划的财务测算；

（六）对挂牌公司是否为激励对象提供任何形式的财务资助的核查意见；

（七）挂牌公司绩效考核体系和考核办法的合理性；

（八）股权激励计划是否存在明显损害挂牌公司及中小股东利益和违反有关法律、法规的情形；

（九）其他应当说明的事项。

第三十条　董事会审议通过股权激励计划后，挂牌公司应将有关材料报上海股交中心备案。

挂牌公司股权激励计划备案材料应当包括以下文件：

（一）董事会决议；

（二）股权激励计划；

（三）专业机构出具的专项意见；

（四）挂牌公司实行股权激励计划依照规定需要取得有关部门批准的，有关批复文件；

（五）上海股交中心要求报送的其他文件。

第三十一条　上海股交中心自收到完整的股权激励计划备案申请材料之日起 10 个工作日内未提出异议的，挂牌公司可以发出召开股东大会的通知，审议并实施股权激励计划。在上述期限内，上海股交中心提出异议的，挂牌公司不得发出召开股东大会的通知审议及实施该计划。

第三十二条　挂牌公司在发出召开股东大会通知时，应当同时公告专业机构出具的专项意见。

第三十三条　股东大会应当对股权激励计划中的如下内容进行表决：

（一）股权激励计划所涉及的权益数量、所涉及的标的股份种类、来源、数量；

（二）激励对象的确定依据和范围；

（三）股权激励计划中董事、监事各自被授予的权益数额或权益数额的确定方法；高级管理人员和其他激励对象（各自或按适当分类）被授予的权益数额或权益数额的确定方法；

（四）股权激励计划的有效期、标的股份禁售期；

（五）激励对象获授权益、行权的条件；

（六）限制性股份的授予价格或授予价格的确定方法，股份期权的行权价格或行权价格的确定方法；

（七）股权激励计划涉及的权益数量、标的股份数量、授予价格及行权价格的调整方法和程序；

（八）股权激励计划的变更、终止；

（九）对董事会办理有关股权激励计划相关事宜的授权；

（十）其他需要股东大会表决的事项。

股东大会就上述事项作出决议，必须经出席会议的股东所持表决权的三分之二上通过。

第三十四条 股权激励计划经股东大会审议通过后，挂牌公司应当持相关文件到上海股交中心办理信息披露事宜及有关登记结算事宜。与在册股东约定由在册股东向激励对象转让股份的，在册股东应当保证可行权日前五个转让日其名下有足额的可供激励的股份。

第三十五条 挂牌公司应当按照上海股交中心的业务规则，开设投资者账户，用于股权激励计划的实施。

尚未行权的股份期权，以及不得转让的标的股份，应当予以锁定。

第三十六条 激励对象的股份期权的行权申请以及限制性股份的锁定和解锁，经董事会确认后，挂牌公司应当向上海股交中心提出行权申请，经上海股交中心确认后，办理登记结算事宜。

已行权的股份期权应当及时注销。

第三十七条 除非得到股东大会明确授权，挂牌公司变更股权激励计划中本办法第三十三条所列事项的，应当提交股东大会审议批准。

第三十八条　挂牌公司应在定期报告中披露报告期内股权激励计划的实施情况，包括：

（一）报告期内激励对象的范围；

（二）报告期内授出、行使和失效的权益总额；

（三）至报告期末累计已授出但尚未行使的权益总额；

（四）报告期内授予价格与行权价格历次调整的情况以及经调整后的最新授予价格与行权价格；

（五）董事、监事、高级管理人员及其他员工各自的姓名、职务以及在报告期内历次获授和行使权益的情况；

（六）因激励对象行权所引起的股本变动情况；

（七）股权激励的会计处理方法。

第三十九条　上海股交中心另行制订股权激励计划所涉及的信息披露要求和登记结算业务的办理要求。

第六章　监管和处罚

第四十条　挂牌公司的财务会计文件有虚假记载的，负有责任的激励对象自该财务会计文件被权力机构或权力机关确认为虚假记载之日起 3 个月内由股权激励计划所获得的全部利益应当返还给公司。

第四十一条　挂牌公司不符合本办法的规定实行股权激励计划的，上海股交中心责令其改正，对公司及相关责任人依照上海股交中心相关规定予以处理。

第四十二条　挂牌公司未按照本办法及其他相关规定披露股权激励计划相关信息或者所披露的信息有虚假记载、误导性陈述或者重大遗漏的，上海股交中心责令其改正，对公司及相关责任人予以处理。

第四十三条　利用股权激励计划虚构业绩，获取不正当利益的，上海股交中心责令其改正，对公司及相关责任人予以处理；构成犯罪的，移交司法机关依法查处。

第四十四条　为挂牌公司股权激励计划出具专项意见的专业机构未履行勤勉尽责义务，所发表的专项意见存在虚假记载、误导性陈述或者重大遗漏的，上海股交中心依照上海股交中心相关规定对相关专业机构及签字人员予以处理；

构成犯罪的，移交司法机关依法查处。

第七章　附　　则

第四十五条　本办法下列用语具有如下含义：

高级管理人员：指挂牌公司经理、副经理、财务负责人、董事会秘书和公司章程规定的其他人员。

标的股份：指根据股权激励计划，激励对象有权获授或购买的挂牌公司股份。

权益：指激励对象根据股权激励计划获得的挂牌公司股份、股份期权。

授权日：指挂牌公司向激励对象授予股份期权的日期。授权日必须为交易日。

行权：指激励对象根据股份期权激励计划，在规定的期间内以预先确定的价格和条件购买挂牌公司股份的行为。

可行权日：指激励对象可以开始行权的日期。可行权日必须为交易日。

行权价格：挂牌公司向激励对象授予股份期权时所确定的、激励对象购买挂牌公司股份的价格。

授予价格：挂牌公司向激励对象授予限制性股份时所确定的、激励对象获得挂牌公司股份的价格。

本办法所称的“超过”、“少于”不含本数。

第四十六条　本办法由上海股交中心负责解释。

第四十七条　本办法自上海股交中心发布之日起生效。

全国中小企业股份转让系统挂牌公司董事会秘书任职及资格管理办法(试行)

（2016年09月08日全国中小企业股份转让系统有限责任公司发布）

第一条　为加强挂牌公司董事会秘书管理，完善公司治理，根据《全国中小企业股份转让系统业务规则（试行）》（以下简称《业务规则》）、《全国中小企业股份转让系统挂牌公司分层管理办法（试行）》（以下简称《分层管理办法》）等规定，制定本办法。

第二条　本办法适用于全国中小企业股份转让系统（以下简称“全国股转系统”）挂牌公司及申请挂牌公司的董事会秘书任职及资格管理。挂牌公司及申请挂牌公司设立董事会秘书的应当遵守本办法的规定。

第三条　董事会秘书应当遵守法律法规、部门规章、业务规则、公司章程和本办法的规定，忠实勤勉地履行职责。

第四条　全国中小企业股份转让系统有限责任公司（以下简称“全国股转公司”）依据《业务规则》《分层管理办法》及本办法规范挂牌公司董事会秘书的任职管理，开展挂牌公司董事会秘书的资格管理工作。

全国股转公司可以委托有关单位依据《业务规则》及本办法组织挂牌公司董事会秘书的培训及考试工作。

第五条　董事会秘书是挂牌公司与全国股转公司、主办券商的指定联络人。董事会秘书对挂牌公司和董事会负责，履行以下职责：

（一）负责挂牌公司信息披露事务，协调挂牌公司信息披露工作，组织制定挂牌公司信息披露事务管理制度，督促挂牌公司及相关信息披露义务人遵守信息披露相关规定。

负责挂牌公司信息披露的保密工作，组织制定保密制度工作和内幕信息知情人报备工作，在发生内幕信息泄露时，及时向主办券商和全国股转公司报告并公告。

(二) 负责挂牌公司股东大会和董事会会议的组织筹备工作,参加股东大会、董事会、监事会会议及高级管理人员相关会议,负责董事会会议记录工作并签字确认。

(三) 负责挂牌公司投资者关系管理和股东资料管理工作,协调挂牌公司与证券监管机构、股东及实际控制人、证券服务机构、媒体等之间的信息沟通。

(四) 负责督促董事会及时回复主办券商督导问询以及全国股转公司监管问询。

(五) 负责组织董事、监事和高级管理人员进行证券法律法规、部门规章和全国股转系统业务规则的培训;督促董事、监事和高级管理人员遵守证券法律法规、部门规章、全国股转系统业务规则以及公司章程,切实履行其所作出的承诺。

在知悉挂牌公司作出或者可能作出违反有关规定的决议时,应当及时提醒董事会,并及时向主办券商或者全国股转公司报告。

(六)《公司法》、《证券法》、中国证监会和全国股转公司要求履行的其他职责。

第六条 挂牌公司应当设立信息披露事务部门,由董事会秘书负责管理,并应当在《公司章程》中明确相应工作制度,为董事会秘书履行职责提供便利条件。

董事会秘书为履行职责有权了解公司的财务和经营情况,参加涉及信息披露的有关会议,查阅涉及信息披露的所有文件,并要求公司有关部门和人员及时提供相关资料和信息。董事、监事、财务负责人及其他高级管理人员和公司相关人员应当支持、配合董事会秘书在信息披露方面的工作。董事会秘书在履行职责过程中受到不当妨碍或者严重阻挠时,可以向主办券商或全国股转公司报告。

第七条 董事会秘书应当具备履行职责所必需的财务、管理、法律专业知识及相关工作经验,具有良好的职业道德和个人品德。有下列情形之一的,不得担任挂牌公司董事会秘书:

(一) 存在《公司法》第一百四十六条规定情形的;

(二) 被中国证监会采取证券市场禁入措施,期限尚未届满的;

(三) 被全国股转公司或证券交易所认定不适合担任公司董事、监事、高级管理人员的;

（四）挂牌公司现任监事；

（五）全国股转公司认定不适合担任董事会秘书的其他情形。

第八条 除本办法第七条规定的情形外，有下列情形之一的人士，不得担任创新层挂牌公司董事会秘书：

（一）未取得全国股转公司颁发的董事会秘书资格证书，或者董事会秘书资格证书被吊销后未重新取得的；

（二）最近12个月存在《分层管理办法》第十二条第（三）项所列情形的；

（三）全国股转公司认定不适合担任创新层挂牌公司董事会秘书的其他情形。

第九条 挂牌公司应当在董事会正式聘任董事会秘书后的两个转让日内发布公告，并向全国股转公司报备。公告应包括但不限于以下内容：

（一）董事会秘书符合本办法任职资格的说明；

（二）董事会秘书学历和工作履历说明；

（三）董事会秘书违法违规的记录（如有）；

（四）董事会秘书的通讯方式，包括办公电话、移动电话、传真、通信地址及专用电子邮件信箱地址等。

第十条 董事会秘书被解聘或者辞职时，挂牌公司应当在两个转让日内发布公告并向全国股转公司报备。

挂牌公司解聘董事会秘书应当具有充分理由，不得无故将其解聘。

第十一条 董事会秘书有下列情形之一的，挂牌公司应当自该事实发生之日起一个月内解聘董事会秘书：

（一）出现本办法第七条所规定情形之一的；

（二）连续三个月以上不能履行职责的；

（三）违反法律法规、部门规章、业务规则、公司章程，给挂牌公司或者股东造成重大损失的。

第十二条 除本办法第十一条规定的情形外，创新层挂牌公司董事会秘书出现本办法第八条所规定情形之一的，挂牌公司应当自该事实发生之日起一个月内解聘。

第十三条 挂牌公司应当在原任董事会秘书离职后三个月内聘任董事会秘书。董事会秘书空缺期间,董事会应当指定一名董事或者高级管理人员代行董事会秘书的职责,并及时公告,同时向全国股转公司报备。在指定代行董事会秘书职责的人员之前,由董事长代行董事会秘书职责。

基础层挂牌公司如在在原任董事会秘书离职后决定暂不设董事会秘书的,应当指定一名具有相关专业知识的人员负责信息披露管理事务,并向全国股份转让系统公司报备。

第十四条 通过全国股转公司组织的董事会秘书资格考试的人士,可取得全国股转公司颁发的董事会秘书资格证书。

第十五条 拟参加董事会秘书资格考试的相关人员应由挂牌公司(含申请挂牌公司)董事会进行推荐。有下列情形之一的人士不得推荐参加资格考试:

(一)本办法第七条第(一)、(二)、(三)项所规定情形之一的;

(二)董事会秘书资格证书被吊销且未满一年的;

(三)与挂牌公司无劳务关系的;

(四)全国股转公司认定的其他情形。

第十六条 全国股转公司通过官方网站(www. neeq. com. cn)公布考试通知、考试范围、备考材料、考试方式、考试题型、考试结果等相关事项。

第十七条 参加资格考试的人员应严格遵守考试纪律,被全国股转公司认定存在舞弊、扰乱考场秩序等严重违反考试纪律情形的,将被取消当次考试成绩,并在两年内不得参加资格考试;被全国股转公司认定存在代考行为的,将取消代考者及被代考者的当次考试成绩,且终身不得参加资格考试。

第十八条 已通过资格考试的人员应当参加全国股转公司组织的后续培训。

后续培训采取课时制。挂牌公司董事会秘书应当于通过资格考试后每年参加不少于 8 个课时的后续培训;其他人员应当于通过资格考试后每年参加不少于 4 个课时的后续培训。

通过资格考试的人员被全国股转公司采取自律监管措施或纪律处分,或者被中国证监会及其派出机构采取行政监管措施或行政处罚的,应当在处罚后 6

个月内至少参加8个课时的后续培训。

第十九条　通过资格考试的人员有以下情形之一的，全国股转公司可以吊销其董事会秘书资格证书：

（一）本办法第七条第（一）、（二）、（三）项所规定情形之一的；

（二）未按规定完成后续培训课时的；

（三）全国股转公司认定的其他情形。

第二十条　除本办法第十九条规定的情形外，创新层挂牌公司董事会秘书出现第八条第（二）项规定情形的，全国股转公司吊销其董事会秘书资格证书。

第二十一条　全国股转公司根据《业务规则》的规定对以下行为采取自律监管措施：

（一）明知相关人员不符合条件仍然推荐其参加考试；

（二）明知相关人员不符合条件仍然任命其为董事会秘书；

（三）对董事会秘书履职行为进行不当妨碍、严重阻挠和无故解聘，并导致违法违规，损害投资者利益等后果的；

（四）全国股转公司认定的其他行为。

第二十二条　本办法由全国股转公司负责解释。

第二十三条　本办法自发布之日起实施。

第三章　具体业务指引

非上市公众公司监管指引第1号——信息披露

（2013年01月04日中国证券监督管理委员会发布）

为了规范非上市公众公司信息披露行为，根据《公司法》《证券法》和《非上市公众公司监督管理办法》的有关规定，现明确监管要求如下：

一、信息披露的内容。股票公开转让、股票向特定对象发行或者转让导致股东累计超过200人的公司，应当在公开转让说明书、定向发行说明书或者定向转让说明书中披露以下内容：

（一）公司基本信息、股本和股东情况、公司治理情况；

（二）公司主要业务、产品或者服务及公司所属行业；

（三）报告期内的财务报表、审计报告。

定向发行说明书还应当披露发行对象或者范围、发行价格或者区间、发行数量。

非上市公众公司也可以根据自身实际情况以及投资者的需求，更加详细地披露公司的其他情况。

二、信息披露的基本要求。非上市公众公司及其董事、监事、高级管理人员应当保证披露的信息真实、准确、完整，不存在虚假记载、误导性陈述或者重大遗漏，并对其真实性、准确性、完整性承担相应的法律责任。

非上市公众公司应当建立与股东沟通的有效渠道，对股东或者市场质疑的事项应当及时、客观地进行澄清或者说明。

三、信息披露平台。非上市公众公司应当本着股东能及时、便捷获得公司信息的原则，并结合自身实际情况，自主选择一种或者多种信息披露平台，如非上市公众公司信息披露网站(nlpc. csrc. gov. cn)、公共媒体或者公司网站，也可以选择公司章程约定的方式或者股东认可的其他方式。无论采取何种信息披露方式，均应当经股东大会审议通过。

股票在依法设立的证券交易场所公开转让的非上市公众公司，应当通过证券交易场所要求的平台披露信息。

四、依法设立的证券交易场所可以在本指引的基础上，对股票公开转让的非上市公众公司制定更详尽、更严格的信息披露标准；公司应当按照从高从严的标准遵守证券交易场所的相关规定。

五、非上市公众公司年度报告、半年度报告按照本指引进行披露。

非上市公众公司监管指引第2号——申请文件

（2013年01月04日中国证券监督管理委员会发布）

为了规范非上市公众公司股票公开转让、定向转让及定向发行申请文件的内容与格式，根据《证券法》和《非上市公众公司监督管理办法》的有关规定，现明确监管要求如下：

一、股票公开转让、股票向特定对象发行或者转让导致股东累计超过200人的公司，在向中国证监会申请核准时，应当按本指引的要求制作和报送下列申请文件：

（一）申请报告；

（二）公开转让说明书/定向转让说明书/定向发行说明书；

（三）公司章程（草案）；

（四）企业法人营业执照；

（五）股东大会及董事会相关决议；

（六）财务报表及审计报告；

（七）法律意见书；

（八）证券公司关于公开转让/定向发行的推荐工作报告；

（九）中国证监会规定的其他文件。

二、公司应当保证申请文件内容真实、准确、完整，不存在虚假记载、误导性陈述或者重大遗漏。证券公司、证券服务机构及人员应当做到勤勉尽责、诚实守信，并对其出具的相关文件及申请文件中引用内容的真实性、准确性、完整性承担相应的法律责任。

三、公司编制申请文件时，应当尽量使用事实描述性语言；申请文件所有需要签名处，均应为签名人亲笔签名，不得以名章、签名章等代替；公司初次报送申请文件，应当提交原件 1 份、复印件 2 份；每次报送书面申请文件的同时，还应当报送 1 份相应的标准电子文件(标准.doc 或者.rtf 格式文件)。申请文件一经受理，未经中国证监会同意，不得增加、撤回或者更换。

四、依法设立的证券交易场所可以要求股票公开转让的非上市公众公司报送除上述文件之外的其他文件；公司应当遵守证券交易场所的相关规定。

非上市公众公司监管指引第 3 号——章程必备条款

（2013 年 01 月 04 日中国证券监督管理委员会发布）

第一条 公司章程应当符合本指引的相关规定。

第二条 章程总则应当载明章程的法律效力，规定章程自生效之日起，即成为规范公司的组织和行为、公司与股东、股东与股东之间权利义务关系的具有约束力的法律文件，对公司、股东、董事、监事、高级管理人员具有法律约束力。

第三条 章程应当载明公司股票采用记名方式，并明确公司股票的登记存管机构以及股东名册的管理规定。

第四条 章程应当载明保障股东享有知情权、参与权、质询权和表决权的具体安排。

第五条 章程应当载明公司为防止股东及其关联方占用或者转移公司资金、资产及其他资源的具体安排。

第六条 章程应当载明公司控股股东和实际控制人的诚信义务。明确规定控股股东及实际控制人不得利用各种方式损害公司和其他股东的合法权益；控股股东及实际控制人违反相关法律、法规及章程规定，给公司及其他股东造成损失的，应承担赔偿责任。

第七条 章程应当载明须提交股东大会审议的重大事项的范围。

章程应当载明须经股东大会特别决议通过的重大事项的范围。

公司还应当在章程中载明重大担保事项的范围。

第八条 章程应当载明董事会须对公司治理机制是否给所有的股东提供合适的保护和平等权利，以及公司治理结构是否合理、有效等情况，进行讨论、评估。

第九条 章程应当载明公司依法披露定期报告和临时报告。

第十条 章程应当载明公司信息披露负责机构及负责人。如公司设置董事会秘书的，则应当由董事会秘书负责信息披露事务。

第十一条　章程应当载明公司的利润分配制度。章程可以就现金分红的具体条件和比例、未分配利润的使用原则等政策作出具体规定。

第十二条　章程应当载明公司关于投资者关系管理工作的内容和方式。

第十三条　股票不在依法设立的证券交易场所公开转让的公司应当在章程中规定，公司股东应当以非公开方式协议转让股份，不得采取公开方式向社会公众转让股份，并明确股东协议转让股份后，应当及时告知公司，同时在登记存管机构办理登记过户。

第十四条　公司章程应当载明公司、股东、董事、监事、高级管理人员之间涉及章程规定的纠纷，应当先行通过协商解决。协商不成的，通过仲裁或诉讼等方式解决。如选择仲裁方式的，应当指定明确具体的仲裁机构进行仲裁。

第十五条　公司股东大会选举董事、监事，如实行累积投票制的，应当在章程中对相关具体安排作出明确规定。

公司如建立独立董事制度的，应当在章程中明确独立董事的权利义务、职责及履职程序。

公司如实施关联股东、董事回避制度，应当在章程中列明需要回避的事项。

非上市公众公司监管指引第4号——股东人数超过200人的未上市股份有限公司申请行政许可有关问题的审核指引

（2013年12月26日中国证券监督管理委员会发布）

《证券法》第十条明确规定“向特定对象发行证券累计超过二百人的”属于公开发行，需依法报经中国证监会核准。对于股东人数已经超过200人的未上市股份有限公司（以下简称“200人公司”），符合本指引规定的，可申请公开发行并在证券交易所上市、在全国中小企业股份转让系统（以下简称“全国股份转让系统”）挂牌公开转让等行政许可。对200人公司合规性的审核纳入行政许可过程中一并审核，不再单独审核。现将200人公司的审核标准、申请文件、股份代持及间接持股处理等事项的监管要求明确如下：

一、审核标准

200人公司申请行政许可的合规性应当符合本指引规定的下列要求：

（一）公司依法设立且合法存续

200人公司的设立、增资等行为不违反当时法律明确的禁止性规定，目前处于合法存续状态。城市商业银行、农村商业银行等银行业股份公司应当符合《关于规范金融企业内部职工持股的通知》（财金〔2010〕97号）。

200人公司的设立、历次增资依法需要批准的，应当经过有权部门的批准。存在不规范情形的，应当经过规范整改，并经当地省级人民政府确认。

200人公司在股份形成及转让过程中不存在虚假陈述、出资不实、股权管理混乱等情形，不存在重大诉讼、纠纷以及重大风险隐患。

（二）股权清晰

200人公司的股权清晰，是指股权形成真实、有效，权属清晰及股权结构清晰。具体要求包括：

1. 股权权属明确。200人公司应当设置股东名册并进行有序管理，股东、公司及相关方对股份归属、股份数量及持股比例无异议。股权结构中存在工会或职工持股会代持、委托持股、信托持股以及通过“持股平台”间接持股等情形的，应当按照本指引的相关规定进行规范。

本指引所称“持股平台”是指单纯以持股为目的的合伙企业、公司等持股主体。

2. 股东与公司之间、股东之间、股东与第三方之间不存在重大股份权属争议、纠纷或潜在纠纷。

3. 股东出资行为真实，不存在重大法律瑕疵，或者相关行为已经得到有效规范，不存在风险隐患。

申请行政许可的 200 人公司应当对股份进行确权，通过公证、律师见证等方式明确股份的权属。申请公开发行并在证券交易所上市的，经过确权的股份数量应当达到股份总数的 90%以上（含 90%）；申请在全国股份转让系统挂牌公开转让的，经过确权的股份数量应当达到股份总数的 80%以上（含 80%）。未确权的部分应当设立股份托管账户，专户管理，并明确披露有关责任的承担主体。

(三) 经营规范

200 人公司持续规范经营，不存在资不抵债或者明显缺乏清偿能力等破产风险的情形。

(四) 公司治理与信息披露制度健全

200 人公司按照中国证监会的相关规定，已经建立健全了公司治理机制和履行信息披露义务的各项制度。

二、申请文件

（一）200 人公司申请行政许可，应当提交下列文件：

1. 企业法人营业执照

2. 公司关于股权形成过程的专项说明；

3. 设立、历次增资的批准文件；

4. 证券公司出具的专项核查报告；

5. 律师事务所出具的专项法律意见书，或者在提交行政许可的法律意见书中出具专项法律意见。

以上各项文件如已在申请公开发行并在证券交易所上市或者在全国股份转让系统挂牌公开转让的申请文件中提交，可不重复提交。

（二）存在下列情形之一的，应当报送省级人民政府出具的确认函：

1. 1994年7月1日《公司法》实施前，经过体改部门批准设立，但存在内部职工股超范围或超比例发行、法人股向社会个人发行等不规范情形的定向募集公司。

2. 1994年7月1日《公司法》实施前，依法批准向社会公开发行股票的公司。

3. 按照《国务院办公厅转发证监会关于清理整顿场外非法股票交易方案的通知》（国办发〔1998〕10号），清理整顿证券交易场所后"下柜"形成的股东超过200人的公司。

4. 中国证监会认为需要省级人民政府出具确认函的其他情形。

省级人民政府出具的确认函应当说明公司股份形成、规范的过程以及存在的问题，并明确承担相应责任。

（三）股份已经委托股份托管机构进行集中托管的，应当由股份托管机构出具股份托管情况的证明。股份未进行集中托管的，应当按照前款规定提供省级人民政府的确认函。

（四）属于200人公司的城市商业银行、农村商业银行等银行业股份公司应当提供中国银行业监督管理机构出具的监管意见。

三、关于股份代持及间接持股的处理

（一）一般规定

股份公司股权结构中存在工会代持、职工持股会代持、委托持股或信托持股等股份代持关系，或者存在通过"持股平台"间接持股的安排以致实际股东超过200人的，在依据本指引申请行政许可时，应当已经将代持股份还原至实际股东、将间接持股转为直接持股，并依法履行了相应的法律程序。

（二）特别规定

以私募股权基金、资产管理计划以及其他金融计划进行持股的，如果该金融计划是依据相关法律法规设立并规范运作，且已经接受证券监督管理机构监管的,可不进行股份还原或转为直接持股。

四、相关各方的责任

(一) 公司及其相关人员的责任

在申请文件制作及申报过程中,公司及其控股股东、实际控制人、董事、监事及高级管理人员应当在申请文件中签名保证内容真实、准确、完整。

公司控股股东、实际控制人、董事、监事及高级管理人员应当积极配合相关证券公司、律师事务所、会计师事务所开展尽职调查。

(二) 中介机构的职责

证券公司、律师事务所应当勤勉尽责,对公司股份形成、经营情况、公司治理及信息披露等方面进行充分核查验证,确保所出具的文件无虚假记载、误导性陈述或者重大遗漏。

五、附则

(一) 申请行政许可的 200 人公司的控股股东、实际控制人或者重要控股子公司也属于 200 人公司的,应当依照本指引的要求进行规范。

(二) 2006 年 1 月 1 日《证券法》修订实施后,未上市股份有限公司股东人数超过 200 人的,应当符合《证券法》和《非上市公众公司监督管理办法》的有关规定。国家另有规定的,从其规定。

(三) 本指引自公布之日起施行。

非上市公众公司监管问答——定向发行(一)

(2015 年 07 月全国中小企业股份转让系统有限责任公司发布)

问:申报材料中"申请人最近 2 年及 1 期的财务报告及其审计报告"的具体要求?

答:根据《非上市公众公司信息披露内容与格式准则第 4 号——定向发行申请文件》,申请定向发行行政许可需要提交挂牌公司最近两年及一期财务报告及其审计报告,其中年度财务报告应当经过具有证券期货相关业务资格的会计师事务所审计。财务报告在最近一期截止日后 6 个月内有效,特殊情况下,可以申请延长,但延长期至多不超过一个月。申请行政许可提交的财务报告应当是公开披露的定期报告。

为满足挂牌公司的融资需求,防止年度报告、半年度报告披露前因财务报告有效期问题影响融资安排,鼓励有持续融资安排的挂牌公司自愿披露季度报告。

非上市公众公司监管问答——定向发行(二)

(2015年11月全国中小企业股份转让系统有限责任公司发布)

问:非上市公众公司是否可以向持股平台、员工持股计划定向发行股份,有何具体要求?

答:根据《非上市公众公司监督管理办法》相关规定,为保障股权清晰、防范融资风险,单纯以认购股份为目的而设立的公司法人、合伙企业等持股平台,不具有实际经营业务的,不符合投资者适当性管理要求,不得参与非上市公众公司的股份发行。

全国中小企业股份转让系统挂牌公司设立的员工持股计划,认购私募股权基金、资产管理计划等接受证监会监管的金融产品,已经完成核准、备案程序并充分披露信息的,可以参与非上市公众公司定向发行。其中金融企业还应当符合《关于规范金融企业内部职工持股的通知》(财金〔2010〕97号)有关员工持股监管的规定。

关于《非上市公众公司监管问答——定向发行(二)》适用有关问题的通知

(2015 年 12 月 17 日全国中小企业股份转让系统有限责任公司发布)

各市场参与人：

近日，中国证监会非上市公众公司监管部对外发布了《非上市公众公司监管问答一定向发行(二)》(以下简称《定向发行(二)》)，为进一步明确《定向发行(二)》的具体监管要求，指导挂牌公司股票发行行为，现就有关问题进一步明确如下：

1. 发行后股东人数不超过 200 人的股票发行，发行对象涉及持股平台(单纯以认购股份为目的而设立的公司法人、合伙企业等持股平台，不具有实际经营业务)的，如果在《定向发行(二)》发布前发行方案已经过股东大会审议通过的，可继续按照原有的规定发行，但发行方案中没有确定发行对象的，则发行对象不应当为持股平台；如果在《定向发行(二)》发布前发行方案尚未经过股东大会审议通过的，应当按照《定向发行(二)》的规定发行。

2. 在《定向发行(二)》发布前已经存在的持股平台，不得再参与挂牌公司的股票发行。

3. 主办券商和律师事务所应当分别在“主办券商关于股票发行合法合规性意见”和“股票发行法律意见书”中就本次发行对象是否存在持股平台发表明确意见。

4. 发行股份购买资产构成重大资产重组且发行后股东人数不超过 200 人，发行对象涉及持股平台的，如果在《定向发行(二)》发布前已完成首次信息披露，可继续按照原有的规定进行重组；如果在《定向发行(二)》发布前发行方案尚未完成首次信息披露的，应当按照《定向发行(二)》的规定进行重组。

独立财务顾问和律师事务所应当分别在中介机构专项意见中就本次重组涉及的发行对象是否存在持股平台发表明确意见。

5. 通过设立员工持股计划参与挂牌公司股票发行的，挂牌公司应当履行法定的决策程序和信息披露义务。

特此通知。

全国中小企业股份转让系统有限责任公司

2015 年 12 月 17 日

第五编　信 息 披 露

第一章　法规规章总则

全国中小企业股份转让系统
挂牌公司信息披露细则(试行)

(2013 年 02 月 08 日全国中小企业股份转让系统有限责任公司发布)

第一章　总　　则

第一条　为规范挂牌公司及相关信息披露义务人的信息披露行为,保护投资者合法权益,根据《非上市公众公司监督管理办法》(证监会令第 85 号)、《非上市公众公司监管指引第 1 号》(证监会公告〔2013〕1 号)、《全国中小企业股份转让系统业务规则(试行)》(以下简称《业务规则》)等规定,制定本细则。

第二条　在全国股份转让系统挂牌的股票、可转换公司债券及其他证券品种适用本细则。

全国中小企业股份转让系统有限责任公司(以下简称"全国股份转让系统公司")对上述证券品种的信息披露、暂停及恢复转让、终止及重新挂牌以及挂牌公司并购重组等事宜另有规定的,从其规定。

第三条　挂牌公司信息披露包括挂牌前的信息披露及挂牌后持续信息披露,其中挂牌后持续信息披露包括定期报告和临时报告。

第四条　挂牌公司及相关信息披露义务人应当及时、公平地披露所有对公司股票及其他证券品种转让价格可能产生较大影响的信息(以下简称"重大信息"),并保证信息披露内容的真实、准确、完整,不存在虚假记载、误导性陈述或重大遗漏。

第五条 挂牌公司应当制定信息披露事务管理制度，经董事会审议后及时向全国股份转让系统公司报备并披露。公司应当将董事会秘书或信息披露事务负责人的任职及职业经历向全国股份转让系统公司报备并披露，发生变更时亦同。上述人员离职无人接替或因故不能履行职责时，公司董事会应当及时指定一名高级管理人员负责信息披露事务并披露。

第六条 挂牌公司应当在挂牌时向全国股份转让系统公司报备董事、监事及高级管理人员的任职、职业经历及持有挂牌公司股票情况。

有新任董事、监事及高级管理人员或上述报备事项发生变化的，挂牌公司应当在两个转让日内将最新资料向全国股份转让系统公司报备。

第七条 董事、监事及高级管理人员应当在公司挂牌时签署遵守全国股份转让系统公司业务规则及监管要求的《董事（监事、高级管理人员）声明及承诺书》（以下简称"承诺书"），并向全国股份转让系统公司报备。

新任董事、监事应当在股东大会或者职工代表大会通过其任命后五个转让日内，新任高级管理人员应当在董事会通过其任命后五个转让日内签署上述承诺书并报备。

第八条 挂牌公司披露重大信息之前，应当经主办券商审查，公司不得披露未经主办券商审查的重大信息。

挂牌公司在其他媒体披露信息的时间不得早于指定披露平台的披露时间。

第九条 挂牌公司发生的或者与之有关的事件没有达到本细则规定的披露标准，或者本细则没有具体规定，但公司董事会认为该事件对股票价格可能产生较大影响的，公司应当及时披露。

第十条 主办券商应当指导和督促所推荐挂牌公司规范履行信息披露义务，对其信息披露文件进行事前审查。发现拟披露的信息或已披露信息存在任何错误、遗漏或者误导的，或者发现存在应当披露而未披露事项的，主办券商应当要求挂牌公司进行更正或补充。挂牌公司拒不更正或补充的，主办券商应当在两个转让日内发布风险揭示公告并向全国股份转让系统公司报告。

第二章 定期报告

第十一条 挂牌公司应当披露的定期报告包括年度报告、半年度报告，可以披露季度报告。挂牌公司应当在本细则规定的期限内，按照全国股份转让系统公司有关规定编制 4 并披露定期报告。

挂牌公司应当在每个会计年度结束之日起四个月内编制并披露年度报告，在每个会计年度的上半年结束之日起两个月内披露半年度报告；披露季度报告的，公司应当在每个会计年度前三个月、九个月结束后的一个月内披露季度报告。披露季度报告的，第一季度报告的披露时间不得早于上一年的年度报告。

第十二条 挂牌公司应当与全国股份转让系统公司约定定期报告的披露时间，全国股份转让系统公司根据均衡原则统筹安排各挂牌公司定期报告披露顺序。

公司应当按照全国股份转让系统公司安排的时间披露定期报告，因故需要变更披露时间的，应当告知主办券商并向全国股份转让系统公司申请，全国股份转让系统公司视情况决定是否调整。

第十三条 挂牌公司年度报告中的财务报告必须经具有证券、期货相关业务资格的会计师事务所审计。

挂牌公司不得随意变更会计师事务所，如确需变更的，应当由董事会审议后提交股东大会审议。

第十四条 挂牌公司董事会应当确保公司定期报告按时披露。董事会因故无法对定期报告形成决议的，应当以董事会公告的方式披露，说明具体原因和存在的风险。公司不得以董事、高级管理人员对定期报告内容有异议为由不按时披露。

公司不得披露未经董事会审议通过的定期报告。

第十五条 挂牌公司应当在定期报告披露前及时向主办券商送达下列文件：

（一）定期报告全文、摘要（如有）；

（二）审计报告（如适用）；

（三）董事会、监事会决议及其公告文稿；

（四）公司董事、高级管理人员的书面确认意见及监事会的书面审核意见；

（五）按照全国股份转让系统公司要求制作的定期报告和财务数据的电子

文件；

（六）主办券商及全国股份转让系统公司要求的其他文件。

第十六条 年度报告出现下列情形的，主办券商应当最迟在披露前一个转让日向全国股份转让系统公司报告：

（一）财务报告被出具否定意见或者无法表示意见的审计报告；

（二）经审计的期末净资产为负值。

第十七条 挂牌公司财务报告被注册会计师出具非标准审计意见的，公司在向主办券商送达定期报告的同时应当提交下列文件：

（一）董事会针对该审计意见涉及事项所做的专项说明，审议此专项说明的董事会决议以及决议所依据的材料；

（二）监事会对董事会有关说明的意见和相关决议；

（三）负责审计的会计师事务所及注册会计师出具的专项说明；

（四）主办券商及全国股份转让系统公司要求的其他文件。

第十八条 负责审计的会计师事务所和注册会计师按本细则第十七条出具的专项说明应当至少包括以下内容：

（一）出具非标准审计意见的依据和理由；

（二）非标准审计意见涉及事项对报告期公司财务状况和经营成果的影响；

（三）非标准审计意见涉及事项是否违反企业会计准则及其相关信息披露规范性规定。

第十九条 本细则第十七条所述非标准审计意见涉及事项属于违反会计准则及其相关信息披露规范性规定的，主办券商应当督促挂牌公司对有关事项进行纠正。

第二十条 挂牌公司和主办券商应当对全国股份转让系统公司关于定期报告的事后审查意见及时回复，并按要求对定期报告有关内容作出解释和说明。

主办券商应当在公司对全国股份转让系统公司回复前对相关文件进行审查。如需更正、补充公告或修改定期报告并披露的，公司应当履行相应内部审议程序。

第三章 临时报告

第一节 临时报告的一般规定

第二十一条 临时报告是指挂牌公司按照法律法规和全国股份转让系统公司有关规定发布的除定期报告以外的公告。

临时报告应当加盖董事会公章并由公司董事会发布。

第二十二条 挂牌公司应当在临时报告所涉及的重大事件最先触及下列任一时点后及时履行首次披露义务：

（一）董事会或者监事会作出决议时；

（二）签署意向书或者协议（无论是否附加条件或者期限）时；

（三）公司（含任一董事、监事或者高级管理人员）知悉或者理应知悉重大事件发生时。

第二十三条 对挂牌公司股票转让价格可能产生较大影响的重大事件正处于筹划阶段，虽然尚未触及本细则第二十二条规定的时点，但出现下列情形之一的，公司亦应履行首次披露义务：

（一）该事件难以保密；

（二）该事件已经泄露或者市场出现有关该事件的传闻；

（三）公司股票及其衍生品种交易已发生异常波动。

第二十四条 挂牌公司履行首次披露义务时，应当按照本细则规定的披露要求和全国股份转让系统公司制定的临时公告格式指引予以披露。

在编制公告时若相关事实尚未发生的，公司应当客观公告既有事实，待相关事实发生后，应当按照相关格式指引的要求披露事项进展或变化情况。

第二十五条 挂牌公司控股子公司发生的对挂牌公司股票转让价格可能产生较大影响的信息，视同挂牌公司的重大信息，挂牌公司应当披露。

第二节 董事会、监事会和股东大会决议

第二十六条 挂牌公司召开董事会会议，应当在会议结束后及时将经与会董事签字确认的决议（包括所有提案均被否决的董事会决议）向主办券商报备。

董事会决议涉及本细则规定的应当披露的重大信息，公司应当以临时公告的形式及时披露；决议涉及根据公司章程规定应当提交经股东大会审议的收购

与出售资产、对外投资(含委托理财、委托贷款、对子公司投资等)的,公司应当在决议后及时以临时公告的形式披露。

第二十七条 挂牌公司召开监事会会议,应当在会议结束后及时将经与会监事签字的决议向主办券商报备。

涉及本细则规定的应当披露的重大信息,公司应当以临9时公告的形式及时披露。

第二十八条 挂牌公司应当在年度股东大会召开二十日前或者临时股东大会召开十五日前,以临时公告方式向股东发出股东大会通知。

挂牌公司在股东大会上不得披露、泄露未公开重大信息。

第二十九条 挂牌公司召开股东大会,应当在会议结束后两个转让日内将相关决议公告披露。年度股东大会公告中应当包括律师见证意见。

第三十条 主办券商及全国股份转让系统公司要求提供董事会、监事会及股东大会会议记录的,挂牌公司应当按要求提供。

第三节 关联交易

第三十一条 挂牌公司的关联交易,是指挂牌公司与关联方之间发生的转移资源或者义务的事项。

第三十二条 挂牌公司的关联方及关联关系包括《企业会计准则第36号一关联方披露》规定的情形,以及挂牌公司、主办券商或全国股份转让系统公司根据实质重于形式原则认定的情形。

第三十三条 挂牌公司董事会、股东大会审议关联交易事项时,应当执行公司章程规定的表决权回避制度。

第三十四条 对于每年发生的日常性关联交易,挂牌公司应当在披露上一年度报告之前,对本年度将发生的关联交易总金额进行合理预计,提交股东大会审议并披露。对于预计范围内的关联交易,公司应当在年度报告和半年度报告中予以分类,列表披露执行情况。

如果在实际执行中预计关联交易金额超过本年度关联交易预计总金额的,公司应当就超出金额所涉及事项依据公司章程提交董事会或者股东大会审议并披露。

第三十五条 除日常性关联交易之外的其他关联交易，挂牌公司应当经过股东大会审议并以临时公告的形式披露。

第三十六条 挂牌公司与关联方进行下列交易，可以免予按照关联交易的方式进行审议和披露：

（一）一方以现金认购另一方发行的股票、公司债券或企业债券、可转换公司债券或者其他证券品种；

（二）一方作为承销团成员承销另一方公开发行的股票、公司债券或企业债券、可转换公司债券或者其他证券品种；

（三）一方依据另一方股东大会决议领取股息、红利或者报酬。

（四）挂牌公司与其合并报表范围内的控股子公司发生的或者上述控股子公司之间发生的关联交易。

第四节 其他重大事件

第三十七条 挂牌公司对涉案金额占公司最近一期经审计净资产绝对值10%以上的重大诉讼、仲裁事项应当及时披露。

未达到前款标准或者没有具体涉案金额的诉讼、仲裁事项，董事会认为可能对公司股票及其他证券品种转让价格产生较大影响的，或者主办券商、全国股份转让系统公司认为有必要的，以及涉及股东大会、董事会决议被申请撤销或者宣告无效的诉讼，公司也应当及时披露。

第三十八条 挂牌公司应当在董事会审议通过利润分配或资本公积转增股本方案后，及时披露方案具体内容，并于实施方案的股权登记日前披露方案实施公告。

第三十九条 股票转让被全国股份转让系统公司认定为异常波动的，挂牌公司应当于次一股份转让日披露异常波动公告。如果次一转让日无法披露，公司应当向全国股份转让系统公司申请股票暂停转让直至披露后恢复转让。

第四十条 公共媒体传播的消息（以下简称“传闻”）可能或者已经对公司股票转让价格产生较大影响的，挂牌公司应当及时向主办券商提供有助于甄别传闻的相关资料，并决定是否发布澄清公告。

第四十一条 实行股权激励计划的挂牌公司，应当严格遵守全国股份转让系统公司的相关规定，并履行披露义务。

第四十二条 限售股份在解除转让限制前，挂牌公司应当按照全国股份转让系统公司有关规定披露相关公告或履行相关手续。

第四十三条 在挂牌公司中拥有权益的股份达到该公司总股本5%的股东及其实际控制人，其拥有权益的股份变动达到全国股份转让系统公司规定的标准的，应当按照要求及时通知挂牌公司并披露权益变动公告。

第四十四条 挂牌公司和相关信息披露义务人披露承诺事项的，应当严格遵守其披露的承诺事项。

公司未履行承诺的，应当及时披露原因及相关当事人可能承担的法律责任；相关信息披露义务人未履行承诺的，公司应当主动询问，并及时披露原因，以及董事会拟采取的措施。

第四十五条 全国股份转让系统公司对挂牌公司实行风险警示或作出股票终止挂牌决定后，公司应当及时披露。

第四十六条 挂牌公司出现以下情形之一的，应当自事实发生之日起两个转让日内披露：

（一）控股股东或实际控制人发生变更；

（二）控股股东、实际控制人或者其关联方占用资金；

（三）法院裁定禁止有控制权的大股东转让其所持公司股份；

（四）任一股东所持公司5%以上股份被质押、冻结、司法拍卖、托管、设定信托或者被依法限制表决权；

（五）公司董事、监事、高级管理人员发生变动；董事13长或者总经理无法履行职责；

（六）公司减资、合并、分立、解散及申请破产的决定；或者依法进入破产程序、被责令关闭；

（七）董事会就并购重组、股利分派、回购股份、定向发行股票或者其他证券融资方案、股权激励方案形成决议；

（八）变更会计师事务所、会计政策、会计估计；

（九）对外提供担保（挂牌公司对控股子公司担保除外）；

（十）公司及其董事、监事、高级管理人员、公司控股股东、实际控制人在报告期内存在受有权机关调查、司法纪检部门采取强制措施、被移送司法机关或追究刑事责任、中国证监会稽查、中国证监会行政处罚、证券市场禁入、认定为不适当人选，或收到对公司生产经营有重大影响的其他行政管理部门处罚；

（十一）因前期已披露的信息存在差错、未按规定披露或者虚假记载，被有关机构责令改正或者经董事会决定进行更正；

（十二）主办券商或全国股份转让系统公司认定的其他情形。

发生违规对外担保、控股股东或者其关联方占用资金的公司应当至少每月发布一次提示性公告，披露违规对外担保或资金占用的解决进展情况。

第四章　监管措施和违规处分

第四十七条　挂牌公司及其董事、监事、高级管理人员、股东、实际控制人、收购人及其他相关信息披露义务人、律师、主办券商和其他证券服务机构违反本细则的，全国股份转让系统公司依据《业务规则》采取相应监管措施及纪律处分。

第五章　释　　义

第四十八条　本细则下列用语具有如下含义：

（一）披露：指挂牌公司或者相关信息披露义务人按法律、行政法规、部门规章、规范性文件、本细则和全国股份转让系统公司其他有关规定在全国股份转让系统公司网站上公告信息。

（二）重大事件：指对挂牌公司股票转让价格可能产生较大影响的事项。

（三）及时：指自起算日起或者触及本细则规定的披露时点的两个转让日内，另有规定的除外。

（四）高级管理人员：指公司经理、副经理、董事会秘书（如有）、财务负责人及公司章程规定的其他人员。

（五）控股股东：指其持有的股份占公司股本总额50%以上的股东；或者持有股份的比例虽然不足50%，但依其持有的股份所享有的表决权已足以对股东大会的决议产生重大影响的股东。

（六）实际控制人：指通过投资关系、协议或者其他安排，能够支配、实际支配公司行为的自然人、法人或者其他组织。

（七）控制：指有权决定一个公司的财务和经营政策，并能据以从该公司的经营活动中获取利益。有下列情形之一的，为拥有挂牌公司控制权：

1. 为挂牌公司持股50%以上的控股股东；

2. 可以实际支配挂牌公司股份表决权超过30%；

3. 通过实际支配挂牌公司股份表决权能够决定公司董事会半数以上成员选任；

4. 依其可实际支配的挂牌公司股份表决权足以对公司股东大会的决议产生重大影响；

5. 中国证监会或全国股份转让系统公司认定的其他情形。

（八）挂牌公司控股子公司：指挂牌公司持有其50%以上股份，或者能够决定其董事会半数以上成员组成，或者通过协议或其他安排能够实际控制的公司。

（九）承诺：指挂牌公司及相关信息披露义务人就重要事项向公众或者监管部门所作的保证和相关解决措施。

（十）违规对外担保：是指挂牌公司及其控股子公司未经其内部审议程序而实施的担保事项。

（十一）净资产：指挂牌公司资产负债表列报的所有者16权益；挂牌公司编制合并财务报表的为合并资产负债表列报的归属于母公司所有者权益，不包括少数股东权益。

（十二）日常性关联交易及偶发性关联交易：日常性关联交易指挂牌公司和关联方之间发生的购买原材料、燃料、动力，销售产品、商品，提供或者接受劳务，委托或者受托销售，投资（含共同投资、委托理财、委托贷款），财务资助（挂牌公司接受的）等的交易行为；公司章程中约定适用于本公司的日常关联交易类型。

除了日常性关联交易之外的为偶发性关联交易。

（十三）控股股东、实际控制人或其关联方占用资金：指挂牌公司为控股股东、实际控制人及其附属企业垫付的工资、福利、保险、广告等费用和其他支出；代控股股东、实际控制人及其附属企业偿还债务而支付的资金；有偿或者无偿、直接或者间接拆借给控股股东、实际控制人及其附属企业的资金；为控股股东、实际控制人及其附属企业承担担保责任而形成的债权；其他在没有商品和劳务对价情况下提供给控股股东、实际控制人及其附属企业使用的资金或者全国股份转让系统公司认定的其他形式的占用资金情形。

（十四）以上：本规则中“以上”均含本数，“超过”不含本数。

第六章 附 则

第四十九条 本细则由全国股份转让系统公司负责解释。

第五十条 本细则自发布之日起施行。

全国中小企业股份转让系统
两网公司及退市公司信息披露暂行办法

（2013年02月08日全国中小企业股份转让系统有限责任公司发布）

第一条 为规范原证券公司代办股份转让系统挂牌的STAQ、NET系统公司（以下简称“两网公司”）、退市公司（包括本暂行办法发布后新挂牌的退市公司）在全国股份转让系统的信息披露行为，根据有关法律法规，制定本暂行办法。

第二条 两网公司和退市公司（以下简称“公司”）应当履行下列信息披露的基本义务：

（一）及时披露所有可能对公司股票转让价格产生重大影响的信息；

（二）及时澄清与公司有关的、非正式披露的信息；

（三）保证信息披露内容真实、准确、完整，没有虚假记载、误导性陈述或者重大遗漏，并就其保证承担法律责任。

公司不能确定有关事件是否需及时披露，或对履行以上基本义务有任何疑问的，应当及时向主办券商咨询。

第三条 公司及其董事、监事、高级管理人员不得泄露内幕信息，不得进行内幕交易或配合他人操纵股票转让价格。

第四条 公司应当公开披露的信息包括定期报告和临时报告。年度报告、半年度报告和季度报告为定期报告，其他报告为临时报告。

第五条 公司公开披露的信息应当第一时间在全国股份转让系统指定信息披露平台公布。

第六条 公司公开披露的信息必须按照规定格式编制，公告文稿应为打印件并经董事会全体成员签字或加盖董事会公章，并同时采用书面和电子文件的形式报送主办券商。

公开披露的信息应当用中文表述。转让境内流通外资股股份的公司公开披露信息，如有必要，还可以用英文表述，并在境外英文报纸予以发布；中英文本不一致的，以中文文本为准。

第七条　公司在其他公共传媒披露的信息不得先于在全国股份转让系统指定信息披露平台的正式公告。公司不得以新闻发布或答记者问等形式代替公司的正式公告。

第八条　公司董事会全体成员及其他知情人员在公司的信息公开披露前，应当将该信息的知情人控制在最小范围内。

第九条　公司的信息披露不够及时、充分、完整或可能误导投资者的，存在任何虚假记载、误导性陈述或者重大遗漏及其他技术性错误的，公司应当主动或应主办券商的要求及时予以公开更正、说明或补充；公司未按主办券商要求做出修改或补充的，主办券商应对投资者以公告的方式做出风险提示。

第十条　公司应当将信息披露文件和备查文件在公告的同时备置于公司住所及其他指定场所，供公众查阅。

第十一条　公司根据国家有关法律、法规向有关部门报送涉及未披露信息的文件时，应当以书面形式向其申明该文件涉及未公开的信息并提请对方注意保密。除此以外，公司不得对外提供任何涉及未披露信息的文件。

第十二条　公司有充分理由认为披露某一信息会损害公司的利益，且该信息对其转让价格不会产生重大影响，经主办券商报全国股份转让系统公司同意，可以免予披露。

第十三条　公司认为应披露的信息可能导致其违反国家有关法规的，应当向主办券商提出并陈述不宜披露的理由；确有法律依据的，经主办券商报全国股份转让系统公司同意，可以免予披露。

第十四条　公司应当配备信息披露所必要的通信工具和计算机等办公设备，保证计算机可以连接国际互联网和对外咨询电话的畅通。

第十五条　董事和监事应当在股票开始转让后两个月内，新任董事、监事应当在股东大会通过其任命后两个月内，签署《董事（监事）声明及承诺书》并送达主办券商备案。董事、监事签署该文件时必须由律师见证，向董事、监事解释《董事（监事）声明及承诺书》的内容，董事、监事在充分理解后签字。

第十六条　董事应当履行以下职责并在《董事声明及承诺书》中作出承诺：

（一）遵守法律法规，履行诚信勤勉义务；

（二）遵守公司章程；

（三）遵守全国股份转让系统相关规则，接受主办券商的督促与指导；

（四）对主办券商认为应当承诺的其他事项作出承诺。

第十七条 监事除同样应当履行上条所述职责并在《监事声明及承诺书》中作出承诺外，还应当承诺促使公司董事遵守其承诺。

第十八条 董事、监事应当在《董事（监事）声明及承诺书》中声明：

（一）本人持有所在公司股票的情况；

（二）有无违反法律法规受查处情况；

（三）参加证券业务培训情况；

（四）其他任职情况；

（五）拥有其他国家或地区的国籍、长期居留权的情况；

（六）主办券商认为应当由其说明的其他情况。

第十九条 《董事（监事）声明及承诺书》中声明的事项发生变化时，董事、监事应当在该等情况发生变化之日起五个工作日内向主办券商提交有关最新资料披露并备案，并保证该资料的真实与完整。

第二十条 公司必须设立一名董事会秘书。董事会秘书为公司与主办券商之间的指定联络人。

第二十一条 董事会秘书应当遵守公司章程和有关法律法规，对公司负有诚信和勤勉义务，不得利用职权为自己或他人谋取利益。

第二十二条 董事会秘书应当履行下列与信息披露相关的职责：

（一）负责准备和提交主办券商及全国股份转让系统公司要求的有关信息披露的文件；

（二）准备和提交董事会和股东大会的报告和文件；

（三）按照法定程序筹备董事会会议和股东大会会议，列席董事会会议并做记录，保证记录的准确性，并在会议记录上签字；

（四）协调和组织公司信息披露事项，包括建立信息披露的制度，接待来访，回答咨询，联系股东，向投资者提供公司公开披露的资料，促使公司及时、合法、真实和完整地进行信息披露；

（五）负责信息的保密工作，制定保密措施。在发生内幕信息泄露时，及时采取补救措施，报告主办券商并公告；

（六）负责保管公司股东名册、董事名册、股东及董事持股资料，公司董事会和股东大会的会议文件和记录；

（七）帮助公司董事、监事、高级管理人员了解法律法规、公司章程等对其信息披露责任的规定；

（八）协助董事会依法行使职权，在董事会作出违反法律法规、公司章程及主办券商有关规定的决议时，及时提醒董事会，如果董事会坚持作出上述决议时，应当予以记录，并将会议纪要立即提交公司全体董事和监事。

第二十三条 公司应当向董事会秘书提供信息披露所需要的资料和信息。公司做出重大决定之前，应当从信息披露角度征询董事会秘书的意见。

第二十四条 公司应当在原董事会秘书离职后三个月内聘任董事会秘书。在此之前，公司应当临时指定人选代行董事会秘书的职责。

第二十五条 董事会秘书的任职资格应当具备以下条件：

（一）具有大学专科以上学历，从事秘书、管理、股权事务等工作三年以上；

（二）有一定财务、税收、法律、金融、企业管理、计算机应用等方面知识，具有良好的个人品质和职业道德，严格遵守有关法律、法规和规章，能够忠诚地履行职责；

（三）公司董事可以兼任董事会秘书，但监事不得兼任；

（四）公司聘任的会计师事务所的会计师和律师事务所的律师不得兼任董事会秘书；

（五）有《中华人民共和国公司法》第 147 条规定情形之一的人士不得担任董事会秘书；

（六）全国股份转让系统公司规定的其他条件。

第二十六条 公司聘任董事会秘书，应当向主办券商提交以下文件并报全国股份转让系统公司备案：

（一）董事会出具的聘任书；

（二）董事会秘书的个人简历、学历证明；

（三）董事会秘书的联系方式；

（四）公司法定代表人的联系方式。

第二十七条 公司董事会解聘董事会秘书应当具有充分理由，解聘董事会秘书或董事会秘书辞职时，公司董事会应当向主办券商报告、说明原因并公告。

第二十八条 董事会秘书离任前，公司应当要求董事会秘书承诺在离任后持续履行保密义务，直至有关信息公开披露为止，并在监事会的监督下移交有关档案和文件。

第二十九条 公司董事会在聘任董事会秘书的同时，可以聘任一名董事会证券事务代表，以保证在董事会秘书不能履行职责时代行董事会秘书的职责。

第三十条 主办券商仅接受董事会秘书或证券事务代表办理公司的信息披露事务。

第三十一条 公司董事会通过委托主办券商办理股份转让决议后，应将决议内容及召开股东大会的通知至少在一种中国证监会指定的信息披露媒体及全国股份转让系统指定信息披露平台上予以公告。

第三十二条 公司股东大会通过委托主办券商办理股票转让决议后，应至少在一种中国证监会指定的信息披露媒体及全国股份转让系统指定信息披露平台上予以公告。

第三十三条 公司与主办券商签订委托办理股票转让协议后，应于 30 个工作日内，就证券账户开立、股份确权、登记、托管等事项，至少在一种中国证监会指定的信息披露媒体及全国股份转让系统指定信息披露平台上予以公告。受托办理股票转让的主办券商，也应同时公告办理股票转让公告，明确股票托管操作等事项。

第三十四条 公司应当在股票首次转让前编制并披露股票转让公告书。

股票转让公告书至少应包括如下内容：

公司基本信息、股本和股东情况、原股票发行及交易情况、公司治理情况、经具有证券期货相关业务资格的会计师事务所审计的财务报告、主要业务、产品或者服务及公司所属行业、业务发展目标、同业竞争与关联交易、公司重大事项、董事会承诺以及董事、监事、高级管理人员及核心技术人员情况、主办券商等情况。

原股票发行及交易情况包括(但不限于):发行价格,发行日期,发行数量,流通(上市)日期,原股票上市交易所,转让公告日前股东总数,转让公告日前总股本,转让公告日前流通股数量、非流通股数量、已确权股份数量等。

董事会承诺包括(但不限于):已任董事和新任董事将分别在本暂行办法第十五条规定时间内签署《董事声明及承诺书》,其他内容可参照本暂行办法第十六条。

主办券商情况包括(但不限于):公司名称、法定代表人、住所、联系电话、传真等。

第三十五条 公司应当在每个会计年度结束之日起四个月内编制完成并披露年度报告。年度报告内容参照中国证监会《公开发行证券的公司信息披露内容与格式准则第 2 号—年度报告的内容与格式》对正文部分相关内容进行编制。

第三十六条 公司应当在每个会计年度的前六个月结束之日起两个月内编制完成并披露半年度报告。半年度报告内容参照中国证监会《公开发行证券的公司信息披露内容与格式准则第 3 号—半年度报告的内容与格式》对正文部分相关内容进行编制。

第三十七条 公司应当在每个会计年度的前三个月、九个月结束后的一个月内编制完成并披露季度报告。季度报告内容参照中国证监会《公开发行证券的公司信息披露编报规则第 13 号—季度报告内容与格式特别规定》对正文部分相关内容进行编制。

第三十八条 公司年度的财务报告必须经具有证券期货相关业务资格的会计师事务所审计;半年度财务报告可以不经会计师事务所审计,但拟在下半年进行利润分配或公积金转增的须经会计师事务所审计;季度报告的财务报告无须审计,但全国股份转让系统公司或主办券商另有规定的除外。

第三十九条 公司应当在董事会审议通过定期报告之日起两个工作日内向主办券商报送下列文件并公告:

(一)定期报告全文;

(二)定期报告摘要;

（三）审计报告及财务报告；

（四）董事会决议及其公告文稿；

（五）按主办券商要求载有上述文件的电子文件；

（六）主办券商要求的其他文件。

第四十条　公司召开董事会会议，应当在会议结束后两个工作日内将董事会决议报送主办券商备案。

第四十一条　公司董事会决议涉及需要经股东大会表决的事项和本暂行办法第四十七条至第八十七条的事项的，必须公告；其他事项，主办券商认为有必要的，也应当公告。

第四十二条　公司召开监事会会议，应当在会议结束后两个工作日内将监事会决议报送主办券商并公告。

第四十三条　公司应当在股东大会结束后两个工作日内将股东大会决议公告文稿报送主办券商并公告。

第四十四条　股东大会因故延期或取消，应当在原定股东大会召开日的五个工作日之前发布通知，通知中应当说明延期或取消的具体原因。如属延期，应当公布延期后的召开日期。

第四十五条　股东大会对董事会预案做出修改，或对董事会预案以外的事项做出决议，或会议期间因突发事件致使会议不能正常召开的，公司应当向主办券商说明原因并公告。

第四十六条　股东大会决议公告应当包括下列内容：

（一）出席会议的股东人数、所持股份及占公司有表决权总股本的比例；

（二）每项议案的表决方式及表决统计结果，包括赞成、反对和弃权的股份，占出席会议有表决权股份的比例；

（三）关联交易股东回避表决的情况；

（四）对股东提案做出决议的，应当列明提案股东的名称或姓名、持股比例和提案内容；

（五）发行B股的公司还应当在公告中说明股东会议通知情况、公司A股股东和B股股东出席会议及表决情况；

（六）公司聘请的律师关于股东大会及决议是否合法有效的法律意见。

第四十七条 公司拟收购、出售资产达到以下标准之一时，经董事会批准后两个工作日内，向主办券商报告并公告：

（一）按照最近一期经审计的财务报告、评估报告或验资报告，收购、出售资产的资产总额占公司最近一期经审计的总资产值的10%以上；

（二）被收购资产相关的净利润或亏损的绝对值（按上一年度经审计的财务报告）占公司经审计的上一年度净利润或亏损绝对值的10%以上，且绝对金额在50万元以上；

被收购资产的净利润或亏损值无法计算的，不适用本款；

收购企业所有者权益的，被收购企业的净利润或亏损值以与这部分产权相关的净利润或亏损值计算；

（三）被出售资产相关的净利润或亏损绝对值或该转让行为所产生的利润或亏损绝对值占公司经审计的上一年度净利润或亏损绝对值的10%以上，且绝对金额在50万元以上；

被出售资产的净利润或亏损值无法计算的，不适用本款；

出售企业所有者权益的，被出售企业的净利润或亏损值以与这部分资产相关的净利润或亏损值计算；

（四）收购、出售资产的转让金额（承担债务、费用等，应当一并加总计算）占公司最近一期经审计的净资产总额10%以上。本暂行办法所称收购、出售资产是指公司收购、出售企业所有者权益、实物资产或其他财产权利的行为。

第四十八条 公司在十二个月内连续对同一或相关资产分次进行收购、出售的，以其在此期间转让的累计金额确定是否公告。

第四十九条 公司直接或间接持股比例超过50%的子公司收购、出售资产，视同公司行为。公司的参股公司（持股50%以下）收购、出售资产，转让标的有关金额指标乘以参股比例计算。

第五十条 公司必须在收购、出售资产协议生效之日起三个月内向主办券商报告其转让实施情况（包括所有必需的产权变更或登记过户手续完成情况）、相关证明文件并公告。

第五十一条 公司披露上述收购、出售资产事项，应当向主办券商提交以下文件备案：

（一）转让公告文稿；

（二）收购、出售资产的协议书；

（三）董事会决议及公告（如有）；

（四）被收购、出售资产涉及的政府批文（如有）；

（五）被收购、出售资产的财务报告；

（六）主办券商要求提供的其他文件。

第五十二条 公司收购、出售资产的公告应当包括以下内容：

（一）转让概述及协议生效时间。

（二）协议有关各方的基本情况，包括企业名称、工商登记类型、注册地点、法定代表人、主营业务等。

（三）被收购、出售资产的基本情况，包括该资产名称、中介机构名称、资产的账面值及评估值、资产运营情况、资产质押、抵押以及在该资产上设立的其他财产权利的情况、涉及该财产的重大争议的情况。被收购、出售的资产系企业所有者权益，还应当介绍公司（或企业）的基本情况和最近一期经审计的财务报告中的财务数据，包括资产总额、负债总额、所有者权益、主营收入、净利润等，并附收购、出售基准日资产负债表和损益表（如果基准日不是年底，还需披露上一年度损益表）。

（四）公司预计从该项转让中获得的利益及该转让对公司未来经营的影响。

（五）转让金额（包括定价基准）及支付方式（现金、股权、资产置换等，还包括有关分期付款安排的条款）。

（六）该转让所涉及的人员安置、土地租赁、债务重组等情况。

（七）出售资产的，应当说明出售所得款项的用途。

（八）需要经股东大会或有权部门批准的事项，应当说明需履行的合法程序和进展情况。

（九）如果收购资产后，可能产生关联交易，应当披露有关情况。

（十）如果收购资产后，可能产生关联人同业竞争，应当披露规避的方法或其他安排(包括有关协议或承诺等)。

(十一) 收购资产后,公司与控股股东在人员、资产、财务上分开的安排计划。

第五十三条　公司的关联交易是指公司或者其控股子公司与公司关联人之间发生的转移资源或义务的事项。包括但不限于下列事项:

(一) 购买或者出售资产;

(二) 对外投资(含委托理财、委托贷款、对子公司投资等);

(三) 提供财务资助;

(四) 提供担保;

(五) 租入或者租出资产;

(六) 签订管理方面的合同(含委托经营、受托经营等);

(七) 赠与或者受赠资产;

(八) 债权或者债务重组;

(九) 研究与开发项目的转移;

(十) 签订许可协议;

(十一) 购买原材料、燃料、动力;

(十二) 销售产品、商品;

(十三) 提供或者接受劳务;

(十四) 委托或者受托销售;

(十五) 关联双方共同投资;

(十六) 其他通过约定可能造成资源或者义务转移的事项。

公司关联人包括关联法人和关联自然人。

第五十四条　具有以下情形之一的法人,为公司的关联法人:

(一) 直接或者间接控制公司的法人或其他组织;

(二) 由上述第(一)项直接或者间接控制的除公司及其控股子公司以外的法人或其他组织;

(三) 由本暂行办法第五十五条所列的关联自然人直接或者间接控制的,或者由关联自然人担任董事、高级管理人员的除公司及其控股子公司以外的法人或其他组织；

（四）持有公司5%以上股份的法人或其他组织；

（五）中国证监会、全国股份转让系统公司或者公司根据实质重于形式原则认定的其他与公司有特殊关系，可能导致公司利益对其倾斜的法人或其他组织。

第五十五条 公司的关联自然人是指：

（一）直接或间接持有公司5%以上股份的自然人；

（二）公司的董事、监事及高级管理人员；

（三）本暂行办法第五十四条所列法人的董事、监事及高级管理人员；

（四）本条第（一）、（二）项所述人士关系密切的家庭成员，包括配偶、父母及配偶的父母、兄弟姐妹及其配偶、年满18周岁的子女及其配偶、配偶的兄弟姐妹和子女配偶的父母；

（五）中国证监会、全国股份转让系统公司或者公司根据实质重于形式原则认定的其他与公司有特殊关系，可能导致公司利益对其倾斜的自然人。

第五十六条 具有以下情形之一的法人或其他组织或者自然人，视同公司的关联人：

（一）根据与公司或者其关联人签署的协议或者作出的安排，在协议或者安排生效后，或在未来十二个月内，将具有第五十三条或者第五十四条规定的情形之一；

（二）过去十二个月内，曾经具有第五十四条或者第五十五条规定的情形之一。

第五十七条 公司的第一大债权人、债务人之间发生的关联交易和重大事项，按公司关联交易进行披露。披露时除了第五十三条规定的"提供担保"和"债权或者债务重组"外，还应包括债权人变更，债务人变更等。

第五十八条 公司关联交易应当遵循以下基本原则：

（一）符合诚实信用的原则；

（二）关联方如享有公司股东大会表决权，除特殊情况外，应当回避行使表决；

（三）与关联方有任何利害关系的董事，在董事会对该事项进行表决时，应当予以回避；

（四）公司董事会应当根据客观标准判断该关联交易是否对公司有利。

第五十九条　公司关联人与公司签署涉及关联交易的协议，应当采取必要的回避措施：

（一）任何个人只能代表一方签署协议；

（二）关联人不得以任何方式干预公司的决定；

（三）公司董事会就关联交易表决时，有利害关系的当事人属以下情形的，不得参与表决：

1. 董事个人与公司的关联交易；

2. 董事个人在关联企业任职或拥有关联企业的控股权，该关联企业与公司的关联交易；

3. 按法律、法规和公司章程规定应当回避的。

（四）公司股东大会就关联交易进行表决时，关联股东不得参加表决。关联股东因特殊情况无法回避时，应由董事会委托律师，与有关各方充分协商，作出决定。如决定关联股东可以参加表决，公司应当在股东大会决议中做出详细说明，同时对非关联方的股东投票情况进行专门统计，并在决议公告中予以披露。

第六十条　公司与其关联人达成的关联交易总额在100万元以下或低于公司最近经审计净资产值的0.5%的，可以不适用本暂行办法。

第六十一条　公司与其关联人达成的关联交易总额在100万元至1000万元之间或占公司最近经审计净资产值的0.5%至5%之间的，公司应当在签订协议后两个工作日内按照第六十三条的规定进行公告，并在下次定期报告中披露有关交易的详细资料。

第六十二条　公司披露关联交易，应当比照第五十条规定向主办券商提交文件备案。

第六十三条　公司就关联交易发布的临时报告应当包括以下内容：

（一）转让日期、转让地点；

（二）有关各方的关联关系；

（三）转让及其目的的简要说明；

（四）转让的标的、价格及定价政策；

（五）关联人在交易中所占权益的性质及比重；

（六）关联交易涉及收购或出售某一公司权益的，应当说明该公司的实际持有人的详细情况，包括实际持有人的名称及其业务状况；

（七）董事会关于本次关联交易对公司影响的意见；

（八）独立董事（如有）、监事会关于关联交易表决程序及公平性的意见；

（九）若涉及对方或他方向公司支付款项的，必须说明付款方近三年或自成立之日起至协议签署期间的财务状况，董事会应当对该等款项收回或成为坏账的可能作出判断和说明；

（十）独立财务顾问意见。

第六十四条 公司拟与其关联人达成的关联交易总额高于1000万元或高于公司最近经审计净资产值的5%的，应当提交股东大会批准并予以披露。任何与该关联交易有利害关系的关联人应当在股东大会上放弃对该议案的投票权。公司应当在有关关联交易的公告中特别载明：

"此项交易需经股东大会批准，与该关联交易有利害关系的关联人放弃在股东大会上对该议案的投票权"。

第六十五条 公司与其关联人就同一标的或者公司与同一关联人在连续12个月内达成的关联交易累计金额达到第六十一条所述标准的，公司应当按该条的规定予以披露。

第六十六条 公司与其关联人就同一标的或者公司与同一关联人在连续12个月内达成的关联交易累计金额达到第六十四条所述标准的，公司应当按该条的规定予以披露。

第六十七条 公司与其关联人达成的以下关联交易，可以免予按照关联交易的方式表决和披露：

（一）关联人依据股东大会决议领取股息或者红利；

（二）关联人购买公司发行的企业债券；

（三）公司与其控股子公司之间发生的关联交易。

第六十八条 公司必须在重大关联交易实施完毕之日起两个工作日内向主

办券商报告并公告。

第六十九条　公司会计年度结束时，预计出现亏损的，应当在会计年度结束后的30个工作日内发布首次风险提示公告。

第七十条　公司尚未披露的诉讼或仲裁事项涉及的金额或12个月内累计金额占公司最近经审计的净资产值10%以上的，公司应当在知悉该事件后及时报告主办券商并披露下列内容：

（一）诉讼或仲裁受理日期，诉讼或仲裁各方当事人、代理人及其所在单位的姓名或名称；

（二）受理法院或仲裁机构的名称及所在地，诉讼或仲裁的原因和依据；

（三）诉讼或仲裁的请求；

（四）判决或裁决的结果和日期；

（五）各方当事人对结果的意见或拟采取的进一步的法律行动等。

第七十一条　公司发生重大担保事项应当提交董事会或者股东大会进行审议，及时向主办券商报告并公告：

下述担保事项应当在董事会审议通过后提交股东大会审议：

（一）单笔担保额超过公司最近一期经审计净资产10%的担保；

（二）公司及其控股子公司的对外担保总额，超过公司最近一期经审计净资产50%以后提供的任何担保；

（三）为资产负债率超过70%的担保对象提供的担保；

（四）按照担保金额连续12个月内累计计算原则，超过公司最近一期经审计总资产30%的担保；

（五）按照担保金额连续12个月内累计计算原则，超过公司最近一期经审计净资产的50%，且绝对金额超过5000万元以上；

（六）全国股份转让系统公司或者公司章程规定的其他担保。对于董事会权限范围内的担保事项，除应当经全体董事的过半数通过外，还应当经出席董事会会议的三分之二以上董事同意；

前款第（四）项担保，应当经出席会议的股东所持表决权的三分之二以上通过。

第七十二条 对担保事项的披露，应当说明担保协议签署及生效日期，债权人名称，担保的方式、期限、金额，担保协议中的其他重要条款，被担保人的基本情况等；被担保人为法人的，应当包括企业名称、注册地点、法定代表人、经营范围、与公司的关联关系或其他关系；被担保人为个人的，应当包括姓名、与公司的关联关系或其他关系。

第七十三条 公司出现以下情况所涉及的数额达到最近一期经审计的总资产或净资产或净利润的10%以上的，应当及时向主办券商报告并公告。

（一）重要合同（借贷、委托经营、受托经营、委托理财、赠与、承包、租赁等）的订立、变更、解除和终止；

（二）大额银行退票；

（三）重大经营性或非经营性亏损；

（四）遭受重大损失；

（五）重大投资行为；

（六）可能依法承担的赔偿责任；

（七）重大行政处罚。

第七十四条 公司出现以下情况，应当自事实发生之日起两个工作日内向主办券商报告并公告：

（一）公司章程、注册资本、注册地址、名称的变更，其中公司章程发生变更的，还应当将新的公司章程在指定网站上刊登；

（二）经营方针和经营范围的重大变化；

（三）涉及金额占公司最近经审计净资产10%以上的重大债务或未清偿到期重大债务；

（四）公司超过净资产10%以上的债权、债务在第三方之间发生移转；

（五）公司的第一大股东发生变更；

（六）公司的董事长、三分之一以上董事或经理发生变动；

（七）生产经营环境发生重大变化，包括全部或主要业务停顿、生产资料采购、产品销售发生重大变化；

（八）减资、合并、分立；

（九）直接或间接持有另一挂牌公司发行在外的普通股5%以上；

（十）持有公司总股份5%以上股份的股东，其持有股份增减变化为总股份的5%以上；

（十一）新的法律法规、规章、政策可能对公司的经营产生显著影响；

（十二）更换为公司审计的会计师事务所；

（十三）法院裁定禁止公司有控制权的大股东转让其所持公司股份；

（十四）持有公司5%以上股份的股东所持股份被质押；

（十五）公司进入破产清算状态；

（十六）公司预计出现资不抵债；

（十七）获悉主要债务人出现资不抵债或进入破产程序，公司对相应债权未提取足额坏账准备；

（十八）因涉嫌违反法律、法规被有关部门调查或受到行政处罚的；

（十九）主办券商和全国股份转让系统公司认为需要披露的其他事项。

第七十五条 公司在申请上市、重新上市过程中，发生以下情况时须即时向主办券商及全国股份转让系统公司报告并公告：

（一）公司董事会通过拟申请上市或重新上市的决议；

（二）公司股东大会通过拟申请上市或重新上市的议案；

（三）有关单位受理或接受公司上市或重新上市的申请；

（四）公司上市或重新上市的申请因故撤回或被有关单位退回；

（五）有关单位审议公司上市或重新上市申请；

（六）有关单位同意公司股票上市或重新上市的申请；

（七）主办券商和全国股份转让系统公司认定的其他情况。

第七十六条 公司出现财务状况或其他状况异常，投资者难以判定公司前景，权益可能受到损害，公司应当即时向主办券商和全国股份转让系统公司报告，并在全国股份转让系统指定信息披露平台和证券营业网点作出特别风险提示的公告。

第七十七条 公司出现以下情况之一的，为财务状况异常：

（一）预计出现资不抵债的情形；

（二）最近两个会计年度审计结果显示的净利润均为负值；

（三）最近一个会计年度审计结果显示其股东权益低于注册资本，即每股净资产低于股票面值；

（四）注册会计师对最近一个会计年度的财务报告出具无法表示意见或否定意见的审计报告；

（五）最近一个会计年度经审计的股东权益扣除注册会计师不予确认的部分，低于注册资本；

（六）最近一份经审计的财务报告对上年度利润进行调整，导致连续两个会计年度亏损；

（七）主办券商或全国股份转让系统公司认定的其他情形。

第七十八条 公司出现以下情况之一的，为其他状况异常：

（一）因自然灾害、重大事故等原因导致公司主要经营设施遭受损失，公司生产经营活动基本中止，在三个月以内不能恢复的；

（二）公司涉及负有赔偿责任的诉讼或仲裁案件，依照法院或仲裁机构的判决或裁决的赔偿金额累计超过公司最近经审计的净资产的20%的；

（三）公司主要银行账号被冻结，影响公司正常经营活动的；

（四）人民法院受理公司破产案件，可能依法宣告公司破产的；

（五）公司董事会无法正常召开会议并形成董事会决议的；

（六）公司的主要债务人被法院宣告进入破产程序，而公司相应债权未能计提足额坏账准备致使公司将面临重大财务风险的；

（七）公司出现其他异常情况，董事会或监事会认为有必要作出特别风险提示公告的；

（八）主办券商或全国股份转让系统公司认定的其他情形。

第七十九条 自法院受理公司破产案件的公告发布之日起，主办券商对该公司股票暂停转让。

公司应当在收到法院有关法律文书的当日，立即向主办券商报告，经主办券商审核后公告。公告日后第一个交易日公司股票恢复转让。

第八十条 公司进入破产程序后，公司或其他有信息披露义务的主体应当于第一时间向主办券商和全国股份转让系统公司报告债权申报情况、债权人会议情况、和解和整顿等重大情况并公告。公司刊登上述公告当日，其股票暂停转让一天。

第八十一条　上述第七十七条、第七十八条所列情形已经消除的，公司应当就该情形消除的事实向主办券商和全国股份转让系统公司报告并公告。

第八十二条　公司应当关注本公司股票的转让以及新闻媒介、网站关于本公司的报道。

第八十三条　出现以下情况之一的，公司应当及时向主办券商报告，经全国股份转让系统公司同意后可以要求公司比照第八十六条的规定发布公告：

（一）股票转让发生异常波动；

（二）新闻媒介或网站传播的消息可能对公司的股票转让产生影响；

（三）全国股份转让系统公司认为其他属于异常波动的情况。主办券商报经全国股份转让系统公司同意，可以对出现上述情形的公司股票实施暂停转让，直至公司对该消息做出澄清公告后的第一个转让日恢复转让。

第八十四条　股票转让出现以下情况之一的，主办券商根据市场情况，认定是否属股票转让异常波动：

（一）某股票的转让价格连续三个转让日达到涨幅或跌幅限制；

（二）某股票的日均成交金额连续五个转让日逐日增加50%；

（三）某股票转让日的成交量与上月日均成交量相比连续五个转让日放大十倍；

（四）全国股份转让系统公司认为属于异常波动的其他情况。出现本条所列情形被认定为异常波动的股票，其异常波动的计算从公告之日起重新开始。

第八十五条　公司针对有关传闻发布公告，应当向主办券商和全国股份转让系统公司报送公告文稿以及传闻在新闻媒介传播的证明。

第八十六条　公司针对有关传闻的公告应当包括以下内容：

（一）传闻内容及其来源；

（二）公司的真实情况；

（三）经主办券商同意的其他内容。

第八十七条 公司认为股票转让的异常波动与公司或公司内外部环境的变化无关，应当在公告中做出说明；认为与公司有关，应当披露可能影响其股票价格的信息。

第八十八条 公司的合并、分立应符合现行法律法规的规定。

第八十九条 涉及公司股份变动的合并、分立方案应当报全国股份转让系统公司同意并报告主办券商。

第九十条 涉及公司股份变动的合并、分立方案未经全国股份转让系统公司同意的，主办券商对有关公告文稿不予审查，并报告全国股份转让系统公司。

第九十一条 公司及其他信息披露义务人违反本暂行办法规定的，全国股份转让系统公司可以依据《全国中小企业股份转让系统业务规则》采取相应的自律监管措施和纪律处分。

第九十二条 本暂行办法由全国股份转让系统公司负责解释。

第二章 相关业务规定

上海股权托管交易中心挂牌公司信息披露规则

第一章 总 则

第一条 为指导进入上海股权托管交易中心(以下简称“上海股交中心”)挂牌的非上市股份有限公司(以下简称“挂牌公司”)做好信息披露工作,规范信息披露行为,提高信息披露工作质量,保护挂牌公司和投资者的合法权益,根据《上海股权托管交易中心非上市股份有限公司股份转让业务暂行管理办法》等有关规定,制定本规则。

第二条 本规则仅规定挂牌公司信息披露要求的最低标准。挂牌公司可自愿进行更为充分的信息披露。

第三条 挂牌公司应按照有关规定制定并严格执行信息披露事务管理制度。

第四条 推荐机构会员负责指导和持续督促所推荐挂牌公司规范履行信息披露义务。

第五条 上海股交中心对信息披露文件及公告的情况、信息披露事务管理活动及挂牌公司行为进行监管。

第六条 挂牌公司披露的信息应在上海股交中心指定网站发布,在其他媒体披露信息的时间不得早于指定网站的披露时间。

第七条 挂牌公司及相关信息披露义务人对本规则的具体规定有疑问的,应向上海股交中心咨询。

第八条 挂牌公司披露的信息,应经董事长或其授权的董事签字或盖章确认。若有虚假陈述,董事长应承担相应责任。

第九条 挂牌公司设有董事会秘书的,由董事会秘书负责信息披露事务。未设董事会秘书的,挂牌公司应指定一名具有相关专业知识的人员负责信息披露事务。

挂牌公司负责信息披露事务的人员应列席公司的董事会和股东大会。

第十条 挂牌公司及其董事、监事、高级管理人员、相关信息披露义务人和其他知情人在信息披露前,应将该信息的知情人控制在最小范围内,不得泄露尚未披露重大信息或者配合他人操纵股份转让价格。

一旦出现尚未披露重大信息泄露、市场传闻或者股份转让价格异常波动,挂牌公司及相关信息披露义务人应及时采取措施、报告推荐机构会员和上海股交中心并立即公告。

第十一条 挂牌公司控股股东、实际控制人等相关信息披露义务人应依法行使股东权利,不得滥用股东权利损害公司或者其他股东的利益。挂牌公司股东、实际控制人、收购人等相关信息披露义务人应按照有关规定规范履行信息披露义务,主动配合挂牌公司做好信息披露工作,及时告知挂牌公司已发生或者拟发生的重大事件,并严格履行其作出的承诺。挂牌公司股东、实际控制人应特别注意筹划阶段重大事项的保密工作。公共媒体上出现与挂牌公司股东、实际控制人有关的、对挂牌公司股份转让价格可能产生较大影响的报道或者传闻,有关股东、实际控制人应及时就有关报道或者传闻所涉及的事项准确告知挂牌公司,并积极主动配合挂牌公司的调查和相关信息披露工作。

第十二条 挂牌公司拟披露的信息属于国家秘密、商业秘密或者上海股交中心认可的其他情况,按本规则披露可能导致其违反国家有关保密法律法规或者损害挂牌公司利益的,挂牌公司可以向上海股交中心申请豁免披露相关信息。

第十三条 挂牌公司应将定期报告、临时报告和相关备查文件等信息披露文件在公告的同时备置于挂牌公司住所,供投资者查阅。

第十四条 挂牌公司应配备信息披露所必需的通信设备,加强与投资者的沟通和交流,设立专门的投资者咨询电话并对外公告,如有变更应及时进行公告。

第二章　挂牌前的信息披露

第十五条　挂牌前，挂牌公司应披露股份转让说明书、公司章程、审计报告、法律意见书等。

第十六条　披露的股份转让说明书应包括但不限于以下内容：

（一）公司基本情况；

（二）公司董事、监事、高级管理人员、核心技术人员及其持股情况；

（三）公司业务和技术情况；

（四）公司业务发展目标及其风险因素；

（五）公司治理情况；

（六）公司财务会计信息。

第三章　持续信息披露

第一节　定期报告

第十七条　挂牌公司应在每个会计年度结束之日起四个月内编制并披露年度报告。挂牌公司年度报告中的财务报告必须经会计师事务所审计。

披露的年度报告应包括但不限于以下内容：

（一）公司基本情况；

（二）最近两年主要财务数据和指标；

（三）最近一年的股本变动情况及报告期末已解除限售登记股份数量；

（四）股东人数，前十名股东及其持股数量、报告期内持股变动情况、报告期末持有的可转让股份数量和相互间的关联关系；

（五）董事、监事、高级管理人员、核心技术人员及其持股情况；

（六）董事会关于经营情况、财务状况和现金流量的分析，以及利润分配预案和重大事项介绍；

（七）审计意见和经审计的资产负债表、利润表、现金流量表、所有者权益变动表以及主要项目的附注。

若注册会计师出具的审计意见为标准无保留意见，挂牌公司应披露注册会计师出具标准无保留意见的审计报告全文；若注册会计师出具的审计意见为非标准无保留意见，公司应披露审计意见全文及公司管理层对审计意见涉及事项的说明。

第十八条 挂牌公司应在董事会审议通过年度报告之日起两个转让日内，以书面和电子文档的方式向上海股交中心报送下列文件并披露：

（一）年度报告全文；

（二）审计报告；

（三）董事会决议及其公告文稿；

（四）上海股交中心要求的其他文件。

第十九条 挂牌公司应在每个会计年度的上半年结束之日起两个月内编制并披露半年度报告。披露的半年度报告应包括但不限于以下内容：

（一）挂牌公司基本情况；

（二）报告期的主要财务数据和指标；

（三）股本变动情况及报告期末已解除限售登记股份数量；

（四）股东人数，前十名股东及其持股数量、报告期内持股变动情况、报告期末持有的可转让股份数量和相互间的关联关系；

（五）董事、监事、高级管理人员、核心技术人员及其持股情况；

（六）董事会关于经营情况、财务状况和现金流量的分析，以及利润分配预案和重大事项介绍；

（七）资产负债表、利润表、现金流量表、所有者权益变动表及主要项目的附注。

第二十条 挂牌公司披露的半年度报告的财务报告可以不经审计，但有下列情形之一的，应经会计师事务所审计：

（一）拟在下半年进行利润分配、公积金转增股本或弥补亏损的；

（二）拟在下半年进行定向增资的；

（三）上海股交中心认为应审计的其他情形。

财务报告未经审计的，应注明“未经审计”字样。财务报告经过审计的，若注册会计师出具的审计意见为标准无保留意见，挂牌公司应披露注册会计师出具标准无保留意见的审计报告全文；若注册会计师出具的审计意见为非标准无保留意见，挂牌公司应披露审计意见全文及公司管理层对审计意见涉及事项的说明。

第二十一条 挂牌公司应在董事会审议通过半年度报告之日起两个转让日内，以书面和电子文档的方式向上海股交中心报送下列文件并披露：

（一）半年度报告全文；

（二）审计报告（如有）；

（三）董事会决议及其公告文稿；

（四）上海股交中心要求的其他文件。

第二十二条 挂牌公司可在每个会计年度前三个月、九个月结束之日起一个月内自愿编制并披露季度报告。挂牌公司第一季度季度报告的披露时间不得早于上一年度年度报告的披露时间。披露的季度报告应包括以下内容：

（一）挂牌公司基本情况；

（二）资产负债表、利润表、现金流量表。

第二十三条 挂牌公司应在董事会审议通过季度报告之日起两个转让日内，以书面和电子文档的方式向上海股交中心报送下列文件并披露：

（一）季度报告全文；

（二）董事会决议及其公告文稿；

（三）上海股交中心要求的其他文件。

第二节 临时报告

第二十四条 挂牌公司召开董事会，董事会决议涉及以下情形之一的，应在会议结束之日起两个转让日内以书面和电子文档的方式向上海股交中心报告并披露公告：

（一）经营方针和经营范围的重大变化；

（二）预计发生或发生重大亏损、重大损失；

（三）合并、分立、解散及破产；

（四）控股股东或实际控制人发生变更；

（五）重大资产重组；

（六）重大关联交易；

（七）重大或有事项，包括但不限于重大诉讼、重大仲裁、重大担保；

（八）法院裁定禁止有控制权的大股东转让其所持公司股份；

（九）董事长或总经理发生变动；

（十）变更会计师事务所；

（十一）主要银行账号被冻结，正常经营活动受影响；

（十二）因涉嫌违反法律法规被有关部门调查或受到行政处罚；

（十三）涉及公司增资扩股和在境内、外有关资本市场上市或挂牌的有关事项；

（十四）上海股交中心认为需要披露的其他事项。

第二十五条 披露的董事会决议公告应包括但不限于下列内容：

（一）会议通知发出的时间和方式；

（二）会议召开的时间、地点、方式，以及是否符合有关法律法规、政策性规定和公司章程规定的说明；

（三）委托他人出席和缺席的董事人数和姓名、缺席的理由和受托董事姓名；

（四）每项议案获得的同意、反对和弃权的票数，以及有关董事反对或者弃权的理由；

（五）涉及关联交易的，说明应回避表决的董事姓名、理由和回避情况；

（六）审议事项的具体内容和会议形成的决议。

第二十六条 挂牌公司召开监事会，应在会议结束之日起两个转让日内以书面和电子文档的方式向上海股交中心报告并披露公告。披露的监事会决议公告应包括但不限于下列内容：

（一）会议召开的时间、地点、方式，以及是否符合有关法律法规、政策性规定和公司章程规定的说明；

（二）委托他人出席和缺席的监事人数、姓名、缺席的理由和受托监事姓名；

（三）每项议案获得的同意、反对、弃权票数，以及有关监事反对或者弃权的理由；

（四）审议事项的具体内容和会议形成的决议。

第二十七条 挂牌公司召开股东大会，应在会议结束之日起两个转让日内以书面和电子文档的方式向上海股交中心报告并披露公告。披露的股东大会决议公告应包括但不限于下列内容：

（一）会议召开的时间、地点、方式、召集人和主持人，以及是否符合有关法律法规、政策性规定和公司章程的说明；

（二）出席会议的股东（代理人）人数、所持（代理）股份及占挂牌公司有表决权总股份的比例；

（三）每项提案的表决方式；

（四）每项提案的表决结果（对股东提案作出决议的，应列明提案股东的名称或者姓名、持股比例和提案内容；涉及关联交易事项的，应说明关联股东回避表决情况）；

（五）法律意见书的结论性意见，若股东大会出现否决提案的，应披露法律意见书全文。

第二十八条 挂牌公司有限售期的股份解除转让限制前一转让日，挂牌公司应发布股份解除转让限制公告。

第四章 推荐机构会员对挂牌公司信息披露持续督导

第二十九条 推荐机构会员应至少配备具有财务和法律专业知识的信息披露人员各一名，指导和督促挂牌公司规范履行信息披露义务。

第三十条 推荐机构会员应督导挂牌公司按照本规则的要求规范履行信息披露义务。发现披露的信息存在虚假记载、误导性陈述或重大遗漏的，或者发现存在应披露而未披露事项的，推荐机构会员应要求挂牌公司进行更正或补充。挂牌公司拒不更正或补充的，推荐机构会员应在两个转让日内报告上海股交中心。

第三十一条 挂牌公司违反本规则规定的，推荐机构会员应向其指出并及时报告上海股交中心。上海股交中心责令其改正，视情节轻重给予其以下处理，并记入挂牌公司诚信档案：

（一）谈话提醒；

（二）警告；

（三）通报批评；

（四）谴责；

（五）暂停其股份转让；

（六）暂停其开展定向增资等业务；

（七）终止挂牌。

第三十二条 挂牌公司拒不履行信息披露义务的，推荐机构会员可建议上海股交中心暂停解除其控股股东和实际控制人的股份限售登记，并将有关事项报告上海股交中心。

第三十三条 推荐机构会员未尽职履行督导责任，上海股交中心可视情节轻重给予其相应处罚。

第五章 上海股交中心对挂牌公司信息披露的监管

第三十四条 上海股交中心根据有关法律法规、政策性规定及本规则和上海股交中心其他业务规则，对挂牌公司披露的信息进行形式审核，对其内容的真实性不承担责任。

上海股交中心对定期报告实行事前审核；对临时报告依不同情况实行事前审核或者事前登记、事后审核。

定期报告或者临时报告出现任何错误、遗漏或者误导性陈述，上海股交中心可以要求挂牌公司作出说明并公告，挂牌公司应按照上海股交中心的要求办理。

第三十五条 挂牌公司应关注公共媒体关于本公司的报道，以及本公司股份转让情况，及时向有关方面了解真实情况。

挂牌公司应在规定期限内如实回复上海股交中心就相关事项提出的问询，并按照本规则的规定就相关情况进行公告，不得以有关事项存在不确定性或者需要保密等为由不履行报告、公告或回复上海股交中心问询的义务。

第三十六条 挂牌公司未在规定期限内回复上海股交中心问询，或者未按照本规则的规定和上海股交中心的要求进行公告，或者存在上海股交中心认为必要的其他情形，上海股交中心可以采取风险揭示公告等形式，向市场说明有关情况。

第六章　附　　则

第三十七条　规则由上海股交中心负责解释。

第三十八条　本规则经上海市金融服务办公室批准后实施。

非上市公众公司信息披露内容与格式准则
第1号——公开转让说明书

（2013年12月26日中国证券监督管理委员会发布）

第一章　总　　则

第一条　为规范公开转让股票的非上市股份有限公司的信息披露行为，保护投资者合法权益，根据《公司法》《证券法》和《非上市公众公司监督管理办法》（证监会令第85号）的规定，制定本准则。

第二条　股东人数超过200人的股份有限公司（以下简称“申请人”）申请股票在全国中小企业股份转让系统（以下简称“全国股份转让系统”）公开转让，应按本准则编制公开转让说明书，作为向中国证券监督管理委员会（以下简称“中国证监会”）申请公开转让股票的必备法律文件，并按本准则的规定进行披露。

第三条　本准则的规定是对公开转让说明书信息披露的最低要求。不论本准则是否有明确规定，凡对投资者投资决策有重大影响的信息，均应披露。

申请人根据自身及所属行业或业态特征，可在本准则基础上增加有利于投资者判断和信息披露完整性的相关内容。本准则某些具体要求对申请人不适用的，申请人可根据实际情况，在不影响内容完整性的前提下作适当调整，但应在申报时作书面说明。

第四条　申请人在公开转让说明书中披露的所有信息应真实、准确、完整，不得有虚假记载、误导性陈述或重大遗漏。

第五条　申请人应在中国证监会指定网站披露公开转让说明书及其附件，并作公开转让股票提示性公告：“本公司公开转让股票申请已经中国证监会核准，本公司的股票将在全国中小企业股份转让系统公开转让，公开转让说明书及附件披露于中国证监会指定网站（nlpc.csrc.gov.cn）和全国股份转让系统公司指定信息披露平台（www.neeq.com.cn或www.neeq.cc），供投资者查阅。”

第六条　公开转让说明书扉页应载有如下声明：

“本公司及全体董事、监事、高级管理人员承诺公开转让说明书不存在虚假记载、误导性陈述或重大遗漏，并对其真实性、准确性、完整性承担个别和连带的法律责任。”

“本公司负责人和主管会计工作的负责人、会计机构负责人保证公开转让说明书中财务会计资料真实、完整。”

“中国证监会对本公司股票公开转让所作的任何决定或意见，均不表明其对本公司股票的价值或投资者的收益作出实质性判断或者保证。任何与之相反的声明均属虚假不实陈述。”

“根据《证券法》的规定，本公司经营与收益的变化，由本公司自行负责，由此变化引致的投资风险，由投资者自行承担。”

第二章　公开转让说明书

第一节　基本情况

第七条　申请人应简要披露下列情况：公司名称、法定代表人、设立日期、注册资本、住所、邮编、信息披露事务负责人、所属行业、经营范围、组织机构代码等。

第八条　申请人应披露公司股票种类，股票总量，每股面值，股东所持股份的限售安排及股东对所持股份自愿锁定的承诺。

第九条　申请人应披露公司股权结构图，并详细披露控股股东、实际控制人、前十名股东及其他持有5%以上股份的股东名称、持股数量及比例、股东性质、股东之间的关联关系。

控股股东和实际控制人直接或间接持股存在质押或其他争议的，应披露具体情况。

第十条　申请人应简述公司历史沿革，主要包括：设立方式、发起人及其关联关系、设立以来股本形成及其变化情况、设立以来重大资产重组情况以及最近2年内实际控制人变化情况。

第十一条　申请人应披露董事、监事、高级管理人员的简要情况，主要包括：姓名、国籍及境外居留权、性别、年龄、学历、职称、现任职务及任期、职业经历。

第十二条　申请人应简要披露其控股子公司的情况，主要包括注册资本、主营业务、股东构成及持股比例、最近1年及1期末的总资产、净资产、最近1年及1期的净利润，并标明有关财务数据是否经过审计及审计机构名称。

第十三条 申请人应披露下列机构的名称、法定代表人、住所、联系电话、传真，同时应披露有关经办人员的姓名：

（一）主办券商；

（二）律师事务所；

（三）会计师事务所；

（四）资产评估机构；

（五）股票登记机构；

（六）其他与公开转让有关的机构。

第二节 公司业务

第十四条 申请人应披露主要业务、主要产品或服务及其用途。

第十五条 申请人应简要披露其业务模式，说明如何使用产品或服务及关键资源要素获取收入、利润及现金流。

第十六条 申请人应披露其所处行业。申请人能够获取所处行业相关信息的，可以结合自身实际介绍行业的基本情况。

第十七条 申请人应披露与主要业务相关的情况，主要包括：

（一）报告期内各期主要产品或服务的规模、销售收入，报告期内各期向前五名客户的销售额合计占当期销售总额的百分比；

（二）报告期内主要产品或服务的原材料、能源，报告期内各期向前五名供应商的采购额合计占当期采购总额的百分比；

（三）报告期内对持续经营有重大影响的业务合同及履行情况。

第十八条 申请人应遵循重要性原则披露与其业务相关的资源要素，主要包括：

（一）产品或服务所使用的主要技术；

（二）主要生产设备、房屋建筑物的取得和使用情况、成新率或尚可使用年限等；

（三）主要无形资产的取得方式和时间、使用情况、使用期限或保护期、最近

1 期期末账面价值；

（四）申请人所从事的业务需要取得许可资格或资质的，应当披露当前许可资格或资质的情况；

（五）特许经营权的取得、期限、费用标准；

（六）申请人员工的简要情况，其中核心业务和技术人员应披露姓名、年龄、主要业务经历及职务、现任职务及任期以及持有申请人股份情况；

（七）其他体现所属行业或业态特征的资源要素。

第十九条 申请人可以遵循重要性原则，有针对性和差异化、个性化地披露特殊风险以及生产经营中的不确定因素。

第三节 公司治理

第二十条 申请人应披露最近 2 年内股东大会、董事会、监事会的建立健全及运行情况，说明上述机构和人员履行职责的情况。

第二十一条 申请人应披露最近 2 年内是否存在违法违规及受处罚的情况。

第二十二条 申请人应披露是否存在与控股股东、实际控制人及其控制的其他企业从事相同、相似业务的情况。对存在相同、相似业务的，申请人应对是否存在同业竞争作出合理解释。

申请人应披露控股股东、实际控制人为避免同业竞争采取的措施及作出的承诺。

第二十三条 申请人应披露最近 2 年内是否存在资金被控股股东、实际控制人及其控制的其他企业占用，或者为控股股东、实际控制人及其控制的其他企业提供担保。

申请人应说明为防止发生资金占用行为所采取的措施和相应的制度安排。

第二十四条 申请人应披露会计核算、财务管理、风险控制、重大事项决策等内部管理制度的建立健全情况。

第二十五条 申请人应披露公司董事、监事及高级管理人员的薪酬和激励政策，包括但不限于基本年薪、绩效奖金、福利待遇、长期激励（包括股权激励）、是否从申请人关联企业领取报酬及其他情况。

申请人董事、监事、高级管理人员存在下列情形的,应披露具体情况:

(一)本人及其近亲属以任何方式直接或间接持有申请人股份的;

(二)相互之间存在亲属关系的;

(三)与申请人签定重要协议或作出重要承诺的;

(四)在其他单位兼职的;

(五)对外投资与申请人存在利益冲突的;

(六)在最近2年内发生变动的。

第二十六条 申请人应披露投资者关系管理的相关制度安排,说明公司是否具有完善的投资者信息沟通渠道,及时解决投资者投诉问题,以及为保证公司及其股东、董事、监事、高级管理人员通过仲裁、诉讼等方式解决相互之间的矛盾纠纷所采取的措施。

第二十七条 除上述事项外,申请人可以披露便利股东尤其是中小股东参与公司治理的其他内部制度。

第四节 公司财务

第二十八条 申请人应按照《企业会计准则》的规定编制并披露最近2年及1期的财务报表。申请人编制合并财务报表的,应同时披露合并财务报表和母公司财务报表。

申请人应披露财务报表的编制基础、合并财务报表范围及变化情况。

财务报表在其最近1期截止日后6个月内有效。

第二十九条 申请人应披露会计师事务所的审计意见类型。财务报表被出具非标准无保留审计意见的,应全文披露审计报告正文以及董事会、监事会和注册会计师对相关事项的详细说明。

第三十条 申请人应列表披露最近2年及1期的主要财务数据指标,并对其进行逐年比较。主要包括毛利率、净资产收益率、基本每股收益、稀释每股收益、归属于申请人股东的每股净资产、每股经营活动产生的现金流量净额、资产负债率、应收账款周转率和存货周转率。除特别指出外,上述财务指标应以合并财务报表的数据为基础进行计算。相关指标的计算应执行中国证监会的有关规定。

第三十一条 申请人应根据《公司法》和《企业会计准则》的相关规定披露关联方、关联关系、关联交易,并说明相应的决策权限、决策程序、定价机制等。

申请人应根据交易的性质和频率,按照经常性和偶发性分类披露关联交易及关联交易对其财务状况和经营成果的影响。

第三十二条 申请人应简要披露财务报表附注中的资产负债表日后事项,或有事项及其他重要事项。

申请人应简要披露对财务状况、经营成果、声誉、业务活动、未来前景等可能产生较大影响的诉讼或仲裁事项。

申请人存在对外担保的,应披露对外担保的情况;不存在对外担保的,应予说明。

第三十三条 申请人在报告期内进行对财务报表有影响的资产评估的,应扼要披露资产评估的主要情况。

第三十四条 申请人应披露最近 2 年股利分配政策、实际股利分配情况以及公开转让后的股利分配政策。

第五节 有关声明

第三十五条 申请人全体董事、监事、高级管理人员应在公开转让说明书正文的尾页声明:

"本公司全体董事、监事、高级管理人员承诺本公开转让说明书不存在虚假记载、误导性陈述或重大遗漏,并对其真实性、准确性、完整性承担个别和连带的法律责任。"

声明应由全体董事、监事、高级管理人员签名,并由申请人加盖公章。

第三十六条 主办券商应对公开转让说明书的真实性、准确性、完整性进行核查,并在公开转让说明书正文后声明:

"本公司已对公开转让说明书进行了核查,确认不存在虚假记载、误导性陈述或重大遗漏,并对其真实性、准确性和完整性承担相应的法律责任。"

声明应由主办券商法定代表人、项目负责人签名,并加盖主办券商公章。

第三十七条 为申请人股票公开转让提供服务的证券服务机构应在公开转让说明书正文后声明:

"本机构及经办人员(经办律师、签字注册会计师、签字注册资产评估师)已阅读公开转让说明书,确认公开转让说明书与本机构出具的专业报告(法律意见书、审计报告、资产评估报告)无矛盾之处。本机构及经办人员对申请人在公开转让说明书中引用的专业报告的内容无异议,确认公开转让说明书不致因上述内容而出现虚假记载、误导性陈述或重大遗漏,并对其真实性、准确性和完整性承担相应的法律责任。"

声明应由经办人员及所在机构负责人签名,并加盖机构公章。

第六节　附　　件

第三十八条　公开转让说明书结尾应列明附件,并在中国证监会指定网站披露。附件应包括下列文件:

(一)主办券商推荐报告;

(二)财务报表及审计报告;

(三)法律意见书;

(四)评估报告;

(五)公司章程;

(六)中国证监会核准公开转让的文件;

(七)其他与公开转让有关的重要文件。

第三章　附　　则

第三十九条　本准则自公布之日起施行。

非上市公众公司信息披露内容与格式准则第2号——公开转让股票申请文件

（2013年12月26日中国证券监督管理委员会发布）

第一条　为规范股份有限公司公开转让股票申请文件的内容和格式，根据《证券法》和《非上市公众公司监督管理办法》（证监会令第85号）的规定，制定本准则。

第二条　股东人数超过200人的股份有限公司（以下简称"申请人"）申请股票在全国中小企业股份转让系统公开转让，应按本准则的要求制作和报送申请文件。

第三条　本准则附录规定的申请文件目录是对公开转让申请文件的最低要求。根据审核需要，中国证券监督管理委员会（以下简称"中国证监会"）可以要求申请人和相关证券服务机构补充文件。如果某些文件对申请人不适用，可不提供，但应向中国证监会作出书面说明。

第四条　申请文件一经受理，未经中国证监会同意，不得增加、撤回或更换。

第五条　申请人报送申请文件，初次报送应提交原件一份、复印件二份。

申请人不能提供有关文件的原件的，应由申请人律师提供鉴证意见，或由出文单位盖章，以保证与原件一致。如原出文单位不再存续，由承继其职权的单位或作出撤销决定的单位出文证明文件的真实性。

第六条　申请文件所有需要签名处，均应由签名人亲笔签名，不得以名章、签名章等代替。

申请文件中需要由申请人律师鉴证的文件，申请人律师应在该文件首页注明"以下第××页至第××页与原件一致"，并签名和签署鉴证日期，律师事务所应在该文件首页加盖公章，并在第××页至第××页侧面以公章加盖骑缝章。

第七条　申请人应根据中国证监会对申请文件的反馈意见提供补充材料。相关证券服务机构应对反馈意见相关问题进行核查或补充出具专业意见。

第八条 申请文件的封面和侧面应标明“××公司公开转让股票申请文件”字样。

第九条 申请文件的扉页应标明申请人信息披露事务负责人和相关证券服务机构项目负责人的姓名、电话、传真及其他方便的联系方式。

第十条 申请文件章与章之间、节与节之间应有明显的分隔标识。

第十一条 申请人在每次报送书面申请文件的同时,应报送一份相应的标准电子文件(标准.doc或.pdf格式文件)。

第十二条 未按本准则的要求制作和报送申请文件的,中国证监会按照有关规定不予受理。

第十三条 本准则自公布之日起施行。

附

公开转让股票申请文件目录

第一章 公开转让说明书及授权文件

1.1 申请人关于公开转让的申请报告

1.2 公开转让说明书(申报稿)

1.3 申请人董事会有关公开转让的决议

1.4 申请人股东大会有关公开转让的决议

第二章 主办券商推荐文件

2.1 主办券商关于公开转让的推荐报告

第三章 证券服务机构关于公开转让的文件

3.1 财务报表及审计报告(申请人最近2年原始财务报表与申报财务报表存在差异时,需要提供差异比较表及注册会计师对差异情况出具的意见)

3.2 申请人律师关于公开转让的法律意见书

3.3 申请人设立时和最近2年及1期的资产评估报告

第四章　其 他 文 件

4.1　申请人的企业法人营业执照

4.2　申请人公司章程(草案)

4.3　国有资产管理部门出具的国有股权设置批复文件及商务主管部门出具的外资股确认文件

非上市公众公司信息披露内容与格式准则第3号——定向发行说明书和发行情况报告书

（2013年12月26日中国证券监督管理委员会发布）

第一章 总 则

第一条 为了规范非上市公众公司向特定对象发行股票（以下简称“定向发行”）的信息披露行为，根据《公司法》《证券法》和《非上市公众公司监督管理办法》（证监会令第85号，以下简称《管理办法》）的规定，制定本准则。

第二条 非上市公众公司进行定向发行导致股东人数累计超过200人以及股东人数超过200人的非上市公众公司（以下简称“申请人”）进行定向发行，应按照本准则编制定向发行说明书，作为向中国证券监督管理委员会（以下简称“中国证监会”）申请定向发行的必备法律文件，并按本准则的规定进行披露。

第三条 申请人定向发行结束后，应按照本准则的要求编制并披露发行情况报告书。

第四条 在不影响信息披露的完整并保证阅读方便的前提下，对于曾在定期报告、临时公告或者其他信息披露文件中披露过的信息，如事实未发生变化，申请人可以采用索引的方法进行披露。

第五条 本准则某些具体要求对本次定向发行确实不适用或者需要豁免适用的，申请人可以根据实际情况调整，但应在提交申请文件时作出专项说明。

第六条 申请人应在中国证监会指定网站（nlpc. csrc. gov. cn）和全国中小企业股份转让系统公司指定的信息披露平台（www. neeq. com. cn 或 www. neeq. cc）披露定向发行说明书及其备查文件、发行情况报告书和中国证监会要求披露的其他文件，供投资者查阅。

第二章 定向发行说明书

第七条 定向发行说明书扉页应载有如下声明：

"本公司及全体董事、监事、高级管理人员承诺定向发行说明书不存在虚假记载、误导性陈述或重大遗漏，并对其真实性、准确性、完整性承担个别和连带的法律责任。

"本公司负责人和主管会计工作的负责人、会计机构负责人保证公开转让说明书中财务会计资料真实、完整。

"中国证监会对本公司股票定向发行所作的任何决定或意见，均不表明其对本公司股票的价值或投资者的收益作出实质性判断或者保证。任何与之相反的声明均属虚假不实陈述。

"根据《证券法》的规定，本公司经营与收益的变化，由本公司自行负责，由此变化引致的投资风险，由投资者自行负责。"

第八条　申请人应披露以下内容：

（一）本次定向发行的目的。

（二）发行对象及公司现有股东优先认购安排。如董事会未确定具体发行对象的，应披露股票发行对象的范围和确定方法。

（三）发行价格和定价原则。如董事会未确定具体发行价格的，应披露价格区间。

（四）股票发行数量或数量上限。

（五）发行对象关于持有本次定向发行股票的限售安排及自愿锁定的承诺。如无限售安排，应说明。

（六）募集资金投向。

（七）本次定向发行涉及的主管部门审批、核准或备案事项情况。

除上述内容外，申请人还应披露本准则第十二条规定的附生效条件的股票认购合同的内容摘要。

第九条　有以资产认购本次定向发行股份的，申请人还应按照本准则第十条、第十一条的规定披露相关内容，同时披露本准则第十二条规定的附生效条件的资产转让合同的内容摘要。

第十条　以资产认购本次定向发行股份、其资产为非股权资产的，申请人应披露相关资产的下列基本情况：

（一）资产名称、类别以及所有者和经营管理者的基本情况；

（二）资产权属是否清晰、是否存在权利受限、权属争议或者妨碍权属转移的其他情况；

（三）资产独立运营和核算的，披露最近1年及1期经具有证券期货相关业务资格会计师事务所审计的财务信息摘要；

（四）资产的交易价格及定价依据。披露相关资产经审计的账面值；交易价格以资产评估结果作为依据的，应披露资产评估方法和资产评估结果。

第十一条 以资产认购本次定向发行股份、其资产为股权的，申请人应披露相关股权的下列基本情况：

（一）股权所投资的公司的名称、企业性质、注册地、主要办公地点、法定代表人、注册资本；股权及控制关系，包括公司的主要股东及其持股比例、最近2年控股股东或实际控制人的变化情况、股东出资协议及公司章程中可能对本次交易产生影响的主要内容、原高管人员的安排；

（二）股权所投资的公司主要资产的权属状况及对外担保和主要负债情况；

（三）股权所投资的公司最近1年及1期的业务发展情况和经具有证券期货相关业务资格会计师事务所审计的财务信息摘要；

（四）股权的资产评估价值（如有）、交易价格及定价依据。

第十二条 附生效条件的股票认购合同的内容摘要应包括：

（一）合同主体、签订时间；

（二）认购方式、支付方式；

（三）合同的生效条件和生效时间；

（四）合同附带的任何保留条款、前置条件；

（五）相关股票限售安排；

（六）违约责任条款。

附生效条件的资产转让合同的内容摘要除前款内容外，至少还应包括：

（一）目标资产及其价格或定价依据；

（二）资产交付或过户时间安排；

（三）资产自评估截止日至资产交付日所产生收益的归属；

（四）与资产相关的人员安排。

第十三条　本次定向发行对申请人的影响。申请人应披露以下内容：

（一）本次定向发行对申请人经营管理的影响；

（二）本次定向发行后申请人财务状况、盈利能力及现金流量的变动情况；

（三）申请人与控股股东及其关联人之间的业务关系、管理关系、关联交易及同业竞争等变化情况；

（四）申请人以资产认购股票的行为是否导致增加本公司的债务或者或有负债；

（五）本次定向发行对其他股东权益的影响；

（六）本次定向发行相关特有风险的说明。申请人应有针对性、差异化的披露属于本公司或者本行业的特有风险以及经营过程中的不确定性因素。

第十四条　申请人应披露下列机构的名称、法定代表人、住所、联系电话、传真，同时应披露有关经办人员的姓名：

（一）主办券商；

（二）律师事务所；

（三）会计师事务所；

（四）资产评估机构（如有）；

（五）股票登记机构；

（六）其他与定向发行有关的机构。

第十五条　申请人全体董事、监事、高级管理人员应在定向发行说明书正文的尾页声明：

"本公司全体董事、监事、高级管理人员承诺本定向发行说明书不存在虚假记载、误导性陈述或重大遗漏，并对其真实性、准确性、完整性承担个别和连带的法律责任。"

声明应由全体董事、监事、高级管理人员签名，并由申请人加盖公章。

第十六条　主办券商应对申请人定向发行说明书的真实性、准确性、完整性进行核查，并在定向发行说明书正文后声明：

"本公司已对定向发行说明书进行了核查，确认不存在虚假记载、误导性陈述或重大遗漏，并对其真实性、准确性和完整性承担相应的法律责任。”

声明应由法定代表人、项目负责人签名，并由主办券商加盖公章。

第十七条 为申请人定向发行提供服务的证券服务机构应在定向发行说明书正文后声明：

“本机构及经办人员（经办律师、签字注册会计师、签字注册资产评估师）已阅读定向发行说明书，确认定向发行说明书与本机构出具的专业报告（法律意见书、审计报告、资产评估报告等）无矛盾之处。本机构及经办人员对申请人在定向发行说明书中引用的专业报告的内容无异议，确认定向发行说明书不致因上述内容而出现虚假记载、误导性陈述或重大遗漏，并对其真实性、准确性和完整性承担相应的法律责任。”

声明应由经办人员及所在机构负责人签名，并由机构加盖公章。

第十八条 定向发行说明书结尾应列明备查文件，备查文件应包括：

（一）定向发行推荐工作报告；

（二）法律意见书；

（三）中国证监会核准本次定向发行的文件（核准后提供）；

（四）其他与本次定向发行有关的重要文件。

如有下列文件，也应作为备查文件披露：

（一）资信评级报告；

（二）担保合同和担保函；

（三）申请人董事会关于非标准无保留意见审计报告涉及事项处理情况的说明；

（四）会计师事务所及注册会计师关于非标准无保留意见审计报告的补充意见；

（五）通过本次定向发行拟进入资产的资产评估报告及有关审核文件。

第三章 发行情况报告书

第十九条 申请人应在发行情况报告书中披露本次定向发行股票的数量、发行价格、认购人、认购股票数量及相关股票限售安排。

第二十条 本次定向发行前后相关情况对比。申请人应披露以下内容：

（一）本次定向发行前后前十名股东持股数量、持股比例及股票限售等比较情况；

（二）本次定向发行前后股本结构、股东人数、资产结构、业务结构、公司控制权、董事、监事和高级管理人员持股的变动情况。

第二十一条　申请人应在发行情况报告书中披露主办券商关于本次定向发行过程、结果和发行对象合规性的结论意见。内容至少包括：

（一）关于本次定向发行过程、定价方法及结果的合法、合规性的说明；

（二）关于本次发行对象是否符合《管理办法》的规定，是否符合公司及其全体股东的利益的说明；

（三）主办券商认为需要说明的其他事项。

第二十二条　申请人应在发行情况报告书中披露律师关于本次定向发行过程、结果和发行对象合规性的结论意见。内容至少包括：

（一）关于发行对象资格的合规性的说明；

（二）关于本次定向发行过程及结果合法、合规性的说明；

（三）关于本次定向发行相关合同等法律文件的合规性的说明；

（四）本次定向发行涉及资产转让或者其他后续事项的，应陈述办理资产过户或者其他后续事项的程序、期限，并进行因资产瑕疵导致不能过户的法律风险评估。

（五）律师认为需要说明的其他事项。

第二十三条　由于情况发生变化，导致董事会决议中关于本次定向发行的有关事项需要修正或者补充说明的，申请人应在发行情况报告书中作出专门说明。

第二十四条　申请人全体董事、监事、高级管理人员应在发行情况报告书的首页声明：

“公司全体董事、监事、高级管理人员承诺本发行情况报告书不存在虚假记载、误导性陈述或重大遗漏，并对其真实性、准确性、完整性承担个别和连带的法律责任。”

声明应由全体董事、监事、高级管理人员签名，并由申请人加盖公章。

第四章　附　　则

第二十五条　本准则由中国证监会负责解释。

第二十六条　本准则自公布之日起施行。

非上市公众公司信息披露内容与格式准则第4号——定向发行申请文件

（2013年12月26日中国证券监督管理委员会发布）

第一条 为了规范非上市公众公司向特定对象发行股票（以下简称“定向发行”）申请文件的内容和格式，根据《证券法》和《非上市公众公司监督管理办法》（证监会令第85号）的规定，制定本准则。

第二条 非上市公众公司进行定向发行导致股东人数累计超过200人以及股东人数超过200人的非上市公众公司（以下简称“申请人”）进行定向发行，应按本准则要求制作和报送申请文件。

第三条 本准则规定的申请文件目录是定向发行申请文件的最低要求。根据审核需要，中国证券监督管理委员会（以下简称“中国证监会”）可以要求申请人和相关证券服务机构补充文件。如果某些文件对申请人不适用，可不提供，但应向中国证监会作出书面说明。

第四条 申请文件一经受理，未经中国证监会同意，不得增加、撤回或者更换。

第五条 申请人报送申请文件，初次报送应提交原件一份，复印件二份。

申请人不能提供有关文件原件的，应由申请人律师提供鉴证意见，或由出文单位盖章，以保证与原件一致。如原出文单位不再存续，由承继其职权的单位或作出撤销决定的单位出文证明文件的真实性。

第六条 申请文件所有需要签名处，均应为签名人亲笔签名，不得以名章、签名章等代替。

申请文件中需要由申请人律师鉴证的文件，申请人律师应在该文件首页注明“以下第××页至第××页与原件一致”，并签名和签署鉴证日期，律师事务所应在该文件首页加盖公章，并在第××页至第××页侧面以公章加盖骑缝章。

第七条 申请人应根据中国证监会对申请文件的反馈意见提供补充材料。

相关证券服务机构应对反馈意见相关问题进行核查或补充出具专业意见。

第八条 申请文件的封面和侧面应标明“××公司向特定对象发行股票申请文件”字样。

第九条 申请文件的扉页应标明申请人信息披露事务负责人及相关证券服务机构项目负责人的姓名、电话、传真及其他方便的联系方式。

第十条 申请文件的各章、各节之间应有明显的分隔标识。

第十一条 申请人在报送书面申请文件、材料的同时,应报送一份相应的电子文件(标准.doc或.pdf格式文件)。

第十二条 未按本准则的要求制作和报送申请文件的,中国证监会按照有关规定不予受理。

第十三条 本准则自公布之日起施行。

附

非上市公众公司定向发行申请文件目录

第一章 定向发行说明书及授权文件

1.1 申请人关于定向发行的申请报告

1.2 定向发行说明书

1.3 申请人关于定向发行的董事会决议

1.4 申请人关于定向发行的股东大会决议

第二章 定向发行推荐文件

2.1 主办券商定向发行推荐工作报告

第三章 证券服务机构关于定向发行的文件

3.1 申请人最近2年及1期的财务报告及其审计报告

3.2 法律意见书

3.3 本次定向发行收购资产相关的最近1年及1期的财务报告及其审计报告、资产评估报告(如有)

非上市公众公司信息披露内容与格式准则
第5号——权益变动报告书、收购报告书、要约收购报告书

（2014年06月23日中国证券监督管理委员会发布）

第一章 总 则

第一条 为了规范非上市公众公司（以下简称“公众公司”）的收购及相关股份权益变动活动，根据《公司法》《证券法》《非上市公众公司收购管理办法》（证监会令第102号，以下简称《收购办法》）及其他相关法律、行政法规及部门规章的规定，制定本准则。

第二条 公众公司的收购及相关股份权益变动活动中的信息披露义务人，应当按照本准则的要求编制和披露权益变动报告书、收购报告书或者要约收购报告书。

第三条 信息披露义务人是多人的，可以书面形式约定由其中一人作为指定代表以共同名义负责统一编制和报送权益变动报告书、收购报告书或者要约收购报告书，依照《收购办法》及本准则的规定披露相关信息，并同意授权指定代表在信息披露文件上签字、盖章。

各信息披露义务人应当对信息披露文件中涉及其自身的信息承担责任；对信息披露文件中涉及的与多个信息披露义务人相关的信息，各信息披露义务人对相关部分承担连带责任。

第四条 本准则的规定是对公众公司收购及相关股份权益变动信息披露的最低要求。不论本准则中是否有明确规定，凡对投资者做出投资决策有重大影响的信息，信息披露义务人均应当予以披露。

第五条 本准则某些具体要求对信息披露义务人确实不适用的，信息披露义务人可以针对实际情况，在不影响披露内容完整性的前提下作适当修改，但应在报送时作书面说明。信息披露义务人认为无本准则要求披露的情况，必须明确注明“无此类情形”的字样。

第六条 信息披露义务人如在权益变动报告书、收购报告书、要约收购报告书中援引财务顾问、律师等专业机构出具的专业报告或意见的内容,应当说明相关专业机构已书面同意上述援引。

第七条 信息披露义务人董事会及其董事或者主要负责人,应当保证权益变动报告书、收购报告书、要约收购报告书内容的真实性、准确性、完整性,承诺其中不存在虚假记载、误导性陈述或者重大遗漏,并就其保证承担个别和连带的法律责任。

第八条 信息披露义务人应在全国中小企业股份转让系统(以下简称"全国股份转让系统")指定的信息披露平台(www. neeq. com. cn 或 www. neeq. cc)披露权益变动报告书、收购报告书或者要约收购报告书及中国证监会要求披露的其他文件,并列示备查文件目录,供投资者查阅。

信息披露义务人应告知投资者备查文件的备置地点。备查文件上网的,应披露网址。

第二章 基本情况

第九条 信息披露义务人应当按照如下要求披露其基本情况:

(一)信息披露义务人为法人或者其他经济组织的,应当披露公司名称、法定代表人、设立日期、注册资本、住所、邮编、所属行业、主要业务、组织机构代码等;

(二)信息披露义务人为自然人的,应当披露姓名、国籍、身份证号码、住所(公民身份证号码、住所可以不公开披露)、是否拥有永久境外居留权、最近五年内的工作单位、职务、所任职单位主要业务及注册地以及是否与所任职单位存在产权关系。

第十条 信息披露义务人为多人的,除应当分别按照本准则第九条披露各信息披露义务人的情况外,还应当披露:

(一)各信息披露义务人之间在股权、资产、业务、高级管理人员等方面的关系,并以方框图的形式加以说明;

(二)信息披露义务人为一致行动人的,应当说明一致行动的目的、达成一致行动协议或者意向的时间、一致行动协议或者意向的内容。

第十一条　信息披露义务人在披露之日前6个月内，因拥有权益的股份变动已经披露过权益变动报告书的，可以仅就与前次报告书不同的部分作出披露。自前次披露之日起超过6个月的，信息披露义务人应当按照《收购办法》和本准则的规定编制并披露权益变动报告书。

第十二条　公众公司收购及相关股份权益变动活动需要取得国家相关部门批准的，收购人应当披露须履行的批准程序及相关批准程序进展情况。

第三章　权益变动报告书

第十三条　信息披露义务人应当按照《收购办法》及本准则的规定计算并披露其持有、控制公众公司股份的详细名称、种类、数量、占公众公司已发行股份的比例、所持股份性质及性质变动情况，股东持股变动达到规定比例的日期及权益变动方式。

信息披露义务人应披露权益变动涉及的相关协议、行政划转或变更、法院裁定等文件的主要内容。

信息披露义务人为多人的，还应当分别披露各信息披露义务人在公众公司中拥有权益的股份详细名称、种类、数量、占公众公司已发行股份的比例。

信息披露义务人持有表决权未恢复优先股的，还应当披露持有数量和比例。

第十四条　收购人为法人或者其他组织的，还应当披露其做出本次收购决定所履行的相关程序及具体时间。

第十五条　信息披露义务人为公众公司第一大股东或者实际控制人，存在《收购办法》第十三条、第十四条所规定的情形的，应当按照《收购办法》及本准则的规定编制并披露权益变动报告书。

第十六条　公众公司控股股东向收购人协议转让其所持有的公司股份，导致其丧失控股股东地位的，应当在其权益变动报告书中披露对收购人的主体资格、诚信情况及收购意图的调查情况。

公众公司的控股股东、实际控制人及其关联方未清偿其对公司的负债，未解除公司为其负债提供的担保，或者存在损害公司利益的其他情形的，公众公司的控股股东、实际控制人应当披露前述情形及消除损害的情况；未能消除损害的，应当披露其出让相关股份所得收入用于消除全部损害的安排。

第四章　收购报告书

第十七条　收购人为法人或者其他组织的，应当披露其控股股东、实际控制人的有关情况，并以方框图或者其他有效方式，全面披露与控股股东、实际控制人之间的股权控制关系，实际控制人原则上应披露到自然人、国有资产管理部门或者股东之间达成某种协议或安排的其他机构；控股股东、实际控制人所控制的核心企业和核心业务情况；收购人最近2年受到行政处罚（与证券市场明显无关的除外）、刑事处罚，或者涉及与经济纠纷有关的重大民事诉讼或者仲裁；收购人董事、监事、高级管理人员（或者主要负责人）的姓名、最近2年受到行政处罚（与证券市场明显无关的除外）、刑事处罚，或者涉及与经济纠纷有关的重大民事诉讼或者仲裁。

收购人是自然人的，应当披露其所控制的核心企业和核心业务、关联企业及主要业务的情况说明；最近2年受到行政处罚（与证券市场明显无关的除外）、刑事处罚，或者涉及与经济纠纷有关的重大民事诉讼或者仲裁。

第十八条　收购人应披露是否具备收购人资格且不存在《收购办法》第六条规定的情形，并作出相应的承诺。

第十九条　收购报告书应当披露本准则第十三条、第十四条规定的内容。

第二十条　收购人应当披露其为持有、控制公众公司股份所支付的资金总额、资金来源及支付方式等情况。

第二十一条　收购人应当披露各成员以及各自的董事、监事、高级管理人员（或者主要负责人）在收购事实发生之日起前6个月内买卖该公众公司股票的情况。

第二十二条　收购人应当披露各成员及其关联方以及各自的董事、监事、高级管理人员（或者主要负责人）在报告日前24个月内，与该公众公司发生的交易。

第二十三条　收购人为法人或者其他组织的，收购人应当披露其最近2年的财务会计报表，注明是否经审计及审计意见的主要内容；其中，最近1个会计年度财务会计报表应经具有证券、期货相关业务资格的会计师事务所审计，并注明审计意见的主要内容；会计师应当说明公司前 2 年所采用的会计制度及主要会计政策与最近 1 年是否一致，如不一致，应做出相应的调整。

如果该法人或其他组织成立不足 1 年或者是专为本次公众公司收购而设立的，则应当比照前述规定披露其实际控制人或者控股公司的财务资料。

收购人是上市公司或者公众公司的，可以免于披露最近 2 年的财务会计报表，但应当说明刊登其年度报告的网站地址及时间。

第二十四条 收购人应当披露本次收购的目的、后续计划，包括未来 12 个月内有无对公众公司主要业务、管理层、组织结构等方面的调整、公司章程修改、资产处置或员工聘用等方面的计划。

收购人应充分披露收购完成后对公众公司的影响和风险，并披露收购人及其关联方是否与公众公司从事相同、相似业务的情况。对存在相同、相似业务的，收购人应对是否存在同业竞争作出合理解释。

第二十五条 收购人应当披露所作公开承诺事项及未能履行承诺事项时的约束措施。

第二十六条 收购人应当列明参与本次收购的各专业机构名称，说明各专业机构与收购人、被收购公司以及本次收购行为之间是否存在关联关系及其具体情况。

第二十七条 收购人聘请的财务顾问就本次收购出具的财务顾问报告，应当对以下事项进行说明和分析，并逐项发表明确意见：

（一）收购人编制的收购报告书所披露的内容是否真实、准确、完整；

（二）本次收购的目的；

（三）收购人是否提供所有必备证明文件，根据核查情况，说明收购人是否具备主体资格，是否具备收购的经济实力，是否具备规范运作公众公司的管理能力，是否需要承担其他附加义务及是否具备履行相关义务的能力，是否存在不良诚信记录；

（四）对收购人进行证券市场规范化运作辅导的情况，其董事、监事和高级管理人员是否已经熟悉有关法律、行政法规和中国证监会的规定，充分了解应承担的义务和责任，督促其依法履行信息披露和其他法定义务的情况；

（五）收购人的股权控制结构及其控股股东、实际控制人支配收购人的方式；

（六）收购人的收购资金来源及其合法性，是否存在利用本次收购的股份向银行等金融机构质押取得融资的情形；

（七）涉及收购人以证券支付收购价款的，应当说明有关该证券发行人的信息披露是否真实、准确、完整以及该证券交易的便捷性等情况；

（八）收购人是否已经履行了必要的授权和批准程序；

（九）是否已对收购过渡期内保持公众公司稳定经营作出安排，该安排是否符合有关规定；

（十）对收购人提出的后续计划进行分析，说明本次收购对公众公司经营和持续发展可能产生的影响；

（十一）在收购标的上是否设定其他权利，是否在收购价款之外还作出其他补偿安排；

（十二）收购人及其关联方与被收购公司之间是否存在业务往来，收购人与被收购公司的董事、监事、高级管理人员是否就其未来任职安排达成某种协议或者默契；

（十三）公众公司原控股股东、实际控制人及其关联方是否存在未清偿对公司的负债、未解除公司为其负债提供的担保或者损害公司利益的其他情形；存在上述情形的，是否已提出切实可行的解决方案。

财务顾问及其法定代表人或授权代表人、财务顾问主办人应当在收购报告书上签字、盖章、签注日期，并载明以下声明：

“本人及本人所代表的机构已履行勤勉尽责义务，对收购报告书的内容进行了核查和验证，未发现虚假记载、误导性陈述或者重大遗漏，并对此承担相应的责任。”

第二十八条 公众公司聘请的律师应当按照本准则及有关业务准则的规定出具法律意见书，并对照中国证监会的各项规定，在充分核查验证的基础上，就公众公司收购的法律问题和事项发表明确的结论性意见。

收购人聘请的律师及其所就职的律师事务所应当在收购报告书上签字、盖章、签注日期，并载明以下声明：

“本人及本人所代表的机构已按照执业规则规定的工作程序履行勤勉尽责义务，对收购报告书的内容进行核查和验证，未发现虚假记载、误导性陈述或者重大遗漏，并对此承担相应的责任。”

第五章　要约收购报告书

第二十九条　采取要约收购方式的，收购人应当详细披露要约收购的方案，包括：

（一）被收购公司名称、收购股份的种类、预定收购的股份数量及其占被收购公司已发行股份的比例；涉及多人收购的，还应当注明每个成员预定收购股份的种类、数量及其占被收购公司已发行股份的比例；

（二）要约价格及其计算基础；

（三）要约收购报告书披露日前 6 个月内收购人取得该种股票所支付的最高价格；

（四）收购资金总额、资金来源及资金保证、其他支付安排及支付方式；

（五）要约收购的约定条件；

（六）要约收购期限；

（七）受要约人预受要约的方式和程序；

（八）受要约人撤回预受要约的方式和程序；

（九）受要约人委托办理要约收购中相关股份预受、撤回、结算、过户登记等事宜的证券公司名称及其通信方式。

第三十条　要约收购报告书应当披露本准则第十七条、第二十一条、第二十二条、第二十三条、第二十四条、第二十五条、第二十六条规定的内容。

第三十一条　要约收购人聘请的财务顾问就本次要约收购按照本准则第二十七条第一款的规定发表专业意见。

财务顾问及其法定代表人、财务顾问主办人应当在本报告上签字、盖章、签注日期，并载明以下声明：

“本人及本人所代表的机构已按照执业规则规定的工作程序履行尽职调查义务，经过审慎调查，本人及本人所代表的机构确认收购人有能力按照收购要约所列条件实际履行收购要约，并对此承担相应的法律责任。”

第三十二条 要约收购人聘请的律师就本次要约收购按照本准则第二十八条的规定发表专业意见，并作出声明。

第六章 其他重大事项

第三十三条 各信息披露义务人（如为法人或者其他组织）的董事会及其董事（或者主要负责人）或者自然人（如信息披露义务人为自然人）应当在权益变动报告书、收购报告书或者要约收购报告书上签字、盖章、签注日期，并载明以下声明：

“本人（以及本人所代表的机构）承诺本报告不存在虚假记载、误导性陈述或重大遗漏，并对其真实性、准确性、完整性承担个别和连带的法律责任。”

第三十四条 信息披露义务人在报送权益变动报告书、收购报告书、要约收购报告书的同时，应当提交有关备查文件。该备查文件应当为原件或有法律效力的复印件。信息披露义务人应当将备查文件报送全国股份转让系统及公众公司，并告知投资者披露方式。备查文件包括：

（一）信息披露义务人为法人或其他组织的，提供营业执照和税务登记证；信息披露义务人为自然人的，提供身份证明文件；

（二）信息披露义务人就收购或者要约收购作出的相关决定；

（三）涉及收购资金来源的协议（如适用）；

（四）收购人将履约保证金存入并冻结于指定银行等金融机构的存单、收购人将用以支付的全部证券委托中国证券登记结算有限责任公司保管的证明文件、银行对于要约收购所需价款出具的保函或者财务顾问出具承担连带担保责任的书面承诺（要约收购适用）；

（五）任何与本次收购及相关股份权益活动有关的合同、协议和其他安排的文件；

（六）收购人不存在《收购办法》第六条规定情形的说明及承诺；

（七）按照本准则第二十三条要求提供的收购人的财务资料；

（八）财务顾问报告（如适用）；

（九）法律意见书（如适用）；

（十）中国证监会或者全国股份转让系统依法要求的其他备查文件。

第七章 附 则

第三十五条 本准则由中国证监会负责解释。

第三十六条 本准则所称拥有权益的股份，包括表决权恢复的优先股，不包括表决权未恢复的优先股。

信息披露义务人涉及计算其持股比例的，应当将其所持有的公众公司已发行的可转换为公司股票的证券中有权转换部分与其所持有的同一公众公司的股份合并计算，并将其持股比例与合并计算非股权类证券转为股份后的比例相比，以二者中的较高者为准；行权期限届满未行权的，或者行权条件不再具备的，无需合并计算。

前款所述二者中的较高者，应当按下列公式计算：

（一）投资者持有的股份数量/公众公司已发行股份总数

（二）（投资者持有的股份数量＋投资者持有的可转换为公司股票的非股权类证券所对应的股份数量）/（公众公司已发行股份总数＋公众公司发行的可转换为公司股票的非股权类证券所对应的股份总数）

第三十七条 本准则自 2014 年 7 月 23 日起施行。

非上市公众公司信息披露内容与格式准则第6号——重大资产重组报告书

（2014年06月23日中国证券监督管理委员会发布）

第一章　总　　则

第一条　为规范非上市公众公司（以下简称“公众公司”）重大资产重组的信息披露行为，根据《公司法》、《证券法》、《非上市公众公司重大资产重组管理办法》（证监会令第103号，以下简称《重组办法》）及其他相关法律、行政法规及部门规章的规定，制定本准则。

第二条　公众公司实施重大资产重组应当按照本准则的要求编制并披露重大资产重组报告书（以下简称“重组报告书”）及其他相关信息披露文件。公众公司披露的所有信息应真实、准确、完整，不得有虚假记载、误导性陈述或重大遗漏。

第三条　本准则的规定是对重组报告书及其他相关信息披露文件的最低要求。不论本准则是否有明确规定，凡对投资者投资决策有重大影响的信息，均应披露。

公众公司根据自身及所属行业或业态特征，可在本准则基础上增加有利于投资者判断和信息披露完整性的相关内容。本准则某些具体要求对公众公司不适用的，公众公司可根据实际情况，在不影响内容完整性的前提下作适当调整，但应在披露时作出相应说明。

第四条　公众公司披露的重组报告书中引用的经审计的最近1期财务资料在财务会计报表截止日后6个月内有效；特别情况下可申请适当延长，但延长时间至多不超过1个月。

截至重组报告书披露之日，交易标的资产的财务状况和经营成果发生重大变动的，应当补充披露最近1期相关财务资料。

第五条　重组报告书扉页应当载有如下声明：“本公司及全体董事、监事、高级管理人员承诺重大资产重组报告书不存在虚假记载、误导性陈述或重大遗漏，并对其真实性、准确性、完整性承担个别和连带的法律责任。”

第六条 公众公司应在全国中小企业股份转让系统（以下简称“全国股份转让系统”）指定的信息披露平台（www. neeq. com. cn 或 www. neeq. cc）披露重组报告书及其备查文件、中国证监会要求披露的其他文件，供投资者查阅。

第二章 重组预案和重组报告书

第七条 公众公司披露重大资产重组预案的（以下简称“重组预案”），应当至少包括以下内容：

（一）公众公司基本情况、交易对方基本情况、本次交易的背景和目的、本次交易的具体方案、交易标的基本情况；

（二）本次交易对公众公司的影响以及交易过程中对保护投资者合法权益的相关安排；

（三）本次交易行为涉及有关报批事项的，应当详细说明已向有关主管部门报批的进展情况和尚需呈报批准的程序，并对可能无法获得批准的风险作出特别提示；

（四）独立财务顾问、律师事务所、会计师事务所等证券服务机构的结论性意见；证券服务机构尚未出具意见的，应当作出关于“证券服务机构意见将在重大资产重组报告书中予以披露”的特别提示；

（五）退市公司应当对本次交易完成后是否申请重新上市以及其中的不确定性风险作出特别提示。

第八条 公众公司披露重组报告书的，应当至少包括以下内容：

（一）交易概述

简要介绍本次重组的基本情况，包括交易对方名称、交易双方实施本次交易的背景和目的、决策过程、交易标的名称、交易价格、是否构成关联交易、按照《重组办法》规定计算的相关指标、董事会和股东大会表决情况、中小股东单独计票结果等。

退市公司还应当对本次交易完成后是否申请重新上市、对申请重新上市相关事宜的后续计划及其中的不确定性风险进行说明并披露。

（二）公众公司基本情况，包括公司设立情况及曾用名称，最近2年的控股权变动情况、主要业务发展情况和主要财务指标，以及控股股东、实际控制人概况。

（三）交易对方基本情况及与公众公司之间是否存在关联关系及其情况说明、交易对方及其主要管理人员最近2年内是否存在违法违规情形及其情况说明（与证券市场明显无关的除外）。

（四）交易标的。

1. 交易标的的基本情况：

（1）交易标的为完整经营性资产的（包括股权或其他构成可独立核算会计主体的经营性资产），应当披露：

a. 该经营性资产的名称、企业性质、注册地、主要办公地点、法定代表人、注册资本、成立日期、税务登记证号码、组织机构代码、历史沿革；

b. 该经营性资产的产权或控制关系，包括其主要股东或权益持有人及持有股权或权益的比例、公司章程中可能对本次交易产生影响的主要内容或相关投资协议、原高管人员的安排、是否存在影响该资产独立性的协议或其他安排（如让渡经营管理权、收益权等）；

c. 主要资产的权属状况、对外担保情况及主要负债情况；

d. 交易标的为有限责任公司股权的，应当披露是否已取得该公司其他股东的同意或者符合公司章程规定的股权转让前置条件；

e. 该经营性资产的权益最近2年曾进行资产评估、交易、增资或改制的，应当披露相关的评估价值、交易价格、交易对方和增资改制的情况。

（2）交易标的不构成完整经营性资产的，应当披露：

a. 相关资产的名称、类别及最近2年的运营情况；

b. 相关资产的权属状况，包括产权是否清晰，是否存在抵押、质押等权利限制，是否涉及诉讼、仲裁、司法强制执行等重大争议；

c. 相关资产在最近2年曾进行资产评估或者交易的，应当披露评估价值、交易价格、交易对方等情况。

2. 资产交易根据资产评估结果定价的，应当披露资产评估方法和资产评估结果(包括各类资产的评估值、增减值额及增减值率，以及主要的增减值原因等)。

3. 资产交易涉及重大资产购买的，公众公司应当根据重要性原则披露拟购买资产主要业务的具体情况，包括：

(1) 主要业务、主要产品或服务及其用途；

(2) 业务模式或商业模式；

(3) 与主要业务相关的情况，主要包括：

a. 报告期内各期主要产品或服务的规模、销售收入，产品或服务的主要消费群体，报告期内各期向前五名客户合计的销售额占当期销售总额的百分比；

b. 报告期内主要产品或服务的原材料、能源及其供应情况，占成本的比重，报告期内各期向前五名供应商合计的采购额占当期采购总额的百分比；

c. 所从事的业务需要取得许可资格或资质的，还应当披露当前许可资格或资质的情况。

(4) 与其业务相关的资源要素，主要包括：

a. 产品或服务所使用的主要技术；

b. 主要生产设备、房屋建筑物的取得和使用情况、成新率或尚可使用年限等；

c. 主要无形资产的取得方式和时间、使用情况、使用期限或保护期、最近1期末账面价值；

d. 拟购买所从事的业务需要取得许可资格或资质的，还应当披露当前许可资格或资质的情况；

e. 特许经营权的取得、期限、费用标准；

f. 员工的简要情况，其中核心业务和技术人员应披露姓名、年龄、主要业务经历及职务、现任职务及任期以及持有公众公司股份情况；

g. 其他体现所属行业或业态特征的资源要素。

4. 资产交易涉及重大资产出售的，公众公司应当按照前述第3项中(1)、(2)的要求进行披露，简要介绍拟出售资产主要业务及与其相关的资源要素的基本情况。

5. 资产交易涉及债权债务转移的，应当披露该等债权债务的基本情况、债权人同意转移的情况及与此相关的解决方案。

6. 资产交易中存在的可能妨碍权属转移的其他情形。

（五）本次交易合同的主要内容。

1. 合同主体、签订时间；

2. 交易价格、定价依据以及支付方式（一次或分次支付的安排及特别条款、股份发行条款等）；

3. 资产交付或过户的时间安排；

4. 交易标的自定价基准日至交割日期间损益的归属和实现方式；

5. 合同的生效条件和生效时间；合同附带的任何形式的保留条款、补充协议和前置条件；

6. 与资产相关的人员安排。

（六）本次资产交易中相关当事人的公开承诺事项及提出的未能履行承诺时的约束措施（如有）。

（七）财务会计信息。

1. 交易标的为完整经营性资产的，应当披露最近 2 年的简要财务报表；交易标的不构成完整经营性资产的，应当披露相关资产最近 2 年经审计的财务数据，包括但不限于资产总额、资产净额、可准确核算的收入或费用额。

2. 拟购买资产盈利预测的主要数据（如有）。

（八）独立财务顾问和律师对本次交易出具的结论性意见。

独立财务顾问不是为其提供持续督导业务的主办券商的，还应当详细披露主办券商不适宜担任独立财务顾问的具体原因。

（九）本次交易聘请的独立财务顾问、律师事务所、会计师事务所、资产评估机构（如有）等专业机构名称、法定代表人、住所、联系电话、传真，以及有关经办人员的姓名。

第九条 公众公司重大资产重组以发行普通股作为对价向特定对象购买资产（以下简称“发行股份购买资产”）的，重组报告书中除包括前条规定的内容外，还应当包括以下内容：

在本准则第八条规定的“交易标的”部分后，加入第（五）部分“发行股份情况”，其以下各部分依次顺延。在“发行股份情况”部分应当披露以下内容：

1. 公众公司发行股份的价格及定价原则，并充分说明定价的合理性；

2. 公众公司拟发行股份的种类、每股面值；

3. 公众公司拟发行股份的数量、占发行后总股本的比例；

4. 特定对象所持股份的转让或交易限制，股东关于自愿锁定所持股份的相关承诺；

5. 公众公司发行股份前后主要财务数据（如每股收益、每股净资产等）和其他重要财务指标的对照表；

6. 本次发行股份前后公众公司的股权结构，说明本次发行股份是否导致公众公司控制权发生变化。

公众公司重大资产重组以优先股、可转换债券等支付手段作为支付对价的，还应当按照中国证监会关于优先股、可转换债券的相关规定进行披露。

第三章 中介机构的意见

第十条 独立财务顾问应当按照本准则及有关业务准则的规定出具独立财务顾问报告，报告应当至少包括以下内容：

（一）说明本次重组是否符合《重组办法》的规定；

（二）说明本次交易所涉及的资产定价和支付手段定价的合理性；

（三）说明本次交易完成后公众公司的财务状况及是否存在损害股东合法权益的问题；

（四）对交易合同约定的资产交付安排是否可能导致公众公司交付现金或其他资产后不能及时获得对价的风险、相关的违约责任是否切实有效发表明确意见；

（五）对本次重组是否构成关联交易进行核查，并依据核查确认的相关事实发表明确意见。涉及关联交易的，还应当充分分析本次交易的必要性及本次交易是否损害公众公司及非关联股东的利益。

第十一条 公众公司应当提供由律师按照本准则及有关业务准则的规定出具的法律意见书。律师应当对照中国证监会的各项规定，在充分核查验证的基础上，至少就公众公司本次重组涉及的以下法律问题和事项发表明确的结论性意见：

（一）公众公司和交易对方是否具备相应的主体资格、是否依法有效存续；

（二）本次交易是否已履行必要的批准或授权程序，相关的批准和授权是否合法有效；本次交易是否构成关联交易，构成关联交易的，是否已依法履行必要的审议批准程序和信息披露义务；本次交易涉及的须呈报有关主管部门批准的事项是否已获得有效批准；本次交易的相关合同和协议是否合法有效；

（三）标的资产（包括标的股权所涉及企业的主要资产）的权属状况是否清晰，权属证书是否完备有效，尚未取得完备权属证书的，应说明取得权属证书是否存在法律障碍；标的资产是否存在产权纠纷或潜在纠纷，如有，应说明对本次交易的影响；标的资产是否存在抵押、担保或其他权利受到限制的情况，如有，应说明对本次交易的影响；

（四）本次交易所涉及的债权债务的处理及其他相关权利、义务的处理是否合法有效，其实施或履行是否存在法律障碍和风险；

（五）公众公司、交易对方和其他相关各方是否已履行法定的披露和报告义务，是否存在应当披露而未披露的合同、协议、安排或其他事项；

（六）本次交易是否符合《重组办法》和相关规范性文件规定的原则和条件；

（七）参与公众公司本次交易活动的证券服务机构是否具备必要的资格；

（八）本次交易是否符合相关法律、行政法规、部门规章和规范性文件的规定，是否存在法律障碍，是否存在其他可能对本次交易构成影响的法律问题和风险。

第十二条 公众公司应当提供本次交易所涉及的相关资产最近2年的财务会计报表（财务数据）和审计报告；存在本准则第四条规定情况的，还应当提供最近1期的财务会计报表和审计报告。

第十三条 公众公司重大资产重组以评估值或资产估值报告中的估值金额作为交易标的定价依据的，应当提供相关资产的资产评估报告或资产估值报告。

第十四条 公众公司可视自身情况决定是否披露拟购买资产经审核的盈利预测报告。

第四章　声明及附件

第十五条　公众公司全体董事、监事、高级管理人员应当在重组报告书正文的尾页声明：

"本公司全体董事、监事、高级管理人员承诺本重大资产重组报告书不存在虚假记载、误导性陈述或重大遗漏，并对其真实性、准确性、完整性承担个别和连带的法律责任。"

声明应由全体董事、监事、高级管理人员签名，并加盖公众公司公章。

第十六条　独立财务顾问应当对重组报告书的真实性、准确性、完整性进行核查，并在重组报告书正文后声明：

"本公司已对重大资产重组报告书进行了核查，确认不存在虚假记载、误导性陈述或重大遗漏，并对其真实性、准确性和完整性承担相应的法律责任。"

声明应由法定代表人或授权代表人、项目负责人、独立财务顾问主办人签名，并由独立财务顾问加盖公章。

第十七条　为公众公司重大资产重组提供服务的其他证券服务机构应在重组报告书正文后声明：

"本机构及经办人员（经办律师、签字注册会计师、签字注册资产评估师）已阅读重大资产重组报告书，确认重大资产重组报告书与本机构出具的专业报告（法律意见书、审计报告、资产评估报告）无矛盾之处。本机构及经办人员对公众公司在重大资产重组报告书中引用的专业报告的内容无异议，确认重大资产重组报告书不致因上述内容而出现虚假记载、误导性陈述或重大遗漏，并对其真实性、准确性和完整性承担相应的法律责任。"

声明应由经办人员及所在机构负责人签名，并由机构加盖公章。

第十八条　重组报告书结尾应列明附件并披露。附件应包括下列文件：

（一）独立财务顾问报告；

（二）财务会计报表及审计报告；

（三）法律意见书；

（四）资产评估报告、资产估值报告（如有）；

（五）拟购买资产盈利预测报告（如有）；

（六）公众公司及其董事、监事、高级管理人员，交易对方及其董事、监事、高级管理人员（或主要负责人），相关专业机构及其他知悉本次重大资产交易内幕信息的法人和自然人，以及上述相关人员的直系亲属买卖该公众公司股票及其他相关证券情况的自查报告及说明；

（七）其他与公开转让有关的重要文件。

第五章　持续披露

第十九条　公众公司发行股份购买资产申请获得中国证监会核准的，公众公司及相关证券服务机构应当根据中国证监会的审核情况重新修订重组报告书及相关证券服务机构的报告或意见，并作出补充披露。

第二十条　公众公司重大资产重组实施完毕后应当编制并披露至少包含以下内容的重大资产重组实施情况报告书：

（一）本次重组的实施过程，相关资产过户或交付、相关债权债务处理以及证券发行登记等事宜的办理状况；

（二）相关实际情况与此前披露的信息是否存在差异；

（三）相关协议、承诺的履行情况及未能履行承诺时相关约束措施的执行情况；

（四）其他需要披露的事项。

独立财务顾问应当对前款所述内容逐项进行核查，并发表明确意见。律师应当对前款所述内容涉及的法律问题逐项进行核查，并发表明确意见。

第六章　附　　则

第二十一条　本准则由中国证监会负责解释。

第二十二条　本准则自 2014 年 7 月 23 日起施行。

非上市公众公司信息披露内容与格式准则
第7号——定向发行优先股说明书和发行情况报告书

（2014年09月19日中国证券监督管理委员会发布）

第一章　总　　则

第一条　为了规范非上市公众公司（以下简称“申请人”）定向发行优先股的信息披露行为，根据《公司法》、《证券法》、《非上市公众公司监督管理办法》（证监会令第96号）、《优先股试点管理办法》（证监会令第97号）的规定，制定本准则。

第二条　申请人定向发行优先股，应按照本准则编制定向发行优先股说明书并披露。发行后普通股与优先股股东人数合并累计超过200人的非上市公众公司定向发行优先股，应当向中国证券监督管理委员会（以下简称“中国证监会”）申请核准；发行后普通股与优先股股东人数合并累计不超过200人的非上市公众公司定向发行优先股，中国证监会豁免核准，由全国中小企业股份转让系统（以下简称“全国股份转让系统”）自律管理。

注册在境内的境外上市公司在境内发行优先股，参照本准则的规定披露，应当向中国证监会申请核准。

第三条　申请人定向发行结束后，应按照本准则的要求编制并披露发行情况报告书。

第四条　在不影响信息披露的完整并保证阅读方便的前提下，对于曾在定期报告、临时公告或者其他信息披露文件中披露过的信息，如事实未发生变化，申请人可以采用索引的方法进行披露。

第五条　本准则某些具体要求对本次定向发行确实不适用或者需要豁免适用的，申请人可以根据实际情况调整，但应在提交申请文件时作出专项说明。

第六条　申请人发行的优先股在全国股份转让系统转让的，应在全国中小企业股份转让系统有限责任公司（以下简称“全国股份转让系统公司”）指定的信息披露平台披露定向发行优先股说明书及其备查文件、发行情况报告书和中国证监会要求披露的其他文件，供投资者查阅。

第二章 定向发行优先股说明书

第七条 定向发行优先股说明书扉页应载有如下声明：

“本公司及全体董事、监事、高级管理人员承诺定向发行优先股说明书不存在虚假记载、误导性陈述或重大遗漏，并对其真实性、准确性、完整性承担个别和连带的法律责任。”

“本公司负责人和主管会计工作的负责人、会计机构负责人保证定向发行优先股说明书中财务会计资料真实、完整。”

“中国证监会、全国股份转让系统公司对本公司定向发行优先股所作的任何决定或意见，均不表明其对本公司优先股的价值或投资者的收益作出实质性判断或者保证。任何与之相反的声明均属虚假不实陈述。”

“根据《证券法》的规定，本公司经营与收益的变化，由本公司自行负责，由此变化引致的投资风险，由投资者自行负责。”

第八条 申请人应披露本次定向发行的基本情况：

（一）发行目的和发行总额，拟分次发行的，披露分次发行安排；

（二）发行方式、发行对象及公司现有股东认购安排（如有），如董事会未确定具体发行对象的，应披露发行对象的范围和确定方法；

（三）票面金额、发行价格或定价原则；

（四）本次发行优先股的种类、数量或数量上限；

（五）募集资金投向；

（六）本次发行涉及的主管部门审批、核准或备案事项情况。

除上述内容外，申请人还应披露本准则第十四条规定的附生效条件的优先股认购合同的内容摘要。

第九条 申请人应在基本情况中披露本次定向发行的优先股的具体条款设置：

（一）优先股股东参与利润分配的方式，包括：票面股息率或其确定原则、股息发放的条件、股息支付方式、股息是否累积、是否可以参与剩余利润分配等；涉及财务数据或财务指标的，应注明相关报表口径；

（二）优先股的回购条款，包括：回购选择权的行使主体、回购条件、回购期间、回购价格或确定原则及其调整方法等；

（三）优先股转换为普通股的条款（仅商业银行适用），包括：转换权的行使主体、转换条件（含触发事项）、转换时间、转换价格或确定原则及其调整方法等；

（四）表决权的限制和恢复，包括表决权恢复的情形及恢复的具体计算方法；

（五）清偿顺序及每股清算金额的确定方法；

（六）有评级安排的，须披露信用评级情况；

（七）有担保安排的，须披露担保及授权情况；

（八）其他中国证监会认为有必要披露的重大事项。

第十条 以资产认购本次定向发行优先股的，申请人还应按照本准则第十一条、第十二条、第十三条的规定披露相关内容，同时披露本准则第十四条规定的附生效条件的资产转让合同的内容摘要。

第十一条 以资产认购本次定向发行优先股、其资产为非股权资产的，申请人应披露相关资产的下列基本情况：

（一）资产名称、类别以及所有者和经营管理者的基本情况；

（二）资产权属是否清晰、是否存在权利受限、权属争议或者妨碍资产转移的其他情况；

（三）资产独立运营和核算的，披露最近1年及1期经会计师事务所审计的主要财务数据；

（四）资产的交易价格及定价依据。披露相关资产经审计的账面值；交易价格以资产评估结果作为依据的，应披露资产评估方法和资产评估结果。

第十二条 以资产认购本次定向发行优先股、其资产为股权的，申请人应披露相关股权的下列基本情况：

（一）股权所投资的公司的名称、企业性质、注册地、主要办公地点、法定代表人、注册资本；股权及控制关系，包括公司的主要股东及其持股比例、最近2年控股股东或实际控制人的变化情况、股东出资协议及公司章程中可能对本次交易产生影响的主要内容、原高管人员的安排；

（二）股权所投资的公司主要资产的权属状况及对外担保和主要负债情况；

（三）股权所投资的公司最近1年及1期的业务发展情况和经会计师事务所审计的主要财务数据和财务指标；

（四）股权的资产评估价值（如有）、交易价格及定价依据。

第十三条 资产交易价格以经审计的账面值为依据的，公司董事会应对定价的合理性予以说明。

资产交易根据资产评估结果定价的，公司董事会应对定价的合理性予以说明，并对资产定价是否存在损害公司和股东合法权益等情形发表意见。

第十四条 董事会决议确定具体发行对象的，应披露附生效条件的优先股认购合同，应包括以下内容：

（一）合同主体、签订时间；

（二）认购价格、认购方式、支付方式；

（三）合同的生效条件和生效时间；

（四）合同附带的任何保留条款、前置条件；

（五）违约责任条款；

（六）优先股股东参与利润分配和剩余财产分配的相关约定；

（七）优先股回购的相关约定；

（八）优先股股东表决权限制与恢复的约定；

（九）其他与定向发行相关的条款。附生效条件的资产转让合同的内容摘要除前款第（一）项至第（五）项内容外，至少还应包括：

（一）目标资产及其价格或定价依据；

（二）资产交付或过户时间安排；

（三）资产自评估截止日至资产交付日所产生收益的归属（如有）；

（四）与资产相关的人员安排。

第十五条 申请人应披露已发行在外优先股的简要情况，包括发行时间、发行总量及融资总额、现有发行在外数量、已回购优先股的数量、各期股息实际发放情况等。

申请人应列表披露本次优先股与已发行在外优先股主要条款的差异比较。

第十六条 本次定向发行对申请人的影响。申请人应披露以下内容：

（一）本次发行对申请人经营管理的影响；

（二）本次发行后申请人财务状况、盈利能力、偿债能力及现金流量的变动情况，申请人应重点披露本次发行优先股后公司资产负债结构的变化；

（三）本次发行对公司股本、净资产（净资本）、资产负债率、净资产收益率、归属于普通股股东的每股收益等主要财务数据和财务指标的影响；

（四）申请人与控股股东及其关联人之间的业务关系、管理关系、关联交易及同业竞争等变化情况；

（五）以资产认购优先股的行为是否导致增加本公司的债务或者或有负债；

（六）本次发行对申请人的税务影响；

（七）申请人应有针对性、差异化的披露属于本公司或者本行业的特有风险以及经营过程中的不确定性因素；

（八）银行、证券、保险等金融行业公司还须披露本次发行对其资本监管指标的影响及相关行业资本的监管要求。

第十七条 申请人应披露本次定向发行对申请人普通股股东权益的影响；已发行优先股的，还应说明对其他优先股股东权益的影响。

第十八条 申请人应结合自身的实际情况及优先股的条款设置，披露可能直接或间接对申请人以及优先股投资者产生重大不利影响的相关风险因素，如不能足额派息的风险、表决权受限的风险、回购风险、交易风险、分红减少和权益摊薄风险、税务风险等。

第十九条 申请人应披露本次定向发行相关的会计处理方法以及本次发行的优先股发放的股息是否在所得税前列支及政策依据。

第二十条 申请人应披露投资者与本次发行的优先股转让、股息发放、回购等相关的税费、征收依据及缴纳方式。

第二十一条 申请人应披露公司最近1期末的对外担保情况，并披露对公司财务状况、经营成果、声誉、业务活动、未来前景等可能产生较大影响的未决诉讼或仲裁事项，可能出现的处理结果或已生效法律文书的执行情况。

第二十二条 注册在境内的境外上市公司在境内发行优先股的，应披露公司的基本情况、控股股东和实际控制人的基本情况、公司组织架构和管理模式以及董事、监事、高级管理人员名单。实际控制人应披露到最终的国有控制主体、集体企业或自然人为止。注册在境内的境外上市公司应结合所处的行业特点、财务信息、分部报告、主要对外投资等情况披露公司从事的主要业务、主要产品及各业务板块的经营状况。

第二十三条 注册在境内的境外上市公司在境内发行优先股的，应当按照《企业会计准则》的规定编制财务报表，并经具有证券期货相关业务资格的会计师事务所审计。最近2年财务报表被具有证券期货相关业务资格的会计师事务所出具非标准无保留意见审计报告的，公司应披露董事会关于非标准无保留意见审计报告所涉及事项的说明和具有证券期货相关业务资格的会计师事务所及注册会计师关于非标准无保留意见审计报告的补充意见。

注册在境内的境外上市公司应简要披露财务会计信息，主要包括：最近2年及1期资产负债表、利润表及现金流量表简表。编制合并财务报表的，应披露合并财务报表。最近2年及1期合并财务报表范围发生重大变化的，应披露具体变化情况。最近2年内发生重大资产重组的，应披露重组完成后各年的财务报表以及重组时编制的重组前模拟财务报表和编制基础；最近2年及1期的主要财务指标。

第二十四条 注册在境内的境外上市公司还应提示投资者，如需完整了解公司财务会计信息、股份变动情况等详细内容，可在境外上市地指定披露平台查阅公司日常信息披露文件。

第二十五条 申请人应披露下列机构的名称、法定代表人、住所、联系电话、传真，同时应披露有关经办人员的姓名：

（一）证券公司；

（二）律师事务所；

（三）会计师事务所；

（四）资产评估机构（如有）；

（五）资信评级机构（如有）；

（六）优先股登记机构；

（七）担保人（如有）；

（八）其他与本次发行有关的机构。

第二十六条 申请人全体董事、监事、高级管理人员应在定向发行优先股说明书正文的尾页声明：

“本公司全体董事、监事、高级管理人员承诺本定向发行优先股说明书不存在虚假记载、误导性陈述或重大遗漏，并对其真实性、准确性、完整性承担个别和连带的法律责任。”声明应由全体董事、监事、高级管理人员签名，并由申请人加盖公章。

第二十七条 证券公司应对申请人定向发行优先股说明书的真实性、准确性、完整性进行核查，并在定向发行优先股说明书正文后声明：

“本公司已对定向发行优先股说明书进行了核查，确认不存在虚假记载、误导性陈述或重大遗漏，并对其真实性、准确性和完整性承担相应的法律责任。”声明应由法定代表人、项目负责人签名，并由证券公司加盖公章。

第二十八条 为申请人定向发行优先股提供服务的证券服务机构应在定向发行优先股说明书正文后声明：

“本机构及经办人员（经办律师、签字注册会计师、签字注册资产评估师、资信评级人员）已阅读定向发行优先股说明书，确认定向发行优先股说明书与本机构出具的专业报告（法律意见书、审计报告、资产评估报告或资产估值报告、资信评级报告等）无矛盾之处。本机构及经办人员对申请人在定向发行优先股说明书中引用的专业报告的内容无异议，确认定向发行优先股说明书不致因上述内容而出现虚假记载、误导性陈述或重大遗漏，并对其真实性、准确性和完整性承担相应的法律责任。”声明应由经办人员及所在机构负责人签名，并由机构加盖公章。

第二十九条 定向发行优先股说明书结尾应列明备查文件，备查文件应包括：

（一）申请人最近 2 年及 1 期的财务报告及审计报告；

（二）定向发行优先股推荐工作报告；

（三）法律意见书；

（四）中国证监会核准本次定向发行的文件（如有）；

（五）公司章程及其修订情况的说明；

（六）其他与本次定向发行有关的重要文件。

如有下列文件，也应作为备查文件披露：

（一）资产评估报告或资产估值报告；

（二）资信评级报告；

（三）担保合同和担保函；

（四）申请人董事会关于非标准无保留意见审计报告涉及事项处理情况的说明；

（五）会计师事务所及注册会计师关于非标准无保留意见审计报告的补充意见；

（六）通过本次定向发行拟进入资产的资产评估报告或资产估值报告及有关审核文件。

第三章 发行情况报告书

第三十条 申请人应在发行情况报告书中披露本次定向发行履行的相关程序、优先股的类型及主要条款、发行对象及认购数量、相关机构及经办人员。

第三十一条 申请人应披露本次发行前后股本结构、股东人数、资产结构、业务结构、主要财务指标的变化情况。

第三十二条 申请人应在发行情况报告书中披露证券公司关于本次定向发行过程、结果和发行对象合规性的结论意见。内容至少包括：

（一）关于本次定向发行过程、定价方法及结果的合法、合规性的说明；

（二）关于本次定向发行对象是否符合《优先股试点管理办法》的规定，是否符合公司及其全体股东的利益的说明；

（三）证券公司认为需要说明的其他事项。

第三十三条 申请人应在发行情况报告书中披露律师关于本次定向发行过程、结果和发行对象合规性的结论意见。内容至少包括：

（一）关于发行对象资格的合规性的说明；

（二）关于本次定向发行过程及结果合法、合规性的说明；

（三）关于本次定向发行相关合同等法律文件的合规性的说明；

（四）本次定向发行涉及资产转让或者其他后续事项的，应陈述办理资产过户或者其他后续事项的程序、期限，并对因资产瑕疵导致不能过户的法律风险进行评估；

（五）律师认为需要说明的其他事项。

第三十四条 由于情况发生变化，导致董事会决议中关于本次定向发行的有关事项需要修正或者补充说明的，申请人应在发行情况报告书中作出专门说明。

第三十五条 申请人全体董事、监事、高级管理人员应在发行情况报告书的首页声明：

“公司全体董事、监事、高级管理人员承诺本发行情况报告书不存在虚假记载、误导性陈述或重大遗漏，并对其真实性、准确性、完整性承担个别和连带的法律责任。”声明应由全体董事、监事、高级管理人员签名，并由申请人加盖公章。

第四章 附 则

第三十六条 本准则由中国证监会负责解释。

第三十七条 本准则自公布之日起施行。

非上市公众公司信息披露内容与格式准则
第 8 号——定向发行优先股申请文件

（2014 年 09 月 19 日中国证券监督管理委员会发布）

第一条 为了规范非上市公众公司（以下简称“申请人”）定向发行优先股申请文件的内容和格式，根据《公司法》、《证券法》、《非上市公众公司监督管理办法》（证监会令第 96 号）、《优先股试点管理办法》（证监会令第 97 号）的规定，制定本准则。

第二条 申请人定向发行优先股，应按本准则要求制作和报送申请文件。

注册在境内的境外上市公司在境内发行优先股，参照本准则要求制作和报送申请文件。

第三条 本准则规定的申请文件目录是定向发行优先股申请文件的最低要求。根据审核或审查需要，中国证券监督管理委员会（以下简称“中国证监会”）、全国中小企业股份转让系统有限责任公司（以下简称“全国股份转让系统公司”）可以要求申请人和相关证券服务机构补充文件。如果某些文件对申请人不适用，可不提供，但应向中国证监会、全国股份转让系统公司作出书面说明。

第四条 申请文件一经受理，未经中国证监会、全国股份转让系统公司同意，不得增加、撤回或者更换。

第五条 申请人报送申请文件，初次报送应提交原件一份，复印件二份。申请人不能提供有关文件原件的，应由申请人律师提供鉴证意见，或由出文单位盖章，以保证与原件一致。如原出文单位不再存续，由承继其职权的单位或作出撤销决定的单位出文证明文件的真实性。

第六条 申请文件所有需要签名处，均应为签名人亲笔签名，不得以名章、签名章等代替。

申请文件中需要由申请人律师鉴证的文件，申请人律师应在该文件首页注明“以下第××页至第××页与原件一致”，并签名和签署鉴证日期，律师事务所应在该文件首页加盖公章，并在第××页至第××页侧面以公章加盖骑缝章。

第七条 申请人应根据中国证监会、全国股份转让系统公司对申请文件的反馈意见提供补充材料。相关证券服务机构应对反馈意见相关问题进行核查或补充出具专业意见。

第八条 申请文件的封面和侧面应标明“××公司定向发行优先股申请文件”字样。

第九条 申请文件的扉页应标明申请人信息披露事务负责人及相关证券服务机构项目负责人的姓名、电话、传真及其他方便的联系方式。

第十条 申请文件的各章、各节之间应有明显的分隔标识。

第十一条 申请人在报送书面申请文件、材料的同时，应报送一份相应的电子文件(标准.doc或.pdf格式文件)。

第十二条 未按本准则的要求制作和报送申请文件的，中国证监会、全国股份转让系统公司按照有关规定不予受理。

第十三条 申请人的普通股在全国中小企业股份转让系统公开转让的，申请文件中的审计报告、资产评估报告应由具有证券期货相关业务资格的会计师事务所、资产评估机构出具。

第十四条 发行后普通股与优先股股东人数合并累计不超过200人的非上市公众公司定向发行优先股，申请文件目录由全国股份转让系统公司另行规定。

第十五条 本准则自公布之日起施行。

附

非上市公众公司定向发行优先股申请文件目录

第一章 定向发行优先股说明书及授权

1.1 申请人关于定向发行优先股的申请报告

1.2 定向发行优先股说明书

1.3 申请人关于定向发行优先股的董事会决议

1.4 申请人关于定向发行优先股的股东大会决议

1.5 特定行业主管部门出具的监管意见(如有)

第二章 定向发行优先股推荐文件

2.1 证券公司定向发行优先股推荐工作报告

第三章 证券服务机构关于定向发行优先股的文件

3.1 申请人最近2年及1期的财务报告及其审计报告

3.2 法律意见书

3.3 本次定向发行优先股收购资产相关的最近1年及1期的财务报告及其审计报告、资产评估报告或资产估值报告(如有)

3.4 资信评级机构为本次定向发行优先股出具的资信评级报告(如有)

3.5 本次定向发行优先股的担保合同、担保函、担保人就提供担保获得的授权文件(如有)

第四章 注册在境内的境外上市公司的补充文件

4.1 申请人的企业法人营业执照

4.2 公司章程(草案)

4.3 国有资产管理部门出具的国有股权设置批复文件及商务主管部门出具的外资股确认文件(如有)

天津股权交易所信息披露管理暂行办法

（2016 年 09 月 30 日天津股权交易所发布）

第一章 总 则

第一条 为规范挂牌企业信息披露行为，加强信息披露事务管理，保护投资人合法权益，根据《公司法》及天津股权交易所（以下简称“天交所”）有关规定，制定本办法。

第二条 信息披露义务人应当真实、准确、完整、及时地披露信息，不得有虚假记载，误导性陈述或重大遗漏。

第三条 挂牌企业的董事、监事、高级管理人员应当忠实勤勉地履行职责，保证披露信息的真实、准确、完整、及时和公平。

第四条 在内幕信息依法披露前，任何知情人不得公开或者泄露该信息，不得利用该信息进行内幕交易。

第五条 信息披露文件主要包括挂牌前信息披露文件，定期报告和临时报告。

第六条 信息披露文件应采用中文文本，同时采用 PDF 格式或扫描件形式提交以保证信息的安全性。

第七条 天交所及挂牌企业所在地金融主管部门对信息披露文件和信息披露事务管理活动进行监督，对挂牌企业信息披露义务人的行为进行监督。

第二章 挂牌前信息披露

第八条 企业挂牌前由保荐机构牵头编制完成《挂牌交易说明书》及相应摘要，相关报告格式内容应符合天交所的要求。

第九条 挂牌企业的董事、监事、高级管理人员，应对《挂牌交易说明书》签署书面确认意见，保证所披露的信息真实、准确、完整。挂牌交易说明书应加盖挂牌企业公章。

第十条 保荐机构对《挂牌交易说明书》具有审核义务并承担相应的责任，并对挂牌前信息披露文件出具由法人签字的审核意见。

第十一条 天交所项目管理部对挂牌首日信息披露文件进行形式审核并出具由项目管理部总监签字确认的审查意见。

第十二条 天交所监管服务部对挂牌首日信息披露材料进行形式复核，未收到保荐机构，项目管理部审核意见前，不得披露相关报告。

第三章 定期报告

第十三条 主板、成长板、创业板挂牌企业应披露的主要定期报告包括：年度报告、中期报告。其中，年度报告包括经在天交所备案的会计师事务所审计的财务报告及附注，中期报告中对财务报告是否须经过审计不作强制要求。

挂牌企业可自愿披露业绩预告、季度重大事项声明、投资者权益保护自评报告等其他定期报告。

协议转让板挂牌企业自愿披露定期报告，不作强制要求。

第十四条 挂牌企业定期报告信息披露时间要求如下：

（一）年度报告应在每个会计年度结束之日起四个月内进行披露；

（二）中期报告应在每个会计年度上半年结束之日起两个月内进行披露；

（三）业绩预告应在每个会计年度结束之日起一个月内进行披露（如适用）；

（四）投资者权益保护自评报告应在每个会计年度结束之日起一个月内进行披露（如适用）；

（五）重大事项声明应于每年第一季度、第三季度结束后的一个月内进行披露（如适用）；

第十五条 保荐机构有督促挂牌企业按时披露定期报告和对定期报告进行事前审核的义务。

第十六条 凡不能按时披露定期报告的，挂牌企业和保荐机构应分别提交书面情况说明，并接受天交所的处理。

第四章 临时报告

第十七条 主板、成长板和创业板挂牌企业应披露的临时报告主要包括：

三会公告、停复牌提示性公告、临时性重大事项公告等。其中，临时重大事项是指凡对挂牌企业股权交易价格或投资人做出投资决策时可能产生较大影响的事项。挂牌企业均应及时披露重大事项公告，说明事件的起因，目前的状态和可能产生的影响。

协议转让板挂牌企业应披露的临时报告包括：股东大会决议公告及承诺事项完成情况报告等。其他临时报告可自愿披露。

第十八条　临时重大事项公告披露的内容和时间要求如下：

（一）偶发性关联交易和涉及金额占公司最近一期经审计净资产绝对值10%以上的日常关联交易。

（二）挂牌企业对涉案金额占公司最近一期经审计净资产绝对值10%以上的重大诉讼、仲裁事项应当及时披露。未达到前款标准或者没有具体涉案金额的诉讼、仲裁事项，董事会认为可能对公司股权交易价格产生较大影响的，或者保荐机构、天交所认为有必要的，以及涉及股东大会、董事会决议被申请撤销或者宣告无效的诉讼，也应当及时披露。

（三）挂牌企业应当在董事会审议通过利润分配或资本公积转增股本方案后，及时披露方案具体内容，并于实施方案的股权登记日前披露方案实施公告。

（四）股权转让被天交所认定为异常波动的，挂牌企业应当于次一交易日披露异常波动公告。如果次一转让日无法披露，公司应当向天交所申请暂停交易直至披露后恢复转让。

（五）公共媒体传播的消息（以下简称“传闻”）可能或者已经对公司股权转让价格产生较大影响的，挂牌企业应当及时向天交所及保荐机构提供有助于甄别传闻的相关资料，并决定是否发布澄清公告。

（六）实行股权激励计划的挂牌企业，应当严格遵守天交所的相关规定，并履行披露义务。

（七）限售股权在解除转让限制前，挂牌企业应当按照天交所有关规定披露相关公告或履行相关手续。

（八）在挂牌企业中拥有权益的股份达到该公司总股本5%的股东及其实际控制人，其拥有权益的股份变动达到天交所规定的标准的，应当按照要求及时通知挂牌企业并披露权益变动公告。

（九）挂牌企业和相关信息披露义务人披露承诺事项的，应当严格遵守其披露的承诺事项。公司未履行承诺的，应当及时披露原因及相关当事人可能承担的法律责任；相关信息披露义务人未履行承诺的，公司应当主动询问，并及时披露原因，以及董事会拟采取的措施。

（十）天交所对挂牌企业实行风险警示或做出股权中止或终止挂牌决定后，公司应当及时披露。

（十一）挂牌企业出现以下情形之一的，应当自事实发生之日起两个交易日内披露：

（1）控股股东或实际控制人发生变更；

（2）控股股东、实际控制人或者其关联方占用资金；

（3）法院裁定禁止有控制权的大股东转让其所持公司股份；

（4）任一股东所持公司5%以上股份被质押、冻结、司法拍卖、托管、设定信托或者被依法限制表决权；

（5）公司董事、监事、高级管理人员发生变动；董事长或者总经理无法履行职责；

（6）公司做出减资、合并、分立、解散及申请破产的决定；或者依法进入破产程序、被责令关闭；

（7）董事会就并购重组、股利分派、回购股份、定向发行或者其他证券融资方案、股权激励方案形成决议；

（8）变更会计师事务所、会计政策、会计估计；

（9）对外提供担保（挂牌企业对控股子公司担保除外）；

（10）公司及其董事、监事、高级管理人员、公司控股股东、实际控制人在报告期内存在受有权机关调查、司法纪检部门采取强制措施、被移送司法机关或追究刑事责任、认定为不适当人选，或收到对公司生产经营有重大影响的其他行政管理部门处罚；

（11）因前期已披露的信息存在差错、未按规定披露或者虚假记载，被有关机构责令改正或者经董事会决定进行更正；

(12) 发生违规对外担保、控股股东或者其关联方占用资金的公司应当至少每月发布一次提示性公告，披露违规对外担保或资金占用的解决进展情况。

(13) 保荐机构或天交所认定的其他情形。

第十九条 保荐机构有督促、检查挂牌企业及时披露临时报告的义务。

第二十条 凡不能及时披露临时报告的，挂牌企业和保荐机构应分别提交书面说明并接受天交所的处理。

第五章 信息披露监督管理

第二十一条 挂牌企业应制定信息披露报告的编制、审议、披露程序。董事会秘书全面组织信息披露工作。董事会和其他高管有配合董事会秘书信息披露工作的义务。

第二十二条 董事会秘书有权参加股东大会、董事会会议、监事会会议和高级管理人员相关会议，有权了解公司的财务和经营情况，查阅涉及信息披露事宜的所有文件。

第二十三条 挂牌企业的董事会秘书选任及更换应当遵守天交所相关规定，天交所依据相关规定对董事会秘书进行考核和培训。

第二十四条 挂牌企业应向其聘用的保荐机构、中介服务机构提供与机构执业相关的所有资料，并确保资料的真实、准确、完整，不得拒绝、隐匿和谎报。

第二十五条 保荐机构、中介服务机构在为信息披露出具专项文件时，如发现挂牌企业及其他信息披露义务人提供的材料有虚假记载、误导性陈述、重大遗漏或其他重大违法行为的，应要求其补充纠正。信息披露义务人不予补充纠正的，保荐机构、中介服务机构应及时向天交所报告，并且保荐机构可以视情况发布风险警示公告。

第二十六条 挂牌企业及其董事、监事、高级管理人员、实际控制人及其保荐机构、中介服务机构违反本办法的，天交所可采取以下监管措施：

（一）责令改正；

（二）约见谈话；

（三）公开谴责；

（四）发布风险警示公告；

（五）中止股权交易；

（六）终止股权交易及托管；

（七）将其违规行为记入诚信档案并公布；

（八）依法可采取的其他监管措施。

第六章　附　　则

第二十七条　本办法由天交所负责解释。

第二十八条　本办法自公布之日起实施。

第三章　具体业务指引

上海股权托管交易中心
挂牌公司年度报告信息披露指南

（2013 年修订）

第一章　总　　则

为规范挂牌公司年度报告的编制及信息披露行为，保护投资者的合法权益，依据《公司法》等法律、法规及上海股权托管交易中心（以下简称“上海股交中心”）的有关规定特制定本指南。

第一条　凡在上海股交中心挂牌的公司（以下简称“公司”）应当参照本指南编制和披露年度报告。

第二条　本指南中的要求是对公司年度报告信息披露的最低要求；凡对投资者投资决策有重大影响的信息，不论本指南是否有明确要求，公司均应披露。

第三条　公司年度报告的全文应按本指南的要求编制，在不影响信息披露完整性和不致引起阅读不便的前提下，公司可采取相互引证的方法，对相关部分进行适当的技术处理，以避免不必要的重复和保持文字简洁。

第四条　公司年度报告中的财务报告必须经会计师事务所审计，鼓励挂牌公司聘请具有证券期货相关业务资格的会计师事务所进行审计，审计报告须由该所至少两名注册会计师签字。

第五条　公司在编制年度报告时应遵循如下一般要求：

（一）年度报告中引用的数字应当采用阿拉伯数字，有关货币金额除特别说明外，指人民币金额，并以元、千元、万元、百万元或亿元为单位。

（二）年度报告印刷文本应采用质地良好的纸张印刷，幅面为 209×295 毫米（相当于标准的 A4 纸规格）。年度报告封面应载明公司的名称、“年度报告”的字样、报告期年份，也可以载有公司的外文名称、徽章或其他标记、图案等。年度报告的目录应编排在显著位置。年度报告章节标题字体为黑体四号，正文字体为宋体小四号，一般行距为固定值 25 磅。

（三）年度报告可以刊载宣传本公司的照片和图表，但不得刊登任何祝贺性、恭维性或推荐性的词句或题字，不得含有欺诈和误导内容的词句。

第六条 在年度报告披露前，任何当事人不得泄露与其有关的信息，或利用这些信息谋取不正当利益。

第七条 公司应当在年度报告公布后，将年度报告原件或有法律效力的复印件备置于公司办公地点，以供股东和投资者查阅。

第八条 公司及其董事会、监事会、董事、监事、高级管理人员应当保证年度报告内容的真实性、准确性、完整性，承诺其中不存在虚假记载、误导性陈述或重大遗漏，并就其保证承担个别和连带的法律责任。

如有董事、监事、高级管理人员对年度报告内容的真实性、准确性、完整性无法保证或存在异议的，应当单独陈述理由和发表意见。未参会董事应当单独列示其姓名。

第二章 年度报告的信息披露

第九条 按照《上海股权托管交易中心挂牌公司信息披露规则》的要求，推荐机构会员负责指导和持续督促其所推荐挂牌的公司规范履行信息披露义务，做好年度报告编制和披露的指导工作。

第十条 公司应当在每个会计年度结束之日起 4 个月内将年度报告刊登在上海股交中心指定的网站（www.china-see.com）上。上海股交中心鼓励公司将年度报告在其网站上或通过其他媒体公布，但披露时间不得早于在上海股交中心指定网站上的披露时间。

第十一条 由于所披露信息属于国家秘密、商业秘密等特殊原因导致本指南要求的某些信息确实不便披露的，公司可向上海股交中心申请豁免，经上海股交中心书面批准后，可以不予披露。公司应当在相关章节说明未按本指南要求进行披露的原因。

第十二条　经推荐机构会员指导，公司完成拟披露的年度报告编制并送交推荐机构会员，由推荐机构会员为公司年度报告进行实质性审核并出具审核意见。推荐机构会员将审核意见、挂牌公司董事会会议决议公告、监事会会议决议公告、召开年度股东大会的通知、年度报告的盖章页和填写《上海股交中心股份转让信息披露业务流转表》（附件一）等相关文件传真至上海股交中心，并将挂牌公司的年度报告电子版文件（WORD和PDF格式）发送到上海股交中心信息披露专用邮箱（csinfo@china-see.com）。

第十三条　上海股交中心根据有关法律法规、政策性规定及本规则和上海股交中心其他业务规则，对挂牌公司年度报告及相关的信息披露文件进行形式审核，并负责将审核后的信息在指定网站（www.china-see.com）上予以披露，对其内容的真实性不承担责任。

第十四条　上海股交中心有权要求公司对拟披露的信息中不适之处进行修正、修改，推荐机构会员应积极督促和指导公司，公司应及时对上海股交中心提出的修改意见进行调查、修正。

第三章　年度报告正文

第一节　重要提示及目录

第十五条　公司应在年度报告文本扉页刊登如下（不限于）重要提示：

本公司及公司董事会、监事会及董事、监事、高级管理人员保证本报告所载资料不存在任何虚假记载、误导性陈述或者重大遗漏，并对其内容的真实性、准确性和完整性承担个别及连带责任。

如有董事、监事、高级管理人员对年度报告内容的真实性、准确性、完整性无法保证或存在异议的，应当声明：××董事、监事、高级管理人员无法保证本报告内容的真实性、准确性和完整性，理由是：……，请投资者特别关注。

年度报告中应写明“本报告经公司第××届董事会第××次会议审议通过。”

如有董事未出席董事会，应当单独列示其姓名、职务以及未出席原因并说明委托表决情况。

如果执行审计的会计师事务所对公司出具了非标准审计报告，重要提示中应增加以下陈述：

××会计师事务所为本公司出具了带强调事项段的无保留意见（或保留意见、否定意见、无法表示意见）的审计报告，本公司董事会、监事会对相关事项亦有详细说明，请投资者注意阅读。

如果执行审计的会计师事务所对公司出具了否定意见或无法表示意见的审计报告，重要提示中还应增加以下陈述：

公司将被上海股交中心实行风险警示，请投资者注意风险。

公司负责人、主管会计工作负责人及会计机构负责人（会计主管人员）应当声明：保证年度报告中财务报告的真实、完整。

第十六条 年度报告目录应标明各章、节的标题及其对应的页码。

第二节 公司基本情况

第十七条 公司应披露如下内容：

（一）公司的法定中、英文名称及缩写。

（二）公司法定代表人。

（三）公司董事会秘书及信息披露义务人员的姓名、联系地址、电话、传真、电子信箱。

（四）公司注册地址，公司办公地址及其邮政编码，公司国际互联网网址、电子信箱。

（五）公司选定的信息披露指定媒体的名称或网址，公司年度报告备置地点。

（六）公司股份挂牌场所、股份简称和股份代码。

（七）其他有关资料：公司首次注册登记日期、注册登记地点、企业法人营业执照注册号、税务登记证号、公司聘请的会计师事务所名称及其办公地址。

第三节 最近两年主要财务数据和指标

第十八条 公司应披露本年度实现的营业收入、利润总额、归属于公司股东的净利润、归属于公司股东的扣除非经常性损益后的净利润、经营活动产生的现金流量净额。

公司在披露"扣除非经常性损益后的净利润"时，还应同时说明扣除的项目、涉及金额。

第十九条 公司应采用数据列表方式，提供截至报告期末公司近两年的主要会计数据和财务指标，包括但不限于以下各项：营业收入、利润总额、归属于公司股东的净利润、归属于公司股东的扣除非经常性损益后的净利润、总资产、所有者权益(或股东权益)、经营活动产生的现金流量净额、每股经营活动产生的现金流量净额、归属于公司股东的每股净资产、净资产收益率、每股收益等。计算公式(不须披露)如下：

$$\text{归属于公司股东的每股净资产}=\frac{\text{年度末归属于公司股东的所有者权益}}{\text{年度末普通股股份总数}}$$

$$\text{每股经营活动产生的现金流量净额}=\frac{\text{经营活动产生的现金流量净额}}{\text{年度末普通股股份总数}}$$

净资产收益率、每股收益的计算方法参照证监会《公开发行证券公司信息披露编报规则第 9 号——净资产收益率和每股收益的计算及披露(2010 年修订)》，具体内容详见附件二。

第二十条 公司主要会计数据和财务指标的计算和披露应遵循如下要求：

(一) 因会计政策变更及会计差错更正等追溯调整或重述以前年度会计数据的，应同时披露调整前后的数据。

(二) 确定和计算非经常性损益应参照证监会《公开发行证券的公司信息披露解释性公告 第 1 号——非经常性损益(2008)》，具体内容详见附件三。

(三) 编制合并财务报表的公司应以合并财务报表数据填列或计算以上数据和指标。

(四) 数据的排列应该从左到右，左边起是报告期的数据。

第四节 董事会报告

第二十一条 公司董事会报告中应当对财务报告与其他必要的统计数据以及报告期内发生或将要发生的重大事项，进行讨论与分析，以有助于投资者了解其经营成果、财务状况(含现金流量情况)。公司可以运用逐年比较、数据列表或其他方式对相关事项进行列示，以增进投资者的理解。

讨论与分析不能只重复财务报告的内容，应着重于其已知的、可能导致财务报告难以显示公司未来经营成果与财务状况的重大事项和不确定性因素，包括已对报告期产生重要影响但对未来没有影响的事项，以及未对报告期产生影响但对未来具有重要影响的事项等，内容包括但不限于：

（一）报告期内公司经营情况的回顾

1. 概述公司报告期内总体经营情况

2. 公司须以数据形式回顾报告期内主营业务情况

1）公司应当根据自身实际情况，分别按产品或地区说明报告期内公司主营业务收入、主营业务利润的构成情况。对于占公司营业收入或营业利润总额10%以上的业务经营活动及其所属行业，以及占营业收入或营业利润总额10%以上的主要产品，应分项列示其营业收入、营业成本、毛利率及其增长率，并分析其变动情况。

若报告期内产品或服务发生重大变化或调整，公司应介绍已推出或宣布推出的新产品及服务，并说明对公司经营及业绩的影响。公司应列示报告期主营业务分地区营业收入情况。

2）列示公司资产负债表、利润表、现金流量表中变动幅度达30%及以上的项目变动情况，说明引起变动的主要影响因素。若公司利润构成或利润来源发生重大变动，公司应当详细说明具体变动情况。

若报告期公司资产构成（货币资金、应收款项、存货、投资性房地产、长期股权投资、固定资产、在建工程、短期借款、长期借款等占总资产的比重）同比发生重大变动的，应当说明产生变化的主要影响因素。报告期内公司存在以公允价值计量的资产的，应当说明报告期内该资产的购入、售出以及公允价值变动等情况。

若报告期公司销售费用、管理费用、财务费用、所得税等财务数据同比发生重大变动的，应当说明产生变化的主要影响因素。

3. 报告期内经营情况简要分析

公司应当对前期已披露的公司发展战略和经营计划的实现或实施情况、调整情况进行总结，若公司实际经营业绩较曾公开披露过的本年度盈利预测或经营计划低30%以上或高30%以上，应详细说明造成差异的原因。

若报告期内公司无形资产（商标、专利、非专利技术、土地使用权、水面养殖权、探矿权、采矿权等）发生重大变化，公司应当说明产生变化的主要影响因素。

公司应分析说明报告期内公司核心竞争能力（如设备、专利、非专利技术、特许经营权、核心技术人员、独特经营方式和盈利模式、允许他人使用自己所有的资源要素或作为被许可方使用他人资源要素等）方面的重要变化及对公司所产生的影响。如果发生因设备或技术升级换代、核心技术人员辞职、特许经营权丧失等导致公司核心竞争能力受到严重影响的，应详细说明具体情况及公司拟采取的措施。

公司应说明研发支出总额及其中资本化研发支出额的比重、研发支出占营业收入的比重，若相关数据与以前年度相比出现显著变化，应说明原因。

公司应说明报告期内正在从事的研发项目进展情况、拟达到的目标。若相关进展情况与以前年度的披露情况相比出现显著变化，应说明原因。

公司挂牌时股份转让说明书中披露的未来发展与规划延续至报告期的，公司应对规划目标的实施进度进行分析，实施进度与规划不符的，应详细说明造成差异的原因。

（二）报告期内，全资、控股子公司经营情况

公司应详细介绍子公司的业务性质、主要产品或服务、注册资本、总资产、净资产、净利润，本年取得和处置子公司的情况，包括取得和处置的目的、方式以及对公司整体生产经营和业绩的影响。如来源于单个子公司的净利润或单个参股公司的投资收益对公司净利润影响达到10%以上，还应介绍该公司主营业务收入、主营业务利润和净利润等数据。若单个子公司或参股公司的经营业绩同比出现大幅波动，且对公司合并经营业绩造成重大影响的，公司应当对其业绩波动情况及其变动原因进行分析。

子公司或参股公司的经营情况的披露应参照公司董事会报告的要求。

若子公司或参股公司的经营业绩未出现大幅波动，但其资产方面或其他主要财务指标出现显著变化，并可能在将来对公司业绩造成影响，也应对变化情况和原因予以说明。

（三）对公司未来发展的展望

1. 公司应结合公司业务发展规模、经营区域、产品、竞争对手等情况，介绍与公司业务相关的宏观经济层面或外部经营环境的发展现状和变化趋势，以及公司的行业地位或区域市场地位的变动趋势。公司应结合主要业务的市场变化情况、营业成本构成的变化情况、各种主要产品的产销数量和市场占有率变化情况、订单的获取情况、主要技术人员变动情况等，分析公司存在的主要优势和困难，并说明变化对公司未来经营业绩和盈利能力的影响。若分析表明相关变化趋势已经、正在或将要对公司的财务状况和经营成果产生重大影响的，公司应提供管理层对相关变化的基本判断，尽可能定量分析对公司的影响程度。

2. 公司应当遵循重要性原则披露可能对公司未来发展战略和经营目标的实现产生不利影响的所有风险因素（包括政策性风险、行业特定风险、业务模式风险、经营风险、环保风险、汇率风险、利率风险、技术风险、产品价格风险、原材料价格及供应风险、资产质量或资产结构风险、财务风险、单一客户依赖风险等），公司应当针对自身特点进行风险揭示，披露的内容应当充分、准确、具体，应尽量采取定量的方式分析各风险因素对公司当期及未来经营业绩的影响。同时公司可以根据实际情况，介绍已（或拟）采取的对策和措施，对策和措施应当内容具体，具备可操作性。对于本年度较上一年度的新增风险因素，公司应对其产生的原因、对公司的影响以及已经采取或拟采取的措施及效果等进行分析。

3. 公司应当向投资者提示未来公司发展机遇和挑战，披露公司发展战略，以及拟开展的新业务、拟开发的新产品、拟投资的新项目等。若公司存在多种业务的，还应当说明各项业务的发展规划。同时，公司应当披露新年度的经营计划，包括（但不限于）收入、费用成本计划及新年度的经营目标，如销售额的提升、市场份额的扩大、成本升降、研发计划等，为达到上述经营目标拟采取的策略和行动。公司可以编制并披露新年度的盈利预测，该盈利预测必须经过会计师事务所审核并发表意见。

4. 公司应当披露为实现未来发展战略所需的资金需求及使用计划，以及资金来源情况，说明维持公司当前业务并完成在建投资项目的资金需求，未来重大的资本支出计划等，包括未来已知的资本支出承诺、合同安排、时间安排等。同时,对公司资金来源的安排、资金成本及使用情况进行说明。

第二十二条 公司应介绍报告期内的投资情况,分析报告期内公司投资额比上年的增减变动数及增减幅度,被投资的公司名称、主要经营活动、占被投资公司权益的比例等。

(一)在报告期内定向增资资金或报告期之前定向增资资金的使用延续到报告期内的,公司应就如下几方面对资金的运用和结果加以说明:

1. 列表说明定向增资资金时,应说明承诺投资项目、项目进度与实际投资项目、进度的异同;尚未使用的定向增资资金,应说明资金用途及去向。

2. 实际投资项目没有变更,公司应介绍项目资金的投入情况、项目的进度及预计收益;若项目已产生收益,应说明累计收益情况;未达到计划进度和收益的,应当解释原因。

3. 实际投资项目如有变更,公司应介绍项目变更原因、变更程序及其披露情况,项目资金的投入情况,项目的进度及预计收益;若项目已产生收益,应说明收益情况;未达到计划进度和收益的,应说明原因。同时还需说明原项目的预计收益情况。

(二)对报告期内非定向增资资金投资的重大项目、项目进度及收益情况进行说明。

(三)公司应当对持有其他上市、挂牌公司股权、参股商业银行、证券公司、保险公司、信托公司和期货公司等金融企业股权进行重点披露,包括初始投资成本、持股比例、期末账面值、本期收益、会计核算科目、股份来源等情况。

公司应当披露报告期用于买卖其他上市、挂牌公司股份的资金数量、股份数量及产生的投资收益。

(四)公司应当对持有的以公允价值计量的境内外基金、债券、信托产品、期货、金融衍生工具等金融资产的初始投资成本、资金来源、报告期内购入或售出情况、公允价值变动情况、对投资收益影响、风险状况、会计核算科目等进行披露。

第二十三条 对会计师事务所出具非标准审计报告的,公司应就所涉及事项做出说明。公司做出会计政策、会计估计变更或重要前期差错更正的,董事会应讨论、分析,变更、更正的原因及影响。

第二十四条 公司应披露本次利润分配预案或资本公积金转增股本预案。对于报告期内盈利但未提出现金利润分配方案预案的公司,应详细说明原因,同时说明公司未分配利润的用途和使用计划。

第五节 重 要 事 项

第二十五条 公司应披露重大诉讼、仲裁事项。包括发生在编制本年度中期报告之后的涉及公司的重大诉讼、仲裁事项,应陈述该事项基本情况、涉及金额。已在本年度中期报告中披露,但尚未结案的重大诉讼、仲裁事项,应陈述其进展情况或审理结果及影响。对已经结案的重大诉讼、仲裁事项,还应说明其执行情况。如以上诉讼、仲裁事项已在临时报告披露且无后续进展的,则可只披露事项概述,并提供临时报告披露网站链接。

如报告期内公司无重大诉讼、仲裁事项,应明确陈述“本年度公司无重大诉讼、仲裁事项”。

第二十六条 公司应披露报告期内发生的破产相关事项,包括向法院申请重整、和解或破产清算,法院受理重整、和解或破产清算,公司重整期间等发生的法院裁定结果及其他重大事项。执行相关重整、和解等计划的公司还应说明计划的具体内容及执行情况。如相关破产事项已在临时报告披露且后续实施无变化的,则可只披露事项概述,并提供临时报告披露网站链接。

第二十七条 公司应披露报告期内收购及出售资产、企业合并事项的简要情况及进程,分析上述事项对公司业务连续性、管理层稳定性的影响,同时还应说明事项是否按计划如期实施。如已实施完毕应说明其对财务状况和经营成果的影响及其占利润总额的比例;如未按计划实施则说明原因及公司采取的措施。

第二十八条 公司应披露报告期内发生的重大关联交易事项。若对于某一关联方,报告期内累计关联交易总额高于500万元且占公司最近一期经审计净资产值5%以上的,须披露关联交易方、交易内容、交易时间及披露时间等情况。

如果发生的交易属不同类型,应按以下要求分别披露:

(一)与日常经营相关的关联交易,至少应披露以下内容:关联交易方、交易内容、定价原则、交易价格、交易金额、占同类交易金额的比例、结算方式。可以获得同类交易市场价格的,应披露市场参考价格,实际交易价格与市场参考价格差异较大的,应说明原因。大额销货退回需披露详细情况。

（二）公司按类别对当年度将发生的日常关联交易总金额进行预计的,应披露日常关联交易事项在报告期内的实际履行情况。

（三）资产、股权转让发生的关联交易,至少应披露以下内容:关联交易方、交易内容、定价原则、资产的账面价值、评估价格、交易价格、结算方式及获得的转让收益,转让价格与账面价值或评估值差异较大的,应说明原因。如相关资产、股权转让关联交易事项已在临时报告披露且后续实施无变化或进展的,则可只披露事项概述、披露日期和网站。

（四）公司与关联方共同对外投资发生的关联交易,至少应披露以下内容:共同投资方、被投资企业的基本情况及业务范围、进展情况等。

（五）公司与关联方存在债权债务往来、担保等事项的,应披露形成的原因及其对公司的影响。

（六）其他重大关联交易。

第二十九条 公司应披露重大合同及其履行情况，包括(但不限于):

（一）在报告期内发生或以前期间发生但延续到报告期的托管、承包、租赁其他公司资产或其他公司托管、承包、租赁公司资产的事项,且该事项为公司带来的利润达到公司当年利润总额的 20%以上(含 20%)时,应详细披露有关合同的主要内容,如有关资产的情况、涉及的金额和期限、收益及其确定依据等。同时还应披露该收益对公司的影响。

（二）重大担保。披露报告期内履行的及尚未履行完毕的担保合同,包括担保金额、担保期限、担保对象、担保类型(一般担保或连带责任担保)、担保的决策程序等。对于未到期担保合同,如有明显迹象表明有可能承担连带清偿责任,应明确说明。

公司还应披露本年度发生的公司对子公司提供担保的金额,担保总额占公司净资产的比例,公司为股东、实际控制人及其关联方提供担保的金额,公司直接或间接为资产负债率超过 70%的被担保对象提供的债务担保金额,以及公司担保总额超过净资产 50%部分的金额。

（三）在报告期内或报告期继续发生委托他人进行现金资产管理事项，公司应披露委托事项的具体情况，包括：受托人名称、委托金额、委托期限、报酬确定方式，以及当年度实际收益或损失和实际收回情况等；公司还应说明该项委托是否经过法定程序，未来是否还有委托理财计划；公司若就该项委托计提投资减值准备的，应披露当年度计提金额。若公司有委托贷款事项，也应比照上述委托行为予以披露。

（四）其他重大合同。

第三十条 公司或持股5%以上股东如在报告期内或持续到报告期内有承诺事项，包括收购报告书或权益变动报告书中所作承诺、资产置换时所作承诺、挂牌时所作承诺和其他对公司中小股东所作承诺等，公司董事会应说明该承诺事项在报告期内的履行情况。

第三十一条 公司应披露聘任、解聘会计师事务所情况，会计师事务所为公司提供服务类别及为不同类别服务所支付的报酬情况，目前的审计机构已为公司提供审计服务的连续年限（年限从审计机构与公司首次签订审计业务约定书日开始计算）。

第三十二条 公司及其董事、监事、高级管理人员、公司控股股东、实际控制人、核心技术人员、收购人如在报告期内存在受有权机关调查、司法纪检部门采取强制措施、被移送司法机关或追究刑事责任、被监管部门稽查和行政处罚、股权托管交易市场禁入、认定为不适当人选被其他行政管理部门处罚及被上海股交中心采取一定惩罚措施并被记入诚信档案的情形，应当说明原因及结论。如上海股交中心对公司检查后提出整改意见的，应简单说明整改情况，披露整改报告书的信息披露指定网站及日期。

第三十三条 公司还应披露其他在报告期内发生的上海股交中心有关规则所列的重大事件，以及公司董事会判断为重大事件的事项。

如前款所涉重要事项已作为临时报告在指定网站披露，只需说明信息披露指定网站及披露日期。

第三十四条 子公司发生的本节所列的重要事项应当视同公司的重要事项予以披露。

第六节 公司技术的权属情况

第三十五条 公司应披露报告期内,各项知识产权拥有及变更情况。

第三十六条 公司须详细披露公司及子公司(如有)已拥有的专利权、软件著作权、注册商标情况,包括:名称、取得时间、取得方式、保护期限、所有人等。如公司涉及知识产权受让的,须披露受让协议签署情况、转让价格、转让权利范围等。

第三十七条 公司还应披露公司及子公司(如有)已申请但未获得的专利权、软件著作权、注册商标情况,包括:名称、申请时间、申请号、申请人等。

第七节 股本变动及股东情况

第三十八条 公司应按以下要求披露股本变动情况:

公司须披露自挂牌之日起至年度报告披露前最新股本变动情况表,包括有限售条件股份:含高管股份、其他法人或非法人机构、个人或基金以及无限售条件股份,并计算相应股份比例。

第三十九条 公司按以下要求披露股东和实际控制人情况:

按照要求的格式披露以下内容:

(一) 报告期末股东总数。

(二) 持有本公司 5%以上(含 5%)股份的股东的名称、年度内股份增减变动的情况、年末持股数量、所持股份类别及所持股份质押或冻结的情况。(若持股 5%及以上的股东少于 10 人,则应列出至少前 10 名股东的上述持股情况。)如所持股份中包括无限售条件股份、有限售条件股份,应分别披露其数额。

如前 10 名股东之间存在关联关系或一致行动人的,应予以说明。

如果有投资者因定向增资成为前 10 名股东的,应予以注明,并披露约定持股期间的起止日期。

(三) 公司控股股东情况

若控股股东为法人的,应介绍名称、单位负责人或法定代表人、成立日期、注册资本、主要经营业务或管理活动等;若控股股东为自然人的,应介绍其姓名、国籍、是否取得其他国家或地区居留权、最近 5 年内的职业及职务。如报告期内控股股东发生变更,应列明披露相关信息的指定网站及日期。

（四）公司实际控制人情况

公司还应比照上述内容，披露公司的实际控制人情况，并以方框图及文字的形式披露公司与实际控制人之间的产权和控制关系。实际控制人应披露到自然人、国有资产管理部门，或者股东之间达成某种协议或安排的其他机构或自然人，包括以信托方式形成实际控制的情况。

如实际控制人通过信托或其他资产管理方式控制公司，应披露信托合同或者其他资产管理安排的主要内容，包括信托或其他资产管理的具体方式、信托管理权限（包括公司股份表决权的行使等）、涉及的股份数量及占公司已发行股份的比例、信托或资产管理费用、合同的期限及变更、终止的条件、信托资产处理安排、合同签订的时间及其他特别条款等。

如公司最终控制层面存在多位自然人或自然人控制的法人共同持股的情形，且其中没有一人的持股比例（持有或控制下一级控制层面公司的股份比例）超过50%，各自的持股比例比较接近，公司无法确定实际控制人的，应当披露最终控制层面持股比例在5%以上的股东情况。

（五）其他持股在10%以上（含10%）的法人股东，应介绍其法定代表人、成立日期、主要经营业务或管理活动、注册资本等情况。

第八节　董事、监事、高级管理人员、核心技术人员和员工情况

第四十条　公司应披露董事、监事和高级管理人员、核心技术人员的情况，包括：

（一）基本情况

现任董事、监事、高级管理人员、核心技术人员的姓名、性别、年龄、任期起止日期、年初和年末持有本公司股份、年度内股份增减变动量及增减变动的原因。如为独立董事，需单独注明。

（二）现任董事、监事、高级管理人员、核心技术人员最近5年的主要工作经历。董事、监事、高级管理人员如在股东单位任职，应说明职务及任职期间，以及在除股东单位外的其他单位的任职或兼职情况。

（三）年度报酬情况

董事、监事和高级管理人员报酬的决策程序、报酬确定依据以及报酬的实际

支付情况。披露每一位现任董事、监事和高级管理人员在报告期内从公司获得的税前报酬总额(包括基本工资、奖金、津贴、补贴、职工福利费和各项保险费、公积金、年金以及以其他形式从公司获得的报酬),全体董事、监事和高级管理人员的报酬合计。另外,将获得的股权激励按照可行权股数、已行权数量、行权价以及报告期末市价单独列示。

公司应列明不在公司领取报酬、津贴的董事、监事的姓名,并注明其是否在股东单位或其他关联单位领取报酬、津贴。

(四)在报告期内被选举或离任的董事和监事、聘任或解聘的高级管理人员姓名,及董事、监事离任和高级管理人员解聘原因。

第四十一条 公司应披露核心技术团队或关键技术人员(非董事、监事、高级管理人员)等对公司核心竞争能力有重大影响的人员的变动情况,并说明变动对公司经营的影响及公司采取的应对措施。

第四十二条 公司应披露员工情况,包括在职员工的数量、专业构成(如生产人员、销售人员、技术人员、财务人员、行政人员)、教育程度及公司需承担费用的离退休职工人数。

第九节 公司治理

第四十三条 公司应对照上海股交中心的《上海股权托管交易中心非上市股份有限公司股份转让业务暂行管理办法》的公司治理结构健全、运作规范的要求,说明公司治理的实际状况与要求是否存在差异,如有差异,应明确说明。

第四十四条 公司应介绍独立董事出席董事会等履行职责情况。独立董事对公司有关事项曾提出异议的,需披露该事项的内容、独立董事的姓名及所提异议的内容等。

第四十五条 公司应介绍报告期内召开的年度股东大会、临时股东大会、董事会、监事会的有关情况,包括会议届次、召开日期,并提供披露指定网站网址。

第四十六条 公司应说明对控股子公司控制、关联交易控制、对外担保控制、重大投资控制、信息披露控制等内部控制制度的建立和健全情况,包括内部控制制度建立健全的工作计划及其实施情况、内部控制检查监督部门的设置情况、董事会对内部控制有关工作的安排、与财务核算相关的内部控制的完善情况。同时鼓励公司披露董事会出具的、经会计师事务所核实评价的内部控制自我评估报告。

第四十七条 公司应披露报告期内监事会的工作情况,包括召开会议的次数,各次会议的议题等。监事会应对下列事项发表独立意见:

(一)公司依法运作情况。公司决策程序是否合法,是否建立完善的内部控制制度,公司董事、高级管理人员执行公司职务时有无违反法律、法规、公司章程或损害公司利益的行为。

(二)检查公司财务的情况。监事会应明确说明财务报告是否真实反映公司的财务状况和经营成果。

(三)公司最近一次定向增资资金实际投入项目是否和承诺投入项目一致,实际投资项目如有变更,变更程序是否合法。

(四)公司收购、出售资产交易价格是否合理,有无发现内幕交易,有无损害部分股东的权益或造成公司资产流失。

(五)关联交易是否公平,有无损害公司利益。

(六)如果会计师事务所出具了非标准审计报告的,或者公司报告期利润实现数较利润预测数低30%以上或较利润预测数高30%以上的,监事会应就董事会对上述事项的说明明确表示意见。

第四十八条 公司应披露截至报告期末公司在上海股交中心指定网站披露的其他公告信息。

第十节 财务报告

第四十九条 公司应披露审计报告正文、经审计财务报表。

第五十条 财务报表包括公司报告期末及其前一个年度末的比较式资产负债表、该两年度的比较式利润表、现金流量表、该年度所有者权益(股东权益)变动表和财务报表附注。

第五十一条 财务报表附注应对比较式报表的两个日期或期间的数据均做出说明。

第十一节 备查文件目录

第五十二条 公司应当披露备查文件的目录,包括:

（一）载有法定代表人、主管会计工作负责人（如设置总会计师，须为总会计师）、会计机构负责人（会计主管人员）签名并盖章的财务报表。

（二）载有会计师事务所盖章、注册会计师签名并盖章的审计报告原件。

（三）报告期内在上海股交中心指定网站上公开披露过的所有公司文件的正本及公告的原稿。

公司应当在办公场所置备上述文件的原件。当上海股交中心要求提供时，或股东依据法规或公司章程要求查阅时，公司应及时提供。

第三章　附　　则

第五十三条　本指南由上海股交中心负责解释。

第五十四条　本指南的修订由上海股交中心负责。

上海股权托管交易中心股份有限公司

二〇一三年一月十六日

上海股权托管交易中心
挂牌公司半年度报告信息披露指南

（2012 年 06 月 30 日上海股权托管交易中心发布）

第一章　总　　则

为规范在上海股权托管交易中心（以下简称“上海股交中心”）挂牌的非上市股份有限公司（以下简称“公司”）半年度报告的编制及信息披露行为，保护投资者的合法权益，依据《公司法》等法律、法规、行政规章以及上海股交中心的有关规定，制定本指南。

第一条　根据上海股交中心的规章制度，凡在上海股交中心挂牌的公司应当按照本指南的要求编制和披露半年度报告。

第二条　本指南的要求是对半年度报告信息披露的最低要求。凡对投资者投资决策有重大影响的信息，不论本指南是否有明确要求，公司均应当披露。

第三条　本指南的某些具体要求对公司确实不适用的，经上海股交中心批准后，公司可以根据实际情况在不影响披露内容完整性的前提下做出适当修改。

由于所披露信息属于国家秘密、商业秘密等特殊原因，导致本指南要求的某些信息确实不便披露的，公司可以向上海股交中心申请豁免，经批准后，公司可不予披露。公司应当在相关章节说明未按本指南要求进行披露的原因。

第四条　在不影响信息披露完整性和不致引起阅读不便的前提下，公司可以采用相互引证的方法，对相关部分的内容进行适当的技术处理，以避免不必要的重复和保持文字简洁。

第五条　公司半年度报告的全文应当按本指南第二章的要求编制。

第六条　半年度报告中的财务报告可以不经审计，但拟将在下半年度进行分红派息、定向增资或上海股交中心另有规定的除外。

第七条　半年度报告的封面应当载明公司法定名称、“半年度报告”字样和报告期年份。

公司在编制半年度报告时还应遵循如下一般要求：

（一）半年度报告中引用的数字应当采用阿拉伯数字，有关货币金额除特别说明外，指人民币金额，并以元、千元、万元或百万元为单位。

（二）半年度报告印刷文本应采用质地良好的纸张印刷，幅面为 209×295 毫米（相当于标准的 A4 纸规格）。半年度报告封面应载明公司的名称、“半年度报告”的字样、报告期年份，也可以载有公司的外文名称、徽章或其他标记、图案等。半年度报告的目录应编排在显著位置。半年度报告章节标题字体为黑体四号，正文字体为宋体小四号，一般行距为固定值 25 磅。

（三）半年度报告可以刊载宣传本公司的照片和图表，但不得刊登任何祝贺性、恭维性或推荐性的词句或题字，不得含有欺诈和误导的行为。

第八条 公司应当在每个会计年度上半年结束之日起 2 个月内将半年度报告刊登在上海股交中心指定的网站（www. china-see. com）上。公司可以将半年度报告刊登在其他媒体上，但不得早于在上海股交中心指定的网站上披露的时间。

第九条 在半年度报告披露前，任何当事人不得泄露与其有关的信息，或利用这些信息谋取不正当利益。

第十条 公司应当在半年度报告披露后，将半年度报告原件或有法律效力的复印件备置于办公地点，以供股东和投资者查阅。

第十一条 公司应当在半年度报告披露后，上半年度结束之日起 2 个月内，将盖有公司董事会印章的半年度报告（1 份）报送上海股交中心。

第十二条 公司董事会、监事会及董事、监事、高级管理人员应当保证半年度报告内容的真实性、准确性与完整性，承诺其中不存在虚假记载、误导性陈述或重大遗漏，并就其保证承担个别和连带责任。

如有董事、监事、高级管理人员对半年度报告内容的真实性、准确性、完整性无法做出保证或存在异议的，应当单独陈述理由和发表意见。未参会董事应当单独列示其姓名、职务以及未出席原因。

第十三条 经推荐机构会员指导，公司完成拟披露的半年度报告编制并送交推荐机构会员，由推荐机构会员为公司半年度报告进行实质性审核并出具审核意见。推荐机构会员将审核意见、公司董事会会议决议公告、监事会会议决议公告、半年度报告的盖章页和填写《上海股交中心股份转让信息披露业务流转表》(见附件)传真至上海股交中心,并将公司的半年度报告电子版文件(WORD和PDF格式)发送到上海股交中心信息披露专用邮箱(csinfo@china-see.com)。

第十四条 上海股交中心根据有关法律法规、政策性规定及上海股交中心其他业务规则,对公司半年度报告及相关的信息披露文件进行形式审核,并负责将审核后的信息在指定网站(www.china-see.com)上予以披露,对其内容的真实性不承担责任。

第十五条 上海股交中心有权要求公司对拟披露的信息中不适之处进行修正、修改,推荐机构会员应积极督促和指导公司,公司应及时对上海股交中心提出的修改意见进行调查、修正。

第二章 半年度报告全文

第一节 重要提示、释义

第十六条 公司应当在半年度报告文本扉页刊登如下(不限于)重要提示:"本公司董事会、监事会及董事、监事、高级管理人员保证本报告所载资料不存在任何虚假记载、误导性陈述或者重大遗漏,并对其内容的真实性、准确性和完整性承担个别及连带责任。"

如有董事、监事、高级管理人员对半年度报告内容的真实性、准确性、完整性无法做出保证或存在异议的,公司应披露如下声明:"××董事、监事、高级管理人员无法保证本报告内容的真实性、准确性、完整性,理由是:……,请投资者特别关注"。

半年度报告中应写明"本报告经公司第××届董事会第××次会议审议通过。"公司还应单独披露未出席董事会会议董事的姓名、职务以及未出席原因。

公司负责人、主管会计工作负责人及会计机构负责人(会计主管人员)应当声明:保证半年度报告中财务报告的真实、完整。

第十七条 财务报告已经会计师事务所审计并被出具标准审计报告的,公司应当明确表述"公司半年度财务报告已经××会计师事务所审计并出具标准无保留意见审计报告"。

财务报告已经会计师事务所审计并被出具带强调事项段的无保留意见、保留意见、否定意见或无法表示意见的审计报告(以下简称“非标准审计报告”),公司应说明审计意见涉及事项的披露位置,并作以下提示:“公司半年度财务报告已经××会计师事务所审计并出具带强调事项段的无保留意见、保留意见、否定意见或无法表示意见的审计报告,本公司董事会、监事会对相关事项已作详细说明,请投资者注意阅读”。

第十八条　公司应当对半年度报告中投资者难于理解及有特定含义的术语做出解释。

第二节　公司基本情况简介

第十九条　公司应当披露如下事项:

(一) 公司法定中、英文名称及缩写;

(二) 公司法定代表人;

(三) 公司董事会秘书及信息披露联络人员的姓名、联系地址、电话、传真及电子信箱;

(四) 公司注册地址,办公地址及其邮政编码、互联网网址、电子信箱;

(五) 公司登载半年度报告的上海股交中心指定网站网址,半年度报告备置地点;

(六) 公司股份挂牌场所,股份简称和股份代码。

第二十条　公司应采用数据列表方式,提供截至报告期末和上年末(或报告期和上年同期)公司主要会计数据和财务指标,包括以下各项:营业收入、营业利润、利润总额、净利润、扣除非经常性损益后的净利润、总资产、所有者权益(或股东权益)、经营活动产生的现金流量净额、每股经营活动产生的现金流量净额、每股净资产、净资产收益率、每股收益等,同时说明扣除的非经常性损益项目及其金额和所得税影响额。

上述会计数据及财务指标应按照《上海股权托管交易中心挂牌公司年度报告信息披露指南》的相关计算公式计算填列,涉及股东权益的数据及指标,应采用归属于公司普通股股东的股东权益;涉及利润的数据及指标,应采用归属于公司普通股股东的净利润。

第三节　董事会报告

第二十一条　董事会应当对财务报告与其他必要的统计数据以及报告期内发生或将要发生的重大事项，进行讨论与分析，以有助于投资者了解其经营成果、财务状况(含现金流量情况)。

董事会的讨论与分析不能只重复财务报告的内容，应着重于其已知的、可能导致财务报告难以显示公司未来经营成果与财务状况的重大事项和不确定性因素，包括已对报告期产生重要影响但对未来没有影响的事项，以及未对报告期产生影响但对未来具有重要影响的事项等。

第二十二条　董事会应当介绍报告期内经营情况，分析公司报告期内经营活动的总体状况，至少包括：

(一) 概述公司报告期内总体经营情况，营业收入、营业利润及净利润的同比变动情况，说明引起变动的主要影响因素；

(二) 主营业务的范围及经营状况，对占报告期营业收入 10%以上(含 10%)的产品或服务，应分别列示其营业收入、营业成本、毛利率；

(三) 若报告期内利润构成、主营业务或其结构、主营业务盈利能力发生重大变化的，应予以说明；

(四) 对报告期利润产生重大影响的其他经营业务活动；

(五) 如来源于单个参股公司的投资收益对公司净利润影响达到 10%以上(含 10%)，应介绍该公司业务性质、主要产品或服务和净利润等情况；

(六) 若报告期内公司无形资产(商标、专利、非专利技术、土地使用权、水面养殖权、探矿权、采矿权等)发生重大变化，公司应当说明产生变化的主要影响因素以及公司应对不利变化的具体措施；

(七) 报告期内如果发生因设备或技术升级换代、核心技术人员辞职、特许经营权丧失等导致公司核心竞争能力受到严重影响的，应详细说明具体情况及公司拟采取的措施；

(八) 公司应结合公司业务发展规模、经营区域、产品、竞争对手等情况，介绍与公司业务相关的宏观经济层面或外部经营环境的发展现状和变化趋势，以及公司的行业地位或区域市场地位的变动趋势。

（九）公司应当遵循重要性原则披露可能对公司未来发展战略和经营目标的实现产生不利影响的所有风险因素，公司应当针对自身特点进行风险揭示，披露的内容应当充分、准确、具体，应尽量采取定量的方式分析各风险因素对公司当期及未来经营业绩的影响。同时公司可以根据实际情况，介绍已（或拟）采取的措施，对策和措施应当具体并具备可操作性。

第二十三条 董事会应当说明报告期投资情况，包括：

（一）在报告期内，非公开定向募集资金或报告期之前非公开定向募集资金的使用延续到报告期内的，公司应披露有关投资项目的实际进度及收益情况，投资项目运营中可能出现的风险和重大不利变化；未达到计划进度和收益的，应解释原因；尚未使用非公开定向募集资金的用途；非公开定向募集资金用途发生变更的，应说明变更原因、是否已履行变更程序、新的用途、实际进度与收益情况；

（二）重大非募集资金投资项目的实际进度和收益情况；

（三）公司应当对持有的以公允价值计量的境内外基金、债券、信托产品、期货、金融衍生工具等金融资产的初始投资成本、资金来源、报告期内购入或售出情况、公允价值变动情况、对投资收益影响、风险状况、会计核算科目等进行披露。

第二十四条 董事会应当将报告期实际经营成果与股份转让说明书等文件或定期报告披露的盈利预测、有关计划或展望进行比较，说明完成预测或计划的进度情况。

第二十五条 公司对上年年度报告中披露的本年度经营计划做出修改的，应说明调整的内容。

第二十六条 董事会如果预测本期至下一报告期期末的净利润可能为亏损、实现扭亏为盈或者与上年同期相比发生大幅度变动，应当予以警示。

第二十七条 财务报告已经会计师事务所审计，并被出具非标准审计报告的，董事会应就所涉及的事项予以说明。

上年年度报告中的财务报告被注册会计师出具非标准审计报告的，董事会应就所涉及事项的变化及处理情况予以说明。

第二十八条 公司应当披露以前期间拟定、在报告期实施的利润分配方案、公积金转增股本方案或非公开定向增资方案的执行情况，以及现金分红政策的执行情况。如董事会在审议半年度报告时制定利润分配预案、公积金转增股本预案或非公开定向增资预案，以及现金分红预案的，应当披露预案的具体情况。

第四节 重要事项

第二十九条 公司应披露重大诉讼、仲裁事项。包括在报告期内发生及以前期间发生但持续到报告期的重大诉讼、仲裁事项，包括进展情况或审理结果，及对经营成果与财务状况的影响(包括由此产生的损益占报告期净利润的比例等)。对已经结案的重大诉讼、仲裁事项，还应说明其执行情况。如果以上诉讼、仲裁事项已在临时报告披露且无后续进展的，则可只披露事项概述，并提供临时报告披露网站链接。

如报告期内公司无重大诉讼、仲裁事项，应明确陈述“本期公司无重大诉讼、仲裁事项”。

第三十条 公司应当披露在报告期内发生及以前期间发生但持续到报告期的重大资产收购、出售及企业合并事项的简要情况及进程，说明上述事项对公司业务连续性、管理层稳定性的影响，对报告期经营成果与财务状况的影响，说明所涉及的金额及其占资产总额和利润总额的比例。

第三十一条 如有报告期内涉及股权激励方案的公司，应当披露股权激励方案的执行情况，包括实施股权激励方案所履行的相关程序及总体情况、股权激励基金提取及分配情况、股权激励股份来源情况、对激励对象的考核情况、对激励对象范围的调整情况、股权激励股份授予数量情况等，实施股权激励方案对公司报告期及未来财务状况和经营成果的影响，以及监管部门的审核、审批情况。

第三十二条 公司应当遵循如下规定，分类披露在报告期内发生的重大关联交易事项。若对于某一关联方，报告期内累计关联交易总额高于500万元且占公司最近一期经审计净资产值5%以上的，须披露关联交易方、交易内容、交易时间及披露时间等情况：

(一) 与日常经营相关的关联交易，至少应披露以下内容：关联交易方、交易内容、定价原则、交易价格、交易金额、占同类交易金额的比例、结算方式及关联交易事项对公司利润的影响。可以获得同类交易市场价格的，应披露市场参考价格，实际交易价格与市场参考价格差异较大的，应说明原因；关联方之间存在大额销货退回的，应予详细说明。

公司按类别对本公司当年度将发生的日常关联交易进行总金额预计的，应披露日常关联交易事项在报告期内的实际履行情况。

（二）资产收购、出售发生的关联交易，至少应披露以下内容：关联交易方、交易内容、定价原则、资产的账面价值、评估价值（若有）、市场公允价值（若有）、交易价格、结算方式，交易对公司经营成果与财务状况的影响情况。交易价格与账面价值、评估价值或市场公允价值差异较大的，应说明原因。

（三）公司与关联方存在非经营性债权债务往来、担保等事项的，应披露形成的原因及其对公司的影响。

（四）公司与关联方共同对外投资发生的关联交易，至少应披露以下内容：共同投资方、被投资企业的基本情况及业务范围、进展情况等。

（五）其他重大关联交易信息。

第三十三条　公司应当披露重大合同及其履行情况，包括（但不限于）：

（一）在报告期内发生或以前期间发生但延续到报告期的重大交易、托管、承包、租赁其他公司资产或其他公司托管、承包、租赁公司资产事项的信息，包括交易金额、期限以及对经营成果与财务状况的影响。

（二）在报告期内发生或以前期间发生但延续到报告期的重大担保合同信息，包括担保金额、担保期限、担保对象、担保类型（一般担保或连带责任担保）、担保的决策程序等。对于未到期担保合同，如有明显迹象表明可能承担连带清偿责任的担保事项，公司应予明确说明。

（三）在报告期内发生或以前期间发生但延续到报告期的重大委托他人进行现金资产管理的信息，包括受托人名称、委托金额、委托期限、报酬确定方式、实际收益、期末余额以及该项行为是否履行了必要的程序。

第三十四条　公司或持有公司股份5%以上（含5%）的股东及作为股东的董事、监事、高级管理人员在报告期内发生或以前期间发生但持续到报告期的承诺事项的，公司应当披露该承诺在报告期内的履行情况。

第三十五条　财务报告已经会计师事务所审计的，公司应当披露会计师事务所的名称、注册会计师的姓名以及审计费用。

更换会计师事务所的，公司应披露解聘原会计师事务所的原因，以及是否履行了必要的程序。

第三十六条 除上述第二十九条至三十五条规定之外，且已在前一定期报告或临时报告中披露过的在报告期内发生以及在以前期间发生但持续到报告期的其他重要事项信息，公司应当编制索引，注明有关事项的名称、有关报告刊载的媒体、日期及检索路径。其中，对多次发生的同类重大事项，公司应注明涉及金额的合计数。

第五节 股本变动和主要股东持股情况

第三十七条 公司应当披露报告期期末股东总数、报告期期末持有公司股份达5%以上（含5%）股东的全称、报告期内股份的增减变动及期末余额、无限售条件股份股东的持股情况、有限售条件股份变动情况，以及所持股份被质押、冻结或托管的情况。持股5%以上（含5%）的股东少于10名的，公司应披露至少前10名股东的持股情况。

如前10名股东所持股份中包括无限售条件股份、有限售条件股份，应分别披露其数额；如前10名股东之间存在关联关系或一致行动人的，应予以说明。

如果有投资者因定向增资成为前10名股东的，应予以说明，并披露约定持股期间的起止日期。

第三十八条 公司控股股东或实际控制人报告期内发生变化的，应当列明披露相关信息的指定媒体及日期。

第六节 董事、监事、高级管理人员情况

第三十九条 公司应当披露报告期内董事、监事、高级管理人员持有本公司股份、有限售条件股份数量的变动情况。

第四十条 公司应当披露报告期内董事、监事、高级管理人员的新聘或解聘情况及原因。

第七节 财 务 报 告

第四十一条 公司应当在半年度报告中披露比较式资产负债表、利润表、现金流量表、所有者权益变动表和财务报表附注。编制合并财务报表的公司，除提供合并财务报表外，还应提供母公司财务报表。

第四十二条 财务报告未经会计师事务所审计的，公司应当注明“未经审计”字样。财务报告经过审计的，若注册会计师出具标准审计报告，公司应明确说明注册会计师出具标准审计报告；若注册会计师出具非标准审计报告，公司应披露审计报告正文。

第八节 备查文件

第四十三条 公司应当披露备查文件的目录，包括：

（一）载有法定代表人签名的半年度报告文本；

（二）载有单位负责人、主管会计工作负责人、会计机构负责人签名并盖章（如设置总会计师，还须由总会计师签名并盖章）的财务报告文本；

（三）载有会计师事务所盖章、注册会计师签名并盖章的审计报告文本（如有）；

（四）报告期内在上海股交中心指定网站上公开披露过的所有文件的正本及公告的原稿；

（五）其他有关资料。

公司应当在办公场所备置上述文件的原件。当国家司法部门、有权监管部门或上海股交中心要求提供时，或股东依据法规或公司章程要求查阅时，公司应及时提供。

第三章 附 则

第四十四条 本指南解释权归属上海股交中心。

第四十五条 本指南的修订由上海股交中心负责。

全国中小企业股份转让系统
挂牌公司年度报告内容与格式指引(试行)

(2013年02月08日全国中小企业股份转让系统有限责任公司发布)

第一章 总 则

第一条 为规范挂牌公司年度报告的编制及披露行为,保护投资者合法权益,根据相关法律法规、《全国中小企业股份转让系统业务规则(试行)》(以下简称《业务规则》)及有关规定,制定本指引。

第二条 挂牌公司应当按照本指引的要求编制和披露年度报告。

第三条 本指引的规定是对挂牌公司年度报告信息披露的最低要求;凡公司认为对投资者决策有重大影响的信息,不论本指引是否有明确规定,公司均应当披露。

第四条 挂牌公司年度报告的全文应当遵循本指引第二章的要求进行编制和披露,年度报告摘要的内容应摘自年度报告正文,并按照附件的格式进行编制。

第五条 挂牌公司年度报告中的财务报告应经具有证券、期货相关业务资格的会计师事务所审计,审计报告须由该所至少两名注册会计师签字。

第六条 挂牌公司在编制年度报告时应遵循以下一般要求:

(一)年度报告中引用的数字应当采用阿拉伯数字,有关货币金额除特别说明外,通常指人民币金额,并以元、万元或亿元为单位。

(二)年度报告正文前可刊载宣传本公司的照片、图表或致投资者信,但不得刊登任何祝贺性、推荐性的词句、题字或照片,不得含有夸大、欺诈、误导或内容不准确、不客观的词句。

(三)年度报告中若涉及行业分类,可参照中国证监会有关上市公司行业分类的规定,亦可增加披露使用其它行业分类标准的数据、资料。

(四)年度报告披露内容应侧重说明本指引要求披露事项与公开转让说明

书或上一年度披露内容上的重大变化之处，如无变化，亦应说明。

第七条 全国股份转让系统公司对特殊行业公司信息披露另有规定的，公司应当遵循其规定。

行业主管部门对公司另有规定的，公司在编制和披露年度报告时应当遵循其规定。

第八条 由于国家机密、商业秘密等特殊原因导致本指引规定的某些信息不便披露的，挂牌公司可向全国股份转让系统公司申请豁免，经全国股份转让系统公司同意后，可以不予披露。公司应当在年度报告相关章节说明未按本准则要求进行披露的原因。

第二章 年度报告正文

第一节 重要提示、目录和释义

第九条 挂牌公司应在年度报告文本扉页刊登如下重要提示：公司董事会及其董事、监事会及其监事、公司高级管理人员保证本报告所载资料不存在任何虚假记载、误导性陈述或者重大遗漏，并对其内容的真实性、准确性和完整性承担个别及连带责任。

公司负责人、主管会计工作负责人及会计机构负责人（会计主管人员）应当声明并保证年度报告中财务报告的真实、完整。

如有董事、监事、高级管理人员对年度报告内容存在异议或无法保证其真实、准确、完整的，应当声明×××无法保证本报告内容的真实、准确、完整，并说明理由，请投资者特别关注。同时，单独列示未出席董事会审议年度报告的董事姓名及原因。

如执行审计的会计师事务所对公司出具了非标准审计报告，重要提示中应当声明×××会计师事务所为本公司出具了带强调事项段或其他事项段的无保留意见、保留意见、否定意见或无法表示意见的审计报告，本公司董事会、监事会对相关事项已有详细说明，请投资者注意阅读。

第十条 挂牌公司应当对可能造成投资者理解障碍以及具有特定含义的术语作出通俗易懂的解释，年度报告的释义应当在目录次页排印。

年度报告目录应当标明各章、节的标题及其对应的页码。

第十一条 挂牌公司应当在年度报告目录后单独刊登重大风险提示。公司对风险因素的描述应当围绕自身经营状况展开,遵循关联性原则和重要性原则,客观披露公司重大特有风险。公司应当重点说明与上一年度所提示重大风险的变化之处。

第二节 公司简介

第十二条 挂牌公司应当披露如下内容:

(一)公司的中文名称及简称,外文名称及缩写(如有)。

(二)公司的法定代表人。

(三)公司董事会秘书或信息披露事务负责人的姓名、联系地址、电话、传真、电子信箱。

(四)公司注册地址,公司办公地址及其邮政编码,公司网址、电子信箱。

(五)公司登载年度报告的指定信息披露平台的网址,公司年度报告备置地。

(六)公司股票公开转让场所,股票简称、股票代码及挂牌时间。

(七)公司年度内的注册变更情况,包括企业法人营业执照、税务登记、组织机构代码注册信息变更情况。

上述注册信息未发生变化的,可以简要索引说明。

(八)其他有关资料:公司聘请的年度内履行持续督导职责的主办券商的名称、办公地址;公司聘请的会计师事务所名称、办公地址及签字会计师姓名。

第三节 会计数据和财务指标摘要

第十三条 挂牌公司应采用数据列表方式,提供截至本年度末公司近2年的主要会计数据和财务指标,包括但不限于:总资产、归属于挂牌公司股东的净资产、营业收入、归属于挂牌公司股东的净利润、归属于挂牌公司股东的扣除非经常性损益后的净利润、经营活动产生的现金流量净额、净资产收益率、每股收益、归属于挂牌公司股东的每股净资产。

公司在披露“归属于挂牌公司股东的扣除非经常性损益后的净利润”时,应当同时说明本年度内非经常性损益的项目及金额。

第十四条 挂牌公司主要会计数据和财务指标的计算和披露应当遵循如下

要求：

（一）因会计政策变更及会计差错更正等追溯调整或重述以前年度会计数据的，应当同时披露调整前后的数据。

（二）编制合并财务报表的公司应当以合并财务报表数据填列或计算以上数据和指标。

（三）财务数据按照时间顺序自左至右排列，左起为本年度的数据，向右依次列示前一期的数据。

（四）对非经常性损益、净资产收益率和每股收益的确定和计算，中国证监会另有规定的，应当遵照执行。

第四节 管理层讨论与分析

第十五条 挂牌公司应结合挂牌公司财务报告进一步解释和分析公司本年度财务报表及附注中的重要历史信息，对本年度公司经营情况进行回顾。公司应对持续经营能力进行评价与说明。

公司可对下一年度的经营计划或目标进行说明。

第十六条 披露内容应具有充分的可靠性。分析中如引用第三方资料及数据，应注明来源及发布者，并判断第三方资料、数据是否拥有足够的权威性；公司自行整理编制的资料及数据，应说明，并注明编制依据。

披露内容应突出重要性，避免过多披露不重要的信息而掩盖重要信息。

第十七条 挂牌公司应回顾分析本年度内的主要经营情况，尤其应着重分析导致公司财务状况、经营成果、现金流量发生重大变化的事项或原因。分析内容包括但不限于：

（一）本年度内业务、产品或服务有关经营计划的实现情况；业务、产品或服务的重大变化及对公司经营情况的影响。

（二）本年度内行业发展、周期波动等情况；应说明行业发展因素、行业法律法规等的变动及对公司经营情况的影响。

（三）结合产品或服务、收入模式、成本结构、采购、生产或业务组织过程、销售、知识产权、研发、竞争、市场规模等因素及公司所掌握的内外部资源，说明公司的商业模式是否较公开转让说明书或上年度披露内容发生重大变化，并说明上述变化及对公司经营情况的影响。

（四）对财务报表中主要财务数据进行讨论、分析，可以采用逐年比较、数据列表或其他方式。对与上一年度相比变动达到或超过30％的重要财务数据或指标，公司应充分解释导致变动的原因，以便于投资者充分了解其财务状况、经营成果及未来变化情况。如本条规定披露的部分内容与财务报表附注相同的，公司可以建立相关查询索引，避免重复。内容包括但不限于：

1. 公司资产、负债构成（应收款项、存货、投资性房地产、长期股权投资、固定资产、在建工程、短期借款、长期借款等占总资产的比重）同比发生重大变动的，应当说明产生变化的主要影响因素。

2. 若公司的收入构成、利润构成和利润来源发生重大变动，应当详细说明具体变动情况及原因。

3. 结合公司现金流量表相关数据，说明公司经营活动、投资活动和筹资活动产生的现金流量的构成情况，若相关数据同比发生重大变动，公司应当分析主要影响因素。若本年度公司经营活动产生的现金流量与本年度净利润存在重大差异的，公司应当详细解释原因。

4. 主要控股子公司、参股公司经营情况及业绩分析。其中对于参股公司应当重点披露其与公司从事业务的关联性，并说明持有目的。

公司存在其控制的特殊目的主体时，应介绍公司对其控制权方式和内容，并说明从中可以获取的利益及承担的风险。

5. 本年度内及以前年度定向发行募集资金的使用情况。

6. 公司本年度财务报告被会计师事务所出具非标准意见审计报告的，董事会应当就所涉及事项作出说明。说明中应当明确说明非标准审计意见涉及事项是否违反企业会计准则及其相关信息披露规范性规定。

7. 公司作出会计政策、会计估计变更或重大会计差错更正的，应当披露变更、更正的原因及影响；涉及追溯调整或重述的，应当披露对以往各年度经营成果和财务状况的影响金额。

（五）公司在公开转让说明书中披露的经营计划或目标延续到本年度的，公司应对计划或目标的实施进度进行分析，实施进度与计划不符的，应说明原因。

上一年度披露年度经营计划的公司，应对经营计划的实现情况进行分析，与经营计划不符的，应说明原因。

第十八条 挂牌公司应当对持续经营能力进行评价。公司应分析并说明可能对公司持续经营能力有重大影响的事项。

第十九条 挂牌公司可对下一年度经营计划或目标进行说明。说明应当结合行业发展趋势、公司发展战略及其他可能影响经营计划或目标实现的不确定性因素展开。说明包括但不限于：

（一）行业发展趋势。公司可介绍与公司业务关联的宏观经济层面或行业环境层面的发展趋势、公司的行业地位或区域市场地位的变动趋势，并说明上述发展趋势对公司未来经营业绩和盈利能力的影响。

（二）公司发展战略。公司应披露公司发展战略或规划，以及拟开展的新业务、拟开发的新产品、拟投资的新项目等。若公司存在多种业务的，还应当说明各项业务的发展战略或规划。

（三）经营计划或目标。披露经营计划或目标的，公司应同时简要披露公司经营计划涉及的投资资金的来源、成本及使用情况。

披露计划或目标时应说明该经营计划并不构成对投资者的业绩承诺，提示投资者对此保持足够的风险意识，并且应当理解经营计划与业绩承诺之间的差异。

（四）不确定性因素。公司应遵循关联性原则和重要性原则披露对未来发展战略或经营计划有重大影响的不确定性因素并进行说明与分析。

第二十条 挂牌公司应当对公开转让说明书中披露的存续到本年度的风险因素、本年度较上一年度新增的风险因素进行逐一分析，说明其持续或产生的原因、对公司的影响及已经采取或拟采取的措施及风险管理效果。在分析影响程度时公司应当尽可能定量分析。

第五节 重要事项

第二十一条 挂牌公司应当披露本年度内发生的所有诉讼、仲裁事项涉及的累计金额，如果上述金额不超过本年度末净资产（经审计）绝对值10%的，可以免于披露。

已在上一年发生的以临时公告形式披露的，但尚未结案的重大诉讼、仲裁事项，公司应当披露案件进展情况、涉及金额、是否形成预计负债，以及对公司未来的影响；对已经结案的重大诉讼、仲裁事项，公司应当披露案件执行情况。

如本年度内无按照《全国中小企业股份转让系统挂牌公司信息披露细则》规定应当披露的重大诉讼、仲裁事项，应当明确说明“本年度公司无重大诉讼、仲裁事项”。

第二十二条 挂牌公司应当披露本年度内履行的及尚未履行完毕的对外担保合同(不包括对控股子公司担保)，包括担保金额、担保期限、担保对象、担保类型(一般担保或连带责任担保)、担保的决策程序等；对于未到期担保合同，如有明显迹象表明有可能承担连带清偿责任，应明确说明。

应当披露公司及其控股子公司为股东、实际控制人及其关联方提供担保的金额，公司直接或间接为资产负债率超过70%(不含本数)的被担保对象提供的债务担保金额，以及公司担保总额超过净资产50%(不含本数)部分的金额。

公司应当说明本年度是否存在违规担保的情形。

第二十三条 本年度内发生股东及其关联方以各种形式占用或者转移公司的资金、资产及其他资源的，挂牌公司应当说明发生原因及整改情况，其中发生控股股东、实际控制人及其关联方占用资金情形的，应当充分披露相关的决策程序，以及占用资金的期初金额、发生额、期末余额、占用资金原因、预计归还方式及时间。

如果不存在上述情形，公司应当予以明确说明。

第二十四条 挂牌公司应当披露本年度内日常性关联交易的预计及执行情况。

公司应当说明本年度内发生的偶发性关联交易的金额，与关联方的交易结算及资金回笼情况，并说明偶发性关联交易的必要性和持续性及对公司生产经营的影响。

第二十五条 挂牌公司应当披露本年度内经过股东大会审议过的收购及出售资产、对外投资，以及本年度内发生的企业合并事项的简要情况及进展，分析上述事项对公司业务连续性、管理层稳定性及其他方面的影响。

第二十六条 挂牌公司应披露股权激励计划的变动,及已披露股权激励计划在本年度的具体实施情况。

第二十七条 挂牌公司及其董事、监事、高级管理人员或股东、实际控制人及其他信息披露义务人如存在本年度或持续到本年度已披露的承诺,应当披露承诺的履行情况。

如果没有已披露承诺事项,公司亦应予以说明。

第二十八条 挂牌公司应披露本年度末资产(经审计)中被查封、扣押、冻结或者被抵押、质押的资产类别、发生原因、账面价值和累计值及其占总资产的比例,并说明对公司的影响。

第二十九条 公司及其董事、监事、高级管理人员、公司控股股东、实际控制人在报告期内存在受有权机关调查、司法纪检部门采取强制措施、被移送司法机关或追究刑事责任、中国证监会稽查、中国证监会行政处罚、证券市场禁入、认定为不适当人选,或收到对公司生产经营有重大影响的其他行政管理部门处罚及全国股份转让系统公司公开谴责的情形,应当说明原因及结论。

第三十条 若上述事项已在临时报告披露且后续实施无变化的,仅需披露该事项概述,并提供所披露的临时报告的相关查询索引。

第六节 股本变动及股东情况

第三十一条 挂牌公司应当披露本年度期初、期末的股本结构,并对股本变动及本年度内股份限售解除情况进行说明。

第三十二条 挂牌公司应当披露前十名股东、持股数量及占总股本比例、本年度内持股变动情况、本年度末持有的无限售股份数量,并对前十名股东相互间关系及持股变动情况进行说明。如所持股份中包括无限售条件股份、有限售条件股份,应当分别披露其数量。

第三十三条 挂牌公司如存在控股股东,应对控股股东进行介绍,内容包括但不限于:若控股股东为法人的,应当披露名称、单位负责人或法定代表人、成立日期、组织机构代码、注册资本;若控股股东为自然人的,应当披露其姓名、国籍、是否取得其他国家或地区居留权、职业经历。首次披露后控股股东上述信息没有变动时,可以索引披露。

第三十四条 挂牌公司应当比照第三十三条披露公司实际控制人的情况，并以方框图及文字的形式披露公司与实际控制人之间的产权和控制关系。实际控制人应当披露到自然人、国有资产管理部门，包括股东之间达成某种协议或安排的其他机构或自然人，以及以信托方式形成实际控制的情况。首次披露后实际控制人上述信息没有变动时，可以索引披露。

第七节 董事、监事、高级管理人员及核心员工情况

第三十五条 挂牌公司应当披露本年度内董事、监事、高级管理人员的变动情况。公司应当披露发生变更的董事、监事和高级管理人员的情况，内容包括但不限于：现任董事、监事、高级管理人员的姓名、性别、年龄、任期起止日期、职业经历、年初和年末持有本公司股份、本年度内股份增减变动量、持股比例、与股东之间的关系。

第三十六条 挂牌公司应披露包括核心技术团队或关键技术人员（非董事、监事、高级管理人员）在内的核心员工以及其他对公司有重大影响的人员变动情况，并说明变动对公司经营的影响及公司采取的应对措施。

第三十七条 挂牌公司应当披露母公司和主要子公司的员工情况，包括在职员工的数量、人员构成（如管理人员、生产人员、销售人员、技术人员、财务人员、行政人员等）、教育程度、员工薪酬政策、培训计划以及需公司承担费用的离退休职工人数。其中，人员构成和教育程度须以柱状图或饼状图等统计图表列示。

第八节 公司治理及内部控制

第三十八条 挂牌公司应当披露公司治理的基本状况，列示公司本年度内建立的各项公司治理制度，董事会应当对公司治理机制是否给所有股东提供合适的保护和平等权利等情况进行评估。

第三十九条 挂牌公司应当披露对公司治理的改进情况，包括来自控股股东及实际控制人以外的股东或其代表参与公司经营管理的情况，以及公司管理层是否引入职业经理人等情况。

第四十条 挂牌公司应当披露董事会下设专门委员会在本年度内履行职责时所提出的重要意见和建议（如有）。

第四十一条 监事会在本年度内的监督活动中发现挂牌公司存在风险的，公司应当披露监事会就有关风险的简要意见；否则，公司应当披露监事会对本年度内的监督事项无异议。

第四十二条 监事会应当对定期报告进行审核并提出书面审核意见，说明董事会对定期报告的编制和审核程序是否符合法律、行政法规、中国证监会及全国股份转让系统公司的规定和公司章程，报告的内容是否能够真实、准确、完整地反映公司实际情况。

第四十三条 挂牌公司应当就与控股股东或实际控制人在业务、人员、资产、机构、财务等方面存在的不能保证独立性、不能保持自主经营能力的情况进行说明。

第四十四条 挂牌公司应当对会计核算体系、财务管理和风险控制等重大内部管理制度进行评价，披露本年度内发现上述管理制度重大缺陷的具体情况，包括对缺陷的具体描述、缺陷对财务报告的潜在影响，已实施或拟实施的整改措施、时间、责任人及效果。

第四十五条 挂牌公司应当披露年度报告重大差错责任追究制度的建立与执行情况，披露董事会对有关责任人采取的问责措施及处理结果。

第九节 财务报告

第四十六条 挂牌公司的财务报告包括财务报表和其他应当在财务报告中披露的相关信息和资料。

第四十七条 财务报表包括挂牌公司年度末及其前一个年度末的比较式资产负债表、现金流量表、所有者权益（股东权益）变动表、比较式利润表及其附注。编制合并财务报表的公司，除提供合并财务报表外，还应提供母公司财务报表。

第四十八条 财务报表附注参照《公开发行证券的公司信息披露编报规则第15号——财务报告的一般规定》（2010年修订）的相关规定编制，由于国家机密、商业秘密等特殊原因导致上述规定的某些信息不便披露的，挂牌公司可依据第八条规定向全国股份转让系统公司申请豁免披露。

第十节 备查文件目录

第四十九条 挂牌公司应当披露备查文件的目录，包括：

（一）载有公司负责人、主管会计工作负责人、会计机构负责人（会计主管人员）签名并盖章的财务报表。

（二）载有会计师事务所盖章、注册会计师签名并盖章的审计报告原件。

（三）年度内在指定信息披露平台上公开披露过的所有公司文件的正本及公告的原稿。

公司应当在办公场所置备上述文件的原件。全国股份转让系统公司要求提供时，或股东依据法律、法规或公司章程要求查阅时，公司应当及时提供。

第三章　监管措施和违规处分

第五十条　挂牌公司及其董事、监事、高级管理人员、股东、实际控制人及其他相关信息披露义务人、律师、主办券商和其他证券服务机构违反本指引的，全国股份转让系统公司依据《业务规则》采取相应的监管措施或纪律处分。

第四章　附　　则

第五十一条　本指引由全国股份转让系统公司负责解释。

第五十二条　本指引自发布之日起施行。

全国中小企业股份转让系统
挂牌公司半年度报告内容与格式指引(试行)

(2013 年 06 月 26 日全国中小企业股份转让系统有限责任公司发布)

第一章　总　　则

第一条　为规范挂牌公司半年度报告的编制及披露行为,保护投资者合法权益,根据相关法律法规、《全国中小企业股份转让系统业务规则(试行)》(以下简称《业务规则》)及有关规定,制定本指引。

第二条　挂牌公司应当按照本指引的要求编制和披露半年度报告。挂牌公司半年度报告的编制应当按照附件《全国中小企业股份转让系统挂牌公司半年度报告内容与格式模板》的格式进行。

第三条　半年度报告的报告期是指年初至半年度期末。半年度报告中的财务报告可以不经审计,但中国证券监督管理委员会(以下简称"中国证监会")和全国中小企业股份转让系统有限责任公司(以下简称"全国股份转让系统公司")另有规定的除外。如需审计的,应当经过具有证券、期货相关业务资格的会计师事务所审计,有关审计报告由上述会计师事务所盖章及由两名或两名以上注册会计师签字盖章。

第四条　本指引是对挂牌公司半年度报告信息披露的最低要求;凡公司认为对投资者决策有重大影响的信息,不论本指引是否有明确规定,公司均应披露。

第五条　由于国家机密、商业秘密等特殊原因导致本指引规定的某些信息不便披露的,挂牌公司应当在登记预披露时间的同时向全国股份转让系统公司申请豁免披露,经全国股份转让系统公司同意后,可以不予披露。

第六条　挂牌公司在编制半年度报告时应遵循以下一般要求:

(一) 半年度报告中引用的数字应当采用阿拉伯数字,有关货币金额除特别说明外,通常指人民币金额,并以元、万元或亿元为单位。

（二）半年度报告中若涉及行业分类，可以参照中国证监会有关上市公司行业分类的规定；公司也可以增加披露适用其他行业分类标准的数据、资料。

第二章 格式与内容

第一节 格式要求

第七条 半年度报告应当包括封面、公司半年大事记、声明与提示、目录、正文及备查文件目录等内容。正文包括基本信息、财务信息和非财务信息。

第八条 半年度报告封面应当载明公司的名称、"半年度报告"的字样、报告期年份和证券代码，也可以载有公司标识、公司照片等。鼓励公司本着简洁、创新、展现个性的目的设计半年度报告封面。

第九条 半年度报告扉页应当载有以"公司半年大事记"为主题的信息。"公司半年大事记"可以报道公司报告期内的重要新闻、对公司有重大影响的事件、承担社会责任的实践活动、所处行业的重要资讯等信息，公司可以自行选择披露事件的数量和类型。如果所披露事件已经对外公布的，应注明援引何处。公司可以自选标题、刊载图片或者设计版式。

第十条 在声明与提示部分，挂牌公司应当刊载如下声明：公司董事会及其董事、监事会及其监事、公司高级管理人员保证本报告所载材料不存在任何虚假记载、误导性陈述或者重大遗漏，并对内容的真实性、准确性和完整性承担个别及连带责任。

如有董事、监事、高级管理人员对半年度报告中内容存在异议或无法保证其真实、准确、完整的，应当声明×××无法保证本报告内容的真实、准确、完整，并说明理由，请投资者特别关注。

公司负责人、主管会计工作负责人及会计机构负责人（会计主管人员）应当声明并保证半年度报告中财务信息的真实、完整。

第二节 基本信息

第十一条 基本信息包括公司概览、主要会计数据与关键指标、管理层讨论与分析三个部分。

第十二条 公司概览包括公司信息、联系人、运营概况和自愿披露四个部分。

（一）公司信息包括法定代表人、注册地址、办公地址、主办券商、会计师事务所（如有）。

（二）联系人包括董事会秘书或信息披露事务负责人的姓名、电话、传真、电子邮箱、联系地址。

（三）运营概况包括公司、股份公司成立时间、挂牌时间、行业分类、主要产品与服务项目、总股本、无限售条件的股份数量、控股股东、实际控制人及持股比例、截至报告期末的股东人数、截至报告期末的员工人数（包含子公司）、是否拥有高新技术企业资格、公司拥有的重要经营资质。

（四）在自愿披露部分，公司可以根据实际情况选择与企业经营关联性强、体现企业核心竞争力的信息进行披露，如企业拥有的各项专利技术、重要的合作伙伴、已完成的业务案例等。

第十三条 主要会计数据与关键指标包括盈利能力、偿债能力、营运情况、成长情况和自愿披露指标五个部分。挂牌公司应采用数据列表方式，提供截至报告期末和上年期末（或报告期和上年同期）的数据和指标。编制合并财务报表的公司应当以合并财务报表数据填列或计算以上数据和指标。

（一）盈利能力包括营业收入、毛利率、归属于挂牌公司股东的净利润、加权平均净资产收益率和基本每股收益。

（二）偿债能力包括总资产、归属于挂牌公司股东的每股净资产、资产负债率、流动比率和利息保障倍数。

（三）营运情况包括经营活动产生的现金流量净额、应收账款周转率和存货周转率。

（四）成长情况包括总资产增长率、营业收入增长率和净利润增长率。

（五）在自愿披露部分，公司可以选择与经营关联性强、体现企业核心竞争力的关键指标进行披露，例如市场份额、客户保持率、研发投入与当期营业收入比、新产品投资回报率等。自愿披露指标应有助于投资者判断企业经营状况，列示指标时应当说明计算的方法及所用数据的来源。

第十四条 挂牌公司应当结合财务报告及附注中的重要历史信息，对报告期内的经营情况进行回顾，尤其应着重分析导致公司财务状况、经营成果、现金流量发生重大变化的原因。分析中如引用第三方资料及数据，应注明来源。

（一）结合行业、产品与服务、客户、关键资源、销售渠道、收入模式等要素，简要说明公司的商业模式及是否较上年度发生重大变化。

（二）报告期内的财务状况、经营成果（如营业收入、营业利润、净利润）的实现、现金流量情况，相对于同期或上年度末的增长（下降）情况，年度经营计划（如有）在报告期内的执行情况，并结合行业波动、商业模式、企业季节性、周期性特征，详细分析变动的原因。

尤其应说明行业的发展情况、市场竞争、产品或服务重大变化与调整、重要研发项目的进展、核心团队与关键技术的变化、供应商和客户的变化、销售渠道变动、成本结构、收入模式变动、季节性、周期性特征等对于经营的影响情况。

（三）对公开转让说明书或年度报告中披露的存续到报告期的风险因素进行分析，回顾企业在报告期内经营管理上遇到的困难，例如政策变动、财务风险、客户投诉、成本提高、人才流失及研发失败等。分析报告期内企业通过何种措施来应对这些困难、改善企业经营，例如定向发行、并购重组、人才引进、研究开发以及公司治理改进等，分析其对于提升企业价值的影响。

第三节 财务信息

第十五条 财务信息包括财务报表和财务报表附注两个部分。财务报表及其附注未经会计师事务所审计的，挂牌公司应当注明“未经审计”字样。经会计师事务所审计的，若注册会计师出具标准审计报告，挂牌公司应当明确说明注册会计师出具标准审计报告；若注册会计师出具非标准审计报告，挂牌公司应当披露审计报告正文，并且董事会应当对涉及事项作出说明。

第十六条 财务报表包括比较式资产负债表、利润表和现金流量表。编制合并报表的公司，除提供合并财务报表外，还应提供母公司财务报表。

公司提供的财务报表中会计数据的填列应自左至右，最左侧为最近一期数据，表内各主要报表项目应标有注释编号，并与财务报表注释编号一致。

第十七条 半年度报告财务报表附注包括详情以及项目注释，应当以年初至报告期末为基础披露，详情应当至少包括以下信息：

（一）半年度报告所采用的会计政策与上年度财务报表是否一致。会计政策发生变更的，应当说明会计政策变更的性质、内容、原因及其影响数；无法追溯调整的，应当说明原因。

（二）半年度报告所采用的会计估计与上年度财务报表是否一致。会计估计发生变更的，应当说明会计估计变更的内容、原因及其影响数；影响数不能确定的，应当说明原因。

（三）是否存在前期差错更正。若存在前期差错更正，应当说明前期差错的性质及其更正金额；无法追溯调整的，应当说明原因。

（四）企业经营是否存在季节性或者周期性特征。若存在，应当说明季节性或者周期性特征的内容及其影响。

（五）合并财务报表的合并范围是否发生变化。若发生变化，应当说明变化的原因。

（六）是否存在需要根据《企业会计准则第 35 号——分部报告》规定披露分部报告的信息。若存在，应当披露主要报告形式的分部收入和分部利润（亏损）。

（七）是否存在半年度资产负债表日至半年度财务报告批准报出日之间的非调整事项。若存在，说明具体情况。

（八）上年度资产负债表日以后所发生的或有负债和或有资产是否发生变化。若变化，应当说明具体情况。

（九）重大的长期资产是否转让或者出售。若存在，说明具体情况。

（十）重大的固定资产和无形资产是否发生变化。若变化，说明具体情况。

（十一）是否存在重大的研究和开发支出。若存在，说明具体情况。

（十二）是否存在重大的资产减值损失。若存在，说明具体情况。

第十八条 具体的报表项目注释参照《公开发行证券的公司信息披露编报规则第 15 号——财务报告的一般规定》（2010 年修订）的规定编制。

第四节 非财务信息

第十九条 非财务信息包括重要事项，股东变动及股东情况，董事、监事、高级管理人员及核心员工情况三个部分。重要事项包括但不限于利润分配或公积金转增股本、定向发行、重大诉讼与仲裁、对外担保、资金占用、关联交易、收购、出售资产、对外投资、企业合并、资产权利受限情况、股权激励、承诺履行等。

第二十条 挂牌公司应披露报告期内实施的利润分配方案或公积金转增股本方案的执行情况，并说明是否存在已经批准但尚未实施的利润分配方案或公积金转增股本方案的情况。

第二十一条 挂牌公司应当披露报告期内进行的定向发行的基本情况，内容包括但不限于发行次数、发行股份总量、募集资金数量等。

第二十二条 挂牌公司应当披露报告期内发生的所有诉讼、仲裁事项的概况及涉及的累计金额，如果上述金额不超过报告期末净资产绝对值10%的，可以免于披露。以前年度发生并以临时公告形式披露，但尚未结案的重大诉讼、仲裁事项在报告期内存在重大进展的，公司应当披露案件进展情况；已经审结的重大诉讼、仲裁事项，公司应当披露报告期内案件的执行情况。

第二十三条 挂牌公司应当披露报告期内履行的及尚未履行完毕的对外担保合同（不包括对控股子公司担保），包括担保金额、担保期限、担保类型（一般担保或连带责任担保）等。

挂牌公司应当披露公司及其控股子公司为股东、实际控制人及其关联方提供担保的金额，公司直接或间接为资产负债率超过70%（不含本数）的被担保对象提供的债务担保金额，以及公司担保总额超过净资产50%（不含本数）部分的金额。公司还应当说明报告期内是否存在违规担保的情形。

第二十四条 挂牌公司应当披露报告期内发生并持续到报告期的股东及其关联方以各种形式占用或者转移公司资金、资产及其他资源的情形，应当说明发生的原因及整改情况，其中发生控股股东、实际控制人及其关联方占用资金情形的，应当充分披露相关的决策程序，预计归还方式及时间。

第二十五条 挂牌公司应当披露报告期内日常性关联交易的执行情况。同时说明报告期内发生的偶发性关联交易的金额、履行的程序，并说明偶发性关联交易的必要性和持续性及对公司生产经营的影响。

第二十六条 挂牌公司应当披露报告期内经股东大会审议通过的收购及出售资产、对外投资情况，以及报告期内发生的企业合并事项的简要情况及进展，并分析上述事项对公司业务持续性、管理层稳定性及其他方面的影响。

第二十七条 挂牌公司应披露报告期末资产中被查封、扣押、冻结或者被抵押、质押的资产类别、账面价值和累计值及其占总资产的比例。

第二十八条 挂牌公司应披露报告期内通过的股权激励计划、以前年度通过的股权激励计划是否存在变动情况，并说明已披露的股权激励计划在报告期内的实施情况。

第二十九条 挂牌公司及其董事、监事、高级管理人员或股东、实际控制人及其他信息披露义务人如存在报告期内或持续到报告期已披露的承诺，应当披露承诺的履行情况。

第三十条 挂牌公司应当披露报告期期初、期末的股本结构；报告期期末前十名股东持股情况，并对前十名股东相互间关系及持股变动情况进行说明。

挂牌公司应当披露控股股东和实际控制人情况，并对控股股东和实际控制人的变动情况进行说明。

第三十一条 挂牌公司应当披露报告期内董事、监事、高级管理人员的职务、性别、任期及持股情况。

挂牌公司应当披露报告期内董事、监事、高级管理人员及核心员工的变动情况，说明变动对公司经营的影响。

第五节 备查文件目录

第三十二条 挂牌公司应当披露备查文件的目录，内容包括：

（一）载有公司负责人、主管会计工作负责人、会计机构负责人（会计主管人员）签名并盖章的财务报表。

（二）载有会计师事务所盖章、注册会计师签名并盖章的审计报告原件（如有）。

（三）报告期内在指定网站上公开披露过的所有公司文件的正本及公告的原稿。

公司应当在办公场所备置上述文件的原件。全国股份转让系统公司要求提供时，或股东依据法律、法规或公司章程要求查阅时，公司应当及时提供。

第三章 监管措施和违规处分

第三十三条 挂牌公司及其董事、监事、高级管理人员、股东、实际控制人及其他相关信息披露义务人、律师、主办券商和其他证券服务机构违反本指引的，全国股份转让系统公司依据《业务规则》采取相应的监管措施或纪律处分。

第四章　附　　则

第三十四条　本指引包括附件《全国中小企业股份转让系统挂牌公司半年度报告内容与格式模板》。

第三十五条　本指引由全国股份转让系统公司负责解释。

第三十六条　本指引自发布之日起施行。

全国中小企业股份转让系统
挂牌公司持续信息披露业务指南(试行)

(2013 年 07 月 10 日全国中小企业股份转让系统有限责任公司发布,
2014 年 12 月 31 日修改)

为规范挂牌公司、主办券商及其他信息披露义务人的信息披露业务办理,根据相关法律法规、《全国中小企业股份转让系统业务规则(试行)》(以下简称《业务规则》)及《全国中小企业股份转让系统挂牌公司信息披露细则(试行)》(以下简称《信息披露细则》)等有关规定,制定本指南。

持续信息披露业务通过全国中小企业股份转让系统业务支持平台信息披露系统(以下简称"信息披露系统")实现披露文件的电子化填写与报送,信息披露系统由信息披露文件编制端(以下简称"编制端")和信息披露文件报送端(以下简称"报送端")组成。

挂牌公司应当通过编制端编制披露文件;主办券商使用"全国中小企业股份转让系统数字证书"(以下简称"数字证书")通过报送端报送披露文件。数字证书是主办券商登录报送端的身份证明,使用数字证书在报送端进行的操作行为均代表主办券商的行为,主办券商承担相应法律责任;信息披露系统在规定的时间段中将披露文件自动发送至全国中小企业股份转让系统指定信息披露平台(以下简称"信息披露平台")。

一、挂牌公司编制披露文件并报主办券商审查

(一) 挂牌公司董事会秘书或者信息披露事务负责人应按照《业务规则》《信息披露细则》《全国中小企业股份转让系统挂牌公司年度报告内容与格式指引(试行)》《全国中小企业股份转让系统挂牌公司半年度报告内容与格式指引(试行)》和《全国中小企业股份转让系统临时公告格式模板》等规定,在编制端使用信息披露文件编制工具填写披露内容,生成信息披露文件。编制工具里没有明确给出模板的临时报告，由挂牌公司根据有关规定自行编制。

挂牌公司在使用编制工具完成信息披露文件编制工作后，应当对编制工具生成的信息披露文件内容的真实性、准确性、完整性进行核查，确保不存在虚假记载、误导性陈述或者重大遗漏，并对其真实性、准确性、完整性承担相应的法律责任。

（二）挂牌公司将编制好的信息披露文件及备查文件送达主办券商。一般情况下，上述材料包括加盖董事会章的信息披露纸质文件及相应电子文件，其中电子文件包括定期报告或临时报告正文及相应 XBRL 文件（自行编制的除外）。

（三）进行定期报告披露的，挂牌公司应与主办券商商定披露日期。主办券商通过报送端的电子化预约功能协助挂牌公司完成披露时间的预约。特殊原因需变更披露预约时间的，主办券商应协助挂牌公司在原预约披露日 5 个转让日前通过报送端进行修改；在 5 个转让日内需要变更预约披露时间的，挂牌公司还应发布《关于变更××年度（半年度）报告披露日期的提示性公告》。

信息披露系统根据均衡披露原则，限制每日预约量以及修改次数。预计披露日期、变更情况及最终披露日期将在信息披露平台上公布。

（四）挂牌公司申请豁免披露涉及国家机密或商业秘密的信息，应通过主办券商向全国中小企业股份转让系统有限责任公司（以下简称“全国股转公司”）申请并提出豁免披露的充分依据。豁免定期报告相关信息披露的，主办券商应协助挂牌公司在申报预约披露日期的同时通过报送端申请；豁免临时报告披露的，应及时在线下向全国股转公司提出申请。

二、主办券商事前审查并上传至信息披露系统

（一）主办券商对拟披露的信息披露文件进行事前审查，发现拟披露的信息披露文件与全国股转系统相关规定不符的，主办券商应与挂牌公司沟通，了解相关情况，督导挂牌公司进行更正或补充，直至符合全国股转系统有关规定的要求。拟披露的信息披露文件存在虚假记载、误导性陈述或重大遗漏的，主办券商应要求挂牌公司及时改正，挂牌公司拒不改正的，主办券商应通过报送端向全国股转公司报告，并在挂牌公司信息披露文件披露当日同时发布风险揭示公告。

主办券商对年度报告进行事前审查中，如发现挂牌公司的财务报告被出具了否定意见或者无法表达意见的审计报告，或期末净资产为负值，或全国股转系统规定的其他情形的，主办券商应通过报送端向全国股转公司报告。

（二）主办券商事前审查后，无论是否有异议，均应通过报送端将信息披露文件正文（PDF格式）及XBRL文件（自行编制的除外）上传至信息披露系统；主办券商如有异议的应按本条第（一）项的规定执行。

主办券商最迟应在披露日20:00前完成事前审查并上传。信息披露文件一经上传将不可撤回。

三、信息披露系统将信息披露文件发送至信息披露平台

（一）主办券商在转让日15:30前提交信息披露文件，且拟披露日期为当日的，信息披露系统于当日15:30后自动将信息披露文件发送至信息披露平台披露。

（二）主办券商在转让日15:30后提交信息披露文件，且拟披露日期为当日的，信息披露系统自动将信息披露文件发送至信息披露平台披露。

四、信息披露文件披露后的审查和处理

（一）更正或补充公告的处理

全国股转公司监管人员在信息披露系统上对信息披露文件进行审查，若发现信息披露文件不符合全国股转系统信息披露有关规定，或信息披露文件存在重大错误或遗漏的，将通过信息披露系统向主办券商发送反馈意见。主办券商对有关问题核实后应及时通过信息披露系统向全国股转公司进行回复。

信息披露文件在信息披露平台披露后，如因错误或遗漏需要更正或补充的，挂牌公司需发布更正或补充公告，并重新披露相关信息披露文件，原已披露的信息披露文件不做撤销。

（二）撤销或替换公告的处理

已披露的信息披露文件不得撤销或替换。

（三）补发公告的处理

挂牌公司不能按照规定的时间披露信息披露文件，或发现存在应当披露但尚未披露的信息披露文件的，挂牌公司应发布补发公告并补发信息披露文件。

全国股转公司若发现挂牌公司存在应披露但未披露信息披露文件的，通知主办券商督促挂牌公司发布补发公告并补发信息披露文件。

五、信息披露文件无法正常披露的处理

主办券商通过报送端完成信息披露文件的提交后，应及时查看信息披露文件是否在本指南第三条规定的时间段中成功披露至信息披露平台。如发现信息披露文件无法在规定的时间段中成功披露的，主办券商应立即向全国股转公司报告，经全国股转公司确认后进行处理。

第六编　监 管 制 度

第一章 法规规章总则

国务院关于清理整顿各类交易场所切实防范金融风险的决定

（2011 年 11 月 11 日发布）

各省、自治区、直辖市人民政府，国务院各部委、各直属机构：

近年来，一些地区为推进权益（如股权、产权等）和商品市场发展，陆续批准设立了一些从事产权交易、文化艺术品交易和大宗商品中远期交易等各种类型的交易场所（以下简称“交易场所”）。由于缺乏规范管理，在交易场所设立和交易活动中违法违规问题日益突出，风险不断暴露，引起了社会广泛关注。为防范金融风险，规范市场秩序，维护社会稳定，现作出如下决定：

一、高度重视各类交易场所违法交易活动蕴藏的风险

交易场所是为所有市场参与者提供平等、透明交易机会，进行有序交易的平台，具有较强的社会性和公开性，需要依法规范管理，确保安全运行。其中，证券和期货交易更是具有特殊的金融属性和风险属性，直接关系到经济金融安全和社会稳定，必须在经批准的特定交易场所，遵循严格的管理制度规范进行。目前，一些交易场所未经批准违法开展证券期货交易活动；有的交易场所管理不规范，存在严重投机和价格操纵行为；个别交易场所股东直接参与买卖，甚至发生管理人员侵吞客户资金、经营者卷款逃跑等问题。这些问题如发展蔓延下去，极易引发系统性、区域性金融风险，甚至影响社会稳定，必须及早采取措施坚决予以纠正。

各地人民政府和国务院有关部门要统一认识，高度重视各类交易场所存在的违法违规问题，从维护市场秩序和社会稳定的大局出发，切实做好清理整顿各类交易场所和规范市场秩序的各项工作。各类交易场所要建立健全规章制度，严格遵守信息披露、公平交易和风险管理等各项规定。建立与风险承受能力、投资知识和经验相适应的投资者管理制度，提高投资者风险意识和辨别能力，切实保护投资者合法权益。

二、建立分工明确、密切协作的工作机制

为加强对清理整顿交易场所和规范市场秩序工作的组织领导，形成既有分工又相互配合的监管机制，建立由证监会牵头，有关部门参加的“清理整顿各类交易场所部际联席会议”(以下简称“联席会议”)制度。联席会议的主要任务是，统筹协调有关部门和省级人民政府清理整顿违法证券期货交易工作，督导建立对各类交易场所和交易产品的规范管理制度，完成国务院交办的其他事项。联席会议日常办事机构设在证监会。

联席会议不代替国务院有关部门和省级人民政府的监管职责。对经国务院或国务院金融管理部门批准设立从事金融产品交易的交易场所，由国务院金融管理部门负责日常监管。其他交易场所均由省级人民政府按照属地管理原则负责监管，并切实做好统计监测、违规处理和风险处置工作。联席会议及相关部门和省级人民政府要及时沟通情况，加强协调配合，齐心协力做好各类交易场所清理整顿和规范工作。

三、健全管理制度、严格管理程序

自本决定下发之日起，除依法设立的证券交易所或国务院批准的从事金融产品交易的交易场所外，任何交易场所均不得将任何权益拆分为均等份额公开发行，不得采取集中竞价、做市商等集中交易方式进行交易；不得将权益按照标准化交易单位持续挂牌交易，任何投资者买入后卖出或卖出后买入同一交易品种的时间间隔不得少于 5 个交易日；除法律、行政法规另有规定外，权益持有人累计不得超过 200 人。

除依法经国务院或国务院期货监管机构批准设立从事期货交易的交易场所

外，任何单位一律不得以集中竞价、电子撮合、匿名交易、做市商等集中交易方式进行标准化合约交易。

从事保险、信贷、黄金等金融产品交易的交易场所，必须经国务院相关金融管理部门批准设立。

为规范交易场所名称，凡使用“交易所”字样的交易场所，除经国务院或国务院金融管理部门批准的外，必须报省级人民政府批准；省级人民政府批准前，应征求联席会议意见。未按上述规定批准设立或违反上述规定在名称中使用“交易所”字样的交易场所，工商部门不得为其办理工商登记。

四、稳妥推进清理整顿工作

各省级人民政府要立即成立领导小组，建立工作机制，根据法律、行政法规和本决定的要求，按照属地管理原则，对本地区各类交易场所，进行一次集中清理整顿，其中重点是坚决纠正违法证券期货交易活动，并采取有效措施确保投资者资金安全和社会稳定。对从事违法证券期货交易活动的交易场所，严禁以任何方式扩大业务范围，严禁新增交易品种，严禁新增投资者，并限期取消或结束交易活动；未经批准在交易场所名称中使用“交易所”字样的交易场所，应限期清理规范。清理整顿期间，不得设立新的开展标准化产品或合约交易的交易场所。各省级人民政府要尽快制定清理整顿工作方案，于 2011 年 12 月底前报国务院备案。

联席会议要切实负起责任，加强组织指导和督促检查，切实推动清理整顿工作有效、有序开展。商务部要在联席会议工作机制下，负责对大宗商品中远期交易市场清理整顿工作的监督、检查和指导，抓紧制定大宗商品交易市场管理办法，确保大宗商品中远期交易市场有序回归现货市场。联席会议各有关部门要按照职责分工，加强沟通，相互配合，相互支持，尽职尽责做好工作。金融机构不得为违法证券期货交易活动提供承销、开户、托管、资金划转、代理买卖、投资咨询、保险等服务；已提供服务的金融机构，要及时开展自查自清，做好善后工作。

国务院关于进一步促进资本市场健康发展的若干意见

（2014年05月08日发布）

各省、自治区、直辖市人民政府，国务院各部委、各直属机构：

进一步促进资本市场健康发展，健全多层次资本市场体系，对于加快完善现代市场体系、拓宽企业和居民投融资渠道、优化资源配置、促进经济转型升级具有重要意义。20多年来，我国资本市场快速发展，初步形成了涵盖股票、债券、期货的市场体系，为促进改革开放和经济社会发展作出了重要贡献。但总体上看，我国资本市场仍不成熟，一些体制机制性问题依然存在，新情况新问题不断出现。为深入贯彻党的十八大和十八届二中、三中全会精神，认真落实党中央和国务院的决策部署，实现资本市场健康发展，现提出以下意见。

一、总体要求

（一）指导思想。

高举中国特色社会主义伟大旗帜，以邓小平理论、“三个代表”重要思想、科学发展观为指导，贯彻党中央和国务院的决策部署，解放思想，改革创新，开拓进取。坚持市场化和法治化取向，维护公开、公平、公正的市场秩序，维护投资者特别是中小投资者合法权益。紧紧围绕促进实体经济发展，激发市场创新活力，拓展市场广度深度，扩大市场双向开放，促进直接融资与间接融资协调发展，提高直接融资比重，防范和分散金融风险。推动混合所有制经济发展，完善现代企业制度和公司治理结构，提高企业竞争能力，促进资本形成和股权流转，更好发挥资本市场优化资源配置的作用，促进创新创业、结构调整和经济社会持续健康发展。

（二）基本原则。

资本市场改革发展要从我国国情出发，积极借鉴国际经验，遵循以下原则：

一是处理好市场与政府的关系。尊重市场规律，依据市场规则、市场价格、市场竞争实现效益最大化和效率最优化，使市场在资源配置中起决定性作用。

同时，更好发挥政府作用，履行好政府监管职能，实施科学监管、适度监管，创造公平竞争的市场环境，保护投资者合法权益，有效维护市场秩序。

二是处理好创新发展与防范风险的关系。以市场为导向、以提高市场服务能力和效率为目的，积极鼓励和引导资本市场创新。同时，强化风险防范，始终把风险监测、预警和处置贯穿于市场创新发展全过程，牢牢守住不发生系统性、区域性金融风险的底线。

三是处理好风险自担与强化投资者保护的关系。加强投资者教育，引导投资者培育理性投资理念，自担风险、自负盈亏，提高风险意识和自我保护能力。同时，健全投资者特别是中小投资者权益保护制度，保障投资者的知情权、参与权、求偿权和监督权，切实维护投资者合法权益。

四是处理好积极推进与稳步实施的关系。立足全局、着眼长远，坚定不移地积极推进改革。同时，加强市场顶层设计，增强改革措施的系统性、针对性、协同性，把握好改革的力度、节奏和市场承受程度，稳步实施各项政策措施，着力维护资本市场平稳发展。

（三）主要任务。

加快建设多渠道、广覆盖、严监管、高效率的股权市场，规范发展债券市场，拓展期货市场，着力优化市场体系结构、运行机制、基础设施和外部环境，实现发行交易方式多样、投融资工具丰富、风险管理功能完备、场内场外和公募私募协调发展。到 2020 年，基本形成结构合理、功能完善、规范透明、稳健高效、开放包容的多层次资本市场体系。

二、发展多层次股票市场

（四）积极稳妥推进股票发行注册制改革。建立和完善以信息披露为中心的股票发行制度。发行人是信息披露第一责任人，必须做到言行与信息披露的内容一致。发行人、中介机构对信息披露的真实性、准确性、完整性、充分性和及时性承担法律责任。投资者自行判断发行人的盈利能力和投资价值，自担投资风险。逐步探索符合我国实际的股票发行条件、上市标准和审核方式。证券监管部门依法监管发行和上市活动，严厉查处违法违规行为。

（五）加快多层次股权市场建设。强化证券交易所市场的主导地位，充分发挥证券交易所的自律监管职能。壮大主板、中小企业板市场,创新交易机制,丰富交易品种。加快创业板市场改革,健全适合创新型、成长型企业发展的制度安排。增加证券交易所市场内部层次。加快完善全国中小企业股份转让系统,建立小额、便捷、灵活、多元的投融资机制。在清理整顿的基础上,将区域性股权市场纳入多层次资本市场体系。完善集中统一的登记结算制度。

(六)提高上市公司质量。引导上市公司通过资本市场完善现代企业制度,建立健全市场化经营机制,规范经营决策。督促上市公司以投资者需求为导向,履行好信息披露义务,严格执行企业会计准则和财务报告制度,提高财务信息的可比性,增强信息披露的有效性。促进上市公司提高效益,增强持续回报投资者能力,为股东创造更多价值。规范上市公司控股股东、实际控制人行为,保障公司独立主体地位,维护各类股东的平等权利。鼓励上市公司建立市值管理制度。完善上市公司股权激励制度,允许上市公司按规定通过多种形式开展员工持股计划。

(七)鼓励市场化并购重组。充分发挥资本市场在企业并购重组过程中的主渠道作用,强化资本市场的产权定价和交易功能,拓宽并购融资渠道,丰富并购支付方式。尊重企业自主决策,鼓励各类资本公平参与并购,破除市场壁垒和行业分割,实现公司产权和控制权跨地区、跨所有制顺畅转让。

(八)完善退市制度。构建符合我国实际并有利于投资者保护的退市制度,建立健全市场化、多元化退市指标体系并严格执行。支持上市公司根据自身发展战略,在确保公众投资者权益的前提下以吸收合并、股东收购、转板等形式实施主动退市。对欺诈发行的上市公司实行强制退市。明确退市公司重新上市的标准和程序。逐步形成公司进退有序、市场转板顺畅的良性循环机制。

三、规范发展债券市场

(九)积极发展债券市场。完善公司债券公开发行制度。发展适合不同投资者群体的多样化债券品种。建立健全地方政府债券制度。丰富适合中小微企业的债券品种。统筹推进符合条件的资产证券化发展。支持和规范商业银行、证券经营机构、保险资产管理机构等合格机构依法开展债券承销业务。

(十)强化债券市场信用约束。规范发展债券市场信用评级服务。完善发行人信息披露制度，提高投资者风险识别能力，减少对外部评级的依赖。建立债券发行人信息共享机制。探索发展债券信用保险。完善债券增信机制，规范发展债券增信业务。强化发行人和投资者的责任约束，健全债券违约监测和处置机制，支持债券持有人会议维护债权人整体利益，切实防范道德风险。

（十一）深化债券市场互联互通。在符合投资者适当性管理要求的前提下，完善债券品种在不同市场的交叉挂牌及自主转托管机制，促进债券跨市场顺畅流转。鼓励债券交易场所合理分工、发挥各自优势。促进债券登记结算机构信息共享、顺畅连接，加强互联互通。提高债券市场信息系统、市场监察系统的运行效率，逐步强化对债券登记结算体系的统一管理，防范系统性风险。

（十二）加强债券市场监管协调。充分发挥公司信用类债券部际协调机制作用，各相关部门按照法律法规赋予的职责，各司其职，加强对债券市场准入、信息披露和资信评级的监管，建立投资者保护制度，加大查处债券市场虚假陈述、内幕交易、价格操纵等各类违法违规行为的力度。

四、培育私募市场

（十三）建立健全私募发行制度。建立合格投资者标准体系，明确各类产品私募发行的投资者适当性要求和面向同一类投资者的私募发行信息披露要求，规范募集行为。对私募发行不设行政审批，允许各类发行主体在依法合规的基础上，向累计不超过法律规定特定数量的投资者发行股票、债券、基金等产品。积极发挥证券中介机构、资产管理机构和有关市场组织的作用，建立健全私募产品发行监管制度，切实强化事中事后监管。建立促进经营机构规范开展私募业务的风险控制和自律管理制度安排，以及各类私募产品的统一监测系统。

（十四）发展私募投资基金。按照功能监管、适度监管的原则，完善股权投资基金、私募资产管理计划、私募集合理财产品、集合资金信托计划等各类私募投资产品的监管标准。依法严厉打击以私募为名的各类非法集资活动。完善扶持创业投资发展的政策体系，鼓励和引导创业投资基金支持中小微企业。研究制定保险资金投资创业投资基金的相关政策。完善围绕创新链需要的科技金融服务体系，创新科技金融产品和服务，促进战略性新兴产业发展。

五、推进期货市场建设

（十五）发展商品期货市场。以提升产业服务能力和配合资源性产品价格形成机制改革为重点，继续推出大宗资源性产品期货品种，发展商品期权、商品指数、碳排放权等交易工具，充分发挥期货市场价格发现和风险管理功能，增强期货市场服务实体经济的能力。允许符合条件的机构投资者以对冲风险为目的使用期货衍生品工具，清理取消对企业运用风险管理工具的不必要限制。

（十六）建设金融期货市场。配合利率市场化和人民币汇率形成机制改革，适应资本市场风险管理需要，平稳有序发展金融衍生产品。逐步丰富股指期货、股指期权和股票期权品种。逐步发展国债期货，进一步健全反映市场供求关系的国债收益率曲线。

六、提高证券期货服务业竞争力

（十七）放宽业务准入。实施公开透明、进退有序的证券期货业务牌照管理制度，研究证券公司、基金管理公司、期货公司、证券投资咨询公司等交叉持牌，支持符合条件的其他金融机构在风险隔离基础上申请证券期货业务牌照。积极支持民营资本进入证券期货服务业。支持证券期货经营机构与其他金融机构在风险可控前提下以相互控股、参股的方式探索综合经营。

（十八）促进中介机构创新发展。推动证券经营机构实施差异化、专业化、特色化发展，促进形成若干具有国际竞争力、品牌影响力和系统重要性的现代投资银行。促进证券投资基金管理公司向现代资产管理机构转型，提高财富管理水平。推动期货经营机构并购重组，提高行业集中度。支持证券期货经营机构拓宽融资渠道，扩大业务范围。在风险可控前提下，优化客户交易结算资金存管模式。支持证券期货经营机构、各类资产管理机构围绕风险管理、资本中介、投资融资等业务自主创设产品。规范发展证券期货经营机构柜台业务。对会计师事务所、资产评估机构、评级增信机构、法律服务机构开展证券期货相关服务强化监督，提升证券期货服务机构执业质量和公信力，打造功能齐备、分工专业、服务优质的金融服务产业。

（十九）壮大专业机构投资者。支持全国社会保障基金积极参与资本市场投资,支持社会保险基金、企业年金、职业年金、商业保险资金、境外长期资金等机构投资者资金逐步扩大资本市场投资范围和规模。推动商业银行、保险公司等设立基金管理公司,大力发展证券投资基金。

（二十）引导证券期货互联网业务有序发展。建立健全证券期货互联网业务监管规则。支持证券期货服务业、各类资产管理机构利用网络信息技术创新产品、业务和交易方式。支持有条件的互联网企业参与资本市场,促进互联网金融健康发展,扩大资本市场服务的覆盖面。

七、扩大资本市场开放

（二十一）便利境内外主体跨境投融资。扩大合格境外机构投资者、合格境内机构投资者的范围,提高投资额度与上限。稳步开放境外个人直接投资境内资本市场,有序推进境内个人直接投资境外资本市场。建立健全个人跨境投融资权益保护制度。在符合外商投资产业政策的范围内,逐步放宽外资持有上市公司股份的限制,完善对收购兼并行为的国家安全审查和反垄断审查制度。

（二十二）逐步提高证券期货行业对外开放水平。适时扩大外资参股或控股的境内证券期货经营机构的经营范围。鼓励境内证券期货经营机构实施“走出去”战略,增强国际竞争力。推动境内外交易所市场的连接,研究推进境内外基金互认和证券交易所产品互认。稳步探索B股市场改革。

（二十三）加强跨境监管合作。完善跨境监管合作机制,加大跨境执法协查力度,形成适应开放型资本市场体系的跨境监管制度。深化与香港、澳门特别行政区和台湾地区的监管合作。加强与国际证券期货监管组织的合作,积极参与国际证券期货监管规则制定。

八、防范和化解金融风险

（二十四）完善系统性风险监测预警和评估处置机制。建立健全宏观审慎管理制度。逐步建立覆盖各类金融市场、机构、产品、工具和交易结算行为的风险监测监控平台。完善风险管理措施,及时化解重大风险隐患。加强涵盖资本市场、货币市场、信托理财等领域的跨行业、跨市场、跨境风险监管。

（二十五）健全市场稳定机制。资本市场稳定关系经济发展和社会稳定大局。各地区、各部门在出台政策时要充分考虑资本市场的敏感性，做好新闻宣传和舆论引导工作。完善市场交易机制，丰富市场风险管理工具。建立健全金融市场突发事件快速反应和处置机制。健全稳定市场预期机制。

（二十六）从严查处证券期货违法违规行为。加强违法违规线索监测，提升执法反应能力。严厉打击证券期货违法犯罪行为。完善证券期货行政执法与刑事司法的衔接机制，深化证券期货监管部门与公安司法机关的合作。进一步加强执法能力，丰富行政调查手段，大幅改进执法效率，提高违法违规成本，切实提升执法效果。

（二十七）推进证券期货监管转型。加强全国集中统一的证券期货监管体系建设，依法规范监管权力运行，减少审批、核准、备案事项，强化事中事后监管，提高监管能力和透明度。支持市场自律组织履行职能。加强社会信用体系建设，完善资本市场诚信监管制度，强化守信激励、失信惩戒机制。

九、营造资本市场良好发展环境

（二十八）健全法规制度。推进证券法修订和期货法制定工作。出台上市公司监管、私募基金监管等行政法规。建立健全结构合理、内容科学、层级适当的法律实施规范体系，整合清理现行规章、规范性文件，完善监管执法实体和程序规则。重点围绕调查与审理分离、日常监管与稽查处罚协同等关键环节，积极探索完善监管执法体制和机制。配合完善民事赔偿法律制度，健全操纵市场等犯罪认定标准。

（二十九）坚决保护投资者特别是中小投资者合法权益。健全投资者适当性制度，严格投资者适当性管理。完善公众公司中小投资者投票和表决机制，优化投资者回报机制，健全多元化纠纷解决和投资者损害赔偿救济机制。督促证券投资基金等机构投资者参加上市公司业绩发布会，代表公众投资者行使权利。

（三十）完善资本市场税收政策。按照宏观调控政策和税制改革的总体方向，统筹研究有利于进一步促进资本市场健康发展的税收政策。

（三十一）完善市场基础设施。加强登记、结算、托管等公共基础设施建设。实现资本市场监管数据信息共享。推进资本市场信息系统建设，提高防范网络攻击、应对重大灾难与技术故障的能力。

（三十二）加强协调配合。健全跨部门监管协作机制。加强中小投资者保护工作的协调合作。各地区、各部门要加强与证券期货监管部门的信息共享与协同配合。出台支持资本市场扩大对外开放的外汇、海关监管政策。地方人民政府要规范各类区域性交易场所，打击各种非法证券期货活动，做好区域内金融风险防范和处置工作。

（三十三）规范资本市场信息传播秩序。各地区、各部门要严格管理涉及资本市场的内幕信息，确保信息发布公开公正、准确透明。健全资本市场政策发布和解读机制，创新舆论回应与引导方式。综合运用法律、行政、行业自律等方式，完善资本市场信息传播管理制度。依法严肃查处造谣、传谣以及炒作不实信息误导投资者和影响社会稳定的机构、个人。

国务院

2014 年 5 月 8 日

区域性股权市场监督管理试行办法

第一章　总　　则

第一条　为了规范区域性股权市场的活动，保护投资者合法权益，防范区域性股权市场风险，促进区域性股权市场健康发展，根据《中华人民共和国证券法》《中华人民共和国公司法》《国务院办公厅关于规范发展区域性股权市场的通知》等规定，制定本办法。

第二条　在区域性股权市场非公开发行、转让中小微企业股票、可转换为股票的公司债券和国务院有关部门认可的其他证券，以及相关活动，适用本办法。

第三条　区域性股权市场是为其所在省级行政区域内中小微企业证券非公开发行、转让及相关活动提供设施与服务的场所。

除区域性股权市场外，地方其他各类交易场所不得组织证券发行和转让活动。

第四条　在区域性股权市场内的证券发行、转让及相关活动，应当遵守法律、行政法规和规章等规定，遵循公平自愿、诚实信用、风险自担的原则。禁止欺诈、内幕交易、操纵市场、非法集资行为。

第五条　省级人民政府依法对区域性股权市场进行监督管理，负责风险处置。

省级人民政府指定地方金融监管部门承担对区域性股权市场的日常监督管理职责，依法查处违法违规行为，组织开展风险防范、处置工作。

省级人民政府根据法律、行政法规、国务院有关规定和本办法，制定区域性股权市场监督管理的实施细则和操作办法。

第六条　中国证券监督管理委员会（以下简称“中国证监会”）及其派出机构对地方金融监管部门的区域性股权市场监督管理工作进行指导、协调和监督，对市场规范运作情况进行监督检查，对市场风险进行预警提示和处置督导。

地方金融监管部门与中国证监会派出机构应当建立区域性股权市场监管合作及信息共享机制。

第七条　区域性股权市场运营机构(以下简称“运营机构”)负责组织区域性股权市场的活动,对市场参与者进行自律管理。

各省、自治区、直辖市、计划单列市行政区域内设立的运营机构不得超过一家。

第八条　运营机构应当具备下列条件:

(一) 依法设立的法人;

(二) 开展业务活动所必需的营业场所、业务设施、营运资金、专业人员;

(三) 健全的法人治理结构;

(四) 完善的风险管理与内部控制制度;

(五) 法律、行政法规和中国证监会规定的其他条件。

证券公司可以参股、控股运营机构。

有《中华人民共和国证券法》第一百零八条规定的情形,或者被中国证监会采取证券市场禁入措施且仍处于禁入期间的,不得担任运营机构的负责人。

第九条　省级人民政府对运营机构实施监督管理,向社会公告运营机构名单,并报中国证监会备案。未经公告并备案,任何单位和个人不得组织、开展区域性股权市场相关活动。

第二章　证券发行与转让

第十条　企业在区域性股权市场发行股票,应当符合下列条件:

(一) 有符合《中华人民共和国公司法》规定的治理结构;

(二) 最近一个会计年度的财务会计报告无虚假记载;

(三) 没有处于持续状态的重大违法行为;

(四) 法律、行政法规和中国证监会规定的其他条件。

第十一条　企业在区域性股权市场发行可转换为股票的公司债券,应当符合下列条件:

(一) 本办法第十条规定的条件;

(二) 债券募集说明书中有具体的公司债券转换为股票的办法;

(三) 本公司已发行的公司债券或者其他债务没有处于持续状态的违约或者迟延支付本息的情形;

（四）法律、行政法规和中国证监会规定的其他条件。

第十二条 未经国务院有关部门认可，不得在区域性股权市场发行除股票、可转换为股票的公司债券之外的其他证券。

第十三条 在区域性股权市场发行证券，应当向合格投资者发行。单只证券持有人数量累计不得超过200人，法律、行政法规另有规定的除外。

前款所称合格投资者，应当具有较强风险识别和承受能力，并符合下列条件之一：

（一）证券公司、期货公司、基金管理公司及其子公司、商业银行、保险公司、信托公司、财务公司等依法经批准设立的金融机构，以及依法备案或者登记的证券公司子公司、期货公司子公司、私募基金管理人；

（二）证券公司资产管理产品、基金管理公司及其子公司产品、期货公司资产管理产品、银行理财产品、保险产品、信托产品等金融机构依法管理的投资性计划；

（三）社会保障基金，企业年金等养老基金，慈善基金等社会公益基金，以及依法备案的私募基金；

（四）依法设立且净资产不低于一定指标的法人或者其他组织；

（五）在一定时期内拥有符合中国证监会规定的金融资产价值不低于人民币50万元，且具有2年以上金融产品投资经历或者2年以上金融行业及相关工作经历的自然人。

第十四条 在区域性股权市场发行证券，不得通过拆分、代持等方式变相突破合格投资者标准。有下列情形之一的，应当穿透核查最终投资者是否为合格投资者，并合并计算投资者人数：

（一）以理财产品、合伙企业等形式汇集多个投资者资金直接或者间接投资于证券的；

（二）将单只证券分期发行的。理财产品、合伙企业等投资者符合本办法第十三条第二款第（二）项、第（三）项规定的除外。

第十五条 在区域性股权市场发行证券，不得采用广告、公开劝诱等公开或者变相公开方式。

通过互联网络、广播电视、报刊等向社会公众发布招股说明书、债券募集说明书、拟转让证券数量和价格等有关证券发行或者转让信息的，属于前款规定的公开或者变相公开方式；但符合下列条件的除外：

（一）通过运营机构的信息系统等网络平台向在本市场开户的合格投资者发布证券发行或者转让信息；

（二）投资者需凭用户名和密码等身份认证方式登录后才能查看。

第十六条 在区域性股权市场挂牌转让证券的企业（以下简称“挂牌公司”），应当符合本办法第十条规定的条件。

第十七条 在区域性股权市场转让证券的，应当符合本办法第十二条、第十三条、第十四条、第十五条规定，不得采取集中竞价、连续竞价、做市商等集中交易方式。

投资者在区域性股权市场买入后卖出或者卖出后买入同一证券的时间间隔不得少于5个交易日。

第十八条 符合下列情形之一的，不受本办法第十三条规定的限制：

（一）证券发行人、挂牌公司实施股权激励计划；

（二）证券发行人、挂牌公司的董事、监事、高级管理人员及发行、挂牌前已持有股权的股东认购或者受让本发行人、挂牌公司证券；

（三）因继承、赠与、司法裁决、企业并购等非交易行为获得证券。

第十九条 运营机构依法对证券发行、挂牌转让申请文件进行审查，出具审查意见，并在发行、挂牌完成后5个工作日内报地方金融监管部门和中国证监会派出机构备案。

第二十条 运营机构应当在每个交易日发布证券挂牌转让的最新价格行情。

第二十一条 证券发行人、挂牌公司及区域性股权市场的其他参与者应当按照规定和协议约定，真实、准确、完整地向投资者披露信息，不得有虚假记载、误导性陈述或者重大遗漏。

运营机构应当建立信息披露网络平台，供信息披露义务人按照规定披露信息。

第二十二条 证券发行人应当披露招股说明书、债券募集说明书，并在发生可能对已发行证券产生较大影响的重要事件时，披露临时报告。

挂牌公司应当在每一会计年度结束之日起 4 个月内编制并披露年度报告，并在发生可能对证券转让价格产生较大影响的重要事件时，披露临时报告。

招股说明书、债券募集说明书、年度报告应当包括公司基本情况、公司治理、控股股东和实际控制人情况、业务概况、财务会计报告以及可能对证券发行或者转让具有较大影响的其他情况。

第三章 账户管理与登记结算

第二十三条 投资者在区域性股权市场买卖证券，应当向办理登记结算业务的机构申请开立证券账户。办理登记结算业务的机构可以直接为投资者开立证券账户，也可以委托参与本市场的证券公司代为办理。

开立证券账户的机构应当对申请人是否符合本办法规定的合格投资者条件进行审查，对不符合规定条件的申请人，不得为其开立证券账户。申请人为自然人的，还应当在为其开立证券账户前，通过书面或者电子形式向其揭示风险，并要求其确认。

本办法施行前已开立证券账户但不符合本办法规定的合格投资者条件的投资者，不得认购和受让证券；已经认购或者受让证券的，只能继续持有或者卖出。

第二十四条 投资者在区域性股权市场内买卖证券的资金，应当专户存放在商业银行或者国务院金融监督管理机构批准的具有证券期货保证金存管业务资格的机构。任何单位和个人不得以任何形式挪用投资者资金。

省级人民政府制定投资者在区域性股权市场内买卖证券资金的管理细则，明确投资者资金的动用情形、划转路径和有关各方的职责。

运营机构应当每日监测投资者资金的变动情况，发现异常情形及时处理并向地方金融监管部门和中国证监会派出机构报告。

第二十五条 区域性股权市场的登记结算业务，应当由运营机构或者中国证监会认可的登记结算机构办理。

在区域性股权市场内发行、转让的证券，应当在办理登记结算业务的机构集中存管和登记。办理登记结算业务的机构应当根据证券登记结算的结果，确认证券持有人持有证券的事实，提供证券持有人登记资料。

办理登记结算业务的机构应当妥善保存登记、结算的原始凭证及有关文件和资料，保存期限不得少于 20 年。

第二十六条 办理登记结算业务的机构应当按照规定办理证券账户开立、变更、注销和证券登记、结算，保证证券持有人名册和登记过户记录真实、准确、完整，证券和资金的清算交收有序进行。

办理登记结算业务的机构不得挪用投资者的证券。

办理登记结算业务的机构与中国证券登记结算有限责任公司应当建立证券账户对接机制，将区域性股权市场证券账户纳入到资本市场统一证券账户体系。

第四章　中介服务

第二十七条 中介机构及其业务人员在区域性股权市场从事相关业务活动的，应当诚实守信、勤勉尽责，遵守法律、行政法规、中国证监会和有关省级人民政府规定等，遵守行业规范，对其业务行为承担责任。

第二十八条 运营机构可以自行或者组织有关中介机构开展下列业务活动：

（一）为参与本市场的企业提供改制辅导、管理培训、管理咨询、财务顾问服务；

（二）为证券的非公开发行组织合格投资者进行路演推介或者其他促成投融资需求对接的活动；

（三）为合格投资者提供企业研究报告和尽职调查信息；

（四）为在本市场开户的合格投资者买卖证券提供居间介绍服务；

（五）与商业银行、小额贷款公司等开展业务合作，支持其为参与本市场的企业提供融资服务；

（六）中国证监会规定的其他业务。

第二十九条 运营机构开展本办法第二十八条规定的业务活动，应当按照下列规定采取有效措施，防范运营机构与市场参与者、不同参与者之间的利益冲突：

（一）为参与本市场的企业提供服务的，应当采取业务隔离措施，避免与投资者的利益冲突；

（二）为合格投资者提供企业研究报告和尽职调查信息的，应当遵循独立、客观的原则，不得提供证券投资建议，不得提供虚假、不实、误导性信息；

（三）为合格投资者买卖证券提供居间介绍服务的，应当公平对待买卖双方，不得损害任何一方的利益；

（四）向服务对象收取费用的，应当符合有关规定并披露收费标准。

第三十条 区域性股权市场应当作为地方人民政府扶持中小微企业政策措施的综合运用平台，为地方人民政府市场化运用贴息、投资等资金扶持中小微企业发展提供服务。

第三十一条 区域性股权市场可以在依法合规、风险可控前提下，开展业务、产品、运营模式和服务方式创新，为中小微企业提供多样化、个性化的服务。

区域性股权市场可以按照规定为中小微企业信息展示提供服务。

第三十二条 区域性股权市场不得为其所在省级行政区域外企业证券的发行、转让或者登记存管提供服务。

第三十三条 区域性股权市场可以与证券期货交易所、全国中小企业股份转让系统、机构间私募产品报价与服务系统、证券期货经营机构、证券期货服务机构、证券期货行业自律组织，建立合作机制。但是，有违反本办法第三十二条规定情形的除外。

符合中国证监会规定条件的运营机构，可以开展全国中小企业股份转让系统的推荐业务试点。

第五章 市场自律

第三十四条 运营机构应当负责区域性股权市场信息系统的开发、运行、维护，以及信息安全的管理，保证区域性股权市场信息系统安全稳定运行。

区域性股权市场的信息系统应当符合有关法律法规和信息技术管理规范，并通过中国证监会组织的合规性、安全性评估；未通过评估的，应当限期整改。

区域性股权市场的信息技术管理规范，由中国证监会另行制定。

第三十五条 运营机构、办理登记结算业务的机构应当将证券交易、登记、结算等信息系统与中国证监会指定的监管信息系统进行对接。

运营机构应当自每个月结束之日起 7 个工作日内，向地方金融监管部门和中国证监会派出机构报送区域性股权市场有关信息；发生影响或者可能影响区域性股权市场安全稳定运行的重大事件的，应当立即报告。

运营机构报送的信息必须真实、准确、完整，指标、格式、统计方法应当规范、统一，具体办法由中国证监会另行制定。

第三十六条 运营机构、办理登记结算业务的机构制定的业务操作细则和自律管理规则，应当符合法律、行政法规、中国证监会规章和规范性文件、有关省级人民政府的监管细则等规定，并报地方金融监管部门和中国证监会派出机构备案。

地方金融监管部门和中国证监会派出机构发现业务操作细则和自律管理规则违反相关规定的，可以责令其修改。

第三十七条 运营机构应当按照规定对区域性股权市场参与者的违法行为及违反自律管理规则的行为，采取自律管理措施，并向地方金融监管部门和中国证监会派出机构报告。

运营机构应当畅通投诉渠道，妥善处理投资者投诉，保护投资者合法权益。

第三十八条 运营机构应当对区域性股权市场进行风险监测、评估、预警和采取有关处置措施，防范和化解市场风险。

第三十九条 运营机构可以以特别会员方式加入中国证券业协会，接受中国证券业协会的自律管理和服务。

证券公司作为运营机构股东或者在区域性股权市场从事相关业务活动的，应当遵守证券行业监管和自律规则。

中国证券业协会督促引导证券公司为区域性股权市场的投融资活动提供优质高效低廉服务。鼓励证券公司为区域性股权市场提供业务、技术等支持。

第六章 监督管理

第四十条 地方金融监管部门实施现场检查，可以采取下列措施：

（一）进入运营机构或者区域性股权市场有关参与者的办公场所或者营业场所进行检查；

（二）询问运营机构或者区域性股权市场有关参与者的负责人、工作人员，要求其对有关检查事项做出说明；

（三）查阅、复制与检查事项有关的文件、资料，对可能被转移、隐匿或者毁损的文件、资料、电子设备予以封存；

（四）检查运营机构或者区域性股权市场有关参与者的信息系统，复制有关数据资料；

（五）法律、行政法规和中国证监会规定的其他措施。

中国证监会派出机构可以采取前款规定的措施，对区域性股权市场规范运作情况进行现场检查。

第四十一条 地方金融监管部门和中国证监会派出机构依法履行职责，被检查、调查的单位和个人应当配合，如实提供有关文件和资料，不得拒绝、阻碍和隐瞒。

第四十二条 运营机构违法违规经营或者出现重大风险，严重危害区域性股权市场秩序、损害投资者利益的，由地方金融监管部门责令停业整顿，并更换有关责任人员。

第四十三条 运营机构或者区域性股权市场参与者违反本办法规定的，地方金融监管部门可以采取责令改正、监管谈话、出具警示函、责令参加培训、责令定期报告、认定为不适当人选等监督管理措施；依法应予行政处罚的，给予警告，并处以 3 万元以下罚款。具体实施细则由省级人民政府制定。

对违反本办法规定的行为，法律、行政法规或者国务院另有规定的，依照其规定处理。

第四十四条 运营机构从业人员或者其他参与区域性股权市场的人员违反法律、行政法规或者本办法规定，情节严重的，中国证监会可以依法采取证券市场禁入的措施。

第四十五条 对运营机构或者区域性股权市场参与者从事内幕交易、操纵市场等严重扰乱市场秩序行为的，依法从严查处。

第四十六条 中国证监会派出机构发现违反本办法行为的线索，应当移送地方金融监管部门处理。

第四十七条 地方金融监管部门未按照规定对违反本办法行为进行查处

的，中国证监会派出机构应当予以指导、协调和监督。

第四十八条 中国证监会派出机构对地方金融监管部门的监管能力和条件进行审慎评估，加强监管培训，采取有效措施，促使地方监管能力与市场发展状况相适应。

第四十九条 中国证监会派出机构可以对区域性股权市场的安全规范运行情况、风险管理能力等进行监测评估。

评估结果应当作为区域性股权市场开展先行先试相关业务的审慎性条件。

第五十条 违反本办法第三条第二款规定，组织证券发行和转让活动，或者违反本办法第九条规定，擅自组织开展区域性股权市场活动的，按照《国务院关于清理整顿各类交易场所 切实防范金融风险的决定》(国发〔2011〕38 号)和《国务院办公厅关于清理整顿各类交易场所的实施意见》(国办发〔2012〕37 号)规定予以清理，并依法追究法律责任。

第五十一条 运营机构应当建立区域性股权市场诚信档案，并按照规定提供诚信信息的查询和公示。

运营机构和区域性股权市场参与者及其相关人员的诚信信息，应当同时按照规定记入中国证监会证券期货市场诚信档案数据库。

第七章 附 则

第五十二条 区域性股权市场为其所在省级行政区域内的有限责任公司股权融资或者转让提供服务的，参照适用本办法。

第五十三条 本办法自 2017 年 7 月 1 日起施行。《关于规范证券公司参与区域性股权交易市场的指导意见(试行)》(证监会公告〔2012〕20 号)同时废止。

第二章 相关业务规定

上海股权托管交易中心挂牌公司股份转让监管规则

（2012年02月14日上海股权托管交易中心发布）

第一章 总 则

第一条 为规范上海股权托管交易中心（以下简称“上海股交中心”）挂牌公司股份转让行为，防范风险，保护投资者利益，依据《上海股权托管交易中心非上市股份有限公司股份转让业务暂行管理办法》等有关规定，制定本规则。

第二条 上海股交中心负责对挂牌公司及投资者的股份转让行为进行监管。

第三条 上海股交中心的监管行为包括但不限于：

（一）监督报价和转让行为；

（二）暂停股份转让；

（三）恢复股份转让；

（四）终止股份转让；

（五）对指定事项进行专项调查或现场检查。

第四条 代理买卖机构根据实时转让数据，并按照上海股交中心的规定，负责监控挂牌公司股份转让情况。如发现异常情况，应及时向上海股交中心报告。

第二章 重点事项的监管

第五条 投资者应当依据有关法律法规、政策性规定及上海股交中心相关业务规则参与挂牌公司股份转让。

第六条 上海股交中心对下列事项予以重点监管：

（一）涉嫌欺诈等违法违规行为；

（二）股份转让的时间、数量、方式等受到有关法律法规、政策性规定及上海股交中心业务规则等相关规定限制的行为；

（三）可能严重影响股份转让价格或者股份转让成交量的异常行为；

（四）股份转让价格或者股份转让成交量明显异常的情形；

（五）上海股交中心认为需要重点监控的其他事项。

第七条 投资者在股份转让过程中出现本规则第六条所规定事项的，上海股交中心可自行或要求代理买卖机构进行调查，并可将调查结果予以公告。

第八条 上海股交中心根据调查结果，视情节轻重给予相关方以下处理，并记入相关诚信档案：

（一）谈话提醒；

（二）警告；

（三）通报批评；

（四）谴责；

（五）暂停其参与挂牌公司股份转让；

（六）报告上海市金融服务办公室（以下简称"上海市金融办"），并建议有关部门依法查处。

第三章 暂停及恢复股份转让

第九条 挂牌公司暂停股份转让时，应向上海股交中心提交书面申请，上海股交中心审核同意后在规定期限内办理暂停股份转让手续。

第十条 暂停股份转让手续办理完毕后，挂牌公司在上海股交中心指定网站发布暂停股份转让公告。

第十一条 挂牌公司出现下列无需提交暂停股份转让申请而必须对其进行暂停股份转让处理情形之一时，由上海股交中心负责办理：

（一）挂牌公司违反有关规定被管理部门依法做出暂停转让的决定；

（二）挂牌公司存在重大违法行为；

（三）挂牌公司发生影响股份转让的其他重大事件。

第十二条 暂停股份转让公告内容包括：

（一）暂停股份转让的挂牌公司名称、股份简称、股份代码；

（二）暂停股份转让的原因；

（三）暂停股份转让的开始时间及预计持续时间；

（四）暂停转让期间挂牌公司接受投资者咨询的主要方式；

（五）其他有关事项。

第十三条 挂牌公司暂停股份转让情形消除后五个转让日内，可向上海股交中心提出恢复股份转让申请，上海股交中心审核同意后予以恢复。

第四章 终止股份转让

第十四条 当终止股份转让行为发生时，由挂牌公司向上海股交中心提出申请，上海股交中心审核同意后办理终止股份转让手续。挂牌公司发布终止股份转让公告。

第十五条 终止股份转让公告的内容包括：

（一）终止股份转让的原因；

（二）终止股份转让的时间；

（三）与终止股份转让相关的其他内容。

第五章 指定事项调查或现场检查

第十六条 挂牌公司在上一年度存在以下情形之一的，上海股交中心可于挂牌公司年度报告披露后两个月内对其进行一次常规现场检查：

（一）挂牌后进行过定向增资的；

（二）挂牌公司发生亏损的；

（三）挂牌公司主营业务收入或净利润出现大幅波动的；

（四）挂牌公司不能规范履行信息披露义务的；

（五）上海股交中心认定需要进行常规现场检查的其他情形。

第十七条 常规现场检查应包括以下内容：

（一）上一年度挂牌公司信息披露工作基本情况及存在的问题；

（二）挂牌公司治理结构的规范性；

（三）挂牌公司财务管理和会计核算制度的合规性；

（四）挂牌公司的独立性；

（五）募集资金的使用情况及项目进展情况（如有）；

（六）挂牌公司亏损原因及应对措施（如有）；

（七）主营业务收入或净利润发生大幅波动的原因（如有）；

（八）上海股交中心认定需要检查的其他内容。

第十八条 存在涉及挂牌公司及其实际控制人、高级管理人员重大违法违规的投诉或公共媒体报道，以及上海股交中心认为必要的其他情形，由上海股交中心及时对挂牌公司进行专项现场检查。

第十九条 当发生如下情形时，上海股交中心须对指定事项进行调查：

（一）对挂牌公司拟披露或已披露信息的真实性、准确性、完整性产生合理性怀疑时；

（二）上海市金融办提出要求时。

第二十条 现场检查和专项调查至少应由两人进行，并制作检查工作底稿，工作底稿应能够反映检查的全部过程。

第二十一条 现场检查或专项调查应形成检查报告。检查报告应至少包括以下内容：时间、地点、检查人员、检查涉及的事项、结论等。

第二十二条 上海股交中心在现场检查或专项调查中发现挂牌公司存在不规范情形的，应要求其进行整改，并就整改情况进行公告。

第二十三条 推荐机构会员应协助上海股交中心开展现场检查或专项调查。

第二十四条 现场检查或专项调查后应发布公告的，按照上海股交中心有关信息披露规则执行。

第六章 违规处理

第二十五条 挂牌公司、会员、代理买卖机构、投资者应配合上海股交中心进行相关调查，及时、真实、准确、完整地提供有关资料。

第二十六条 挂牌公司及其相关人员、推荐机构会员及其相关人员、代理买卖机构及其相关人员、投资者违反本规则规定的，由上海股交中心责令其改正，并可视情节轻重给予其相应处罚。

第七章　附　　则

第二十七条　本规则由上海股交中心负责解释。

第二十八条　本规则经上海市金融办批准后实施。

全国中小企业股份转让系统挂牌公司分层管理办法(试行)

(2016 年 05 月 27 日全国中小企业股份转让系统有限责任公司发布)

第一章　总　　则

第一条　为进一步完善全国中小企业股份转让系统(以下简称"全国股转系统")市场功能,降低投资人信息收集成本,提高风险控制能力,审慎推进市场创新,根据《国务院关于全国中小企业股份转让系统有关问题的决定》和《非上市公众公司监督管理办法》《中国证监会关于进一步推进全国中小企业股份转让系统发展的若干意见》等有关规定,制定本办法。

第二条　全国股转系统挂牌公司的分层管理适用本办法。

第三条　挂牌公司分层管理遵循市场化和公开、公平、公正原则,切实维护挂牌公司和市场参与主体的合法权益。

第四条　全国股转系统设立创新层和基础层,符合不同标准的挂牌公司分别纳入创新层或基础层管理。

第五条　全国中小企业股份转让系统有限责任公司(以下简称"全国股转公司")制定客观、公开的分层标准和维持标准,并据此定期调整挂牌公司所属市场层级。挂牌公司所属市场层级及其调整,不代表全国股转公司对挂牌公司投资价值的判断。

全国股转公司可以根据挂牌公司层级划分和调整的需要,要求挂牌公司或者主办券商等中介机构提供相关资料。

第二章　分层标准和维持标准

第一节　分层标准

第六条　满足以下条件之一的挂牌公司可以进入创新层:

(一) 最近两年连续盈利,且年平均净利润不少于 2000 万元(以扣除非经常性损益前后孰低者为计算依据)；最近两年加权平均净资产收益率平均不低于10%(以扣除非经常性损益前后孰低者为计算依据)。

(二) 最近两年营业收入连续增长，且年均复合增长率不低于50%；最近两年营业收入平均不低于4000万元；股本不少于2000万股。

(三) 最近有成交的60个做市转让日的平均市值不少于6亿元；最近一年年末股东权益不少于5000万元；做市商家数不少于6家；合格投资者不少于50人。

第七条 根据第六条的规定进入创新层的挂牌公司，还应当满足以下条件：

(一) 最近12个月完成过股票发行融资(包括申请挂牌同时发行股票)，且融资额累计不低于1000万元；或者最近60个可转让日实际成交天数占比不低于50%。

(二) 公司治理健全，股东大会、董事会和监事会制度、对外投资管理制度、对外担保管理制度、关联交易管理制度、投资者关系管理制度、利润分配管理制度和承诺管理制度完备；公司设立董事会秘书并作为公司高级管理人员，董事会秘书取得全国股转系统董事会秘书资格证书。

(三) 最近12个月不存在以下情形：

1. 挂牌公司或其控股股东、实际控制人，现任董事、监事和高级管理人员因信息披露违规、公司治理违规、交易违规等行为被全国股转公司采取出具警示函、责令改正、限制证券账户交易等自律监管措施合计3次以上的，或者被全国股转公司等自律监管机构采取了纪律处分措施。

2. 挂牌公司或其控股股东、实际控制人，现任董事、监事和高级管理人员因信息披露违规、公司治理违规、交易违规等行为被中国证监会及其派出机构采取行政监管措施或者被采取行政处罚，或者正在接受立案调查，尚未有明确结论意见。

3. 挂牌公司或其控股股东、实际控制人，现任董事、监事和高级管理人员受到刑事处罚，或者正在接受司法机关的立案侦查，尚未有明确结论意见。

(四) 按照全国股转公司的要求，在会计年度结束之日起4个月内编制并披露年度报告；最近两个会计年度的财务会计报告被会计师事务所出具标准无保留意见的审计报告;按照第六条第二项规定进入创新层的挂牌公司,最近三个会计年度的财务会计报告被会计师事务所出具标准无保留意见的审计报告。

（五）全国股转公司规定的其他条件。

第八条　申请挂牌公司满足以下条件之一的,可以挂牌时直接进入创新层:

（一）最近两年连续盈利,且年平均净利润不少于2000万元(以扣除非经常性损益前后孰低者为计算依据);最近两年加权平均净资产收益率平均不低于10%(以扣除非经常性损益前后孰低者为计算依据);申请挂牌同时发行股票,且融资额不低于1000万元。

（二）最近两年营业收入连续增长,且年均复合增长率不低于50%;最近两年营业收入平均不低于4000万元;挂牌时股本不少于2000万股。

（三）做市商家数不少于6家;申请挂牌同时发行股票,发行对象中包括不少于6家做市商,按发行价格计算的公司市值不少于6亿元,且融资额不低于1000万元;最近一期期末股东权益不少于5000万元。

第九条　根据第八条的规定进入创新层的申请挂牌公司,还应当满足以下条件:

（一）申请挂牌即采用做市转让方式。

（二）公司治理健全,股东大会、董事会和监事会制度、对外投资管理制度、对外担保管理制度、关联交易管理制度、投资者关系管理制度、利润分配管理制度和承诺管理制度完备;公司设立董事会秘书并作为公司高级管理人员,董事会秘书取得全国股转系统董事会秘书资格证书。

（三）最近12个月不存在以下情形:申请挂牌公司或其控股股东、实际控制人,现任董事、监事和高级管理人员被中国证监会及其派出机构采取行政监管措施或者被采取行政处罚,或者正在接受立案调查,尚未有明确结论意见。

（四）最近两年及一期的财务会计报告被会计师事务所出具标准无保留意见的审计报告;按照第八条第二项规定进入创新层的申请挂牌公司,最近三个会计年度的财务会计报告被会计师事务所出具标准无保留意见的审计报告。

（五）全国股转公司规定的其他条件。

第十条　未进入创新层的挂牌公司进入基础层。

第二节 维持标准

第十一条 进入创新层的挂牌公司应当满足以下维持条件之一：

（一）最近两年连续盈利，且年平均净利润不少于1200万元（以扣除非经常性损益前后孰低者为计算依据）；最近两年加权平均净资产收益率平均不低于6%（以扣除非经常性损益前后孰低者为计算依据）。

（二）最近两年营业收入连续增长，且年均复合增长率不低于30%；最近两年营业收入平均不低于4000万元；股本不少于2000万股。

（三）最近有成交的60个做市转让日的平均市值不少于3.6亿元；最近一年年末股东权益不少于5000万元；做市商家数不少于6家。

第十二条 进入创新层的挂牌公司除满足第十一条规定的维持条件外，还应当满足以下条件：

（一）合格投资者不少于50人。

（二）最近60个可转让日实际成交天数占比不低于50%。

（三）公司治理符合第七条第二项的要求，且最近12个月不存在以下情形：

1. 挂牌公司或其控股股东、实际控制人，现任董事、监事和高级管理人员因信息披露违规、公司治理违规、交易违规等行为被全国股转公司采取出具警示函、责令改正、限制证券账户交易等自律监管措施合计3次以上的，或者被全国股转公司等自律监管机构采取了纪律处分措施。

2. 挂牌公司或其控股股东、实际控制人，现任董事、监事和高级管理人员因信息披露违规、公司治理违规、交易违规等行为被中国证监会及其派出机构采取行政监管措施或者被采取行政处罚，或者正在接受立案调查，尚未有明确结论意见。

3. 挂牌公司或其控股股东、实际控制人，现任董事、监事和高级管理人员受到刑事处罚，或者正在接受司法机关的立案侦查，尚未有明确结论意见。

（四）按照全国股转公司的要求，在会计年度结束之日起4个月内编制并披露年度报告；最近三个会计年度的财务会计报告被会计师事务所出具标准无保留意见的审计报告。

（五）全国股转公司规定的其他条件。

第三章　层级划分和调整

第十三条　全国股转公司根据分层标准及维持标准，于每年 5 月最后一个交易周的首个转让日调整挂牌公司所属层级(进入创新层不满 6 个月的挂牌公司不进行层级调整)。基础层的挂牌公司，符合创新层条件的，调整进入创新层；不符合创新层维持条件的挂牌公司，调整进入基础层。

全国股转公司可以根据分层管理的需要，适当提高或降低挂牌公司层级调整的频率。

第十四条　全国股转公司正式调整挂牌公司层级前，在全国股转系统官网公示进入基础层和创新层的挂牌公司名单。挂牌公司对分层结果有异议或者自愿放弃进入创新层的，应当在 3 个转让日内提出。全国股转公司可视异议核实情况调整分层结果。

层级调整期间，挂牌公司出现本办法第七条第三项或者第十五条规定情形的，不得调整进入创新层。

第十五条　创新层挂牌公司出现以下情形之一的，自该情形认定之日起 20 个转让日内直接调整至基础层：

(一) 挂牌公司因更正年报数据导致财务指标不符合创新层标准的。

(二) 挂牌公司被认定存在财务造假或者市场操纵等情形，导致挂牌公司不符合创新层标准的。

(三) 挂牌公司不符合创新层公司治理要求且持续时间达到 3 个月以上的。

(四) 全国股转公司认定的其他情形。

第四章　附　　则

第十六条　全国股转公司分别揭示创新层、基础层挂牌公司的证券转让行情和信息披露文件。

第十七条　本办法下列用语的含义：

(一) 净利润：是指归属于挂牌公司股东的净利润，不包括少数股东损益。

(二) 年均复合增长率$=\sqrt{\frac{R_n}{R_{n-2}}}-1$，其中 R_n 代表最近一个完整会计年度(第 n 年)的营业收入。

（三）最近有成交的60个做市转让日：是指以4月30日为截止日，在最长不超过120个转让日的期限内，最近有成交的60个做市转让日。

（四）最近12个月：是指以4月30日为截止日，往前计算的最近12个月。

（五）最近60个可转让日：是指以4月30日为截止日，扣除暂停转让日后的最近60个转让日。

（六）股东权益：是指归属于挂牌公司股东的所有者权益，不包括少数股东权益。

（七）合格投资者：是指符合《全国中小企业股份转让系统投资者适当性管理细则（试行）》第三条至第五条规定的投资者。

（八）申请挂牌同时发行股票：是指申请挂牌公司在依法取得全国股转公司同意挂牌函后至正式挂牌前，按照全国股转公司有关规定向合格投资者发行股票的行为。

（九）本办法第六条、第十一条和第十二条规定的股本、做市商家数、合格投资者，以截止到4月30日为准。

（十）不少于、不低于、以上均含本数。

第十八条 本办法由全国股转公司负责解释。

第十九条 本办法自发布之日起施行。

天津股权交易所A板挂牌企业风险处置暂行办法

（2016年09月30日天津股权交易所发布）

第一章 总 则

第一条 为促进天津股权交易所（以下简称“本所”）A板挂牌企业健康发展，保护投资者的合法权益，制定本办法。

第二条 风险处置措施实施对象为本所A板挂牌企业及挂牌企业控股股东、实际控制人等。

第三条 风险处置措施包括：

（一）约见相关人员谈话；

（二）要求挂牌企业及相关人员出具书面说明和承诺，并公告；

（三）要求保荐服务机构或由本所发布风险警示公告；

（四）限制特定股权账户的交易；

（五）中止股权交易；

（六）摘牌风险警示；

（七）强制摘牌（终止股权交易）；

（八）本所认为可以采取的其他措施。

前款第（一）至（四）项处置措施可以同时采取。

第一章 分 则

第四条 挂牌企业控股股东、实际控制人必须依法行使股东权利，不滥用控制权损害公司或者其他股东的利益，包括但不限于：

（一）不以任何方式违法违规占用挂牌企业资金及要求挂牌企业违法违规提供担保；

（二）不通过非公允性关联交易、利润分配、资产重组、对外投资等任何方式损害挂牌企业和其他股东的合法权益；

（三）不利用挂牌企业未公开的重大信息谋取利益，不以任何方式泄露有关挂牌企业未公开的重大信息，不从事内幕交易、操纵市场等违法违规行为；

（四）保证挂牌企业资产完整、人员独立、财务独立、机构独立和业务独立，不以任何方式影响挂牌企业的独立性；

（五）按照要求履行挂牌前重要承诺事项。

若挂牌企业控股股东、实际控制人违反上述规定，且未在规定期限内予以整改的，本所将对控股股东或者实际控制人采取本办法第三条第（一）至（四）项处置措施，对于重大违法违规行为将移交有权机关处理，并且要求挂牌企业每月披露相关行为的整改情况。

第五条 挂牌企业出现下列违规情形或风险事项，未在规定期限内予以整改的，本所将采取本办法第三条第（一）至（三）项处置措施。由本所作出风险警示特别处理的，其股权代码前将加注“ST”标识。具体情形或事项包括：

（一）挂牌企业未在规定期限内披露定期报告的，具体包括：无正当理由拒不按时披露、不按照要求发布延期披露说明公告以及延期两个月以上仍未披露（逾期或延期一个月以上未能披露的，需主动申请停牌，未主动申请的将由本所强制停牌）；以及挂牌企业拒不履行或未按要求履行重大事项临时信息披露义务的。

（二）挂牌企业在信息披露文件中存在虚假记载或不实陈述、误导性陈述和重大遗漏，情节严重且未按本所要求整改的。

（三）挂牌企业财务会计报告存在下列违规情形之一的：

1. 财务会计报告被注册会计师出具否定意见或者无法发表意见且情节严重的；

2. 财务会计报告被注册会计师出具保留意见，且保留意见涉及事项属于明显违反会计准则或相关信息披露规定，造成严重后果的；

3. 财务会计报告存在重要的前期差错或者虚假记载，被本所责令改正但未在规定期限内改正的；

4. 财务会计报告中将亏损披露为盈利或者将盈利披露为亏损，且情节严重的。

（四）挂牌企业出现下列迹象（一项或多项交叉验证）表明其可持续经营能力存在重大风险或重大不确定性，且无法主动揭示风险的：

1. 涉及重大债务诉讼或仲裁，且金额超过最近一期经审计净资产的40%；

2. 核心高管离职，公司主要员工不在岗时间超过1个月；

3. 在非正常情况下，公司主营业务停止时间超过1个月；

4. 控股股东、实际控制人长时间无法正常履行职责；

5. 累计超过40%的股权或实际控制人所持股份的50%以上被司法冻结或扣划，或数量虽不达标但可能引起实际控制权发生变更的；

6. 主要资产和银行账户被查封；

7. 其他表明可持续经营能力存在重大不确定性的情形。

（五）挂牌企业不配合其他信息披露义务人履行义务或者拒不配合保荐服务机构进行现场检查，情节严重的。

（六）挂牌企业拒不履行挂牌前重要承诺事项，情节严重的。

（七）挂牌企业存在重大违法违规行为，并已被有权部门立案调查的。

（八）挂牌企业违规披露、不披露占最近一期经审计净资产10%以上的重大诉讼、仲裁、关联交易（不含日常关联交易）或者其他重大事项的。

（九）挂牌企业实际控制人、控股股东等违规非经营性占用资金超过人民币500万元，或者超过最近一期经审计净资产10%的；违规向非合并范围内的关联方提供资金超过人民币200万元，或者超过最近一期经审计净资产5%的。

（十）挂牌企业违规对外提供担保（被担保对象为挂牌企业合并报表范围内子公司的除外）超过人民币500万元，或者超过最近一期经审计净资产10%的；违规向非合并范围内的关联方提供担保超过人民币200万元，或者超过最近一期经审计净资产5%的。

（十一）挂牌企业变更募集资金用途，未按规定履行审批程序和信息披露义务，且情节严重的。

（十二）主板与成长板的挂牌企业最近两年连续亏损（以最近一年年度报告披露的当年经审计净利润为依据，含追溯调整），且未及时披露整改措施的。

（十三）挂牌企业股东大会的召集、召开和相关信息披露不符合法律、行政法规及本所相关规定，情节严重的。

（十四）其他本所认为应当采取风险处置措施的违规情形或风险事项。

第六条 挂牌企业出现本办法第五条第（一）至（七）项违规行为或风险事项，在被风险警示后3个月内，相关违规行为未得到整改或风险事项未得到改善的，本所将予以再次风险警示，并中止股权交易。中止股权交易后，股权转让仅可通过股权托管系统办理非交易过户。

第七条 挂牌企业出现下列情形，本所将予以摘牌风险警示特别处理，并中止股权交易：

（一）公司进入解散、破产清算等法人主体资格灭失程序的；

（二）其他本所认为不符合持续挂牌条件的情形或事项。

第八条 挂牌企业出现下列情形，本所将予以强制摘牌处理（终止股权交易）：

（一）公司法人主体资格已灭失的；

（二）出现第七条第（二）项的情形或事项，被予以摘牌风险警示后3个月内仍未消除或改善有关情形或事项的。

有关终止股权交易后股权托管事宜的处理，由本所另行规定。

第二章 附 则

第九条 本办法由天津股权交易所负责解释。

第十条 本办法自发布之日起实施。

第三章　具体业务指引

《全国中小企业股份转让系统挂牌公司股票公开转让特别风险揭示书》必备条款

（2013 年 02 月 27 日全国中小企业股份转让系统有限责任公司发布）

尊敬的投资者：

为了使您更好地了解全国中小企业股份转让系统（以下简称“全国股份转让系统”）挂牌公司股票公开转让的投资风险，根据《全国中小企业股份转让系统投资者适当性管理细则（试行）》的规定，本公司特向您提供《挂牌公司股票公开转让特别风险揭示书》，揭示参与股票公开转让存在的风险，请您认真阅读并签署。

一、重要提示

1. 全国股份转让系统制度规则与上海、深圳证券交易所的制度规则存在较大差别。在参与挂牌公司股票公开转让之前，请您务必认真阅读《全国中小企业股份转让系统业务规则（试行）》等有关业务规则、细则、指引和通知。

2. 全国股份转让系统是经国务院批准设立的全国性证券交易场所，为挂牌公司提供股票公开转让服务，作为全新的市场，相关制度规则还需要不断修订和完善，请您务必密切关注相关制度调整。

3. 全国股份转让系统的挂牌公司是根据《非上市公众公司监督管理办法》《全国中小企业股份转让系统业务规则（试行）》的规定，经全国中小企业股份转让系统有限责任公司（以下简称“全国股份转让系统公司”）审查同意，中国证券监督管理委员会（以下简称“中国证监会”）核准后，股票在全国股份转让系统挂牌并公开转让的非上市公众公司，公司股东人数可以超过200人。

中国证监会和全国股份转让系统公司不对挂牌公司的投资价值及投资者的收益作出实质性判断或者保证。

4. 全国股份转让系统挂牌公司的信息披露要求与上市公司不同。主办券商负责指导和督促挂牌公司的信息披露，但对披露内容不进行实质性审核。

5. 挂牌公司股票价格可能因多种原因发生波动，投资者应充分关注投资风险。本公司仅为投资者提供代理股票公开转让服务，对投资损失不承担任何责任。

6. 除全国股份转让系统公司规定的情形外，不符合股票公开转让准入标准的投资者只能买卖其持有或曾持有的挂牌公司股票，不得委托买卖其他挂牌公司的股票。

二、风险揭示

参与挂牌公司股票公开转让，除股票投资的共有风险外，还应特别关注以下风险：

1. 公司风险：部分挂牌公司具有规模较小，对单一技术依赖度较高，受技术更新换代影响较大；对核心技术人员依赖度较高；客户集中度高，议价能力不强等特点。部分公司抗市场风险和行业风险的能力较弱，业务收入可能波动较大。

2. 流动性风险：与上市公司相比，挂牌公司股权相对集中，市场整体流动性低于沪深证券交易所。

3. 信息风险：挂牌公司信息披露要求和标准低于上市公司，除挂牌公司所披露的信息外，投资者还需认真获取和研判其他信息，审慎做出投资决策。

本风险揭示书的揭示事项仅为列举性质，未能详尽列示股票公开转让的全部投资风险和可能导致投资损失的所有因素。您在参与此项业务前，请务必对此有清醒的认识。我们诚挚地建议您，从风险承受能力、风险认知能力、投资目标、心理和生理承受能力等自身实际情况出发，审慎参与股票公开转让，合理配置金融资产。

特别声明：

以下内容由投资者本人抄写：

本人确认已阅读并理解相关规则和上述风险揭示内容，具备相应的风险承受能力，自愿参与挂牌公司股票公开转让，并愿意承担相关投资风险和损失。

以下内容由机构投资者开户代理人抄写：

本机构确认已阅读并理解相关规则和上述风险揭示内容，具备相应的风险承受能力，自愿参与挂牌公司股票公开转让，并愿意承担相关投资风险和损失。

说明：

1. 本风险揭示书内容的字号应当不小于小三号。

2. 本风险揭示书列示的条款为必备条款，主办券商可根据具体情况在本公司制定的风险揭示书中增加有关内容。

3.《全国中小企业股份转让系统挂牌公司股票公开转让特别风险揭示书》一式两份，双方各执一份。

《两网公司及退市公司股票转让风险揭示书》参考文本

（2013 年 07 月 24 日全国中小企业股份转让系统有限责任公司发布）

尊敬的投资者：

鉴于在全国中小企业股份转让系统（以下简称“全国股份转让系统”）挂牌的两网公司及退市公司投资风险较大，为了帮助您更好地了解两网公司及退市公司股票转让的投资风险，根据《全国中小企业股份转让系统业务规则（试行）》（以下简称《业务规则》）、《全国中小企业股份转让系统两网公司及退市公司股票转让暂行办法》（以下简称《暂行办法》）有关规定，本公司特为您提供此份《两网公司及退市公司股票转让风险揭示书》，请认真仔细阅读。

一、重要提示

1. 两网公司及退市公司并非是在上海、深圳证券交易所挂牌交易的上市公司，而是根据《全国中小企业股份转让系统两网公司及退市公司股票转让暂行办法》的规定，委托在全国股份转让系统从事经纪业务的主办券商进行股票转让的非上市股份有限公司。

2. 两网公司及退市公司的业务规则与深圳、上海证券交易所的业务规则存在较大差别，投资者在参与两网公司及退市公司股票转让业务之前，请认真阅读《业务规则》《暂行办法》《全国中小企业股份转让系统两网公司及退市公司信息披露暂行办法》等有关制度规则。

3. 根据规定，主办券商对两网公司及退市公司信息披露行为进行监督，指导、督促其依法、及时、准确地披露信息，但主办券商对其披露的信息内容不进行实质性审核，对其公开披露信息的真实性、准确性、完整性和及时性不承担责任。

4. 本公司仅为投资者提供股票转让服务，并不对两网公司及退市公司的经营业绩、财务状况、重大事项决策等进行实质性审核。股票转让价格可能因两网公司及退市公司亏损等原因造成巨大波动，两网公司及退市公司也可能因解散、依法被撤销、破产而导致股份被终止转让，对此投资风险，投资者应予以特别关注。

二、风险揭示

1. 宏观风险：由于我国宏观经济形势的变化以及周边国家、地区宏观经济环境和周边证券市场的变化，可能会引起股票转让价格的波动。

2. 政策风险：全国股份转让系统相关规章、政策的调整可能会引起股票转让价格的波动。

3. 经营风险：由于两网公司及退市公司所处行业整体经营形势的变化，或其经营管理等方面的因素，如经营决策重大失误、高级管理人员变更、重大诉讼等都可能引起该公司股票转让价格的波动；由于公司经营不善或违反有关法律、法规，导致公司股票被暂停转让或终止转让。

4. 技术风险：由于成交撮合及行情揭示是通过计算机和通讯系统来实现的，系统可能被网络黑客和计算机病毒攻击，由此造成委托、交易系统的故障。若您选择银证转账方式存取资金，则有可能因为通讯及电脑系统等原因使您的划款指令不能及时被执行；若您选择互联网交易方式，可能会由于网络条件所限制，委托指令、揭示价格及其他转让信息出现中断、停顿、延迟、数据错误等情况。

5. 不可抗力因素风险：诸如地震、火灾、水灾、战争等不可抗力因素可能导致全国股份转让系统瘫痪；证券营业部无法控制和不可预测的系统故障、设备故障、通讯故障、电力故障等也可能导致系统非正常运行甚至瘫痪。

6. 退市公司风险：退市公司资产质量一般较差，连续亏损三年以上，且严重资不抵债，基本丧失了持续经营能力，投资风险大。

本风险揭示书并不保证揭示两网公司及退市公司股票转让的全部投资风险。在您参与投资前，请务必对此有清醒的认识。

本人已认真阅读本《两网公司及退市公司股票转让风险揭示书》，理解所揭示的风险，并愿意承担投资风险给本人造成的损失。

投资者(签名)：

年　月　日

全国中小企业股份转让系统
主办券商和挂牌公司协商一致解除持续督导协议操作指南

（2014 年 03 月 31 日全国中小企业股份转让系统有限责任公司发布，
2015 年 10 月 20 日修改）

为规范全国中小企业股份转让系统（以下简称“全国股份转让系统”）主办券商和挂牌公司协商一致解除持续督导协议的操作流程，根据《全国中小企业股份转让系统业务规则（试行）》（以下简称《业务规则》）、《全国中小企业股份转让系统主办券商管理细则（试行）》、《全国中小企业股份转让系统推荐业务规定（试行）》等规定，制定本指南。

一、适用范围

主办券商和挂牌公司协商一致决定解除持续督导协议的，适用本指南。

主办券商和两网及退市公司协商一致决定解除持续督导协议的，参照适用本指南。

二、操作流程

（一）原承担持续督导职责的主办券商（以下简称“原主办券商”）与挂牌公司协商并达成解除持续督导协议的一致意见；挂牌公司与承接督导事项的主办券商（以下简称“承接主办券商”）达成签订持续督导协议的一致意见。

（二）挂牌公司召开董事会会议审议与原主办券商解除持续督导协议并与承接主办券商签署持续督导协议的有关议案，包括拟向全国股转公司提交的说明报告、拟与原主办券商签订的终止协议、拟与承接主办券商签订的持续督导协议等，挂牌公司应当在董事会会议结束后两个转让日内以临时公告的形式及时披露更换主办券商相关事宜。

挂牌公司将董事会审议通过的议案提交股东大会表决，在股东大会结束后两个转让日内以临时公告的形式及时披露。

（三）挂牌公司与原主办券商签订附生效条件的终止协议，与承接主办券商签订附生效条件的持续督导协议。挂牌公司、原主办券商和承接主办券商应在终止协议与持续督导协议中约定此协议自全国股转公司出具无异议函之日生效。

（四）原主办券商应在挂牌公司股东大会表决通过后十个转让日内，向全国股转公司统一提交说明报告和相关文件。

（五）全国股转公司接收材料后认为与相关要求不符的，于五个转让日内提出反馈意见，要求挂牌公司、原主办券商或者承接主办券商补充、完善相关文件。全国股转公司收到反馈回复意见后重新计算五个转让日。

（六）全国股转公司接收材料或者反馈回复意见后五个转让日内未提出异议的，向挂牌公司出具无异议函。自无异议函出具之日起，挂牌公司、原主办券商和承接主办券商签订的终止协议与新签订的持续督导协议随即生效；挂牌公司、原主办券商和承接主办券商均应在上述协议生效的两个转让日内分别按照公告模板在全国股份转让系统网站（www. neeq. com. cn）进行公告。

三、文件要求

（一）挂牌公司向全国股转公司提交解除持续督导协议的说明报告、董事会决议、股东大会决议、与原主办券商签订的终止协议、与承接主办券商签订的持续督导协议。挂牌公司应在说明报告中简要介绍其自挂牌以来的基本情况，介绍原主办券商督导工作情况并作出评价，说明双方解除督导协议的原因和具体安排，评估更换主办券商对挂牌公司的影响。

（二）原主办券商向全国股转公司提交解除持续督导协议的说明报告。原主办券商应在说明报告中简要介绍挂牌公司的基本情况、公司治理和信息披露情况，对持续督导工作进行总结，说明挂牌公司配合持续督导工作情况、落实主办券商整改意见、缴纳持续督导费用等情况，说明双方解除持续督导协议的原因，并作出声明：本公司在履行持续督导职责期间未勤勉尽责的，相应的责任不因解除持续督导协议而免除。

（三）承接主办券商向全国股转公司提交承接持续督导工作的说明报告。承接主办券商应在说明报告中声明：本公司已对挂牌公司业务、公司治理、财务以及自挂牌以来的信息披露情况进行必要的调查，将自持续督导协议生效之日起开展持续督导工作并承担相应的责任。

（四）以上材料应提交书面文件以及与书面文件一致的电子文件（PDF格式）各一套。电子文件以光盘形式提交，并须在盘面上标明提交人名称。

（五）说明报告应载有联络人姓名、电话、邮箱等联系方式。说明报告及相关文件均应盖公章和骑缝章。

四、附则

主办券商或挂牌公司单方面解除持续督导协议的，应按照《业务规则》第4.4.1条和第4.5.1条规定及《推荐挂牌并持续督导协议书》（或《持续督导协议书》）中相关约定处理。

五、联系方式

业　　务	经办部门、联系电话
材料接收、业务办理和咨询	全国股份转让系统公司机构业务部 联系电话：010-63889557

全国中小企业股份转让系统股票异常转让实时监控指引(试行)

(2014年06月09日全国中小企业股份转让系统有限责任公司发布)

第一条 为维护全国中小企业股份转让系统(以下简称"全国股份转让系统")交易秩序,保护投资者合法权益,根据《全国中小企业股份转让系统业务规则(试行)》(以下简称《业务规则》)、《全国中小企业股份转让系统股票转让细则(试行)》(以下简称《股票转让细则》)、《全国中小企业股份转让系统主办券商管理细则(试行)》等规定,制定本指引。

第二条 全国中小企业股份转让系统有限责任公司(以下简称"全国股份转让系统公司")对挂牌公司股票的转让过程进行实时监控,并依法对实时监控中发现的异常情况及行为实施自律监管。

第三条 全国股份转让系统公司在实时监控中,发现股票价格异常波动、股票转让行为异常或做市商报价与转让行为涉嫌违法违规的,可以采取公告转让双方基本情况和转让相关信息、电话问询、要求提交书面承诺、出具警示函、暂停转让、限制证券账户交易、向中国证监会报告等措施。

第四条 股票转让出现下列情形之一的,属于异常波动,挂牌公司应当于次一转让日披露异常波动公告。

(一)协议转让方式下,股票当日换手率超过10%,或连续三个转让日换手率累计超过20%;

(二)做市转让方式下,股票连续三个转让日涨跌幅累计超过50%;

(三)全国股份转让系统公司认定的其他情形。

如果次一转让日无法披露,挂牌公司应当向全国股份转让系统公司申请股票暂停转让直至披露后恢复转让。

第五条 采取协议转让方式的股票,投资者买卖出现下列情形之一的,全国股份转让系统公司于次一转让日进行公告:

（一）成交价格较前收盘价变动幅度超过50%；

（二）全国股份转让系统公司认定的其他情形。

公告内容包括：证券代码、证券简称、成交价格、成交数量、买卖双方证券账户名称、主办券商证券营业部或交易单元的名称等。

第六条 采取做市转让方式的股票，出现下列情形之一的，相关做市商应当及时向全国股份转让系统公司报告，并说明情况：

（一）当日成交量加权平均价较前收盘价变动幅度超过20%；

（二）当日最高报卖价、最低报买价较前收盘价变动幅度超过30%；

（三）全国股份转让系统公司或做市商认为需要报告并说明情况的其他情形。

第七条 全国股份转让系统公司可以单独或联合其他有关单位，对异常及涉嫌违法违规转让行为采取现场或非现场方式进行调查，相关主办券商及其营业部、投资者应当予以配合。

第八条 全国股份转让系统公司对异常转让的当事人采取要求提交书面承诺、出具警示函等措施的，通过相关证券账户所在的主办券商或营业部向当事人发出。相关主办券商或营业部应当及时向客户转告有关警示、督促客户提交书面承诺，并保留相关证据。

做市商或使用专用交易单元的机构投资者进行做市或参与交易的，全国股份转让系统公司直接要求相关当事人提交书面承诺、向其出具警示函。

第九条 全国股份转让系统公司做出限制证券账户交易决定的，通过相关证券账户所在主办券商向当事人发出有关书面决定。该主办券商应当在收到限制证券账户交易决定的当日将其送达相关当事人；确实无法在当天送达的，应保留相关证据并及时向全国股份转让系统公司报告。

做市商、使用专用交易单元的机构投资者进行做市或参与交易的，全国股份转让系统公司直接向相关当事人发出有关书面决定。

第十条 投资者被全国股份转让系统公司采取自律监管措施后仍拒不配合或未按要求整改，主办券商未按照全国股份转让系统公司业务规则履行客户管理责任或不配合监管，或者做市商不配合监管或未按要求整改的，全国股份转让系统公司可依据《股票转让细则》等，采取进一步处理措施。

第十一条 本指引所称“超过”不含本数。

第十二条 本指引由全国股份转让系统公司负责解释。

第十三条 本指引自发布之日起实施。

全国中小企业股份转让系统主办券商持续督导工作指引(试行)

(2014年10月09日全国中小企业股份转让系统有限责任公司发布)

第一章 总 则

第一条 为规范主办券商持续督导工作,提高挂牌公司信息披露质量和公司治理水平,促进挂牌公司规范运作,根据《全国中小企业股份转让系统业务规则(试行)》(以下简称《业务规则》)、《全国中小企业股份转让系统挂牌公司信息披露细则(试行)》(以下简称《信息披露细则》)、《全国中小企业股份转让系统主办券商推荐业务规定(试行)》等规定,制定本指引。

第二条 主办券商及其持续督导人员应当遵守法律法规和全国中小企业股份转让系统(以下简称"全国股份转让系统")相关规定,诚实守信,勤勉尽责,持续督导挂牌公司履行信息披露、规范运作、信守承诺等义务,不断完善公司治理机制。

第三条 主办券商及其持续督导人员不得通过持续督导工作谋取不正当利益。

第四条 挂牌公司应当配合主办券商持续督导工作,接受主办券商的指导和督促,及时向主办券商提供相关材料、告知重大事项,为主办券商开展持续督导工作创造必要条件。

第五条 全国中小企业股份转让系统有限责任公司(以下简称"全国股份转让系统公司")对主办券商持续督导工作进行自律管理。

第二章 持续督导内容

第六条 主办券商应履行以下督导职责:

(一)指导、督促挂牌公司完善公司治理机制,提高挂牌公司规范运作水平;

(二)指导、督促挂牌公司规范履行信息披露义务,事前审查挂牌公司信息披露文件，发布风险揭示公告；

（三）开展挂牌公司现场检查工作，督促挂牌公司进行整改；

（四）建立与挂牌公司日常联系机制，对挂牌公司进行培训和业务指导；

（五）关注挂牌公司重大变化，向全国股份转让系统公司报告挂牌公司重大事项，调查或协助调查指定事项，并配合做好挂牌公司的日常监管；

（六）全国股份转让系统公司规定的其他职责。

第七条　主办券商应督导挂牌公司依照《公司法》《非上市公众公司监管指引第 3 号—— 章程必备条款》等法律法规制定并完善公司章程。

第八条　主办券商应督导挂牌公司建立健全并有效执行公司治理制度，包括但不限于股东大会、董事会、监事会议事规则及董事、监事和高级管理人员的行为规范等。

第九条　主办券商应督导挂牌公司建立健全并有效执行内部管理制度，包括但不限于会计核算体系、财务管理和风险控制等制度，以及对外担保、重大投资、委托理财、关联交易等重大经营决策的程序与规则等。

第十条　主办券商持续督导人员可以列席挂牌公司股东大会、董事会和监事会。

第十一条　挂牌公司应在召开股东大会、董事会、监事会后，及时向主办券商提供有关决议及备查文件，并在相关文件披露前为主办券商预留必要的事前审查时间。

主办券商应检查股东大会、董事会、监事会的召集、提案审议、通知时间、召开程序、授权委托、关联方回避、表决和决议是否符合法律法规和公司章程的规定，会议记录是否正常签署、保存完整，重点检查董事会是否在职权范围内和股东大会授权范围内对审议事项作出决议。

第十二条　主办券商应督导挂牌公司建立健全信息披露事务管理制度，明确挂牌公司应履行的信息披露义务，信息披露的内容、格式及时间要求，挂牌公司内部对拟披露信息的报告、流转、审查、披露流程以及相关职责划分。

第十三条　挂牌公司应及时向主办券商提供定期报告和临时报告所涉及的文件，并在相关文件披露前为主办券商预留必要的事前审查时间。

主办券商应当按照《业务规则》《信息披露细则》《全国中小企业股份转让系统挂牌公司年度报告内容与格式指引（试行）》《全国中小企业股份转让系统挂牌公司半年度报告内容与格式指引（试行）》《全国中小企业股份转让系统临时公告格式模板》等信息披露相关规定的要求对挂牌公司信息披露文件进行事前审查，督导挂牌公司规范履行信息披露义务。

主办券商事前审查发现挂牌公司信息披露文件存在虚假记载、误导性陈述或重大遗漏的，应要求挂牌公司及时改正，挂牌公司不予配合的，主办券商应向全国股份转让系统公司报告并发布风险揭示公告。

第十四条 主办券商应对挂牌公司信息披露文件进行事后核对，发现挂牌公司已披露的公告存在重大错误、遗漏或者误导的，应督导挂牌公司进行更正或补充。

全国股份转让系统公司事后审查发现挂牌公司公告不符合信息披露相关规定，公告存在重大错误、遗漏或者误导的，或者发现挂牌公司存在应当披露但未披露事项的，主办券商应按照全国股份转让系统公司要求，督促挂牌公司进行更正或补充。

第十五条 挂牌公司存在以下情形的，主办券商应在知悉或者应当知悉之日起十五个转让日内对其现场检查：

（一）股东大会、董事会、监事会和高级管理层不能按照公司治理要求履行职责或者规范运作；

（二）公司不能规范履行信息披露义务；

（三）控股股东、实际控制人或者其他关联方占用或者转移公司的资金、资产及其他资源；

（四）关联交易显失公允或未履行审批程序和信息披露义务；

（五）公司违规为他人提供担保；

（六）公司及其董事、监事、高级管理人员、控股股东、实际控制人涉嫌重大违法违规行为；

（七）公司经营业绩异常波动；

（八）全国股份转让系统公司要求进行现场检查的其他情形。

第十六条 主办券商应当明确现场检查工作要求，现场检查至少应有两人参加，事前根据引发现场检查的相应情形确定现场检查内容，制定现场检查工作方案，事中形成现场检查工作底稿，事后完成现场检查工作报告。

第十七条 主办券商可以采取以下现场检查手段，以获取充分和恰当的现场检查资料和证据：

（一）对挂牌公司董事、监事、高级管理人员及有关人员进行访谈；

（二）察看挂牌公司的主要生产、经营、管理场所；

（三）对有关文件、原始凭证及其他资料进行查阅、复制、记录；

（四）察看或者走访对挂牌公司损益影响重大的控股或参股公司；

（五）走访或者函证挂牌公司的控股股东、实际控制人及其关联方；

（六）走访或函证挂牌公司重要的供应商或者客户；

（七）主办券商认为必要的其他合法手段。

第十八条 主办券商应当在现场检查结束后的十个转让日内完成《现场检查工作报告》，报送全国股份转让系统公司备案。报告至少应当包括检查时间、检查地点、检查人员、检查涉及的事项、检查方法和措施、检查获取的资料和证据、检查结果、整改建议（如有）等内容。

主办券商应将检查结果和整改建议（如有）以书面方式告知挂牌公司，并督促挂牌公司就整改情况向全国股份转让系统公司报告。

第十九条 主办券商每年至少应对其所督导的挂牌公司的董事会秘书或者信息披露事务负责人进行一次培训，培训内容包括但不限于全国股份转让系统业务规则、细则、规定、指引、指南、通知等相关规定以及挂牌公司违规案例等。

第二十条 挂牌公司出现以下情形的，主办券商应在十个转让日内对其董事、监事、高级管理人员、董事会秘书或者信息披露事务负责人、控股股东和实际控制人等相关人员进行培训：

（一）控股股东或者实际控制人发生变更；

（二）受到中国证监会行政处罚或者被全国股份转让系统公司实施监管措施、纪律处分；

（三）全国股份转让系统公司要求培训的其他情形。

第二十一条 主办券商应当在培训前制作课件，参加培训的人员应签字确认，培训课件和培训人员签字作为持续督导工作底稿保存。

第二十二条 主办券商应指导和督促挂牌公司规范办理信息披露、股票限售及解除限售、证券简称或公司全称变更、暂停与恢复转让等业务，对挂牌公司进行必要的业务指导，使其知悉并遵守相关法律、法规和全国股份转让系统业务规则。

第二十三条 主办券商应建立与挂牌公司的日常联系机制，通过现场走访、电话、电子邮件等方式及时了解挂牌公司情况，解答挂牌公司业务咨询。

第二十四条 挂牌公司应当将业务、公司治理、财务等方面发生的重大变化及时告知主办券商，包括但不限于经营环境和业务、控股股东及实际控制人、管理层、采购和销售、核心技术、财务状况等。

主办券商应当主动、持续关注并了解挂牌公司上述事项发生的重大变化，如达到信息披露标准，应督促挂牌公司及时履行信息披露义务。

第二十五条 挂牌公司董事长、总经理、财务负责人、董事会秘书或者信息披露事务负责人、会计师事务所发生变更，主办券商应及时对变更原因等进行核查或者现场检查，涉及重大未披露事项的，应督促挂牌公司履行信息披露义务。

第二十六条 主办券商应当关注公共传媒关于挂牌公司的报道，涉及重大未披露事项的，应及时进行核查或者现场检查，督促挂牌公司履行必要的信息披露义务或者发布澄清公告。

第二十七条 主办券商应当根据全国股份转让系统公司的要求，调查或者协助调查指定事项，并将调查结果及时报告全国股份转让系统公司。

第二十八条 主办券商在持续督导过程中发现挂牌公司存在重大风险或重大违法违规情况的，以及挂牌公司不予配合或者拒绝按照要求整改的，应及时报告全国股份转让系统公司。

第二十九条 主办券商应当在每年 5 月 31 日前向全国股份转让系统公司报送持续督导年度工作报告，说明上一年度持续督导工作总体情况、存在问题以及挂牌公司配合情况等。

第三章 持续督导工作要求

第三十条 主办券商应建立健全并有效执行持续督导工作制度，包括持续督导工作职责、工作流程和内部控制机制等。

第三十一条 主办券商应建立健全持续督导工作底稿管理制度，为每家挂牌公司建立独立的工作底稿。持续督导工作底稿应当内容完整、记录清晰、结论明确，真实、准确、完整地反映整个持续督导工作的全过程，包括但不限于信息披露督导、公司治理督导、现场检查、培训、业务指导、日常沟通、关注、调查或协助调查、报告、年度工作报告等与持续督导工作相关的所有重要事项。

第三十二条 工作底稿应当载明下列事项：

（一）工作底稿编制的时间；

（二）持续督导工作履行的程序；

（三）核查的文件、现场检查的资料，培训、指导、沟通、关注、调查、报告的记录等；

（四）发表的结论性意见；

（五）执行人员签名和执行日期；

（六）其他需要记载的事项等。

第三十三条 持续督导工作底稿的保存期应当不少于十年。

第三十四条 主办券商应根据需要配备适当数量的持续督导人员负责持续督导工作，全国股份转让系统公司鼓励主办券商设立专门的持续督导工作部门。

第三十五条 持续督导人员应具备以下条件：

（一）具有财务或法律专业知识；

（二）从事证券发行承销、收购兼并、固定收益、全国股份转让系统推荐业务等投资银行相关业务一年以上；

（三）熟悉证券市场相关法律、行政法规、部门规章、规范性文件，准确理解和把握全国股份转让系统相关业务规则；

（四）诚实守信，品行良好，无不良诚信记录，最近三年未受到中国证监会行政处罚或全国股份转让系统公司、证券交易所、证券业协会、基金业协会等行业自律组织纪律处分；

（五）全国股份转让系统公司规定的其他条件。

第三十六条 主办券商应在持续督导工作制度中明确持续督导人员的工作要求和职责，加强对持续督导人员的专业培训和内部管理，为其开展持续督导工作提供必要条件。

主办券商应建立持续督导内部责任划分机制，明确推荐挂牌人员与持续督导人员之间的责任划分。

第三十七条 主办券商应为其所督导的每家挂牌公司指定至少一名持续督导人员具体负责该公司的持续督导工作，并向全国股份转让系统公司报备。

挂牌公司的持续督导人员发生变更的，主办券商应及时报告全国股份转让系统公司。

第三十八条 主办券商应当参照中国证券业协会《证券公司信息隔离墙制度指引》有关规定建立持续督导工作与做市、自营、资产管理、研究、经纪等部门业务之间的信息隔离制度，主办券商及其持续督导人员不得透露挂牌公司未公开的重大信息，严禁进行内幕交易。

第三十九条 主办券商与挂牌公司应在持续督导协议中就持续督导费用进行约定，包括支付金额（或比例）、支付方式、支付时间等。

主办券商应遵循覆盖成本的基本原则，合理收取持续督导费用。

第四章 持续督导变更

第四十条 主办券商应与所推荐挂牌公司签订持续督导协议，自公司挂牌之日起履行持续督导工作职责。

第四十一条 出现以下情形之一的，主办券商和挂牌公司可以解除持续督导协议：

（一）主办券商不再从事推荐业务；

（二）挂牌公司股票终止挂牌；

（三）主办券商和挂牌公司协商一致决定解除持续督导协议；

（四）全国股份转让系统公司规定的其他情形。

因情形（三）解除持续督导协议的，应有其他主办券商承接持续督导工作，主办券商和挂牌公司应事前报告全国股份转让系统公司。

第四十二条 主办券商履行持续督导职责期间未勤勉尽责的，其责任不因解除持续督导协议而免除。

第四十三条 承接持续督导工作的主办券商应与挂牌公司签订持续督导协议，并自持续督导协议签订之日起履行持续督导职责。

第五章 自律管理

第四十四条 全国股份转让系统公司对主办券商持续督导工作进行自律管理，记录并视情况公示主办券商及其持续督导人员的执业情况、违规行为等信息。

第四十五条 主办券商及其持续督导人员出现以下情形之一的，全国股份转让系统公司视情形对主办券商及其相关人员采取约见谈话、责令接受培训、出具警示函、责令改正等自律监管措施：

（一）未建立或者未有效执行持续督导工作制度、工作底稿管理制度、信息隔离制度；

（二）未按规定对挂牌公司信息披露文件进行事前审查；

（三）未按规定对挂牌公司进行核查或者现场检查；

（四）未按规定对挂牌公司相关人员进行培训；

（五）未按规定向全国股份转让系统公司报告挂牌公司重大情况；

（六）全国股份转让系统公司规定的其他情形。

第四十六条 主办券商及其持续督导人员出现以下情形之一的，全国股份转让系统公司视情形对主办券商及其相关人员采取出具警示函、暂不受理文件、通报批评、公开谴责等自律监管措施或纪律处分；情形严重的，限制、暂停直至终止主办券商从事推荐业务；并视情节轻重，及时向中国证监会报告：

（一）持续督导工作底稿等与督导相关的文件存在虚假记载、误导性陈述或者重大遗漏，或者未按规定建立持续督导工作底稿；

（二）唆使、协助或者参与挂牌公司披露存在虚假记载、误导性陈述或者重大遗漏的信息；

（三）不配合全国股份转让系统公司自律管理工作；

（四）通过持续督导工作谋取不正当利益；

（五）严重违反诚实守信、勤勉尽责义务的其他情形。

第六章　附　　则

第四十七条　本指引由全国股份转让系统公司负责解释。

第四十八条　本指引自发布之日起施行。